CHUDENG SHUXUE
GOUZAOFA JIQI YINGYONG

初等数学构造法及其应用
——"数学王国里的孙悟空"丛书系列

彭璋甫　彭革◆编著

$y = ax^2 + bx + c\,(a \neq 0)$

$ax^3 + bx^2 + cx + d = 0\,(a \neq 0)$

$A = x + y$
$B = x - y$

中山大学出版社
SUN YAT-SEN UNIVERSITY PRESS

·广州·

版权所有　翻印必究

图书在版编目（CIP）数据

初等数学构造法及其应用/彭璋甫，彭革编著．—广州：中山大学出版社，2016.1

（数学王国里的孙悟空）

ISBN 978-7-306-05182-0

Ⅰ.①初…　Ⅱ.①彭…②彭…　Ⅲ.①中学数学课—教学参考资料　Ⅳ.①G634.603

中国版本图书馆 CIP 数据核字（2015）第 023253 号

出 版 人：	徐　劲
策划编辑：	曾育林
责任编辑：	曾育林
封面设计：	曾　斌
责任校对：	赵丽华
责任技编：	何雅涛
出版发行：	中山大学出版社
电　　话：	编辑部 020-84111996，84113349，84111997，84110779
	发行部 020-84111998，84111981，84111160
地　　址：	广州市新港西路 135 号
邮　　编：	510275　　传真：020-84036565
网　　址：	http://www.zsup.com.cn　　E-mail：zdcbs@mail.sysu.edu.cn
印 刷 者：	广州中大印刷有限公司
规　　格：	787mm×1092mm　1/16　14.75 印张　330 千字
版次印次：	2016 年 1 月第 1 版　2016 年 1 月第 1 次印刷
定　　价：	45.00 元

如发现本书因印装质量影响阅读，请与出版社发行部联系调换

作者简介

彭璋甫 男，1940年6月23日生，江西省莲花县人，中共党员．1963年7月毕业于江西师范学院数学系本科，先后在江西省修水县文化教育局、江西省九江师范学校任函授教师、教研员、教研组长、教务主任、副校长．1987年被评为高级讲师．现已退休，退休前为中共九江师范学校（现九江职业大学）党委委员，主管教学的副校长．参加编写的著作有：《初中数学复习资料》、《现代学生学习方法指导》（武汉大学出版社出版）．发表《公倍数、公约数常见题型举隅》、《整数分解常见题型解法举隅》、《题组教学的作用》、《直观教学要注意科学性》等论文近十篇．

彭革 男，1967年12月15日生，江西省莲花县人．1984年参加全国高中数学奥林匹克竞赛获二等奖．1990年7月毕业于复旦大学数学系本科，获学士学位．先后在江西省九江师范学校、广东省广告公司、南方计算机公司、深圳华为通信股份有限公司任教或任职．1996年被评为讲师．现为深圳艾默生网络能源有限责任公司员工．

邮编：511484
住址：广州市番禺区沙湾镇新碧路芷兰湾五街七座801
电话：13610215970

前　言

　　但凡不愿学数学的人就是怕做数学题；然而，但凡喜欢数学的人，就是从酷爱做数学题开始．因为数学题浩如烟海、变幻莫测、精彩纷呈，畅游其中趣味无穷，让人留恋、让人痴迷．

　　其实，"变"是世界的通性．辩证唯物主义者认为，静止是相对的，而运动是绝对的．事物的运动就意味着变化．人类从原始社会到今天，不仅社会结构、生产方式在不断变化，而是人们的思想观念、生活方式也在变化．大自然的变化是剧烈的．第四世纪冰川使恐龙等一些动物从地球上消失．在3万年前，北京是一片大海，由于海陆反复变迁，大约经过1万年，才成为陆地．位于我国长江入海口的崇明岛，是我国第三大岛．但崇明岛原来也不是岛．据史书记载，由于长江中挟带的泥沙使长江在下游流速变缓，江水失去搬运泥沙的能力，加上海边潮水的顶托，泥沙便大量沉积下来，到了唐初，始出露水面，遂成沙洲．之后泥沙越积越多，使沙洲变成了小岛，从小岛又变成了大岛．近年来，由于长江上游森林遭到严重破坏，以及人工围垦造田等原因，水土流失使长江水中含沙量急剧增加，长江口有更多的泥沙沉积，崇明岛的面积由1954年的600多平方公里，猛增到现在的1000多平方公里，几乎增大了一倍．

　　世界上的一切事物都在运动、变化中发展．数学作为反映事物发展规律的一门科学，自然它的变化也是无穷无尽的．

　　看过《西游记》的人对孙悟空的印象非常深刻．孙悟空辅佐唐僧上西天取经获得成功，除了对师傅的一片真心之外，他超凡的功夫是一个重要因素．而这超凡的功夫，一是在太上老君的八卦炉中炼就的火眼金睛，二是那一个筋斗就是十万八千里的筋斗云，三是七十二变．

　　如果我们拿学习数学与孙悟空辅佐唐僧上西天取经作一个类比，那么，你要做数学王国里的孙悟空，就必须热爱数学，必须掌握好数学的基础知识、数学的思维方法和思想方法．因为，掌握好了数学的基础知识，就像有了孙悟空的火眼金睛，能看清事物的本质；掌握了数学的思维方法，就像孙悟空的筋斗云，站得高，看得远；而掌握了数学的思想方法，就有了孙悟空的七十二变,掌握了分析、处理和解决数学问题的基本手段.

马克思讲,数学是思维的体操.体操是讲究变化的.所以,我们可以毫不夸张地说:学数学最根本的一点就是要学会"变".

当然,数学的变化、发展有它自身的规律,就像孙悟空纵有七十二变,但万变不离其宗.有一回,孙悟空变成一座庙,它的尾巴变成一根旗杆,竖在庙后面,结果被妖魔识别出来.因此,我们完全可以掌握解决数学问题的基本思想和方法.

作者认为解答初等数学难题的主要手段是"转化":即将问题化繁为简,化难为易,化未知为已知.其基本的思想方法一是初等数学变换,二是构造法,三是反证法,四是类比与归纳.如果掌握了这些基本的思想方法,遇到较难的初等数学问题便迎刃而解.

构造法是指在解某些数学问题用通常的方法难以奏效时,根据已知条件和结论的特征,经过认真的观察、思考,抓住问题的条件和结论在数量、结构等方面的特点,通过联想、类比等方法,构造出满足已知条件和结论的新的数学对象,或构造出一种新的对解决问题有重要作用的辅助问题,从而使问题得以解决.

构造法是解决初等数学问题的另一种基本的思想方法.它体现了数学发现的思想方法、类比的思想方法、化归的思想方法,也渗透着猜想、试验、归纳等数学思想方法.构造法与初等数学变换方法既有不同又有相通之处.掌握构造法,运用构造法解决数学问题,不仅可以提高解题能力,而且对开拓思维大有益处.

本书介绍的构造法主要有:构造函数法、构造方程(组)法、构造数(组)法、构造表达式法、构造数列法、构造图形法、构造命题法、构造数学模型法等.

本书在编写过程中参考了许多书目及报纸杂志,除书末已列之外,难以一一列举,在此一并表示感谢.由于作者水平有限,且有些问题尚在探索之中,书中错误和缺点必定不少,恳请广大读者多提出宝贵意见.

作 者

2015年10月1日于顺德碧桂园

目 录

第一章　构造函数法 …………………………………………… 1
- §1-1　构造一次函数 ……………………………………… 1
- §1-2　构造二次函数 ……………………………………… 2
- §1-3　构造三次函数 ……………………………………… 7
- §1-4　构造超越函数 ……………………………………… 9
- §1-5　构造其他函数 ……………………………………… 11
- 习题一 ………………………………………………………… 17

第二章　构造方程（组）法 ……………………………………… 20
- §2-1　构造一元二次方程 ………………………………… 20
- §2-2　构造一元三次方程 ………………………………… 28
- §2-3　构造其他方程 ……………………………………… 30
- §2-4　构造方程组 ………………………………………… 33
- 习题二 ………………………………………………………… 35

第三章　构造数（组）法 ………………………………………… 38
- §3-1　构造复数 …………………………………………… 38
- §3-2　构造其他数或数组 ………………………………… 48
- 习题三 ………………………………………………………… 50

第四章　构造表达式法 ………………………………………… 52
- §4-1　构造对偶式 ………………………………………… 52
- §4-2　构造含参数的表达式 ……………………………… 56
- §4-3　构造递推式 ………………………………………… 58
- §4-4　构造多项式 ………………………………………… 60
- §4-5　构造其他表达式 …………………………………… 61
- 习题四 ………………………………………………………… 68

第五章　构造数列法 …… 71
- §5-1　构造等差数列 …… 71
- §5-2　构造等比数列 …… 76
- §5-3　构造其他数列 …… 83
- 习题五 …… 89

第六章　构造图形法 …… 92
- §6-1　构造辅助线 …… 92
- §6-2　构造辅助角 …… 103
- §6-3　构造辅助多边形 …… 110
- §6-4　构造辅助圆 …… 116
- §6-5　构造辅助面 …… 119
- §6-6　构造辅助几何体 …… 123
- 习题六 …… 134

第七章　构造命题法 …… 141
- §7-1　构造等价命题 …… 141
- §7-2　构造强命题 …… 148
- §7-3　构造辅助命题 …… 157
- §7-4　构造引理 …… 161
- 习题七 …… 167

第八章　构造数学模型法 …… 170
- 习题八 …… 176

习题解答 …… 178

参考文献 …… 227

第一章 构造函数法

构造函数法是借助添加辅助函数达到解决某些数学问题的一种构造法.

构造什么样的函数？我们必须根据问题的已知条件和结论的特性，联想到某种函数的定义域、值域、奇偶性、单调性、有界性及函数图像等加以分析、判断．例如，要证明某个不等式，若这个不等式变量的取值范围与某个函数的值域相同，那么就可以构造这个函数，然后利用这个函数的性质来证明．

构造函数法在解方程、证明不等式或等式、求值、数列求和等方面有着广泛的应用．

构造函数法有构造一次函数、构造二次函数、构造三次函数、构造超越函数和构造其他函数等几种．

§1-1 构造一次函数

如果我们判断一个数学问题可用构造函数法来解答，并且根据已知条件和结论要考查的变量是一次的或者是可化成一次的，这个时候需构造的函数就是一次函数．

例1 如果不等式 $2x-1>m(x^2-1)$ 对于 $m\in[-2,2]$ 成立，求 x 的取值范围.

解：将不等式变形得 $(x^2-1)m-(2x-1)<0$. ①
构造一次函数 $f(m)=(x^2-1)m-(2x-1)$.

(1)当 $x^2-1>0$，即 $|x|>1$ 时，$f(m)$ 是单调递增函数，对 $m\in[-2,2]$，①式成立须满足 $f(-2)<0$，即

$$(x^2-1)\times 2-(2x-1)<0 \Rightarrow 2x^2-2x-1<0.$$

解之得 $1<x<\dfrac{1+\sqrt{3}}{2}$.

(2)当 $x^2-1<0$，即 $|x|<1$ 时，$f(x)$ 是单调递减函数，若对 $m\in[-2,2]$ ①式成立，须满足 $f(-2)<0$，即

$$(x^2-1)\times(-2)-(2x-1)<0 \Rightarrow 2x^2+2x-3>0.$$

解之得 $\frac{-1+\sqrt{7}}{2} < x < 1$.

(3)当 $|x|=1$ 时,要使 $f(m)$ 用 $-2x+1<0$ 成立,则 $x>\frac{1}{2}$,于是有 $x=1$.

综上得 $\frac{\sqrt{7}-1}{2} < x < \frac{\sqrt{3}+1}{2}$.

例2 已知 $af(2x-3)+bf(3-2x)=2x$,且 $a^2 \neq b^2$,求 $f(x)$.

解:构造函数 $y=2x-3$,则已知式变为 $af(y)+bf(-y)=y+3$. ①

在①式中以 $-y$ 代 y 得 $af(-y)+bf(y)=-y+3$. ②

①×a - ②×b 得 $f(y)=\frac{y}{a-b}+\frac{3}{a+b}$.

所以,$f(x)=\frac{x}{a-b}+\frac{3}{a+b}$.

§1-2 构造二次函数

当我们确定用构造函数法来解答某一数学问题,而根据这一问题的已知条件和结论要考查的变量是二次的或者通过转化可以化为二次的,那么,我们就构造相应的二次函数来解答.

因为二次函数有很多优越的性质,所以它的应用非常广泛.

例1 当 k 为何值时,方程 $x^2+kx-2=0$ 只有一个根在 $(2,4)$ 之间.

解:构造函数 $f(x)=x^2+kx-2$.

若方程只有一根在 $(2,4)$ 之间,则 $f(x)$ 在 $(2,4)$ 之间与 x 轴只有一个交点(见右图),即 k 应满足:

$\begin{cases} f(2)<0, \\ f(4)>0, \end{cases}$ 或 $\begin{cases} f(2)>0 \\ f(4)<0. \end{cases}$

由此得 $f(2)f(4)<0$.

即 $(2k+2)(4k+14)<0 \Rightarrow (k+1)(2k+7)<0$.

解之得 $-\frac{7}{2} < k < -1$.

例2 m 为何实数值时,关于 x 的方程 $x^2-2(m+2)x+m^2-1=0$:(1)有两个正数根?(2)有一正实数

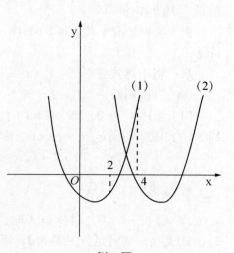

例1图

根，一负实数根？

解：构造函数 $f(x)=x^2-2(m+2)x+m^2-1$.

（1）因为方程为两个正数根，则函数 $f(x)$ 的图像如右上图所示，应满足：

$$\begin{cases} \Delta \geq 0, \\ f\left(-\dfrac{b}{2a}\right)=(m+2)^2-2(m+2)^2+m^2-1<0, \\ f(0)=m^2-1>0. \end{cases}$$

解之得 $m\in\left[-\dfrac{5}{4},\ -1\right)\cup(1,\ +\infty)$.

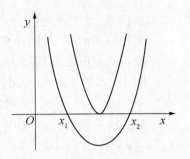

例2(1)图

（2）因为方程有一正根和一负根，则函数 $f(x)$ 的图像如右下图所示，应满足：

$$\begin{cases} f(0)<0, \\ \Delta>0. \end{cases}$$

解之得 $m\in(-1,\ 1)$.

例3 关于 x 的不等式 $\left|x-\dfrac{(a+1)^2}{2}\right|\leq\dfrac{(a-1)^2}{2}$ 与 $x^2-3(a+1)x+2(3a+1)\leq 0$（$a\in\mathbf{R}$）的解集分别是 A 与 B，求使 $A\subseteq B$ 的 a 的取值范围.

解：由已知可得：

$A=\{x\mid 2a\leq x\leq a^2+1\}$,

$B=\{x\mid (x-2)(x-3a-1)\leq 0\}$.

构造函数 $f(x)=x^2-3(a+1)x+2(3a+1)$.

$\because A\subseteq B$,

$\therefore f(x)$ 在 $[2a,\ a^2+1]$ 上的图像落在 x 轴下方（见右图），

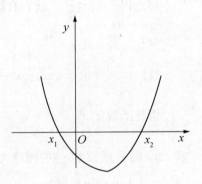

例2(2)图

则 $\begin{cases} f(2a)\leq 0, \\ f(a^2+1)\leq 0, \end{cases}$ 即

$\begin{cases} -2a^2+2\leq 0, \\ (a+1)a(a-1)(a-3)\leq 0. \end{cases}$

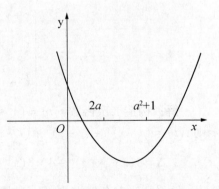

例3图

$\therefore \begin{cases} a \leqslant -1 \text{ 或 } a \geqslant 1, \\ -1 \leqslant a \leqslant 0 \text{ 或 } 1 \leqslant a \leqslant 3, \end{cases}$ 即 $a = -1$ 或 $1 \leqslant a \leqslant 3$.

故 a 的取值范围是 $\{a \mid a = -1 \text{ 或 } 1 \leqslant a \leqslant 3\}$.

例 4 已知 a, b, c, d, e 为实数,且满足条件 $a+b+c+d+e=8$, $a^2+b^2+c^2+d^2+e^2=16$,试确定 e 的最大值.

解: 构造函数 $f(x) = 4x^2 + 2(a+b+c+d)x + (a^2+b^2+c^2+d^2) = (x+a)^2 + (x+b)^2 + (x+c)^2 + (x+d)^2 \geqslant 0$.

$\therefore \Delta = 4(a+b+c+d)^2 - 16(a^2+b^2+c^2+d^2) \leqslant 0$.

但 $a+b+c+d = 8-e$, $a^2+b^2+c^2+d^2 = 16-e^2$,

$\therefore (8-e)^2 - 4(16-e^2) \leqslant 0$.

解之得 $0 \leqslant e \leqslant \dfrac{16}{5}$. 故 e 的最大值为 $\dfrac{16}{5}$.

例 5 求函数 $y = x + \dfrac{1}{x}$ $(x>0)$ 的值域.

解: 原式等价于下式: $x^2 - xy + 1 = 0 (x>0)$.

构造函数 $g(x) = x^2 - xy + 1$,由 $g(0) = 1$,所以当 $\begin{cases} \dfrac{y}{2} > 0, \\ \Delta = y^2 - 4 \geqslant 0 \end{cases}$ 时,

即 $y \geqslant 2$ 时,函数 $g(x)$ 的图像与 x 的正半轴相交,所以方程 $x^2 - xy + 1 = 0$ 在 $(0, +\infty)$ 内有解的条件为 $y \in [2, +\infty)$,由定理可知,函数 $y = x + \dfrac{1}{x}$ $(x>0)$ 的值域为 $[2, +\infty)$.

例 6 解方程组:

$$\begin{cases} x+y+z = 1, & \text{①} \\ x^2+y^2+z^2 = \dfrac{1}{3}, & \text{②} \\ x^3+y^3+z^3 = \dfrac{1}{9}. & \text{③} \end{cases}$$

解: 构造二次函数 $f(t) = (1^2+1^2+1^2)t^2 - 2t(x+y+z) + (x^2+y^2+z^2)$,则 $f(t) = (t-x)^2 + (t-y)^2 + (t-z)^2$.

$\because \Delta = 4(x+y+z)^2 - 4 \times 3(x^2+y^2+z^2) = 4 \times 1^2 - 4 \times 3 \times \dfrac{1}{3} = 0$,

$\therefore f(t)$ 为完全平方式,从而有 $t-x = t-y = t-z$. $\therefore x = y = z$.

再由①有 $x = y = z = \dfrac{1}{3}$,这是方程①,②的唯一实数解,它也适合③,

故为原方程组的唯一实数解.

例7 已知 $a, b, c \in \mathbf{R}^+$，$ab+bc+ca=1$，求证：$a+b+c \geqslant \sqrt{3}$.

证明：构造二次函数 $f(x)=(x+\sqrt{3})(x-\sqrt{3})=x^2-3$.

$$\because f(a+b+c)=(a+b+c)^2-3=a^2+b^2+c^2+2(ab+bc+ca)-3$$
$$=a^2+b^2+c^2-ab-bc-ca$$
$$=\frac{1}{2}[(a-b)^2+(b-c)^2+(c-a)^2] \geqslant 0,$$

又 $-\sqrt{3}<\sqrt{3}$，且 $a, b, c \in \mathbf{R}^+$，

$\therefore a+b+c \geqslant \sqrt{3}$，等号当且仅当 $a=b=c$ 时成立.

例8 求证：$\dfrac{1}{3}(4-\sqrt{7}) \leqslant \dfrac{2-\sin x}{2-\cos x} \leqslant \dfrac{1}{3}(4+\sqrt{7})$.

证明：构造二次函数

$$f(x)=\left[x-\frac{1}{3}(4-\sqrt{7})\right]\left[x-\frac{1}{3}(4+\sqrt{7})\right]=x^2-\frac{8}{3}x+1,$$

$$\therefore f\left(\frac{2-\sin x}{2-\cos x}\right)=\left(\frac{2-\sin x}{2-\cos x}\right)^2-\frac{8}{3}\left(\frac{2-\sin x}{2-\cos x}\right)+1$$
$$=-\frac{[2(\cos x+\sin x)-1]^2}{3(2-\cos x)^2} \leqslant 0.$$

又 $\dfrac{1}{3}(4-\sqrt{7})<\dfrac{1}{3}(4+\sqrt{7})$，

故 $\dfrac{1}{3}(4-\sqrt{7}) \leqslant \dfrac{2-\sin x}{2-\cos x} \leqslant \dfrac{1}{3}(4+\sqrt{7})$.

例9 设 $f(x)=\lg\dfrac{1+2^x+\cdots+(n-1)^x+n^x a}{n}$，其中 a 是实数，n 是任意给定的自然数，且 $n \geqslant 2$，如果 $a \in (0, 1]$，证明：$2f(x)<f(2x)$ 当 $x \neq 0$ 时成立(1990 年高考理科第 26 题第二部分).

证明：构造二次函数

$$Q(y)=(y+1)^2+(y+2^x)^2+\cdots+[y+(n-1)^x]^2+(y+n^x a)^2,$$

由此有 $Q(y) \geqslant 0$.

整理得

$ny^2+2[1+2^x+\cdots+(n-1)^x+n^x a]y+1+2^{2x}+\cdots+(n-1)^{2x}+n^{2x}a^2 \geqslant 0$,

$\therefore \Delta \leqslant 0$.

即 $[1+2^x+\cdots+(n-1)^x+n^x a]^2 \leqslant n[1+2^{2x}+\cdots+(n-1)^{2x}+n^{2x}a^2]$.

当且仅当 $a=1$，且 $x=0$ 时等号成立.

$\because a \in (0, 1]$，即 $0<a \leqslant 1$，$\therefore 0<a^2 \leqslant a$.

于是有
$$n[1+2^{2x}+\cdots+(n-1)^{2x}+n^{2x}a^2] \leq n[1+2^{2x}+\cdots+(n-1)^{2x}+n^{2x}a].$$
因此, 只要 $x \neq 0$, 则有
$$[1+2^x+\cdots+(n-1)^x+n^x a]^2 < n[1+2^{2x}+\cdots+(n-1)^{2x}+n^{2x}a],$$
即 $\dfrac{[1+2^x+\cdots+(n-1)^x+n^x a]^2}{n^2} < [1+2^{2x}+\cdots+(n-1)^{2x}+n^{2x}a]/n.$

$\therefore \lg \dfrac{[1+2^x+\cdots+(n-1)^x+n^x a]^2}{n^2} < \lg[1+2^{2x}+\cdots+(n-1)^{2x}+n^{2x}a]/n.$

故 $2f(x) < f(2x)$.

例 10 设 $a_1, a_2, \cdots, a_n$ 和 $b_1, b_2, \cdots, b_n$ 为两组实数, 则 $(a_1b_1+a_2b_2+\cdots+a_nb_n)^2 < (a_1^2+a_2^2+\cdots+a_n^2)(b_1^2+b_2^2+\cdots+b_n^2)$.

证明: 构造二次函数
$$f(x) = (a_1^2+a_2^2+\cdots+a_n^2)x^2 - 2(a_1b_1+a_2b_2+\cdots+a_nb_n)x + (b_1^2+b_2^2+\cdots+b_n^2),$$
则 $f(x) = (a_1x-b_1)^2+(a_2x-b_2)^2+\cdots+(a_nx-b_n)^2 > 0,$

$\therefore \Delta = 4(a_1b_1+a_2b_2+\cdots+a_nb_n)^2 - 4(a_1^2+a_2^2+\cdots+a_n^2)(b_1^2+b_2^2+\cdots+b_n^2) < 0.$

故 $(a_1b_1+a_2b_2+\cdots+a_nb_n)^2 < (a_1^2+a_2^2+\cdots+a_n^2)(b_1^2+b_2^2+\cdots+b_n^2).$

例 11 证明 $y = \dfrac{a\sin x + b}{a\sin x - b}$ $(a > b > 0)$ 不能介于 $\dfrac{a+b}{a-b}$ 与 $\dfrac{a-b}{a+b}$ 之间.

证明: 构造二次函数 $f(t) = \left(t - \dfrac{a+b}{a-b}\right)\left(t - \dfrac{a-b}{a+b}\right)$, 则
$$f(y) = \left(\dfrac{a\sin x+b}{a\sin x-b} - \dfrac{a+b}{a-b}\right)\left(\dfrac{a\sin x+b}{a\sin x-b} - \dfrac{a-b}{a+b}\right) = \dfrac{4a^2b^2(1-\sin^2 x)}{(a\sin x-b)^2(a^2-b^2)}.$$

$\because a > b$, $1-\sin^2 x \geq 0$, $\therefore f(y) \geq 0$.

而 $a > b > 0$ 时, $\dfrac{a-b}{a+b} < \dfrac{a+b}{a-b}$, 故 $y \leq \dfrac{a-b}{a+b}$ 或 $y \geq \dfrac{a+b}{a-b}$, 即 y 不在 $\dfrac{a+b}{a-b}$ 与 $\dfrac{a-b}{a+b}$ 之间.

例 12 设 $n > 1$, $\sum^*$ 表示对所有整数对 (i, j) 求和, 其中 $1 \leq i \leq n$, $1 \leq j \leq n$, $i \neq j$, 如果 $a_1, a_2, \cdots, a_n, b_1, b_2, \cdots, b_n$ 均为实数, 满足 $\sum^* a_i a_j > 0$, 证明: $(\sum^* a_i a_j)(\sum^* b_i b_j) \leq (\sum^* a_i b_j)^2$.

证明: 构造二次函数
$$f(x) = (\sum^* a_i a_j)x^2 + 2(\sum^* a_i b_j)x + \sum^* b_i b_j.$$

由已知条件可见, $f(x)$ 中 x^2 的系数为正, 故它是开口向上的抛物线,

此外，由 $\sum^*$ 的定义可知：

$$\sum\nolimits^* a_i a_j = (\sum_{i=1}^n a_i)^2 - \sum_{i=1}^n a_i^2.$$

（对 $\sum^* b_i b_j$ 有类似的表达式）以及

$$\sum\nolimits^* a_i b_j = \sum_{i=1}^n a_i \sum_{i=1}^n b_i - \sum_{i=1}^n a_i b_i.$$

于是 $f(x)$ 可变形为

$$f(x) = (\sum_{i=1}^n a_i x + \sum_{i=1}^n b_i)^2 - \sum_{i=1}^n (a_i x + b_i)^2.$$

这样，易看出 $f(-\sum_{i=1}^n b_i / \sum_{i=1}^n a_i) \leq 0$（注意 $\sum a_i \neq 0$），所以，$f(x)$ 必有实根.

故 $\Delta = [2(\sum^* a_i b_j)]^2 - 4(\sum^* a_i a_j)(\sum^* b_i b_j) \geq 0.$

即 $(\sum^* a_i a_j)(\sum^* b_i b_j) \leq (\sum^* a_i b_j)^2.$

例 13 设 a 和 b 都是正数，且 $a \neq 2\sqrt{b}$，证明 $\sqrt{2}$ 必在 $\dfrac{a}{b}$ 与 $\dfrac{a+2b}{a+b}$ 之间.

证明： 构造二次函数 $f(x) = \left(x - \dfrac{a}{b}\right)\left(x - \dfrac{a+2b}{a+b}\right)$.

$\because f(\sqrt{2}) = \left(\sqrt{2} - \dfrac{a}{b}\right)\left(\sqrt{2} - \dfrac{a+2b}{a+b}\right) = -\dfrac{(\sqrt{2}-1)(\sqrt{2}b-a)^2}{b(a+b)} < 0,$

$\therefore \begin{cases} \sqrt{2} - \dfrac{a}{b} > 0, \\ \sqrt{2} - \dfrac{a+2b}{a+b} < 0 \end{cases}$ 或 $\begin{cases} \sqrt{2} - \dfrac{a}{b} < 0, \\ \sqrt{2} - \dfrac{a+2b}{a+b} > 0. \end{cases}$

即 $\dfrac{a}{b} < \sqrt{2} < \dfrac{a+2b}{a+b}$ 或 $\dfrac{a+2b}{a+b} < \sqrt{2} < \dfrac{a}{b}$. 故 $\sqrt{2}$ 在 $\dfrac{a}{b}$ 与 $\dfrac{a+2b}{a+b}$ 之间.

§1-3 构造三次函数

当我们确定要用构造函数法来解答某一数学问题时，我们必须考查这个问题的已知条件和结论所给出的变量的情况. 如果根据已知条件和结论需考查的变量的次数是三次的或者经过变换化为三次的，那么，我们就可以构造一个相应的三次函数，然后根据这个函数的相关性质来解答问题.

例1 已知函数 $f(x) = ax^3 + b\sin x + 1$ 满足 $f(5) = 7$，试求 $f(-5)$ 的值.

解： 构造函数 $g(x) = ax^3 + b\sin x$，则

$\because g(-x) = a(-x)^3 + b\sin(-x) = -ax^3 - b\sin x$
$\qquad = -(ax^3 + b\sin x) = -g(x)$，

$\therefore g(x)$ 为奇函数.

于是有 $g(-5) = -g(5) = -[f(5) - 1] = -6$.

故 $f(-5) = g(-5) + 1 = -6 + 1 = -5$.

例2 已知 α 和 β 满足如下两个等式：$\alpha^3 - 3\alpha^2 + 5\alpha = 1$，$\beta^3 - 3\beta^2 + 5\beta = 5$，试求 $\alpha + \beta$ 的值.

解： 构造函数 $f(x) = x^3 - 3x^2 + 5x = (x-1)^3 + 2(x-1) + 3$.

则已知两个等式的左端分别为 $f(\alpha)$ 和 $f(\beta)$.

又设 $g(y) = y^3 + 2y$，显然 $g(y)$ 为奇函数.

当 $-\infty < y_1 < y_2 < +\infty$ 时，

$g(y_1) - g(y_2) = (y_1^3 + 2y_1) - (y_2^3 + 2y_2)$
$\qquad = (y_1 - y_2)(y_1^2 + y_2^2 + y_1 y_2 + 2) < 0$，

即 $g(y_1) < g(y_2)$，

$\therefore g(y)$ 在 $\mathbf{R}$ 上为增函数.

又 $\because g(\alpha - 1) = f(\alpha) - 3 = -2$，$g(\beta - 1) = f(\beta) - 3 = 2$，

$\therefore g(\alpha - 1) = -g(\beta - 1) = g[-(\beta - 1)] = -2$.

由 $g(y)$ 的单调性知，唯一地有 $\alpha - 1 = -(\beta - 1)$，

故 $\alpha + \beta = 2$.

例3 解方程 $\sqrt[3]{x+1} + \sqrt[3]{2x+3} + 3x + 4 = 0 \ (x \in \mathbf{R})$.

解： 原方程可化为 $\sqrt[3]{x+1} + \sqrt[3]{2x+3} + x + 1 + 2x + 3 = 0$.

令 $t = x + 1$，则得 $\sqrt[3]{t} + t + \sqrt[3]{2t+1} + 2t + 1 = 0$. ①

构造函数 $f(t) = \sqrt[3]{t} + t$，则①变为 $f(t) + f(2t+1) = 0$，易证 $f(t)$ 为单调奇函数.

$\therefore f(2t+1) = -f(t) = f(-t)$.

由函数的单调性可得 $2t + 1 = -t$，$\therefore t = -\dfrac{1}{3}$，$x = -\dfrac{4}{3}$.

故原方程的解为：$x = -\dfrac{4}{3}$.

例4 已知 $\alpha \neq k\pi + \dfrac{\pi}{2}$，$\beta \neq k\pi (k \in \mathbf{Z})$，且有 $(3\mathrm{tg}\alpha + \mathrm{ctg}\beta)^3 + \mathrm{tg}^3\alpha + 4\mathrm{tg}\alpha + ctg\beta = 0$，求证：$\mathrm{tg}\alpha = -\dfrac{1}{4}\mathrm{tg}\beta$.

证明：设 $m = \mathrm{tg}\alpha$，$n = \mathrm{ctg}\beta$，已知等式变为：
$$(3m+n)^3 + (3m+n) + (m^3+n) = 0.$$
构造函数 $f(x) = x^3 + x (x \in \mathbf{R})$，由上式有
$$f(3m+n) + f(m) = 0. \qquad ①$$
$\because f(-x) = (-x)^3 + (-x) = -(x^3+x) = -f(x)$，

又若 $x_1 < x_2$，则 $f(x_1) - f(x_2) = (x_1^3 + x_1) - (x_2^3 + x_2) = (x_1 - x_2)(x_1^2 + x_2^2 + x_1 x_2 + 1) < 0$，

$\therefore f(x)$ 为奇函数且是 $\mathbf{R}$ 上的增函数.

这样，①式可变为 $f(3m+n) = -f(m) = f(-m)$，

$\therefore 3m + n = -m$，$m = -\dfrac{1}{4}n$. 故 $\mathrm{tg}\alpha = -\dfrac{1}{4}\mathrm{ctg}\beta$.

§1-4 构造超越函数

三角函数、指数函数、对数函数统称超越函数. 它们是初等数学中几个重要的函数. 如果在我们所要解答的问题的已知条件和结论中含有上述某种函数，用常规的方法又不能解答这一问题，这时不妨构造相应的三角函数、指数函数或对数函数，然后利用其某种性质来解答.

例1 当 $x \in \mathbf{R}$ 时，不等式 $m + \cos^2 x < 3 + 2\sin x + \sqrt{2m+1}$ 恒成立，求实数 m 的取值范围.

解：构造函数 $f(x) = 3 + 2\sin x - \cos^2 x = (\sin x + 1)^2 + 1 \ (x \in \mathbf{R})$.

当 $\sin x = -1$ 时，$f(x)$ 的最小值为 1.

$\therefore$ 原命题 $\Leftrightarrow$ 解关于 m 的不等式 $m - \sqrt{2m+1} < 1 \Leftrightarrow \sqrt{2m+1} > m - 1 \Leftrightarrow$
$\begin{cases} m - 1 < 0, \\ 2m + 1 \geqslant 0 \end{cases}$ 或 $\begin{cases} m - 1 > 0, \\ 2m + 1 > (m-1)^2. \end{cases}$

解之得 $-\dfrac{1}{2} \leqslant m < 1$ 或 $1 \leqslant m < 4$. 故 $m \in \left[-\dfrac{1}{2}, 4\right)$.

例2 解方程 $\ln(\sqrt{x^2+1} - x) + \ln(\sqrt{4x^2+1} - 2x) + 3x = 0$.

解：原方程可化为
$$\ln(\sqrt{x^2+1} - x) + x + \ln(\sqrt{4x^2+1} - 2x) + 2x = 0. \qquad ①$$

构造函数 $f(x)=\ln(\sqrt{x^2+1}+x)+x(x\in\mathbf{R})$，则方程变为 $f(x)+f(2x)=0$，易证 $f(x)$ 为单调奇函数.

∴ $f(2x)=-f(x)=f(-x)$.

由函数的单调性可得 $2x=-x$，∴ $x=0$.

故原方程的解为 $x=0$.

例3 解方程 $e^{3x}+e^x-e^{-3x}-e^{-x}+28x^3=0$ $(x\in\mathbf{R})$.

解：原方程可化为
$$e^x-e^{-x}+x^3+e^{3x}-e^{-3x}+27x^3=0. \qquad ①$$

构造函数 $f(x)=e^x-e^{-x}+x$，则①变为 $f(x)+f(3x)=0$，易证 $f(x)$ 为单调奇函数.

∴ $f(3x)=-f(x)=f(-x)$.

由函数的单调性可得 $3x=-x$，∴ $x=0$.

故原方程的解为 $x=0$.

例4 已知：锐角三角形 ABC，求证：$\sin A+\sin B+\sin C>\cos A+\cos B+\cos C$.

证明：构造函数 $y=\sin x$ $(0°<x<90°)$.

显然 $x_1=A$，$x_2=90°-B$，$x_3=90°-C$ 均为定义域中的值.

∵ $A+B+C=180°$，∴ $A=(90°-B)+(90°-C)$.

又∵ x_1，x_2，x_3 均为正值，∴ $A>90°-B$.

而在 $(0°,90°)$，$y=\sin x$ 为增函数，∴ $\sin A>\sin(90°-B)=\cos B$.

同理可得 $\sin B>\cos C$，$\sin C>\cos A$.

故 $\sin A+\sin B+\sin C>\cos A+\cos B+\cos C$.

例5 已知 $x_i\in\mathbf{R}^+$ $(i=1,2,\cdots,n)$，求证：$\dfrac{1}{n}(x_1+x_2+\cdots+x_n)\geqslant\sqrt[n]{x_1x_2\cdots x_n}$.

证明：构造函数 $f(x)=\ln x$ $(x>0)$，显然 $f(x)$ 是凸的（可画图直观地看出），由凸函数的性质知：

$$f\left[\frac{1}{n}(x_1+x_2+\cdots+x_n)\right]\geqslant\frac{1}{n}[f(x_1)+f(x_2)+\cdots+f(x_n)],$$

$$\ln\left(\frac{x_1+x_2+\cdots+x_n}{n}\right)\geqslant\frac{1}{n}(\ln x_1+\ln x_2+\cdots+\ln x_n)$$

$$=\frac{1}{n}\ln(x_1\cdot x_2\cdots x_n)$$

$$=\ln\sqrt[n]{x_1x_2\cdots x_n},$$

注意到 $\ln x$ 是增函数,故有 $\dfrac{1}{n}(x_1+x_2+\cdots+x_n) \geqslant \sqrt[n]{x_1 x_2 \cdots x_n}$.

例6 已知 $a^m = b^m + c^m$,且 a,b,c,m 都是正数,问 m 取怎样的值时,以 a,b,c 为三边可构成三角形?并指出三角形的形状.

解:$\because a^m = b^m + c^m$,a,b,c,m 都是正数.

$\therefore a > b$,$a > c$,$\therefore a + b > c$ 且 $a + c > b$.

构造函数 $f(x) = \left(\dfrac{b}{a}\right)^x + \left(\dfrac{c}{a}\right)^x$. $\because 0 < \dfrac{b}{a} < 1$,$0 < \dfrac{c}{a} < 1$,

$\therefore$ 函数 $\left(\dfrac{b}{a}\right)^x$ 与 $\left(\dfrac{c}{a}\right)^x$ 都是减函数,从而 $f(x)$ 也是减函数.

$\because f(m) = \left(\dfrac{b}{a}\right)^m + \left(\dfrac{c}{a}\right)^m = 1$,$f(1) = \dfrac{b}{a} + \dfrac{c}{a}$,

当 $m > 1$ 时,有 $f(m) < f(1)$,即 $1 < \dfrac{b+c}{a}$,$b + c > a$.

由此可得,当 $m > 1$ 时,以 a,b,c 为三边可构成三角形.

当 $m = 2$ 时,$\because a^2 = b^2 + c^2$,则为直角三角形.

当 $m > 2$ 时,$\because 1 < \left(\dfrac{b}{a}\right)^2 + \left(\dfrac{c}{a}\right)^2$,即 $b^2 + c^2 > a^2$,则构成锐角三角形.

当 $1 < m < 2$ 时,$\because 1 > \left(\dfrac{b}{a}\right)^2 + \left(\dfrac{c}{a}\right)^2$,即 $b^2 + c^2 < a^2$,则构成钝角三角形.

§1-5 构造其他函数

构造函数法还有构造其他函数的一些例子,现汇总如下:

例1 已知不等式 $\dfrac{1}{n+1} + \dfrac{1}{n+2} + \cdots + \dfrac{1}{2n} > \dfrac{1}{12}\log_a(a-1) + \dfrac{2}{3}$ 对于一切大于1的自然数 n 都恒成立,试求实数 a 的取值范围.

解:构造函数 $f(n) = \dfrac{1}{n+1} + \dfrac{1}{n+2} + \cdots + \dfrac{1}{2n}$.

$\because f(n+1) - f(n) = \dfrac{1}{2n+1} + \dfrac{1}{2n+2} - \dfrac{1}{n+1} = \dfrac{1}{(2n+1)(2n+2)} > 0$,

$\therefore f(n)$ 是关于 n 的递增函数,当 $n \geqslant 2$ 时,有 $f(n) \geqslant f(2) = \dfrac{7}{12}$.

要使 $f(n) > \dfrac{1}{12}\log_a(a-1) + \dfrac{2}{3}$ 对一切 $n \geqslant 2$ 恒成立,则必须有:

$$\dfrac{1}{12}\log_a(a-1) + \dfrac{2}{3} < \dfrac{7}{12},\ 即\ \log_a(a-1) < -1.$$

$\because a>1$, $\therefore a-1<\dfrac{1}{a}$, $\therefore 1<a<\dfrac{1+\sqrt{5}}{2}$.

故所求 a 的取值范围为 $\left(1,\dfrac{1+\sqrt{5}}{2}\right)$.

例2 对于满足 $1\leqslant \gamma\leqslant s\leqslant t\leqslant 4$ 的一切实数 γ, s, t, 求 $(\gamma-1)^2+\left(\dfrac{s}{\gamma}-1\right)^2+\left(\dfrac{t}{s}-1\right)^2+\left(\dfrac{4}{t}-1\right)^2$ 的最小值.（美国普特南数学竞赛题）

解：构造辅助函数

$$f(x)=\left(\dfrac{x}{a}-1\right)^2+\left(\dfrac{b}{x}-1\right)^2\ (0\leqslant a\leqslant x\leqslant b),$$

则 $f(x)=\left(\dfrac{x}{a}+\dfrac{b}{x}-1\right)^2-\dfrac{2b}{a}+1$. 由平均不等式 $\dfrac{x}{a}+\dfrac{b}{x}\geqslant 2\sqrt{\dfrac{b}{a}}\geqslant 2$,

当且仅当 $\dfrac{x}{a}=\dfrac{b}{x}$ 即 $x=\sqrt{ab}$ 时等号成立,

$\therefore f(x)\geqslant \left(2\sqrt{\dfrac{b}{a}}-1\right)^2-\dfrac{2b}{a}+1=2\left(\sqrt{\dfrac{b}{a}}-1\right)^2$. ①

对①式取 $a=1$, $b=s$, $\gamma=x$, 则

$$(\gamma-1)^2+\left(\dfrac{s}{\gamma}-1\right)^2\geqslant 2(\sqrt{s}-1)^2,$$ ②

当且仅当 $\gamma=\sqrt{s}$ 时等号成立.

对①式取 $a=s$, $b=4$, $t=x$, 则

$$\left(\dfrac{t}{s}-1\right)^2+\left(\dfrac{4}{t}-1\right)^2\geqslant 2\left(\sqrt{\dfrac{4}{s}}-1\right)^2,$$ ③

当且仅当 $t=2\sqrt{s}$ 时等号成立.

对①式取 $a=1$, $b=2$, $\sqrt{s}=x$, 得

$$(\sqrt{s}-1)^2+\left(\dfrac{2}{\sqrt{s}}-1\right)^2\geqslant 2(\sqrt{2}-1)^2.$$ ④

由②，③和④得：

$$(r-1)^2+\left(\dfrac{s}{r}-1\right)^2+\left(\dfrac{t}{s}-1\right)^2+\left(\dfrac{4}{t}-1\right)^2$$

$$\geqslant 2\left[(\sqrt{s}-1)^2+\left(\sqrt{\dfrac{4}{s}}-1\right)^2\right]\geqslant 4(\sqrt{2}-1)^2,$$

当且仅当 $r=\sqrt{2}$, $s=2$, $t=2\sqrt{2}$ 时,

$(r-1)^2+\left(\dfrac{s}{r}-1\right)^2+\left(\dfrac{t}{s}-1\right)^2+\left(\dfrac{4}{t}-1\right)^2$ 的最小值就是 $4(\sqrt{2}-1)^2$.

例3 解方程组:
$$\begin{cases} x_1 + x_2 + \cdots + x_n = n, \\ x_1^2 + x_2^2 + \cdots + x_n^2 = n, \\ \cdots\cdots \\ x_1^n + x_2^n + \cdots + x_n^n = n. \end{cases}$$

解: 该方程组是 n 元方程组, 形式很对称, 构造函数
$$p(t) = (t-x_1)(t-x_2)(t-x_3)\cdots(t-x_n)$$
$$= t^n + a_1 t^{n-1} + a_2 t^{n-2} + \cdots + a_{n-1} t + a_n,$$

则
$$0 = p(x_1) + p(x_2) + \cdots + p(x_n)$$
$$= \sum_{i=1}^{n} x_i^n + a_1 \sum_{i=1}^{n} x_i^{n-1} + a_2 \sum_{i=1}^{n} x_i^{n-2} + \cdots + a_{n-1} \sum_{i=1}^{n} x_i + \sum_{i=1}^{n} a_n$$
$$= n + a_1 \cdot n + a_2 \cdot n + \cdots + a_{n-1} \cdot n + a_n \cdot n$$
$$= n(1 + a_1 + a_2 + \cdots + a_{n-1} + a_n) = np(1).$$

这表明 $x_1, x_2, \cdots, x_n$ 中有一个为 1, 根据方程对称性知 $x_1 = x_2 = x_3 = \cdots x_n = 1$.

例4 求证: $\dfrac{|a+b|}{1+|a+b|} \leqslant \dfrac{|a|}{1+|a|} + \dfrac{|b|}{1+|b|}$.

证明: 构造函数 $f(x) = \dfrac{x}{1+x}$.

设 $0 < x_1 < x_2$, $\because \dfrac{x_1}{1+x_1} - \dfrac{x_2}{1+x_2} = \dfrac{x_1 - x_2}{(1+x_1)(1+x_2)} < 0$,

$\therefore f(x) = \dfrac{x}{1+x}$ 在 $x > 0$ 时是增函数.

且 $|a+b| \leqslant |a| + |b|$, 令 $x_1 = |a+b|$, $x_2 = |a| + |b|$,

则有 $\dfrac{|a+b|}{1+|a+b|} \leqslant \dfrac{|a|+|b|}{1+|a|+|b|} = \dfrac{|a|}{1+|a|+|b|} + \dfrac{|b|}{1+|a|+|b|}$
$$\leqslant \dfrac{|a|}{1+|a|} + \dfrac{|b|}{1+|b|}.$$

例5 设 a, b, c 为三角形的三边, 求证: $\dfrac{a}{a+1} + \dfrac{b}{b+1} > \dfrac{c}{c+1}$.

证明: 构造函数 $f(x) = \dfrac{x}{x+1} = 1 - \dfrac{1}{x+1}$ $(0 < x < +\infty)$,

显然 $f(x)$ 在 $(0, +\infty)$ 上是单调递增函数.

$\because a, b, c$ 为三角形的三边.

$\therefore c < a+b$, $\therefore f(c) < f(a+b)$,

即 $\dfrac{c}{1+c} < \dfrac{a+b}{1+(a+b)} < \dfrac{a}{1+(a+b)} + \dfrac{b}{1+(a+b)} < \dfrac{a}{1+a} + \dfrac{b}{1+b}$,

故 $\dfrac{a}{1+a} + \dfrac{b}{1+b} > \dfrac{c}{1+c}$.

例6 证明不等式 $\dfrac{x}{1-2^x} < \dfrac{x}{2}$ $(x \neq 0)$.

证明: 构造函数 $f(x) = \dfrac{x}{1-2^x} - \dfrac{x}{2}$ $(x \neq 0)$.

$\because f(-x) = \dfrac{-x}{1-2^{-x}} + \dfrac{x}{2} = \dfrac{x}{2} + \dfrac{x \cdot 2^x}{1-2^x} = \dfrac{x}{2} + \dfrac{x}{1-2^x}[(2^x-1)+1] = f(x)$,

$\therefore f(x)$ 为偶函数.

当 $x > 0$ 时, $\because 1 - 2^x < 0$, $\therefore f(x) < 0$. 当 $x < 0$ 时, $f(x) = f(-x) < 0$.

$\therefore$ 当 $x \neq 0$ 时, 恒有 $f(x) < 0$. 故 $\dfrac{x}{1-2^x} < \dfrac{x}{2}$ $(x \neq 0)$.

例7 已知数列 $\{a_n\}$ 的通项 $a_n = \dfrac{n^2}{(n+1)^2}$, 试证: 对于任意不相等的自然数 m 和 n, 有 $a_m + a_n \geq a_{m+n+2}$.

证明: 构造函数 $f(x) = \dfrac{x^2}{(1+x)^2} = \left(1 - \dfrac{1}{x+1}\right)^2$.

易知, 当 $x > 0$ 时, $f(x)$ 是增函数, 于是

$$f(m) + f(n) = \dfrac{m^2}{(1+m)^2} + \dfrac{n^2}{(1+n)^2}$$

$$= \dfrac{m^2 + n^2 + m^2 n^2 + m^2 n^2 + 2m^2 n + 2mn^2}{(1+m+n+mn)^2}$$

$$\geq \dfrac{m^2 + n^2 + (mn)^2 + 2mn + 2m^2 n + 2mn^2}{(1+m+n+mn)^2} \quad (\text{注意 } mn \geq 2)$$

$$= \dfrac{(m+n+mn)^2}{(1+m+n+mn)^2} = f(m+n+mn) \geq f(m+n+2),$$

即 $a_m + a_n \geq a_{m+n+2}$.

例8 已知 a, b, c 是互不相等的实数, 求证: $\dfrac{(x+b)(x+c)}{(a-b)(a-c)} + \dfrac{(x+c)(x+a)}{(b-c)(b-a)} + \dfrac{(x+a)(x+b)}{(c-a)(c-b)} = 1$.

证明: 构造函数

$$f(x) = \dfrac{(x+b)(x+c)}{(a-b)(a-c)} + \dfrac{(x+c)(x+a)}{(b-c)(b-a)} + \dfrac{(x+a)(x+b)}{(c-a)(c-b)} - 1.$$

∵ $f(-a) = f(-b) = f(-c) = 0$,∴ $f(x) \equiv 0$.

故等式获证.

例9 已知 $P(x)$ 和 $Q(x)$ 为两个实系数多项式，且对所有实数 x，满足恒等式 $P[Q(x)] = Q[P(x)]$，若方程 $P(x) = Q(x)$ 无实数解，证明方程 $P[P(x)] = Q[Q(x)]$ 也无实数解. （加拿大数学竞赛题）

证明： 构造函数 $F(x) = P(x) - Q(x)$，因为方程 $P(x) = Q(x)$ 无实数解，则函数 $F(x)$ 的图像或者恒在 x 轴上方，或者恒在 x 轴的下方，即 $F(x)$ 恒大于 0，或者恒小于 0，

不妨设 $F(x) > 0$，即 $P(x) - Q(x) > 0$.

∵ $P[Q(x)] = Q[P(x)]$,

∴ $P[P(x)] - Q[Q(x)] = \{P[P(x)] - Q[P(x)]\} + \{Q[P(x)] - Q[Q(x)]\} = \{P[P(x)] - Q[P(x)]\} + \{P[Q(x)] - Q[Q(x)]\} > 0$.

故方程无实数解.

例10 证明 $(x, y) = (1, 2)$ 是方程组

$$\begin{cases} x(x+y)^2 = 9, & \text{①} \\ x(y^3 - x^3) = 7 & \text{②} \end{cases}$$

唯一的实数解. （瑞典数学竞赛题）

证明： 显然 $x = 1$，$y = 2$ 是方程组的解.

由①可知 $x > 0$，由②及 $x > 0$ 可得 $y > x$，于是由①得

$$9 = x(x+y)^2 > x(x+x)^2 = 4x^3, \quad 0 < x < \sqrt[3]{\frac{9}{4}}.$$

下面分两种情况讨论解的唯一性.

(1) 当 $0 < x < 1$ 时，由①得 $y = \frac{3}{\sqrt{x}} - x$，由②得 $y^3 = x^3 + \frac{7}{x}$.

构造辅助函数 $f(x)$，设

$$f(x) = \left(\frac{3}{\sqrt{x}} - x\right)^3 - \left(x^3 + \frac{7}{x}\right)$$

$$= 7\left(\frac{1}{x^{\frac{3}{2}}} - \frac{1}{x}\right) + (20 - 7x^{\frac{3}{2}})\left(\frac{1}{x^{\frac{3}{2}}} - 1\right) + 2x^{\frac{3}{2}}(1 - x^{\frac{3}{2}}). \quad \text{③}$$

由于 $0 < x < 1$，所以 $x^{\frac{3}{2}} < x$，从而上式各项均大于 0，所以 $f(x) > 0$，于是方程组在 $0 < x < 1$ 时无解.

(2) 当 $1 < x < \sqrt[3]{\frac{9}{4}}$ 时，由于③式当 $1 < x < \left(\frac{20}{7}\right)^{\frac{3}{2}}$ 时，$f(x) < 0$，而 $\left(\frac{20}{7}\right)^{\frac{3}{2}}$

$> \left(\dfrac{3}{2}\right)^{\frac{3}{2}} = \sqrt[3]{\dfrac{9}{4}}$，从而 $1 < x < \sqrt[3]{\dfrac{9}{4}}$ 时，$f(x) < 0$，于是方程组在 $1 < x < \sqrt[3]{\dfrac{9}{4}}$ 时没有解.

故方程组只有唯一的实数解 $(x, y) = (1, 2)$.

例 11 求下列数列的前 n 项和 S_n：(1) $a_n = 2^n \cdot n^2$；(2) $a_n = 2^n \cdot n$.

解：(1) 据已有的经验，观察项结构特征，设想有函数 $f(x)$ 满足 $f(x+1) - f(x) = 2^x \cdot x^2$.

构造 $f(x) = 2^x(x^2 + bx + c)$，由待定系数法可求得 $b = -4, c = 6$，

$\therefore f(x) = 2^x(x^2 - 4x + 6)$，

$\therefore S_n = \sum\limits_{k=1}^{n} 2^k \cdot k^2 = \sum\limits_{k=1}^{n} [f(k+1) - f(k)]$

$= [f(2) - f(1)] + [f(3) - f(2)] + \cdots + [f(n+1) - f(n)]$

$= f(n+1) - f(1) = 2^{n+1}(n^2 - 2n + 3) - 6$.

(2) 类似于(1)，构造 $f(x) = 2^x(x - 2)$.

$\because f(x+1) - f(x) = 2^x \cdot x$，$\therefore S_n = f(n+1) - f(1) = 2^{n+1}(n-1) + 2$.

例 12 T 为三维空间中所有整点的集合(整点就是指坐标都是整数的点)，对于整点 (x, y, z) 与 (u, v, w)，当且仅当 $|x-u| + |y-v| + |z-w| = 1$ 时，称为相邻的点. 证明：存在 T 的一个子集 S，使得对于每个点 $P \in T$，在 P 与 P 的相邻点中恰好有一个属于 S.（第 26 届 IMO 候选题）

证明：设点 $P(x, y, z)$，则它的六个相邻点为 $(x \pm 1, y, z)$、$(x, y \pm 1, z)$、$(x, y, z \pm 1)$.

构造函数 $f(x, y, z) = x + 2y + 3z$.

则 P 与其相邻点对应 7 个不同的值

$x + 2y + 3z, \ x + 2y + 3z \pm 1, \ x + 2y + 3z \pm 2, \ x + 2y + 3z \pm 3$.

这是 7 个相邻的数，一定有一个能被 7 整除. 为此，我们设集合 S 为 $S = \{(x, y, z) \mid x + 2y + 3z \text{ 能被 } 7 \text{ 整除}\}$，则集合 S 满足题目要求.

例 13 等边圆锥底面半径为 R，轴截面 SAB 的底角 A 的平分线为 AC，又 BD 为底面上一条弦，它与 AB 成 $30°$ 角，求 AC 与 BD 之间的距离.

解：在 AC 上任取一点 M，在平面 SAB 上作 $MN \perp AB$，则 $MN \perp BD$，在平面 ABD 上过 N 作 $NK \perp BD$，K 为垂足，连 MK，则 $MK \perp BD$.

令 $MN = x \in (0, \dfrac{\sqrt{3}}{2}R)$，则 $AN = x\operatorname{ctg}30° = \sqrt{3}x$.

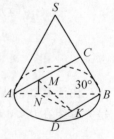

例 13 图

∴ $NB = 2R - \sqrt{3}x$.

在 Rt△BKN 中，∠ABK = 30°，

∴ $NK = NB \cdot \sin 30° = (2R - \sqrt{3}x) \cdot \dfrac{1}{2} = R - \dfrac{\sqrt{3}}{2}x$，

∴ $MK^2 = MN^2 + NK^2 = x^2 + \left(R - \dfrac{\sqrt{3}}{2}x\right)^2 = \dfrac{7}{4}\left(x - \dfrac{2\sqrt{3}}{7}R\right)^2 + \dfrac{4}{7}R^2$.

当 $x = \dfrac{2\sqrt{3}}{7}R$ 时，MK^2 有最小值 $\dfrac{4}{7}R^2$，此时 $MK = \dfrac{2\sqrt{7}}{7}R$.

故 AC 与 BD 间的距离为 $\dfrac{2\sqrt{7}}{7}R$.

这里，我们构造了函数 MK^2. 在求两条异面直线之间的距离时，如果能找到两直线上两点所连线段的函数关系，那么通过取其最小值即可求出这两条异面直线间的距离．这也是求两条异面直线间的距离常用的方法之一．

习 题 一

1. 试指出方程 $|x^2 - 1| = c + 1$ 在参数 c 取不同数值范围时，其不同解的个数情况．

2. 是否存在实数 k 使方程 $7x^2 - (k + 13)x + k^2 - k - 2 = 0$ 的两根分别在 $(0, 1)$ 和 $(1, 2)$ 范围内．

3. 若不等式 $4 \leqslant 3\sin^2 x - \cos^2 x + 4\cos x + a^2 \leqslant 20$ 对一切实数 x 恒成立，求实数 a 的取值范围．

4. 设实数 $a > 1 > b > 0$，问 a 和 b 满足什么关系时，不等式 $\lg(a^x - b^x) > 0$ 的解集为 $(1, +\infty)$．

5. 若不等式 $\sqrt{x} > ax + \dfrac{3}{2}$ 的解集是 $(4, b)$，求 a 和 b 的值．

6. 已知 $\sin\theta + \cos\theta = \dfrac{1}{5}$，又 $\theta \in (0, \pi)$，则 $\operatorname{tg}\theta$ 的值是（　）．

A. $-\dfrac{4}{3}$　　B. $-\dfrac{3}{4}$　　C. $\dfrac{3}{4}$　　D. $\dfrac{4}{3}$

7. 已知 $x, y \in \left[-\dfrac{\pi}{4}, \dfrac{\pi}{4}\right]$，$a \in \mathbf{R}$，且 $\begin{cases} x^3 + \sin x - 2a = 0, & ① \\ 4y^3 + \sin y \cos y + a = 0. & ② \end{cases}$

求 $\cos(x + 2y)$．

8. 已知 $f(x) = x^5 + ax^3 + bx - 8$ 且 $f(-2) = 10$，那么 $f(2)$ 等于＿＿．

(1990年高考试题)

9. 设 $f(x)=kx+\dfrac{6}{x}-4(k\in\mathbf{R})$，当 $x=2+\sqrt{3}$ 时，$f(x)=0$，求 $f\left(\dfrac{1}{\sqrt{3}-2}\right)$ 的值.

10. 设关于 x 的函数 $y=x^2+2a\sqrt{1-x^2}+a^2-6a+13$.

(1) 求函数 y 的最大值 $M(a)$；

(2) 是否存在正常数 b，使 a 在 $(1,+\infty)$ 上变化时，$y=\log_b M(a)$ 的最大值是 $-\dfrac{4}{3}$？

11. 解不等式 $\sqrt{a(a-x)}>a-2x\,(a\neq 0)$.

12. 解方程 $(5x+3)^5+x^5+6x+3=0\,(x\in\mathbf{R})$.

13. 解方程 $3x(2+\sqrt{9x^2+3})+(2x+1)\left(2+\sqrt{(2x+1)^2+3}\right)=0$.

14. 在实数范围内解方程 $x\sqrt{y-1}+y\sqrt{x-1}=xy$.

15. 在实数范围内解方程 $\sqrt[3]{x+1}+\sqrt[3]{2x+3}+3x+4=0$.

16. 解方程 $x^3-[x]-6=0$，其中 $[x]$ 表示不大于 x 的最大整数.

17. 已知 $a,b,m\in\mathbf{R}^+$，且 $a<b$，求证：$\dfrac{a+m}{b+m}>\dfrac{a}{b}$.

18. 已知 $|a|<1,|b|<1$，求证：$\left|\dfrac{a+b}{1+ab}\right|<1$.

19. 已知 $a,b\in\mathbf{R}^+$，且 $a+b=1$，证明：$ab+\dfrac{1}{ab}\geq\dfrac{17}{4}$.

20. 设 $x\geq 0$，求证：$\dfrac{2+x}{1+x}\sqrt{1+(1+x)^2}\geq 2\sqrt{2}$.

21. 已知 $a,b\in\mathbf{R}^+$，$2c>a+b$，求证：

(1) $c^2>ab$；(2) $c-\sqrt{c^2-ab}<a<c+\sqrt{c^2-ab}$.

22. 设 $0<a<1$，$x<0$，求证：
$$\dfrac{x(a^x-1)}{(a^x+1)\cdot\log_a(\sqrt{x^2+1}-x)}>\ln(\sqrt{x^2+1}+x).$$

23. 设 $f(x)=\lg\dfrac{1+2^x+4^x a}{3}$，其中 $a\in\mathbf{R}$，求证：当 $0<a\leq 1$，且 $x\neq 0$ 时，有 $2f(x)<f(2x)$. (1990年广东高考第二试第五题)

24. 证明：对任意的实数 $x,y,z\in(0,1)$，不等式 $x(1-y)+y(1-z)+z(1-x)<1$ 成立.

25. 若 x, y, z, a, b, c, $\gamma > 0$, 证明：

$$\frac{x+y+a+b}{x+y+a+b+c+\gamma} + \frac{y+z+b+c}{y+z+a+b+c+\gamma} > \frac{x+y+a+c}{x+z+a+b+c+\gamma}.$$

26. 已知 a_1, a_2, a_3, a_4, a_5, a_6, a_7 均为正数, 求证：

$$\frac{a_1+a_2+a_3+a_4}{a_1+a_2+a_3+a_4+a_5+a_6} + \frac{a_3+a_4+a_5+a_6}{a_2+a_3+a_4+a_5+a_6+a_7}$$

$$> \frac{a_1+a_2+a_5+a_6}{a_1+a_2+a_3+a_4+a_5+a_6+a_7}.$$

27. 设 a, b, c 为绝对值小于 1 的实数, 求证：$ab+bc+ca+1>0$.

28. 设 $x>1$, $y>1$, 求证：$\sqrt{xy} \geq 1+\sqrt{(x-1)(y-1)}$.

29. 设 $x \geq 1$, $y \geq 1$, 且使数 $a=\sqrt{x-1}+\sqrt{y-1}$ 和 $b=\sqrt{x+1}+\sqrt{y+1}$ 是不相邻的整数, 求证：$b=a+2$.

30. 求证：存在一个整系数多项式 $p(x)$, 使得当 $0.08 \leq x \leq 0.12$ 时, $|p(x)-0.1|<0.0001$ 成立.

31. 已知数列 $\{a_n\}$ 满足 $a_1=\sqrt{2}$, $a_n=\sqrt{2+a_{n-1}}$ ($2 \leq n \in \mathbf{N}$). (1) 求通项 a_n; (2) 证明 $\{a_n\}$ 是递增有界数列.

32. 已知 a, b, c, m 为正数, 且 $a^m=b^m+c^m$, 问 m 取怎样的最小正整数时, 以 a, b, c 为三边即可构成一个锐角三角形?

33. 平面内边长为 a 的正 $\triangle ABC$, 直线 $DE \parallel BC$ 交 AB, AC 于 D, E, 现将 $\triangle ABC$ 沿 DE 折成 $60°$ 的二面角, 求 DE 在何位置时, 折起后 A 到 BC 的距离最短? 最短距离为多少? 并求此时棱锥 $A-BCED$ 的体积.

第二章 构造方程(组)法

构造方程(组)法就是借助于添加辅助方程(组)以达到解决某一数学问题的一种构造法.

在解答某一数学问题的过程中,如遇到下列情况,我们均可尝试用构造方程(组)法来解答.

(1)在已知条件与结论中出现两数之和与两数之积,或只有其中一项但可设法变换出另一项,或两项都未明确给出但可变换出来,这时可利用韦达定理的逆定理构造一元二次方程;

(2)在已知条件与结论中出现形如"b^2-4ac"的式子时,可构造以"b^2-4ac"为判别式的一元二次方程 $ax^2+bx+c=0$;

(3)利用根与系数的关系来构造方程;

(4)利用根的定义构造方程;

(5)有些化简、证明问题,可先设部分式子为 x,建立关于 x 的方程;

(6)有些对数问题,可利用其性质建立方程;

(7)有些几何问题,利用几何性质可建立方程;

(8)已知条件与结论中若含有几个字母,可从中确定一个为变量,构造关于这个变量的方程.

构造方程(组)法中,用得较多的是构造一元二次方程或一元三次方程,在解题过程中,我们应多加注意.

构造方程(组)法大多用于求值、解方程(组)、证明不等式或等式等问题之中.

§2-1 构造一元二次方程

一元二次方程是初等数学中常见的一种方程,它有许多很重要的性质.在我们遇到要解答的问题中,如属上述的前四种情况之一,或者通过适当的变换可以达到上述条件之一的,都可以通过构造一元二次方程来解答.

第二章 构造方程(组)法

例1 求 $\sin 18°$ 和 $\cos 36°$ 的值(不查表).

解: $\because \sin 18° \cos 36° = \dfrac{4\sin 18° \cos 18° \cos 36°}{4\cos 18°} = \dfrac{\sin 72°}{4\cos 18°} = \dfrac{1}{4}$,

$$-\sin 18° + \cos 36° = \sin 54° - \sin 18° = 2\cos 36° \sin 18° = \dfrac{1}{2}.$$

构造一元二次方程 $x^2 - \dfrac{1}{2}x - \dfrac{1}{4} = 0$.

由上知 $-\sin 18°$, $\cos 36°$ 是该方程的根,

解此方程得 $x_1 = \dfrac{1+\sqrt{5}}{4}$, $x_2 = \dfrac{1-\sqrt{5}}{4}$.

又 $\sin 18° < \cos 36°$. $\therefore \sin 18° = \dfrac{\sqrt{5}-1}{4}$, $\cos 36° = \dfrac{\sqrt{5}+1}{4}$.

例2 已知 $a+b = 2$,且 $a^3 + b^3 = 56$,求 a 和 b 的值.

解: 由于 $a^3 + b^3 = (a+b)[(a+b)^2 - 3ab] = 56$.

又 $a+b = 2$,可得 $ab = -8$.

构造方程 $x^2 - 2x - 8 = 0$,则 a 和 b 为该方程的根,

解之得 $x_1 = 4$,$x_2 = -2$.

$\therefore \begin{cases} a = 4, \\ b = -2 \end{cases}$ 或 $\begin{cases} a = -2, \\ b = 4. \end{cases}$

例3 已知 $\sin\alpha \cdot \cos\alpha = \dfrac{1}{8}$,且 $\dfrac{\pi}{4} < \alpha < \dfrac{\pi}{2}$,求 $\cos\alpha - \sin\alpha$ 的值.

解: 设 $\cos\alpha - \sin\alpha = t$,则 $t = \sqrt{2}\cos\left(\alpha + \dfrac{\pi}{4}\right)$.

又 $\because \dfrac{\pi}{2} < \alpha + \dfrac{\pi}{4} < \dfrac{3}{4}\pi$,故 $-\dfrac{\sqrt{2}}{2} < \cos\left(\alpha + \dfrac{\pi}{4}\right) < 0$,

$\therefore -1 < t < 0$,又由已知 $\sin\alpha \cdot \cos\alpha = \dfrac{1}{8}$.

于是可得方程 $\dfrac{1-t^2}{2} = \dfrac{1}{8}$,解之 $t = \pm\dfrac{\sqrt{3}}{2}\left(t = \dfrac{\sqrt{3}}{2}舍\right)$,

$\therefore t = -\dfrac{\sqrt{3}}{2}$. $\therefore \cos - \sin\alpha$ 的值为 $-\dfrac{\sqrt{3}}{2}$.

例4 求 $y = \dfrac{\sec^2 x - \text{tg}x}{\sec^2 x + \text{tg}x}$ ($y \neq 1$)的最值.

解: $\because y = \dfrac{\sec^2 x - \text{tg}x}{\sec^2 x + \text{tg}x} = \dfrac{1 + \text{tg}^2 x - \text{tg}x}{1 + \text{tg}^2 x + \text{tg}x}$,

去分母并整理,得二次方程
$$(y-1)\operatorname{tg}^2 x + (y+1)\operatorname{tg} x + y - 1 = 0.$$

∵ tg$x$ 是实数,

∴ 当 $y \neq 1$ 时,$\Delta = (y+1)^2 - 4(y-1)^2 \geq 0$,

解得 $\frac{1}{3} \leq y \leq 3$. 故 $y_{\min} = \frac{1}{3}$,$y_{\max} = 3$.

例5 在 $\triangle ABC$ 中,A,B,C 成等差数列,且最大角与最小角的对边之比为 $(\sqrt{3}+1):2$,求 A,B,C 的度数.

解:设最大角为 A,那么 C 为最小角,

∵ A,B,C 成等差数列,∴ $\angle B = 60°$.

由 $b^2 = a^2 + c^2 - 2ac\cos B$ 和 $\frac{a}{c} = \frac{\sqrt{3}+1}{2}$ 得方程:
$$\left(\frac{b}{c}\right)^2 = \left(\frac{a}{c}\right)^2 + 1 - 2 \cdot \frac{a}{c}\cos B,$$

即 $\left(\frac{b}{c}\right)^2 = \left(\frac{\sqrt{3}+1}{2}\right)^2 - 2 \cdot \frac{\sqrt{3}+1}{2} \cdot \frac{1}{2} + 1$,∴ $\frac{b}{c} = \frac{\sqrt{6}}{2}$.

根据正弦定理,得:$\frac{\sin B}{\sin C} = \frac{b}{c} = \frac{\sqrt{6}}{2}$,∴ $\sin C = \frac{\sqrt{2}}{2}$.

∵ $c < b$,∴ $\angle C = 45°$,于是 $\angle A = 75°$.

故角 A,B,C 的度数分别为 $75°$,$60°$,$45°$.

例6 已知不等式 $ax^2 + bx + c > 0 (a \neq 0)$ 的解集为 $\{x \mid \alpha < x < \beta, 0 < \alpha < \beta\}$,求不等式 $cx^2 + bx + a < 0$ 的解.

解:由已知得 $a < 0$,原不等式化为:$x^2 + \frac{b}{a}x + \frac{c}{a} < 0$.

构造方程 $x^2 + \frac{b}{a}x + \frac{c}{a} = 0$,令其根为 α 和 β.

由题意得 $\alpha + \beta = -\frac{b}{a}$,$\alpha \cdot \beta = \frac{c}{a}$.

∵ $0 < \alpha < \beta$,∴ $\frac{c}{a} > 0$. 又 $a < 0$,∴ $c < 0$.

因而不等式 $cx^2 + bx + a < 0$ 可化为 $x^2 + \frac{b}{c}x + \frac{a}{c} > 0$.

而 $\frac{b}{c} = -\frac{(\alpha+\beta)}{\alpha\beta} = -\left(\frac{1}{\alpha} + \frac{1}{\beta}\right)$,$\frac{a}{c} = \frac{1}{\alpha\beta}$,

∴ $\frac{1}{\alpha}$,$\frac{1}{\beta}$ 是方程 $x^2 + \frac{b}{c}x + \frac{a}{c} = 0$ 的两个根,

∵ $0 < \alpha < \beta$, $\dfrac{1}{\beta} < \dfrac{1}{\alpha}$

∴ 不等式 $cx^2 + bx + a < 0$ 的解集为：$\left\{x \mid x < \dfrac{1}{\beta} \text{ 或 } x > \dfrac{1}{\alpha}\right\}$.

例7 解方程 $x + \dfrac{x}{\sqrt{x^2 - 1}} = \dfrac{35}{12}$.

解：设 $x = u$，$\dfrac{x}{\sqrt{x^2 - 1}} = V$.

将原方程两边平方并整理得：$\dfrac{x^4}{x^2 - 1} + 2x \cdot \dfrac{x}{\sqrt{x^2 - 1}} = \left(\dfrac{35}{12}\right)^2$，

即 $(uV)^2 + 2uV = \left(\dfrac{35}{12}\right)^2$. 解之得 $uV = -\dfrac{49}{12}$（舍去），$uV = \dfrac{25}{12}$.

又 $u + V = \dfrac{35}{12}$，构造方程 $12t^2 - 35t + 25 = 0$，则 u，V 是该方程的两个根.

解之得 $t_1 = \dfrac{5}{4}$，$t_2 = \dfrac{5}{3}$.

∴ $\begin{cases} u = \dfrac{5}{4}, \\ V = \dfrac{5}{3} \end{cases}$ 或 $\begin{cases} u = \dfrac{5}{3}, \\ V = \dfrac{5}{4}. \end{cases}$ 故 $x_1 = \dfrac{5}{3}$，$x_2 = \dfrac{5}{4}$，经检验均为原方程的根.

例8 解方程组 $\begin{cases} \sqrt{x} + \sqrt{y - 1} = 5, & ① \\ xy - x = 36. & ② \end{cases}$

解：由①知 $x \geq 0$，$y - 1 \geq 0$，于是②可化为

$$x(y - 1) = 36, \sqrt{x} \cdot \sqrt{y - 1} = 6.$$

由此可构造方程 $t^2 - 5t + 6 = 0$，而 $\sqrt{x}$，$\sqrt{y - 1}$ 为它的两个根.

解之得 $\begin{cases} \sqrt{x} = 2, \\ \sqrt{y - 1} = 3 \end{cases}$ 或 $\begin{cases} \sqrt{x} = 3, \\ \sqrt{y - 1} = 2. \end{cases}$

故原方程的解为 $\begin{cases} x_1 = 4, \\ y_1 = 10 \end{cases}$ 或 $\begin{cases} x_2 = 9, \\ y_2 = 5. \end{cases}$

例9 已知 a，b，c 为实数，求证：$(b - 2a + c)^2 \geq 3(a - 2b + c)(a - c)$.

证明：构造方程 $(a - 2b + c)x^2 - 2(b - 2a + c)x + 3(a - c) = 0$.

∵ $(a - 2b + c) + 2(b - 2a + c) + 3(a - c) = 0$，

∴ 该方程有一实数根 1，∴ $\Delta \geq 0$，

即 $4(b - 2a + c)^2 - 12(a - 2b + c)(a - c) \geq 0$，

故 $(b-2a+c)^2 \geq 3(a-2b+c)(a-c)$.

例 10 已知 A,B,C 是 $\triangle ABC$ 的三个内角,$\sin A \neq \sin B$,$(\sin C - \sin A)^2 - 4(\sin A - \sin B)(\sin B - \sin C) = 0$.

求证:$0 < B \leq \dfrac{\pi}{3}$.

证明: 构造辅助方程 $(\sin A - \sin B)x^2 - (\sin C - \sin A)x + (\sin B - \sin C) = 0$.

$\because \Delta = (\sin C - \sin A)^2 - 4(\sin A - \sin B)(\sin B - \sin C) = 0$,

$\therefore$ 方程有相等实根.

又 $(\sin A - \sin B) + (\sin C - \sin A) + (\sin B - \sin C) = 0$,

$\therefore$ 方程的相等实根为 1.

根据韦达定理得 $\dfrac{\sin B - \sin C}{\sin A - \sin B} = 1$,$\therefore 2\sin\dfrac{B}{2}\cos\dfrac{B}{2} = \sin\dfrac{A+C}{2}\cos\dfrac{A-C}{2}$.

$\because \cos\dfrac{B}{2} = \sin\dfrac{A+C}{2} \neq 0$. $\therefore \sin\dfrac{B}{2} = \dfrac{1}{2}\cos\dfrac{A-C}{2} \leq \dfrac{1}{2}$,

$\therefore 0 < \dfrac{B}{2} \leq \dfrac{\pi}{6}$. 故 $0 < B \leq \dfrac{\pi}{3}$.

例 11 在 $\triangle ABC$ 中,$\lg\text{tg}A + \lg\text{tg}C = 2\lg\text{tg}B$,求证:$\dfrac{\pi}{3} \leq B < \dfrac{\pi}{2}$.

证明: $\because \text{tg}B > 0$,$\therefore 0 < B < \dfrac{\pi}{2}$.

由题设得 $\text{tg}A\text{tg}C = \text{tg}^2 B$,又 $\because A + B + C = \pi$,

$\therefore \text{tg}A + \text{tg}C = (1 - \text{tg}A\text{tg}C)\text{tg}(A+C) = (1 - \text{tg}^2 B)(-\text{tg}B)$.

由此可构造以 $\text{tg}A$ 和 $\text{tg}C$ 为根的一元二次方程 $x^2 - (1 - \text{tg}^2 B)(-\text{tg}B)x + \text{tg}^2 B = 0$.

又 $\because x$ 为实数,$\therefore \Delta = [(1 - \text{tg}^2 B)\text{tg}B]^2 - 4\text{tg}^2 B \geq 0$,

解之得 $\text{tg}B \geq \sqrt{3}$,故 $\dfrac{\pi}{3} \leq B < \dfrac{\pi}{2}$.

例 12 若 p,$q \in \mathbf{R}$,$p^3 + q^3 = 2$,求证:$0 < p + q \leq 2$.

证明: $\because p^3 + q^3 = 2$,即 $(p+q)^3 - 3pq(p+q) = 2$.

设 $p + q = k$,则 $pq = \dfrac{k^3 - 2}{3k}$.

构造方程 $x^2 - kx + \dfrac{k^3 - 2}{3k} = 0$,则 p 和 q 是该方程的两个实根,

$\therefore \Delta = k^2 - 4 \cdot \dfrac{k^3 - 2}{3k} \geq 0$,即 $\dfrac{3k^3 - 4k^3 + 8}{3k} \geq 0$,$\dfrac{8 - k^3}{3k} \leq 0$.

解得 $0 < k \leq 2$,即 $0 < p + q \leq 2$.

例13 证明柯西不等式 $\left(\sum_{i=1}^{n}a_ib_i\right)^2 \leq \sum_{i=1}^{n}a_i^2 \cdot \sum_{i=1}^{n}b_i^2$,其中 $a_i,b_i \in \mathbf{R}(i=1,2,\cdots,n)$,等号仅当 $\dfrac{a_1}{b_1}=\dfrac{a_1}{b_2}=\cdots=\dfrac{a_n}{b_n}$ 时成立.

证明: 构造辅助方程 $\left(\sum_{i=1}^{n}a_i^2\right)x^2 + 2\left(\sum_{i=1}^{n}a_ib_i\right)x + \sum_{i=1}^{n}b_i^2 = 0$,

它可以化成 $\sum_{i=1}^{n}(a_ix+b_i)^2 = 0$ 的形式.

方程的左边为非负,当且仅当 $a_1x+b_1=a_2x+b_2=\cdots=a_nx+b_n$,即 $\dfrac{a_1}{b_1}=\dfrac{a_2}{b_2}\cdots=\dfrac{a_n}{b_n}$ 时有唯一解,此时 $\Delta=0$,否则 $\Delta<0$.

故 $4\left(\sum_{i=1}^{n}a_ib_i\right)^2 - 4\left(\sum_{i=1}^{n}a_i^2\right) \cdot \left(\sum_{i=1}^{n}b_i^2\right) \leq 0$,

即 $\left(\sum_{i=1}^{n}a_ib_i\right)^2 \leq \sum_{i=1}^{n}a_i^2 \cdot \sum_{i=1}^{n}b_i^2$,且等号仅当 $\dfrac{a_1}{b_1}=\dfrac{a_2}{b_2}=\cdots=\dfrac{a_n}{b_n}$ 时成立.

例14 已知 $\lg^2\dfrac{c}{a}-4\lg\dfrac{a}{b}\lg\dfrac{b}{c}=0$,且 a,b,c 两两不相等,求证:$b^2=ac$.

证明: 由已知可构造二次方程 $t^2\lg\dfrac{a}{b}+t\lg\dfrac{c}{a}+\lg\dfrac{b}{c}=0$.

$\because \Delta = \lg^2\dfrac{c}{a}-4\lg\dfrac{a}{b}\lg\dfrac{b}{c}=0$,$\therefore$ 该方程有两个相等实根.

又 $\because \lg\dfrac{a}{b}+\lg\dfrac{c}{a}+\lg\dfrac{b}{c}=\lg\left(\dfrac{a}{b}\cdot\dfrac{c}{a}\cdot\dfrac{b}{c}\right)=0$,$\therefore$ 方程有根 1,则 $t_1=t_2=1$.

由韦达定理 $t_1 \cdot t_2 = \dfrac{\lg\dfrac{b}{c}}{\lg\dfrac{a}{b}}=1$,$\therefore \lg\dfrac{b}{c}=\lg\dfrac{a}{b}$,即 $\dfrac{b}{c}=\dfrac{a}{b}$.

故 $b^2=ac$.

例15 设 $25\cos A+5\sin B+\text{tg}C=0$,$\sin^2 B-4\cos A\text{tg}C=0$,求证:$\text{tg}C=25\cos A$.

证明: 构造方程 $x^2\cos A+x\sin B+\text{tg}C=0$. ①

由已知条件知 $x=5$ 是方程①的根,

又 $\because \Delta = \sin^2 B-4\cos A\text{tg}C=0$,$\therefore$ 方程①有两个相等实根,即 $x_1=x_2=5$.

由韦达定理知 $x_1x_2 = \dfrac{\text{tg}C}{\cos A}=25$. 故 $\text{tg}C=25\cos A$.

例 16 已知 $\dfrac{\sin^4 x}{a} + \dfrac{\cos^4 x}{b} = \dfrac{1}{a+b}$，且 $a, b \in \mathbf{R}^+$，求证：$\dfrac{\sin^8 x}{a^3} + \dfrac{\cos^8 x}{b^3} = \dfrac{1}{(a+b)^3}$.

证明： 以 a 为未知数，把已知等式两边去分母，得：
$$(a+b)b\sin^4 x + (a+b)a\cos^4 x = ab.$$
变形得到一个关于 a 的方程
$$a^2\cos^4 x + ab(\sin^4 x + \cos^4 x - 1) + b^2\sin^4 x = 0.$$

$\because \Delta = [b(\sin^4 x + \cos^4 x - 1)]^2 - 4b^2\cos^4 x\sin^4 x$

$\quad\;\; = [b(-2\sin^2 x\cos^2 x)]^2 - 4b^2\cos^4 x\sin^4 x$

$\quad\;\; = 0,$

$\therefore a = \dfrac{-b(\sin^4 x + \cos^4 x - 1)}{2\cos^4 x} = \dfrac{-b(-2\sin^2 x\cos^2 x)}{2\cos^4 x}$,

$\therefore \dfrac{a}{b} = \dfrac{\sin^2 x}{\cos^2 x} \Rightarrow \sin^2 x = \dfrac{a}{a+b}$，$\therefore \cos^2 x = \dfrac{b}{a+b}$.

故 $\dfrac{\sin^8 x}{a^3} + \dfrac{\cos^8 x}{b^3} = \dfrac{\left(\dfrac{a}{a+b}\right)^4}{a^3} + \dfrac{\left(\dfrac{b}{a+b}\right)^4}{b^3} = \dfrac{1}{(a+b)^3}$.

例 17 已知 a, b, c 为实数，且 $a + b + c = 0$，$abc = 1$，求证：a, b, c 三个数中必有一个大于 $\dfrac{3}{2}$.

证明： 由 $abc = 1$，可知 a, b, c 三个数中必有一个大于 0，不妨设 $a > 0$，由已知得 $b + c = -a$，$bc = \dfrac{1}{a}$.

由此可构造方程 $x^2 + ax + \dfrac{1}{a} = 0$.

而 b 和 c 是该方程的两个实数根，$\therefore \Delta = a^2 - \dfrac{4}{a} \geq 0$.

由假设 $a > 0$，$\therefore a^3 \geq 4$. 故 $a \geq \sqrt[3]{4} = \sqrt[3]{\dfrac{32}{8}} > \sqrt[3]{\dfrac{27}{8}} = \dfrac{3}{2}$.

例 18 求同时满足下列两个条件的所有复数 z：$(1) z + \dfrac{10}{z}$ 是实数，且 $1 < z + \dfrac{10}{z} \leq 6$；$(2) z$ 的实部和虚部都是整数．（1992 年"三南"高考题）

解： 设 $z + \dfrac{10}{z} = m (m \in \mathbf{R}$，且 $1 < m \leq 6)$

由此即可构造出关于 z 的实系数二次方程 $z^2 - mz + 10 = 0$.

$\because z$ 为复数,$\therefore \Delta = m^2 - 40 < 0$.

解方程得 $$z = \frac{m}{2} \pm \frac{\sqrt{40-m^2}}{2}\mathrm{i}. \qquad ①$$

由(2)知 z 的实部为整数,所以 m 只能是 2,4,6,又 z 的虚部也是整数,所以 m 只能取 2 和 6.

代入①得:$z = 1 \pm 3\mathrm{i}$ 或 $z = 3 \pm \mathrm{i}$.

例 19 已知 $(z-x)^2 - 4(x-y)(y-z) = 0$ 且 $x \neq y \neq z$,求证:x, y, z 成等差数列.

证明: 构造关于 m 的一元二次方程:
$$(x-y)m^2 + (z-x)m + (y-z) = 0.$$
$\because \Delta = (z-x)^2 - 4(x-y)(y-z) = 0$,又 $(x-y) + (z-x) + (y-z) = 0$,
$\therefore m_1 = m_2 = 1$,$m_1 m_2 = 1$.

由韦达定理有 $m_1 m_2 = \dfrac{y-z}{x-y} = 1$,$\therefore x - y = y - z$,故 x, y, z 成等差数列.

例 20 在 $\square ABCD$ 中,$\angle A < \angle B$,且 $AC^2 \cdot BD^2 = AB^4 + AD^4$,求证:$\angle A = \dfrac{1}{3}\angle B$.

证明: 如图所示设 $AB = a$,$AD = b$,$AC = m$,$BD = n$,则 $m^2 + n^2 = 2(a^2 + b^2)$.

又 $AC^2 \cdot BD^2 = AB^4 + AD^4$,

即 $m^2 \cdot n^2 = a^4 + b^4$.

于是可构造方程
$$x^2 - 2(a^2 + b^2)x + a^4 + b^4 = 0.$$
而 $m^2 \cdot n^2$ 是该方程的两个根,解此方程得:$x = a^2 + b^2 \pm \sqrt{2}ab$.

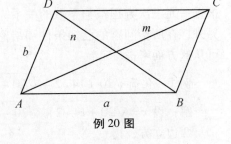

例 20 图

$\because \angle A < \angle B$,故有 $n < m$,$n^2 < m^2$,$\therefore n^2 = a^2 + b^2 - \sqrt{2}ab$. ①

在 $\triangle ABD$ 中,由余弦定理得 $n^2 = a^2 + b^2 - 2ab\cos A$. ②

比较①和②得 $\cos A = \dfrac{\sqrt{2}}{2}$,

$\therefore \angle A = 45°$.$\angle B = 180° - 45° = 135°$.故 $\angle A = \dfrac{1}{3}\angle B$.

例21 已知 $a^2\sin\theta + a\cos\theta - 1 = 0$，$b^2\sin\theta + b\cos\theta - 1 = 0(a \neq b)$，用 l 表示过点 (a, a^2) 和 (b, b^2) 的直线方程，并证明此直线在 θ 变化时，恒与一定圆相切.

解： ∵ $a \neq b$，$\sin\theta \neq 0$，构造关于 t 的二次方程：$t^2\sin\theta + t\cos\theta - 1 = 0$.
由已知条件知 a 和 b 是这个方程的两根，

∴ $a + b = -\dfrac{\cos\theta}{\sin\theta}$，$ab = -\dfrac{1}{\sin\theta}$， ①

∴ 过 (a, a^2)，(b, b^2) 两点的直线方程为

$$y - a^2 = \dfrac{b^2 - a^2}{b - a}(x - a) \text{ 即 } y = (a+b)x - ab.$$

将①代入得 $x\cos\theta + y\sin\theta - 1 = 0$.

又因为原点到这条直线的距离是 $d = \left|\dfrac{0+0-1}{\sqrt{\sin^2\theta + \cos^2\theta}}\right| = 1$，

故不论 θ 值如何变化，该直线恒与单位圆相切.

§2-2 构造一元三次方程

在我们要解答的问题中，如果出现三个变量之和与三个变量两两之积以及三个变量之积，或者通过适当的变换可以求得上述三项，那么我们就可以根据一元三次方程根与系数的关系构造一个一元三次方程来解答这一问题. 另外，在所给问题的已知条件和结论中出现三次方或三次方根，我们不妨也可从这方面考虑.

例1 化简 $\sqrt[3]{20 + 14\sqrt{2}} + \sqrt[3]{20 - 14\sqrt{2}}$.

解： 设 $x = \sqrt[3]{20 + 14\sqrt{2}} + \sqrt[3]{20 - 14\sqrt{2}}$.
两边立方，得

$$\begin{aligned}x^3 &= 20 + 14\sqrt{2} + 3\sqrt[3]{(20 + 14\sqrt{2})^2} \times \sqrt[3]{20 - 14\sqrt{2}} \\ &\quad + 3\sqrt[3]{20 + 14\sqrt{2}} \times \sqrt[3]{(20 - 14\sqrt{2})^2} + 20 - 14\sqrt{2} \\ &= 40 + 3\sqrt[3]{20^2 - (14\sqrt{2})^2}\left(\sqrt[3]{20 + 14\sqrt{2}} + \sqrt[3]{20 - 14\sqrt{2}}\right) \\ &= 40 + 3x\sqrt[3]{20^2 - (14\sqrt{2})^2},\end{aligned}$$

于是构造出方程 $x^3 - 6x - 40 = 0$.
∵ $x^3 - 6x - 40 = (x-4)(x^2 + 4x + 10) = 0$，而 $x^2 + 4x + 10 = (x+2)^2 + 6 > 0$，
∴ $x - 4 = 0$，方程 $x^3 - 6x - 4 = 0$ 只有一个实数根 $x = 4$.

故 $\sqrt[3]{20+14\sqrt{2}} + \sqrt[3]{20-14\sqrt{2}} = 4$.

例2 解方程组 $\begin{cases} x+y+z=1, & ① \\ x^2+y^2+z^2=\dfrac{1}{3}, & ② \\ x^3+y^3+z^3=\dfrac{1}{9}. & ③ \end{cases}$

解： ①² 得 $x^2+y^2+z^2+2(xy+yz+zx)=1$.

把②代入上式，得 $xy+yz+zx=\dfrac{1}{3}$. ④

而 $x^3+y^3+z^3-3xyz=(x+y+z)[x^2+y^2+z^2-(xy+yz+zx)]$.

把①，②，③，④分别代入上式，得 $xyz=\dfrac{1}{27}$. ⑤

由①，④，⑤可构造一元三次方程 $t^3-t^2+\dfrac{t}{3}-\dfrac{1}{27}=0$. ⑥

而 x,y,z 为该方程的三个根，⑥可变为 $\left(t-\dfrac{1}{3}\right)^3=0$,

$\therefore t$ 有三等根 $\dfrac{1}{3}$. 故 $x=y=z=\dfrac{1}{3}$，此即为原方程组的唯一解.

例3 解方程组 $\begin{cases} x^3+y^3+z^3=a^3, \\ x^2+y^2+z^2=a^2, \\ x+y+z=a. \end{cases}$

解： 构造一个关于变量 t 的方程 $t^3+pt^2+qt+r=0$. ①
设方程的三根是 x,y,z，由韦达定理知 $r=-xyz$.
又 $(x+y+z)^2-(x^2+y^2+z^2)=2(xy+xz+yz)$,
$(x+y+z)^3-(x^3+y^3+z^3)=3(x+y+z)(xy+zx+yz)-3xyz$.
由已知方程组可得 $xy+xz+yz=0$，$xyz=0$，$\therefore r=-xyz=0$.
令 $x^k+y^k+z^k=s_k(k=1,2,3)$，由①可推出 $s_3+ps_2+qs_1+3r=0$
$\Leftrightarrow s_3+ps_2+qs_1+r=0$
但已知 $s_3=a^3$，$s_2=a^2$，$s_1=a$ $\Big\} \Rightarrow a^3+pa^2+qa+r=0$,

$\therefore$ 数 a 是方程①的根，不失一般性. 令 $x=a$，此时原方程组可化为

$\begin{cases} y^2+z^2=0, \\ y+z=0, \end{cases} \Rightarrow y=z=0$,

故原方程组的一组解为 $(a,0,0)$.

同理，若分别令 $y=a$，$z=a$，则仿上可求得另两组解 $(0,a,0)$，$(0,0,a)$.

例4 解方程组 $\begin{cases} x + ay + a^2z = a^3, & ① \\ x + by + b^2z = b^3, & (a \ne b \ne c). \quad ② \\ x + cy + c^2z = c^3 & ③ \end{cases}$

解：构造方程 $t^3 - zt^2 - yt - x = 0$.

由①，②，③知 a，b，c 是它的三个根，由韦达定理得

$a + b + c = z$, $ab + bc + ca = -y$, $abc = x$,

∴ 原方程组的解为 $\begin{cases} x = abc, \\ y = -(ab + bc + ca), \\ z = a + b + c. \end{cases}$

例5 求证：(1) $\operatorname{tg}\dfrac{\pi}{7}\operatorname{tg}\dfrac{2\pi}{7}\operatorname{tg}\dfrac{3\pi}{7} = \sqrt{7}$；(2) $\operatorname{tg}^2\dfrac{\pi}{7} + \operatorname{tg}^2\dfrac{2\pi}{7} + \operatorname{tg}^2\dfrac{3\pi}{7} = 21$.

证明：设 $\alpha_k = \dfrac{k\pi}{7}$（$k = 1$，2，3），则 $3\alpha_k = k\pi - 4\alpha_k$，$\operatorname{tg}3\alpha_k = -\operatorname{tg}4\alpha_k$.

利用倍角公式可得

$$\left(\operatorname{tg}\alpha_k + \dfrac{2\operatorname{tg}^2\alpha_k}{1 - \operatorname{tg}^2\alpha_k}\right) \bigg/ \left(1 - \dfrac{2\operatorname{tg}^2\alpha_k}{1 - \operatorname{tg}^2\alpha_k}\right) = \dfrac{-4\operatorname{tg}\alpha_k}{1 - \operatorname{tg}^2\alpha_k} \bigg/ \left[1 - \left(\dfrac{2\operatorname{tg}\alpha_k}{1 - \operatorname{tg}^2\alpha_k}\right)^2\right],$$

即 $\operatorname{tg}\alpha_k(\operatorname{tg}^6\alpha_k - 21\operatorname{tg}^4\alpha_k + 35\operatorname{tg}^2\alpha_k - 7) = 0$.

∵ $\operatorname{tg}\alpha_1$，$\operatorname{tg}\alpha_2$，$\operatorname{tg}\alpha_3$ 均不为零，

故 $\operatorname{tg}^2\alpha_1$，$\operatorname{tg}^2\alpha_2$，$\operatorname{tg}^2\alpha_3$ 是方程 $x^3 - 21x^2 + 35x - 7 = 0$ 的三根，由根与系数的关系知所证等式(1)和(2)成立.

§2-3 构造其他方程

如果我们所遇到的问题的已知条件和结论中含有某一方程的形式或者可以通过适当的变形转化为某一方程的形式，那么，我们可以构造这一方程来解. 另外，如前所述，有些对数问题，可利用其性质建立起方程；有些几何问题也可利用几何性质建立方程.

例1 若 $\dfrac{x^2}{2^2 - 1^2} + \dfrac{y^2}{2^2 - 3^2} + \dfrac{z^2}{2^2 - 5^2} + \dfrac{w^2}{2^2 - 7^2} = 1$,

$\dfrac{x^2}{4^2 - 1^2} + \dfrac{y^2}{4^2 - 3^2} + \dfrac{z^2}{4^2 - 5^2} + \dfrac{w^2}{4^2 - 7^2} = 1$,

$\dfrac{x^2}{6^2 - 1^2} + \dfrac{y^2}{6^2 - 3^2} + \dfrac{z^2}{6^2 - 5^2} + \dfrac{w^2}{6^2 - 7^2} = 1$,

$\dfrac{x^2}{8^2 - 1^2} + \dfrac{y^2}{8^2 - 3^2} + \dfrac{z^2}{8^2 - 5^2} + \dfrac{w^2}{8^2 - 7^2} = 1$,

确定 $x^2+y^2+z^2+w^2$ 的值.(第二届美国数学邀请赛题)

解:考虑四个方程的结构,构造关于 k 的方程:

$$\frac{x^2}{k-1^2}+\frac{y^2}{k-3^2}+\frac{z^2}{k-5^2}+\frac{w^2}{k-7^2}=1, \qquad ①$$

易知 $2^2,4^2,6^2,8^2$ 是方程①中关于 k 的解.

整理方程①得:$k^4-(x^2+y^2+z^2+w^2+1+9+25+49)k^2+\cdots=0$.

根据一元 n 次方程根与系数的关系

$$4+16+36+64=x^2+y^2+z^2+w^2+1+9+25+49,$$

∴ $x^2+y^2+z^2+w^2=36$.

例2 解方程 $\sqrt{3x^2-4x+34}+\sqrt{3x^2-4x-11}=9$. ①

解:构造方程 $(3x^2-4x+34)-(3x^2-4x-11)=45$, ②

②÷①得 $\sqrt{3x^2-4x+34}-\sqrt{3x^2-4x-11}=5$, ③

①+③得 $\sqrt{3x^2-4x+34}=7$,

即 $3x^2-4x-15=0$,解之得 $x=3$ 或 $x=-\dfrac{5}{3}$.

例3 求数列 $1991,19911991,\cdots,\underbrace{19911991\cdots1991}$ 的通项公式.

解:设 $a_n=\underbrace{19911991\cdots1991}_{n\text{个}1991}$,$a_1=1991$,

则 $\qquad a_n=10000a_{n-1}+1991.$ ①

构造方程 $\qquad x=10000x+1991,$ ②

则①-②得 $\qquad a_n-x=10000(a_{n-1}-x),$

∴ 数列 $\{a_n-x\}$ 是以 (a_1-x) 为首项、10000 为公比的等比数列

$$a_n-x=(a_1-x)\cdot 10000^{n-1}. \qquad ③$$

由②解得 $x=-\dfrac{1991}{9999}$,代入③,∴ $a_n=\left(1991+\dfrac{1991}{9999}\right)\times 10^{4(n-1)}-\dfrac{1991}{9999}$

$$=\dfrac{1991}{9999}\times 10^{4n}-\dfrac{1991}{9999}=\dfrac{1991(10^{4n}-1)}{9999}.$$

例4 求过圆 $x^2+y^2-6x-8y+24=0$ 与直线 $x+y-8=0$ 的一个交点及原点的直线方程.

解:直线方程化成 $\dfrac{x+y}{8}=1$.

在圆的方程中,用 $\dfrac{x+y}{8}$ 代换"1",构造新的方程

$$x^2+y^2-6x\cdot\dfrac{x+y}{8}-8y\cdot\dfrac{x+y}{8}+24\left(\dfrac{x+y}{8}\right)^2=0.$$

展开合并得 $5x^2 - 8xy + 3y^2 = 0$，分解得 $(5x-3y)(x-y)=0$，故所求直线方程为 $5x-3y=0$ 或 $x-y=0$.

例5 求过圆 $x^2+y^2-6x-8y+24=0$ 及直线 $x+y-8=0$ 的两个交点及原点，并且对称轴平行于坐标轴的椭圆方程.

解：将直线方程写成 $\dfrac{x+y}{8}=1$.

利用已知圆和直线构造如下新方程：

$$x^2+y^2-6x\cdot\dfrac{x+y}{8}-8y\cdot\dfrac{x+y}{8}+24\left(\dfrac{x+y}{8}\right)^2+\lambda\left(\dfrac{x+y}{8}-1\right),$$

$(x+\mu y)=0$（λ，μ 为参数）.

方程的曲线必过已知圆和直线的交点及原点，我们选择参数，使曲线为对称轴平行于坐标轴的椭圆.

展开合并得：

$$(5+\lambda)x^2+(-8+\lambda+\lambda\mu)xy+(3+\lambda\mu)y^2-8\lambda x-8\lambda\mu y=0. \quad ①$$

令 $-8+\lambda+\lambda\mu=0 \Rightarrow \lambda\mu=8-\lambda$，代入方程①得

$$(5+\lambda)x^2+(11-\lambda)y^2-8\lambda x-(64-8\lambda)y=0. \quad ②$$

令 $\begin{cases}(5+\lambda)(11-\lambda)>0,\\ 5+\lambda\neq 11-\lambda\end{cases} \Rightarrow -5<\lambda<11$ 且 $\lambda\neq 3$. ③

在③的条件下，方程②就是所求的过已知圆与已知直线的两个交点及原点的一组椭圆的方程.

例6 双曲线的中心在坐标原点 O，焦点在 x 轴上，过双曲线右焦点且斜率为 $\sqrt{\dfrac{3}{5}}$ 的直线交双曲线于 P 和 Q 两点，若 $OP\perp OQ$，$|PQ|=4$，求双曲线方程. (1991年高考理科第26题)

解：设双曲线方程为 $\dfrac{x^2}{a^2}-\dfrac{y^2}{b^2}=1$ ($a>0$，$b>0$)，$a^2+b^2=c^2$，直线方程为 $y=\sqrt{\dfrac{3}{5}}(x-c)$，即 $\dfrac{\sqrt{3}x-\sqrt{5}y}{\sqrt{3}c}=1$.

构造直线 OP 和 OQ 的方程：$\dfrac{x^2}{a^2}-\dfrac{y^2}{b^2}-\left(\dfrac{\sqrt{3}x-\sqrt{5}y}{\sqrt{3}c}\right)^2=0$，

即 $(3c^2a^2+5a^2b^2)y^2+2a^2b^2\sqrt{15}xy-3b^4x^2=0$.

因为 $OP\perp OQ$，所以 OP 和 OQ 的斜率 k_1 和 k_2 之积 $k_1k_2=\dfrac{-3b^4}{3c^2a^2+5a^2b^2}$

$=-1$，

即 $3a^4 + 8a^2b^2 - 3b^4 = 0$ $(3a^2 - b^2)(a^2 + 3b^2) = 0$.

$\because a \neq 0$, $b \neq 0$, $\therefore b^2 = 3a^2$, 于是 $c = 2a$.

所以,双曲线方程为 $\dfrac{x^2}{a^2} - \dfrac{y^2}{3a^2} = 1$,直线方程为 $y = \sqrt{\dfrac{3}{5}}(x - 2a)$,即 $\dfrac{\sqrt{3}x - \sqrt{5}y}{2\sqrt{3}a} = 1$.

构造方程 $\dfrac{x^2}{a^2} - \dfrac{y^2}{3a^2} - \left(\dfrac{\sqrt{3}x - \sqrt{5}y}{2\sqrt{3}a}\right)^2 + \lambda\left(\dfrac{\sqrt{3}x - \sqrt{5}y}{2\sqrt{3}a} - 1\right)(x + \mu y) = 0$,

即 $(9 + 6\lambda a)x^2 + (2\sqrt{15} - 2\sqrt{15}\lambda a + 6\lambda\mu a)xy + (-9 - 2\sqrt{15}\lambda\mu a)y^2 - 12\lambda a^2 x - 12\lambda\mu a^2 y = 0$. ①

这是过 P,Q,O 的圆的方程,故

$$\begin{cases} 9 + 16\lambda a = -9 - 2\sqrt{15}\lambda\mu a, \\ 2\sqrt{15} - 2\sqrt{15}\lambda a + 6\lambda\mu a = 0 \end{cases} \Rightarrow \begin{cases} \lambda a = -\dfrac{1}{2}, \\ \lambda\mu a = -\dfrac{1}{2}\sqrt{15}. \end{cases}$$

代入方程①得圆的方程为 $x^2 + y^2 + ax + \sqrt{15}ay = 0$.

$\because |PQ| = 4$,$\therefore \sqrt{a^2 + (\sqrt{15}a)^2} = 4$. 于是 $a^2 = 1$,$b^2 = 3$.

故双曲线方程为:$x^2 - \dfrac{y^2}{3} = 1$.

§2-4 构造方程组

当我们所要解答的问题的已知条件和结论中含有两个或两个以上的变量或者是含有两个或两个以上的参数,要用构造方程的方法就要用到方程组.

例1 已知 $af(x) + bf\left(\dfrac{1}{x}\right) = cx$,$(a, b, c \in \mathbf{R}, abc \neq 0, a^2 \neq b^2)$,求 $f(x)$.

解:用 $\dfrac{1}{x}$ 代换原条件式中 x,则得 $af\left(\dfrac{1}{x}\right) + bf(x) = \dfrac{c}{x}$.

于是可构造方程组:$\begin{cases} af(x) + bf\left(\dfrac{1}{x}\right) = cx, & ① \\ af\left(\dfrac{1}{x}\right) + bf(x) = \dfrac{c}{x}. & ② \end{cases}$

①$\times a$ $-$ ②$\times b$ 得 $(a^2 - b^2)f(x) = \left(ax - \dfrac{b}{x}\right)c$,$\therefore f(x) = \dfrac{c}{a^2 - b^2}\left(ax - \dfrac{b}{x}\right)$.

例2 设 $f(x)=ax^2+bx$ 且 $1\leqslant f(-1)\leqslant 2$, $2\leqslant f(1)\leqslant 4$, 求证: $5\leqslant f(-2)\leqslant 10$.

证: 由于 $f(-2)=4a-2b$,

构造方程组 $\begin{cases} a-b=f(-1), \\ a+b=f(1), \end{cases}$

解之得 $\begin{cases} a=\dfrac{f(1)+f(-1)}{2}, \\ b=\dfrac{f(1)-f(-1)}{2}. \end{cases}$

于是 $f(-2)=4a-2b=2[f(1)+f(-1)]-[f(1)-f(-1)]=f(1)+3f(-1)$.

$\because 2\leqslant f(1)\leqslant 4$, $3\leqslant 3f(-1)\leqslant 6$, $\therefore 5\leqslant f(1)+3f(-1)\leqslant 10$, 即 $5\leqslant f(-2)\leqslant 10$.

例3 已知 $mn\neq 0$, 且 $m^2+n^2=1$, $ma^2+na-1=0$, $mb^2+nb-1=0$, $a\neq b$, 试求过点 $A(a,a^2)$, $B(b,b^2)$ 的直线的一次函数的解析式. (用含 m,n 的式子表示)

解: 依题意, a 和 b 是方程 $mx^2+nx-1=0 (m\neq 0)$ 的两个根, 由韦达定理得 $a+b=-\dfrac{n}{m}, ab=-\dfrac{1}{m}$.

设过 A,B 两点的直线为 $y=kx+c$, 分别将 $A(a,a^2)$, $B(b,b^2)$ 代入得方程组: $\begin{cases} a^2=ka+c, \\ b^2=kb+c, \end{cases}$ 解之得 $\begin{cases} k=a+b, \\ c=-ab. \end{cases}$

故 $y=(a+b)x-ab=-\dfrac{n}{m}x+\dfrac{1}{m}$.

例4 在 $\triangle ABC$ 中, 底边 BC 上的两点 E 和 F 把 BC 三等分, BM 是 AC 上的中线, AE 和 AF 交 BM 于 P 和 Q, 求 $BP:PQ:QM$ 的值.

解: 如图所示, 设 $BP=x$, $PQ=y$, $QM=z$,
过点 M 作 $ME'\parallel BC$ 交 AE, AF 于 E' 点, F' 点
$\because \triangle BPE\backsim\triangle MPE'$, $\triangle BQF\backsim\triangle MQF'$,
由相似三角形的性质可得方程组:

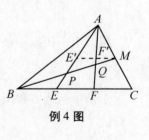

例4图

$\begin{cases} x=y+z, \\ x+y=4z, \end{cases}$ 设 z 为已知量, 解得 $\begin{cases} x=\dfrac{5}{2}z, \\ y=\dfrac{3}{2}z, \end{cases}$

$\therefore x:y:z=5:3:2$, 即 $BP:PQ:QM=5:3:2$

例5 正四棱柱的对角线的长是 9 cm，全面积是 144 cm²，求这四棱柱的底面一边长和侧棱长.

解：设底面正方形边长为 a，则棱长为 l.

由已知得方程组：

$$\begin{cases} a^2 + a^2 + l^2 = 9^2, \\ 2a^2 + 4al = 144 \end{cases} \quad 即 \begin{cases} 2a^2 + l^2 = 81, \\ a^2 + 2al = 72 \end{cases}$$

解之得 $\begin{cases} a = 4, \\ l = 7 \end{cases}$ 或 $\begin{cases} a = 6, \\ l = 3, \end{cases}$

即底面边长和侧棱长分别为 4 cm，7 cm 或 6 cm，3 cm.

习 题 二

1. 计算 $\sqrt[3]{9 + \sqrt{80}} + \sqrt[3]{9 - \sqrt{80}}$.

2. 已知 $\lg 54 = a$，$\lg 63 = b$，$\lg 84 = c$，试用 a，b，c 表示 $\log 504$ 的值.

3. 已知 $x = 3 - \sqrt{3}$，求 $x^4 - 5x^3 + x^2 - x + 1$ 的值.

4. 已知 $\sin\alpha + \sin\beta = \dfrac{1}{4}$，$\cos\alpha + \cos\beta = \dfrac{1}{3}$，求 $\text{tg}(\alpha + \beta)$ 的值(1990 年全国高考题).

5. 求 $\cos\dfrac{2}{7}\pi + \cos\dfrac{4}{7}\pi + \cos\dfrac{6}{7}\pi$ 的值.

6. 已知 $\triangle ABC$ 中，A，B，C 成等差数列，且 $\text{tg}A \cdot \text{tg}C = 2 + \sqrt{3}$，求 A，B，C 的度数.

7. 解方程 $\sqrt{x+5} + \sqrt{x} + 2\sqrt{x^2 + 5x} = 25 - 2x$.

8. 在实数范围内解方程组 $\begin{cases} x + y = 2, \\ xy - z^2 = 1. \end{cases}$

9. 解方程组 $\begin{cases} x + y + z = 15, & ① \\ x^2 + y^2 + z^2 = 85, & ② \\ x^3 + y^3 + z^3 = 495. & ③ \end{cases}$

10. 解方程组 $\begin{cases} x + ay + a^2 z + a^3 = 0, \\ x + by + b^2 z + b^3 = 0, \\ x + cy + c^2 z + c^3 = 0. \end{cases}$

11. 解关于 x, y, z 的方程组 $\begin{cases} \dfrac{x}{a^3} - \dfrac{y}{a^2} + \dfrac{z}{a} = 1, \\ \dfrac{x}{b^3} - \dfrac{y}{b^2} + \dfrac{z}{b} = 1, \\ \dfrac{x}{c^3} - \dfrac{y}{c^2} + \dfrac{z}{c} = 1. \end{cases}$ (a, b, c 均不为 0 且不相等)

12. 不查对数表，求证 $\lg 4 \cdot \lg 25 < 1$.

13. 已知 α, β, $\gamma \in \left(-\dfrac{\pi}{2}, \dfrac{\pi}{2}\right)$，求证：$(\operatorname{tg}\alpha - \operatorname{tg}\beta)^2 \geqslant (\operatorname{tg}\gamma - 2\operatorname{tg}\alpha) \cdot (2\operatorname{tg}\beta - \operatorname{tg}\gamma)$.

14. 已知 x, y, $z \in \mathbf{R}$，且满足等式 $x^2 - yz - 8x + 7 = 0$①和 $y^2 + z^2 + yz - 6x + 6 = 0$②．求证：$1 \leqslant x \leqslant 9$.

15. 已知 x, y, z 是非负实数，且 $xy + yz + zx = 1$，$x + y + z = 2$，求证：$x \leqslant \dfrac{4}{3}$，$y \leqslant \dfrac{4}{3}$，$z \leqslant \dfrac{4}{3}$.

16. a, b, c 均为实数，求证 a, b, c 都是正数的重要条件是：(1) $a + b + c > 0$；(2) $ab + bc + ca > 0$；(3) $abc > 0$.

17. 求证：$\sqrt[3]{1 + \dfrac{2}{3}\sqrt{\dfrac{7}{3}}} + \sqrt[3]{1 - \dfrac{2}{3}\sqrt{\dfrac{7}{3}}} = 1$.

18. 求证：(1) $\operatorname{tg}\dfrac{\pi}{7} \operatorname{tg}\dfrac{2}{7}\pi \operatorname{tg}\dfrac{3}{7}\pi = \sqrt{7}$，(2) $\operatorname{tg}^2\dfrac{\pi}{7} + \operatorname{tg}^2\dfrac{2}{7}\pi + \operatorname{tg}^2\dfrac{3}{7}\pi = 21$.

19. 已知 $p\sin3\alpha + q\sin\alpha = a$，$p\sin3\beta + q\sin\beta = a$，$p\sin3\gamma + q\sin\gamma = a$ ($a \neq 0$)，$\sin\alpha \neq \sin\beta \neq \sin\gamma$，求证：$\sin\alpha + \sin\beta + \sin\gamma = 0$.

20. 已知 $(1 + e\cos\alpha)(1 - e\cos\beta) = 1 - e^2$，求证：$\operatorname{tg}^2\dfrac{\alpha}{2} = \dfrac{1+e}{1-e}\operatorname{tg}^2\dfrac{\beta}{2}$ ($e \neq 0, 1$).

21. 若 $2f(x) - f\left(\dfrac{1}{x}\right) = x + 1$ ($x \neq 0$)，求 $f(x)$.

22. 已知函数 $f(x)$ 满足条件 $f(x) + 2f\left(\dfrac{1}{x}\right) = x$，求 $f(x)$.

23. 把 $\sin^2\alpha + \sin^2\beta - \sin^2\gamma - 2\sin\alpha\sin\beta\sin\gamma$ 化成积的形式.

24. 求证：不论 x 取什么值，多项式 $\dfrac{(x+b)(x+c)}{(a-b)(a-c)} + \dfrac{(x+c)(x+a)}{(b-c)(b-a)} +$

$\dfrac{(x+a)(x+b)}{(c-a)(c-b)}$ 的值恒为 1.

25. 通过第一象限内定点 $M(x_1,y_1)$ 的两圆都与两坐标轴相切,它们的半径分别为 γ_1,γ_2,求证:$\gamma_1 \cdot \gamma_2 = x_1^2 + y_1^2$.

26. 试证:抛物线的对称轴上必存在具有这样性质的一点,过此点的任意一条与抛物线相交于两点的直线,其两个交点对抛物线顶点永远张直角.

27. 求过椭圆 $2x^2+y^2+2y-17=0$ 与直线 $2x+y-5=0$ 的交点及点 $(1,-1)$ 的直线方程.

28. 设圆 $x^2+y^2-6x-8y+24=0$ 与直线 $x+y-8=0$ 的两个交点 P 和 Q.

(1) 求过 P,Q 及原点的圆的方程;

(2) 求过 P,Q 及原点并且对称轴垂直于 x 轴的抛物线方程.

29. 求过椭圆 $2x^2+y^2+2y-17=0$ 与直线 $2x+y-5=0$ 的交点及点 $(1,-1)$ 的等轴双曲线方程.

30. 已知椭圆的中心在坐标原点 O,焦点在坐标轴上,直线 $y=x+1$ 与该椭圆相交于 P 和 Q,且 $OP \perp OQ$,$|PQ|=\dfrac{1}{2}\sqrt{10}$,求椭圆方程(1991 年全国高考文科第 26 题).

31. 设抛物线 $y^2=2Px$ 过顶点 O 的两弦 OP_1 和 OP_2 互相垂直,求以 OP_1 和 OP_2 为直径的两圆另一个交点 Q 的轨迹方程.

32. P 是正方形 $ABCD$ 外接圆上任一点,求证:(1) $PA+PC=\sqrt{2}PB$;(2) $PA \cdot PC = PB^2 - AB^2$.

第三章 构造数(组)法

构造数(组)法就是借助于构造一个或几个数或数组以达到解决某些数学问题的一种构造法.

在解决具体问题的时候,要构造什么样的数,则必须根据问题的已知条件和结论,看看它与什么数(组)或它们的性质有关联,如果有,我们就构造这个数(组).

构造数(组)法同样可以用来解答求值、证明不等式和等式等问题.

§3-1 构造复数

构造数(组)法用得比较多的就是构造复数,因为复数有代数、三角、几何三种表达形式. 复数的运算、复数相等的性质、复数模的性质以及复数的几何意义在解题中都有广泛的应用. 因此,在某些数学问题中,如果已知条件和结论能与某一个或几个复数的实部和虚部,或是它的模,或幅角,或三角形式,或几何意义联系起来,那么,就可以构造这个复数,然后利用它的性质去解决这个问题.

例1 求 $\sin 18°$ 的值.

解:构造复数 $z = \cos 72° + i\sin 72°$,

则 $z^5 = 1$,即 $(z-1)(z^4 + z^3 + z^2 + z + 1) = 0$.

$\because z \neq 1$,$\therefore z^4 + z^3 + z^2 + z + 1 = 0$. 又 $\because z^2 \neq 0$,

$\therefore z^2 + z + 1 + \dfrac{1}{z} + \dfrac{1}{z^2} = 0$.

令 $y = z + \dfrac{1}{z}$,则方程变为 $y^2 + y - 1 = 0$. 解之得 $y = \dfrac{-1 \pm \sqrt{5}}{2}$.

又 $z + \dfrac{1}{z} = 2\cos 72° > 0$,$\therefore 2\cos 72° = \dfrac{-1 + \sqrt{5}}{2}$.

$\therefore \cos 72° = \dfrac{\sqrt{5} - 1}{4}$,故 $\sin 18° = \sin(90° - 72°) = \cos 72° = \dfrac{\sqrt{5} - 1}{4}$.

例2 已知 $\sqrt{2}\sin x + \sqrt{2}\cos x = 3y^2 - 6y + 5$,求 x 和 y.

解:构造复数 $z_1 = \sqrt{2} - \sqrt{2}\mathrm{i}$,$z_2 = \sin x + \mathrm{i}\cos x$,

则 $z_1 z_2 = (\sqrt{2}\sin x + \sqrt{2}\cos x) + (\sqrt{2}\cos x - \sqrt{2}\sin x)\mathrm{i}$.

$\because 3y^2 - 6y + 5 = 3(y-1)^2 + 2 > 0$,

$\therefore 3y^2 - 6y + 5 = \sqrt{2}\sin x + \sqrt{2}\cos x = |\sqrt{2}\sin x + \sqrt{2}\cos x| \leq |z_1 z_2| = 2$,

(当且仅当 $\sqrt{2}\cos x = \sqrt{2}\sin x$ 时取等号)

$\therefore 3y^2 - 6y + 5 \leq 2$,即 $(y-1)^2 \leq 0$,$\therefore y = 1$,

又由题设及 $\sin x = \cos x$ 知 $\sin x > 0$,$\cos x > 0$ 且 $\operatorname{tg} x = 1$.

故 $x = 2k\pi + \dfrac{\pi}{4}$($k \in \mathbf{Z}$).

例3 已知 $\sin\alpha + \sin\beta = \dfrac{1}{4}$,$\cos\alpha + \cos\beta = \dfrac{1}{3}$,求 $\operatorname{tg}(\alpha + \beta)$ 的值.(1990 年高考试题)

解:构造复数 $z_1 = \cos\alpha + \mathrm{i}\sin\alpha$,$z_2 = \cos\beta + \mathrm{i}\sin\beta$,则有 $z_1 \cdot \bar{z}_1 = z_2 \bar{z}_2 = 1$.

$\because \dfrac{1}{3} + \dfrac{1}{4}\mathrm{i} = z_1 + z_2 = z_1 z_2 \bar{z}_2 + z_2 \cdot z_1 \bar{z}_1$

$\qquad = z_1 z_2 (\bar{z}_2 + \bar{z}_1) = z_1 z_2 (\overline{z_1 + z_2}) = z_1 z_2 \left(\dfrac{1}{3} - \dfrac{1}{4}\mathrm{i}\right)$

$\therefore z_1 z_2 = \dfrac{\dfrac{1}{3} + \dfrac{1}{4}\mathrm{i}}{\dfrac{1}{3} - \dfrac{1}{4}\mathrm{i}} = \dfrac{7}{25} + \dfrac{24}{25}\mathrm{i}$.

根据两个复数相乘,积的幅角等于各因数的幅角之和,得:

$$\operatorname{tg}(\alpha + \beta) = \dfrac{\dfrac{24}{25}}{\dfrac{7}{25}} = \dfrac{24}{7}.$$

例4 函数 $f(x) = \sqrt{x^2 + 2x + 10} - \sqrt{x^2 - 4x + 5}$ 何时取得最大值,最大值是多少?

解:$f(x) = \sqrt{x^2 + 2x + 10} - \sqrt{x^2 - 4x + 5} = \sqrt{(x+1)^2 + 3^2} - \sqrt{(x-2)^2 + 1^2}$.

构造两个复数 $z_1 = x + 1 + 3\mathrm{i}$,$z_2 = x - 2 + \mathrm{i}$,

则 $f(x) = |z_1| - |z_2| \leq |z_1 - z_2| \leq |3 + 2\mathrm{i}| = \sqrt{13}$.

当 z_1 和 z_2 对应的复平面上的点以及原点这三点共线时,上式等号成立,

由 $z_1 = tz_2$($t \in \mathbf{R}$)得 $\begin{cases} x+1 = t(x-2), \\ 3 = t, \end{cases}$ $\therefore x = \dfrac{7}{2}$.

故当 $x = \dfrac{7}{2}$ 时，$f(x)$ 取最大值 $\sqrt{13}$.

例5 （1）求函数 $y = \sqrt{x^2 - 2mx + n^2} + \sqrt{x^2 - 2px + q^2}$ 的最小值（其中 $|m| < |n|$，$|p| < |q|$）；

（2）求函数 $y = \sqrt{x^2 + 2mx + n^2} - \sqrt{x^2 - 2px + q^2}$ 的最大值（其中 $n > m > 0$，$q > p > 0$）.

解：（1）构造复数 $z_1 = x - m + \sqrt{n^2 - m^2}\,\mathrm{i}$，$z_2 = p - x + \sqrt{q^2 - p^2}\,\mathrm{i}$，

则 $y = \sqrt{x^2 - 2mx + n^2} + \sqrt{x^2 - 2px + q^2} = |z_1| + |z_2| \geq |z_1 + z_2|$

$= |(p - m) + (\sqrt{n^2 - m^2} + \sqrt{q^2 - p^2})\mathrm{i}|$

$= \sqrt{(p - m)^2 + (\sqrt{n^2 - m^2} + \sqrt{q^2 - p^2})^2}.$

当且仅当 $(x - m) \cdot \sqrt{q^2 - p^2} = (p - x) \cdot \sqrt{n^2 - m^2}$ 时即

$x = \dfrac{m + \dfrac{p\sqrt{n^2 - m^2}}{\sqrt{q^2 - p^2}}}{1 + \dfrac{\sqrt{n^2 - m^2}}{\sqrt{q^2 - p^2}}}$ 时才取等号.

故 y 的最小值为 $\sqrt{(p - m)^2 + (\sqrt{n^2 - m^2} + \sqrt{q^2 - p^2})^2}$.

（2）构造复数 $z_1 = x + m + \sqrt{n^2 - m^2}\,\mathrm{i}$，$z_2 = x - p + \sqrt{q^2 - p^2}\,\mathrm{i}$，

则 $y = |z_1| - |z_2| \leq ||z_1| - |z_2|| \leq |z_1 - z_2|$

$= |(m + p) + (\sqrt{n^2 - m^2} - \sqrt{q^2 - p^2})\mathrm{i}|$

$= \sqrt{(m + p)^2 + (\sqrt{n^2 - m^2} - \sqrt{q^2 - p^2})^2}.$

当且仅当 $(x + m)\sqrt{q^2 - p^2} = (x - p)\sqrt{n^2 - m^2}$ 时，

即 $x = \dfrac{m\sqrt{q^2 - p^2} + p\sqrt{n^2 - m^2}}{\sqrt{n^2 - m^2} - \sqrt{q^2 - p^2}}$ 时才取等号.

故 y 的最大值为 $\sqrt{(m + p)^2 + (\sqrt{n^2 - m^2} - \sqrt{q^2 - p^2})^2}$.

例6 设 x_k（$k = 1, 2, 3, \cdots, 1992$）为正实数，且 $\sum\limits_{k=1}^{1992} \sqrt{x_k} = 1992$，求 $u = \sqrt{x_1 + x_2} + \sqrt{x_2 + x_3} + \cdots + \sqrt{x_{1991} + x_{1992}} + \sqrt{x_{1992} + x_1}$ 的最小值.

解：构造复数 $z_1 = \sqrt{x_1} + \sqrt{x_2}\,\mathrm{i}$，$z_2 = \sqrt{x_2} + \sqrt{x_3}\,\mathrm{i}$，$\cdots$，$z_{1991} = \sqrt{x_{1991}} + \sqrt{x_{1992}}\,\mathrm{i}$，$z_{1992} = \sqrt{x_{1992}} + \sqrt{x_1}\,\mathrm{i}$.

根据复数模的性质有
$$u = |z_1| + |z_2| + |z_3| + \cdots + |z_{1992}| \geqslant |z_1 + z_2 + z_3 + \cdots + z_{1992}|$$
$$= |(\sqrt{x_1} + \sqrt{x_2} + \cdots + \sqrt{x_{1992}}) + (\sqrt{x_1} + \sqrt{x_2} + \cdots + \sqrt{x_{1992}})i|$$
$$= |1992 + 1992i| = 1992\sqrt{2}.$$

当且仅当 $\dfrac{x_1}{x_2} = \dfrac{x_2}{x_3} = \cdots = \dfrac{x_{1991}}{x_{1992}}$ 时，$u_{\min} = 1992\sqrt{2}$。

例7 已知点 $P(x, y)$ 是曲线 $|y - x| = 9 - 2\sqrt{xy}$ $(x, y \geqslant 0)$ 的动点，试求使 $\sqrt{x} + \sqrt{y}$ 达到最大值时的 P 的坐标，并求这个最大值。

解：构造复数 $z_1 = \sqrt{x} + \sqrt{y}i$，$z_2 = z_1^2 = (x - y) + 2\sqrt{xy}i$，

则 $|z_2| = |z_1^2| = |z_1|^2 \leqslant |Re z_2| + |I_m z_2| = |x - y| + 2\sqrt{xy} = 9$，

$\therefore |z_2| \leqslant 9$，$|z_1| \leqslant 3$，当且仅当 $x + y = 9$ 时才取等号。

又 $\sqrt{x} + \sqrt{y} = |Re z_1| + |I_m z_1| \leqslant \sqrt{2}|z_1| \leqslant 3\sqrt{2}$，当且仅当 $x = y$ 时才取等号。

$\therefore \sqrt{x} + \sqrt{y}$ 的最大值为 $3\sqrt{2}$，此时 $x + y = 9$，$x = y$。即 $x = y = \dfrac{9}{2}$，故 P 点的坐标为 $\left(\dfrac{9}{2}, \dfrac{9}{2}\right)$。

例8 求和 $p = \cos^2 x + \cos^2 3x + \cdots + \cos^2(2n-1)x$。

解：$p = \dfrac{1}{2}[1 + \cos 2x + 1 + \cos 6x + \cdots + 1 + \cos(4n-2)x] = \dfrac{1}{2}n + \dfrac{1}{2}M$。

此处 $M = \cos 2x + \cos 6x + \cos 10x + \cdots + \cos(4n-2)x$。

设 $N = \sin 2x + \sin 6x + \sin 10x + \cdots + \sin(4n-2)x$，

构造复数 $z = \cos 2x + i\sin 2x$，$w = \cos 4x + i\sin 4x$，

则 $M + iN = z + zw + zw^3 + \cdots + zw^{n-1} = \dfrac{z(1-w^n)}{1-w}$

$$= \dfrac{(\cos 2x + i\sin 2x)(1 - \cos 4nw - i\sin 4nw)}{1 - \cos 4x - i\sin 4x}.$$

而 $1 - \cos 4nx - i\sin 4nx = 2\sin 2nx\left[\cos\left(\dfrac{3\pi}{2} + 2nx\right) + i\sin\left(\dfrac{3\pi}{2} + 2nx\right)\right]$，

$1 - \cos 4x - i\sin 4x = 2\sin 2x\left[\cos\left(\dfrac{3\pi}{2} + 2x\right) + i\sin\left(\dfrac{3\pi}{2} + 2x\right)\right]$，

$$M + iN = \dfrac{\sin 2nx}{\sin 2x}(\cos 2nx + i\sin 2nx),$$

$\therefore M = \dfrac{\sin 4nx}{2\sin 2x}$，故 $p = \dfrac{1}{2}n + \dfrac{\sin 4nx}{4\sin 2x}$。

例9 已知实数列 $\{a_n\}$，$\{b_n\}$ 的各项均不为零，且 $a_n = a_{n-1}\cos\theta - b_{n-1}\sin\theta$, $b_n = a_{n-1}\sin\theta + b_{n-1}\cos\theta$，且 $a_1 = 1$, $b_1 = \text{tg}\theta$, θ 为已知常数，求数列 $\{a_n\}$，$\{b_n\}$ 的通项公式.

解： 构造复数 $z_n = a_n + b_n i$ ($n \in \mathbf{N}$)，

则 $\dfrac{z_n}{z_{n-1}} = \dfrac{[(a_{n-1}\cos\theta - b_{n-1}\sin\theta) + (a_{n-1}\sin\theta + b_{n-1}\cos\theta)i]}{a_{n-1} + ib_{n-1}}$

$= \cos\theta + i\sin\theta$,

$\therefore \{z_n\}$ 是以 $z_1 = 1 + i\text{tg}\theta$ 为首项，$\cos\theta + i\sin\theta$ 为公比的等比数列.

$\therefore z_n = (1 + i\text{tg}\theta)(\cos\theta + i\sin\theta)^{n-1}$

$= \sec\theta(\cos\theta + i\sin\theta)(\cos\theta + i\sin\theta)^{n-1} = \sec\theta(\cos\theta + i\sin\theta)^n$

$= \sec\theta(\cos n\theta + i\sin n\theta) = \sec\theta\cos n\theta + i\sec\theta\sin n\theta$,

故 $a_n = \sec\theta\cos n\theta$, $b_n = \sec\theta\sin n\theta$.

例10 解方程 $\sqrt{x^2 - 2x + 10} + \sqrt{x^2 - 4x + 8} = \sqrt{26}$.

解： 由已知有 $\sqrt{(x-1)^2 + 3^2} + \sqrt{(x-2)^2 + 2^2} = \sqrt{26}$.

构造复数 $z_1 = (x-1) + 3i$, $z_2 = (2-x) + 2i$,

则 $|z_1| + |z_2| \geq |z_1 + z_2| = |1 + 5i| = \sqrt{26}$.

当 $z_1 = kz_2 (k > 0)$，即 $(x-1) + 3i = k(2-x) + 2ki$ 时取等号.

$\therefore \begin{cases} x - 1 = k(2-x), \\ 3 = 2k, \end{cases}$ 解之得 $\begin{cases} k = \dfrac{3}{2}, \\ x = \dfrac{8}{5}. \end{cases}$ 经检验，$x = \dfrac{8}{5}$ 是原方程的解.

例11 已知 a, b, c, d 为实数，求证：$\sqrt{a^2 + b^2} + \sqrt{c^2 + d^2} \geq \sqrt{(a \pm c)^2 + (b \pm d)^2}$.

证明： 构造复数 $z_1 = a + bi$, $z_2 = c + di$，则 $z_1 \pm z_2 = (a \pm c) + (b \pm d)i$.

由于 $|z_1 \pm z_2| \leq |z_1| + |z_2|$，而 $|z_1| = \sqrt{a^2 + b^2}$, $|z_2| = \sqrt{c^2 + d^2}$,

$|z_1 \pm z_2| = \sqrt{(a \pm c)^2 + (b \pm d)^2}$, $\therefore \sqrt{(a \pm c)^2 + (b \pm d)^2} \leq \sqrt{a^2 + b^2} + \sqrt{c^2 + d^2}$.

例12 已知 $A = x\cos^2\theta + y\sin^2\theta$, $B = x\sin^2\theta + y\cos^2\theta$ (x, y, A, $B \in \mathbf{R}$)，求证：$x^2 + y^2 \geq A^2 + B^2$.

证明： 构造复数 $z_1 = A + Bi$, $z_2 = x + yi$.

$\because |z_1| = |(x\cos^2\theta + y\sin^2\theta) + (x\sin^2\theta + y\cos^2\theta)i|$

$= |z_2\cos^2\theta - i\bar{z}_2\sin^2\theta| \leq |z_2\cos^2\theta| + |i\bar{z}_2\sin^2\theta|$

第三章 构造数(组)法

$$= |z_2|\cos^2\theta + |\bar{z}_2|\sin^2\theta = |z_2|(\cos^2\theta + \sin^2\theta) = |z_2|,$$

即 $|z_1|^2 \leqslant |z_2|^2$, $\therefore x^2 + y^2 \geqslant A^2 + B^2$.

例13 设 $x \in \mathbf{R}$, 求证: $|\sqrt{x^2-2x+5} - \sqrt{x^2-4x+13}| \leqslant \sqrt{2}$.

证明: 构造复数 $z_1 = (x-1) + 2i$, $z_2 = (x-2) + 3i$ ($x \in \mathbf{R}$),

则 $|z_1| = \sqrt{(x-1)^2 + 2^2}$, $|z_2| = \sqrt{(x-2)^2 + 3^2}$.

$\because |z_1 - z_2| = |1 - i| \leqslant \sqrt{2}$, $||z_1| - |z_2|| \leqslant |z_1 - z_2|$,

$\therefore |\sqrt{(x-1)^2 + 2^2} - \sqrt{(x-2)^2 + 3^2}| \leqslant \sqrt{2}$,

即 $|\sqrt{x^2-2x+5} - \sqrt{x^2-4x+13}| \leqslant \sqrt{2}$.

例14 设 $a, b, c \in \mathbf{R}$, 求证: $\sqrt{a^2+b^2} + \sqrt{b^2+c^2} + \sqrt{c^2+a^2} \geqslant \sqrt{2}(a+b+c)$.

证明: 构造复数 $z_1 = a + bi$, $z_2 = b + ci$, $z_3 = c + ai$,

则 $|z_1| = \sqrt{a^2+b^2}$, $z_2 = \sqrt{b^2+c^2}$, $z_3 = \sqrt{c^2+a^2}$, $|z_1 + z_2 + z_3|$
$= |(a+b+c) + (b+c+a)i| = \sqrt{2}|a+b+c| \geqslant \sqrt{2}(a+b+c)$.

但 $|z_1| + |z_2| + |z_3| \geqslant |z_1 + z_2 + z_3|$,

$\therefore \sqrt{a^2+b^2} + \sqrt{b^2+c^2} + \sqrt{c^2+a^2} \geqslant \sqrt{2}(a+b+c)$.

例15 设 x 和 $y \in \mathbf{R}$, 且 $|x^3 - 3xy^2| + |3x^2y - y^3| = 8$, 求证: $|x^2 - y^2| + 2|xy| \leqslant 4\sqrt{2}$.

证明: 构造复数 $z_1 = x + yi$, $z_2 = z_1^3 = (x^3 - 3xy^2) + (3x^2y - y^3)i$, $z_3 = z_1^2 = x^2 - y^2 + 2xyi$, 则 $|z_2| = |z_1^3| = |z_1|^3 \leqslant |Rez_2| + |I_m z_3| = 8$.

$\therefore |z_2| \leqslant 8$, $|z_1| \leqslant 2$.

又 $|x^2 - y^2| + 2|xy| = |Rez_3| + |Imz_3| = |Rez_1^2| + |Imz_1^2| \leqslant \sqrt{2}|z_1^2|$
$= \sqrt{2}|z_1|^2$, 故 $|x^2 - y^2| + 2|xy| \leqslant 4\sqrt{2}$.

例16 设 $a, b, c, d \in \mathbf{R}^+$, 求证: $\sqrt{(a+c)(b+d)} \geqslant \sqrt{ab} + \sqrt{cd}$.

证明: 构造复数 $\sqrt{a} + \sqrt{c}i$ 与 $\sqrt{b} + \sqrt{d}i$ ($a, b, c, d \in \mathbf{R}^+$).

由 $\dfrac{\sqrt{a}+\sqrt{c}i}{\sqrt{b}+\sqrt{d}i} = \dfrac{\sqrt{ab}+\sqrt{cd}}{b+d} + \dfrac{\sqrt{bc}-\sqrt{ad}}{b+d}i$,

取模得 $\dfrac{\sqrt{(\sqrt{a})^2 + (\sqrt{c})^2}}{\sqrt{(\sqrt{b})^2 + (\sqrt{d})^2}} \geqslant \dfrac{\sqrt{ab}+\sqrt{cd}}{b+d}$,

故 $\sqrt{(a+c)(b+d)} \geqslant \sqrt{ab} + \sqrt{cd}$ (当且仅当 $bc = ad$ 时取等号).

· 43 ·

例 17 若 $x, y \in \mathbf{R}^+$,且 $x+y=1$,则 $\left(x+\dfrac{1}{x}\right)^2+\left(y+\dfrac{1}{y}\right)^2 \geqslant \dfrac{25}{2}$.

证明: 构造复数 $\left(x+\dfrac{1}{x}\right)+\left(y+\dfrac{1}{y}\right)\mathrm{i}$ 与 $1+\mathrm{i}(x, y \in \mathbf{R}^+)$.

由 $\dfrac{\left(x+\dfrac{1}{x}\right)+\left(y+\dfrac{1}{y}\right)\mathrm{i}}{1+\mathrm{i}} = \dfrac{\left(x+\dfrac{1}{x}\right)+\left(y+\dfrac{1}{y}\right)\mathrm{i}}{2} + \dfrac{\left(y+\dfrac{1}{y}\right)-\left(x+\dfrac{1}{x}\right)\mathrm{i}}{2}$,

得 $\dfrac{\sqrt{\left(x+\dfrac{1}{x}\right)^2+\left(y+\dfrac{1}{y}\right)^2}}{\sqrt{2}} \geqslant \dfrac{x+\dfrac{1}{x}+y+\dfrac{1}{y}}{2} = \dfrac{1+\dfrac{1}{x}+\dfrac{1}{y}}{2} = \dfrac{1+\dfrac{1}{xy}}{2}$.

又 $\because x+y \geqslant 2\sqrt{xy}$,$\therefore xy \leqslant \dfrac{1}{4}$,$\dfrac{1}{xy} \geqslant 4$,$\therefore \dfrac{\left(x+\dfrac{1}{x}\right)^2+\left(y+\dfrac{1}{y}\right)^2}{2} \geqslant \left(\dfrac{1+4}{2}\right)^2$.

故 $\left(x+\dfrac{1}{x}\right)^2+\left(y+\dfrac{1}{y}\right)^2 \geqslant \dfrac{25}{2}$ [当且仅当 $\left(y+\dfrac{1}{y}\right)-\left(x+\dfrac{1}{x}\right)=0$,即 $x=y=\dfrac{1}{2}$ 时取等号].

例 18 已知 $0<x, y<1$,求证:$\sqrt{x^2+y^2}+\sqrt{(1-x)^2+y^2}+\sqrt{x^2+(1-y)^2}+\sqrt{(1-x)^2+(1-y)^2} \geqslant 2\sqrt{2}$.

证明: 构造复数 $x+y\mathrm{i}(x, y \in \mathbf{R})$ 与 $1+\mathrm{i}$.

$\because \dfrac{x+y\mathrm{i}}{1+\mathrm{i}} = \dfrac{x+y}{2}+\dfrac{y-x}{2}\mathrm{i}$,

$\therefore \dfrac{\sqrt{x^2+y^2}}{\sqrt{2}} \geqslant \dfrac{x+y}{2}$. ①

类似地有 $\dfrac{\sqrt{x^2+(1-y)^2}}{\sqrt{2}} \geqslant \dfrac{x+(1-y)}{2}$, ②

$\dfrac{\sqrt{(1-x)^2+y^2}}{\sqrt{2}} \geqslant \dfrac{(1-x)+y}{2}$, ③

$\dfrac{\sqrt{(1-x)^2+(1-y)^2}}{\sqrt{2}} \geqslant \dfrac{(1-x)+(1-y)}{2}$. ④

将①,②,③,④式两边分别相加,得

$\sqrt{x^2+y^2}+\sqrt{1-x^2+y^2}+\sqrt{x^2+(1-y)^2}+\sqrt{(1-x)^2+(1-y)^2} \geqslant 2\sqrt{2}$.

(当且仅当 $x=y=\dfrac{1}{2}$ 时取等号)

例19 求证：$\dfrac{x^2+ky^2}{1+k} \geqslant \left(\dfrac{x+ky}{1+k}\right)^2$ $(k>0)$.

证明：构造复数 $x+\sqrt{k}yi$ 与 $1+\sqrt{k}i(x, y \in \mathbf{R}, k>0)$.

$\therefore \dfrac{(x+\sqrt{k}yi)}{x+\sqrt{k}i} = \dfrac{x+ky}{1+k} + \dfrac{\sqrt{k}(y-x)}{1+k}i$, $\therefore \dfrac{\sqrt{x^2+ky^2}}{\sqrt{1+k}} \geqslant \dfrac{|x+ky|}{1+k}$.

故 $\dfrac{x^2+ky^2}{1+k} \geqslant \left(\dfrac{x+ky}{1+k}\right)^2$，当且仅当 $x=y$ 时取等号.

注：在例16到例19中，我们用到了复数除法，目的是从所构造的复数得到所证问题的结构形式，为解题的下一步工作做好铺垫.

例20 在四边形 $ABCD$ 中，AC, BD 是对角线，求证：$AC \cdot BD \leqslant AB \cdot CD + AD \cdot BC$.

证明：建立如图所示的复平面，设 B, C, D 对应的复数分别为 z_1, z_2, z_3，则 $AB=|z_1|$, $AC=|z_2|$, $BD=|z_3-z_1|$, $BC=|z_2-z_1|$, $CD=|z_3-z_2|$, $AD=|z_3|$.

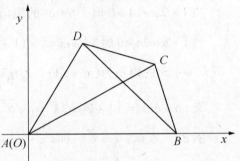

例20 图

$\therefore AB \cdot CD + AD \cdot BC = |z_1| \cdot |z_3-z_2| + |z_3| \cdot |z_2-z_1|$
$= |z_1z_3-z_1z_2| + |z_3z_2-z_3z_1|$
$\geqslant |z_1z_3-z_1z_2+z_3z_2-z_3z_1|$
$= |z_2(z_3-z_1)| = |z_2| \cdot |z_3-z_1| = AC \cdot BD$.

例21 已知 α, β 是锐角，且 $3\sin^2\alpha + 2\sin^2\beta = 1$, $3\sin2\alpha - 2\sin2\beta = 0$，求证：$\alpha + 2\beta = \dfrac{\pi}{2}$.

证明：构造复数 $z_1 = \cos\alpha + i\sin\alpha$, $z_2 = \cos\beta + i\sin\beta$.

$\because \alpha, \beta \in \left(0, \dfrac{\pi}{2}\right)$, $\therefore 0 < \alpha + 2\beta < \dfrac{3\pi}{2}$.

又 $\because z_2^2 = \cos2\beta + i\sin2\beta$,

由 $\qquad 3\sin^2\alpha + 2\sin^2\beta = 1 \Rightarrow \cos2\beta = 3\sin^2\alpha$,
$\qquad 3\sin2\alpha - 2\sin2\beta = 0 \Rightarrow \sin2\beta = 3\sin\alpha\cos\alpha$,

$\therefore \alpha + 2\beta = \arg z_1 + \arg z_2^2 = \arg(z_1 \cdot z_2^2)$
$= \arg[(\cos\alpha + i\sin\alpha)(\cos2\beta + i\sin2\beta)]$
$= \arg[(\cos\alpha + i\sin\alpha)(3\sin^2\alpha + i \cdot 3\sin\alpha\cos\alpha)]$

$$= \arg\left\{3\sin\alpha(\cos\alpha + i\sin\alpha)\left[\cos\left(\frac{\pi}{2} - \alpha\right) + i\sin\left(\frac{\pi}{2} - \alpha\right)\right]\right\}$$

$$= \arg(3\sin\alpha \cdot i) = \frac{\pi}{2}.$$

例22 已知 $\sin A + \sin 3A + \sin 5A = a$，$\cos A + \cos 3A + \cos 5A = b$，求证：(1) $b \neq 0$ 时，$\text{tg}3A = \frac{a}{b}$；(2) $(1 + 2\cos 2A)^2 = a^2 + b^2$ (1986 年高考题).

证明： 构造复数 $z = \cos A + i\sin A$，则 $z \cdot \bar{z} = 1$，且 $b + ai = z + z^3 + z^5 = z^3(\bar{z}^2 + 1 + z^2) = (\cos 3A + i\sin 3A)(1 + 2\cos 2A)$

当 $1 + 2\cos 2A > 0$ 时，$b + ai$ 的辐角为 $3A$. $\therefore \text{tg}3A = \frac{a}{b}$.

当 $1 + 2\cos 2A < 0$ 时，$b + ai = [-(1 + 2\cos 2A)][\cos(\pi + 3A) + i\sin(\pi + 3A)]$，

$\therefore b + ai$ 的幅角为 $(\pi + 3A)$，$\therefore \text{tg}3A = \text{tg}(\pi + 3A) = \frac{a}{b}$.

又 $|b + ai| = |1 + 2\cos 2A| = \sqrt{a^2 + b^2}$，$\therefore (1 + 2\cos 2A)^2 = a^2 + b^2$.

例23 求证：$\cos\frac{\pi}{7} - \cos\frac{2\pi}{7} + \cos\frac{3\pi}{7} = \frac{1}{2}$ (1963 年第五届国际数学竞赛题).

证明： 构造复数 $z = \cos\frac{\pi}{7} + i\sin\frac{\pi}{7}$，

则 $z^7 = -1$，$z + z^3 + z^5 = \left(\cos\frac{\pi}{7} + \cos\frac{3\pi}{7} + \cos\frac{5\pi}{7}\right) + i\left(\sin\frac{\pi}{7} + \sin\frac{3\pi}{7} + \sin\frac{5\pi}{7}\right)$.

又 $z + z^3 + z^5 = \frac{z(1 - z^6)}{1 - z^2} = \frac{1}{1 - z} = \frac{1}{2} + \frac{i}{2}\text{ctg}\frac{\pi}{14}$，

$\therefore \cos\frac{\pi}{7} + \cos\frac{3\pi}{7} + \cos\frac{5\pi}{7} = \frac{1}{2}$，即 $\cos\frac{\pi}{7} - \cos\frac{2\pi}{7} + \cos\frac{3\pi}{7} = \frac{1}{2}$.

例24 设 $\sin\frac{\alpha}{2} \neq 0$，求证：$\sin\alpha + \sin 2\alpha + \sin 3\alpha + \cdots + \sin n\alpha = \frac{\sin\frac{n\alpha}{2}\sin\frac{n+1}{2}\alpha}{\sin\frac{\alpha}{2}}$.

证明： 设 $N = \sin\alpha + \sin 2\alpha + \sin 3\alpha + \cdots + \sin n\alpha$，$M = \cos\alpha + \cos 2\alpha + \cos 3\alpha + \cdots + \cos n\alpha$，

构造复数 $z = \cos\alpha + i\sin\alpha$，则 $M + iN = z + z^2 + z^3 + \cdots + z^n = \frac{z(1 - z^n)}{1 - z}$

$$= \frac{1-z^n}{z-1} = \frac{1-\cos n\alpha - i\sin n\alpha}{\cos\alpha - i\sin\alpha - 1} = \frac{\sin\dfrac{n\alpha}{2}}{\sin\dfrac{\alpha}{2}}\left(\cos\dfrac{n+1}{2}\alpha + i\sin\dfrac{n+1}{2}\alpha\right),$$

$$\therefore N = \sin\alpha + \sin2\alpha + \sin3\alpha + \cdots + \sin n\alpha = \frac{\sin\dfrac{n\alpha}{2}\sin\dfrac{n+1}{2}\alpha}{\sin\dfrac{\alpha}{2}}.$$

例 25 求证：$C_n^0 + C_n^3 + C_n^6 + \cdots = \dfrac{1}{3}\left(2^n + 2\cos\dfrac{n\pi}{3}\right).$

证明： 构造复数 $\omega = -\dfrac{1}{2} + \dfrac{\sqrt{3}}{2}i.$

$\because$
$$C_n^0 + C_n^1 + C_n^2 + \cdots + C_n^n = 2^n, \qquad ①$$

$$C_n^0 + C_n^1\omega + C_n^2\omega^2 + \cdots + C_n^n\omega^n = (1+\omega)^n$$
$$= \left(\frac{1}{2} + \frac{\sqrt{3}}{2}i\right)^n = \cos\frac{n\pi}{3} + i\sin\frac{n\pi}{3}, \qquad ②$$

$$C_n^0 + C_n^1\omega^2 + C_n^2\omega^4 + \cdots + C_n^n\omega^{2n} = (1+\omega^2)^n$$
$$= \left(\frac{1}{2} - \frac{\sqrt{3}}{2}i\right)^n = \cos\frac{n\pi}{3} - i\sin\frac{n\pi}{3}. \qquad ③$$

而 $1 + \omega^k + \omega^{2k} = \begin{cases} 3, & k=3m; \\ 0, & k=3m+1; \\ 0, & k=3m+2. \end{cases}$

① + ② + ③ 得 $3(C_n^0 + C_n^3 + C_n^6 + \cdots) = 2^n + 2\cos\dfrac{n\pi}{3},$

故 $C_n^0 + C_n^3 + C_n^6 + \cdots = \dfrac{1}{3}\left(2^n + 2\cos\dfrac{n\pi}{3}\right).$

例 26 已知 $\cos\alpha + \cos\beta + \cos\gamma = \sin\alpha + \sin\beta + \sin\gamma = 0$，求证：$\cos(\alpha+\beta) + \cos(\beta+\gamma) + \cos(\gamma+\alpha) = \sin(\alpha+\beta) + \sin(\beta+\gamma) + \sin(\gamma+\alpha) = 0.$

证明： 构造复数 $z_1 = \cos\alpha + i\sin\alpha$，$z_2 = \cos\beta + i\sin\beta$，$z_3 = \cos\gamma + i\sin\gamma$，则
$$z_1\bar{z}_1 = z_2\bar{z}_2 = z_3\bar{z}_3. \qquad ①$$
由已知可得 $\qquad z_1 + z_2 + z_3 = 0. \qquad ②$

② $\times \overline{z_1 z_2 z_3}$ 得 $\overline{z_2 z_3} + \overline{z_3 z_1} + \overline{z_1 z_2} = 0.$

再根据共轭复数的性质得 $z_1 z_2 + z_2 z_3 + z_3 z_1 = 0,$

即 $\cos(\alpha+\beta) + \cos(\beta+\gamma) + \cos(\gamma+\alpha) = \sin(\alpha+\beta) + \sin(\beta+\gamma) + \sin(\gamma+\alpha) = 0.$

例27 在平行四边形 $ABCD$ 中,若 $|AC|^2 \cdot |BD|^2 = |AB|^4 + |AD|^4$,证明:这个平行四边形的锐角必为 $\dfrac{\pi}{4}$.

证明: 如图所示建立坐标系,并设平行四边形的锐角为 θ,$|AB|=a$,$|AD|=b$,$a,b \in \mathbf{R}^+$,则 A 和 B 对应的复数为 0 和 a,于是 $\overrightarrow{AD}$ 对应于 $b(\cos\theta + \mathrm{i}\sin\theta)$,$\overrightarrow{AC}$ 对应于 $a + b(\cos\theta + \mathrm{i}\sin\theta)$,

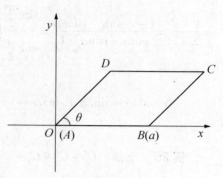

例27 图

$$\therefore |\overrightarrow{AC}|^2 \cdot |\overrightarrow{BD}|^2 = |[a+b(\cos\theta+\mathrm{i}\sin\theta)][b(\cos\theta+\mathrm{i}\sin\theta)-a]|^2$$
$$= |b^2(\cos2\theta+\mathrm{i}\sin2\theta)-a^2|^2 = a^4+b^4-2a^2b^2\cos2\theta.$$

由已知条件可得 $a^4+b^4-2a^2b^2\cos2\theta = a^4+b^4$,$\therefore 2a^2b^2\cos2\theta = 0$.

又 $a,b \in \mathbf{R}^+$,$\therefore \cos2\theta = 0$,$\theta = \dfrac{\pi}{4}$.

例28 对于 $x \in \mathbf{R}$,确定 $\sqrt{x^2+x+1} - \sqrt{x^2-x+1}$ 的所有可能的值(1978年罗马尼亚数学竞赛题).

解: $\sqrt{x^2+x+1} - \sqrt{x^2-x+1} = \sqrt{\left(x+\dfrac{1}{2}\right)^2 + \left(\dfrac{\sqrt{3}}{2}\right)^2} - \sqrt{\left(x-\dfrac{1}{2}\right)^2 + \left(\dfrac{\sqrt{3}}{2}\right)^2}$

构造复数 $z_1 = \left(x+\dfrac{1}{2}\right) + \dfrac{\sqrt{3}}{2}\mathrm{i}$,$z_2 = \left(x-\dfrac{1}{2}\right) + \dfrac{\sqrt{3}}{2}\mathrm{i}$.

$\because ||z_1|-|z_2|| \leqslant |z_1-z_2|$,当且仅当 $z_1 = kz_2$ 时等号成立,而此处 $z_1 \neq kz_2$,

$\therefore ||z_1|-|z_2|| < |z_1-z_2| = 1$,即 $|\sqrt{x^2+x+1} - \sqrt{x^2-x+1}| < 1$,

故 $\sqrt{x^2+x+1} - \sqrt{x^2-x+1}$ 的可能取值范围为 $(-1,1)$.

§3-2 构造其他数或数组

在利用构造数(组)法解答某些数学问题时,除了构造复数之外,有时根据问题的已知条件和结论也可构造一个或若干个实数或数组来解答.

例1 试证:在 0 和 1 之间有无穷个有理数.

证: 假设在 0 和 1 之间只有有限个有理数,不妨设为 $a_1, a_2, a_3, \cdots, a_n$.

构造一个数 $A = \prod\limits_{i=1}^{n} a_i (n \in \mathbf{N})$,

由 $0 < a_i < 1$，得 $0 < \prod_{i=1}^{n} a_i < 1$，即 $0 < A < 1$，且 $A \neq a_i (i = 1, 2, \cdots, n)$，这说明在 0 与 1 之间存在 $n+1$ 个有理数，与假设矛盾．

故命题结论为真，即在 0 和 1 之间有无穷个有理数．

例 2 若 a, b 为实数，$a < b$，证明必存在一无理数 x，使 $a < x < b$．

证明：（1）当 a, b 都是有理数时，取 $x = a + \frac{\sqrt{2}}{2}(b-a)$，则 x 为无理数且 $a < x < b$．

（2）当 a, b 中有且只有一个为无理数时，取 $x = \frac{1}{2}(a+b)$，则 x 为无理数，且 $a < x < b$．

（3）当 a, b 都是无理数时，分两种情形：①$a+b$ 为无理数，取 $x = \frac{1}{2}(a+b)$；②$a+b$ 为有理数，取 $x = \frac{1}{2}\left(a + \frac{a+b}{2}\right) = \frac{1}{4}(3a+b)$ 均满足要求．

注：本例中，根据具体情况，分别构造出实数，使结论获证．

例 3 求证：$\sqrt{3} + \sqrt{4} < 4$．

证明： 构造数组 $(\sqrt{3}, \sqrt{5})$ 及 $(1, 1)$．

$\because \sqrt{3} : 1 \neq \sqrt{5} : 1$，利用 Cauchy 不等式得 $(\sqrt{3} \times 1 + \sqrt{5} \times 1)^2 < [(\sqrt{3})^2 + (\sqrt{5})^2] \times (1^2 + 1^2)$，

即 $(\sqrt{3} + \sqrt{5})^2 < 16$． $\therefore \sqrt{3} + \sqrt{5} < 4$．

例 4 求证：$1 \times \frac{1}{2^2} \times \frac{1}{3^3} \times \cdots \times \frac{1}{n^n} \leq \left(\frac{2}{n+1}\right)^{\frac{n(n+1)}{2}}$，$\frac{n(n+1)}{2} = 1 + 2 + 3 + \cdots + n$．

证明： $1 \times \frac{1}{2^2} \times \frac{1}{3^3} \times \cdots \times \frac{1}{n^n} = 1 \times \frac{1}{2} \times \frac{1}{2} \times \frac{1}{3} \times \frac{1}{3} \times \frac{1}{3} \times \cdots \times \frac{1}{n} \times \frac{1}{n} \times \cdots \times \frac{1}{n}$．

构造下列数组

$$1, \ \frac{1}{2} \times \frac{1}{2}, \ \frac{1}{3} \times \frac{1}{3} \times \frac{1}{3}, \ \cdots\cdots \frac{1}{n} \times \frac{1}{n} \times \cdots \times \frac{1}{n}.$$

由算术平均值与几何平均值的关系，有

$$\sqrt[\frac{n(n+1)}{2}]{\prod_{k=1}^{n} \frac{1}{k^k}} \leq \frac{\sum_{k=1}^{n} \frac{1}{k^k}}{\frac{n(n+1)}{2}} \leq \frac{\sum_{k=1}^{n} k \cdot \frac{1}{k}}{\frac{n(n+1)}{2}} = \frac{2}{n+1}.$$

两边 $\frac{n(n+1)}{2}$ 次乘方，原命题得证.

习 题 三

1. 计算 $\arcsin\frac{3}{\sqrt{10}} + \arccos\frac{2}{\sqrt{5}} + \operatorname{arctg}\frac{1}{3} + \operatorname{arcctg}\frac{1}{2}$.

2. 求函数 $y = \sqrt{1+\sin x} + \sqrt{1-\sin x}$ $(0 \leqslant x \leqslant \pi)$ 的最值.

3. 求函数 $y = \frac{2-\sin x}{2-\cos x}$ 的最小值和最大值.

4. 已知 a，b，c 均为正数，求函数 $y = \sqrt{x^2+a^2} + \sqrt{(c-x)^2+b^2}$ 的极小值.

5. 求函数 $y = \sqrt{x^2+2x+26} - \sqrt{x^2-6x+13}$ 的最大值.

6. 设 x_i ($i=1$, 2, $\cdots$, 1988) 为正实数，且 $\sqrt{x_1} + \sqrt{x_2} + \cdots + \sqrt{x_{1988}} = 1988$，试求 $u = \sqrt{x_1+x_2} + \sqrt{x_2+x_3} + \cdots + \sqrt{x_{1987}+x_{1988}} + \sqrt{x_{1988}+x_1}$ 的极小值.

7. 求和 $M = \cos\theta - \cos(\theta+\varphi) + \cos(\theta+2\varphi) - \cdots + (-1)^{n-1}\cos[\theta+(n-1)\varphi]$.

8. 求 $M = 1 + C_n^1\cos x + C_n^2\cos 2x + \cdots + C_n^n\cos nx$ 的值.

9. 解方程组 $\begin{cases} x+y+z = 1, & \text{①} \\ x^2+y^2+z^2 = \dfrac{1}{3}, & \text{②} \\ x^3+y^3+z^3 = \dfrac{1}{9}. & \text{③} \end{cases}$

（此题在第二章例 12 中用构造方程的方法解，这里要求用构造复数的方法解答）

10. 设 $n \in \mathbf{N}$，求证：$\left(1+\dfrac{1}{n}\right)^n \leqslant \left(1+\dfrac{1}{n+1}\right)^{n+1}$.

11. 已知 $|a^2-b^2| + 2|ab| = 1$，$(a, b \in \mathbf{R})$，求证：$|a| + |b| \leqslant \sqrt{2}$.

12. 设 $|x-y| + 2\sqrt{xy} = \dfrac{1}{2}a^2$ $(a, x, y > 0)$，求证：$\sqrt{x} + \sqrt{y} \leqslant a$.

13. 设 a，b，$c \in \mathbf{R}^+$，求证：$\sqrt{a^2+b^2} + \sqrt{b^2+c^2} + \sqrt{c^2+a^2} \geqslant \sqrt{2}(a+b+c)$.

14. 设 $\theta \in \left(0, \dfrac{\pi}{2}\right)$，求证：$1 < \sin\theta + \cos\theta \leqslant \sqrt{2}$.

15. 已知 $x^2+y^2 = 1$，证明：$-\sqrt{1+a^2} \leqslant y-ax \leqslant \sqrt{1+a^2}$.

16. 设 $a^2+b^2 \leqslant 1$，m，$n \in \mathbf{R}$，求证：$|ma^2+2nab-mb^2| \leqslant \sqrt{m^2+n^2}$.

17. 设 a，b，x，$y \in \mathbf{R}$，且 $a^2+b^2=4$，$x^2+y^2=9$，求证：$|bx-ay| \leqslant 6$.

18. 设 a，b，c，d，x，$y \in \mathbf{R}^+$，且 $a^{\frac{3}{2}}+c^{\frac{3}{2}}=1$，$b^{\frac{3}{2}}+d^{\frac{3}{2}}=1$，求证：
$\sqrt{(a^2+b^2)(ax+by)} + \sqrt{(c^2+d^2)(cx+dy)} \geqslant x+y$.

19. 已知 $ax+by=c$，且 x，y，a，$b>0$，求证：$x^2+y^2 \geqslant \dfrac{c^2}{a^2+b^2}$.

20. 如图所示，已知 $\odot O_1$，$\odot O_2$ 是两个半径均为 1 的圆，$O_1O_2=1$，B_1，B_2 在 $\odot O_2$ 上且关于 O_1O_2 对称，A 为 $\odot O_1$ 上一动点，求证：$AB_1^2+AB_2^2 \geqslant 2$.

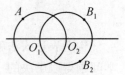

第20题图

21. 已知 α 和 β 为锐角，$\mathrm{tg}\alpha = \dfrac{1}{7}$，$\sin\beta = \dfrac{1}{\sqrt{10}}$，求证：$\alpha + 2\beta = \dfrac{\pi}{4}$.

22. 求证：$\cos\dfrac{\pi}{999} + \cos\dfrac{3\pi}{999} + \cdots + \cos\dfrac{997\pi}{999} = \dfrac{1}{2}$.

23. 求证：$(C_n^0 - C_n^2 + C_n^4 - \cdots)^2 + (C_n^1 - C_n^3 + C_n^5 - \cdots)^2 = 2^n$.

24. 若 $\sin A + \sin B + \sin C = \cos A + \cos B + \cos C = 0$，则
(1) $\cos 2A + \cos 2B + \cos 2C = \sin 2A + \sin 2B + \sin 2C = 0$；
(2) $\cos^2 A + \cos^2 B + \cos^2 C = \sin^2 A + \sin^2 B + \sin^2 C = \dfrac{3}{2}$；
(3) $\sin 3A + \sin 3B + \sin 3C = 3\sin(A+B+C)$；
$\cos 3A + \cos 3B + \cos 3C = 3\cos(A+B+C)$.

25. 求证：若 n 个角的终边等分一圆，则此 n 个角的正(余)弦之和为 0，即 $\sum\limits_{k=0}^{n-1} \cos\dfrac{2k\pi+\alpha}{n} = \sum\limits_{k=0}^{n-1} \sin\dfrac{2k\pi+\alpha}{n} = 0$.

26. 证明：存在两个无理数 a 和 b，使得 a^b 是有理数.

第四章 构造表达式法

构造表达式法就是借助于构造某一个或几个辅助表达式,从而使某些数学问题得以解决的一种构造方法.

构造的表达式的形式很多,既可以是多项式、三角式、连比式、恒等式、不等式、对偶式(形如 $\sqrt{a}+\sqrt{b}$ 与 $\sqrt{a}-\sqrt{b}$,$\sin\alpha$ 与 $\cos\alpha$ 的式子),也可以是待定系数的式子或递推式. 在解决具体问题的时候,究竟构造什么样的表达式,关键是看问题的已知条件和结论的结构形式. 如果某一个或几个表达式能够将要解决的问题的已知条件和结论联系起来,或者通过它将要解决的问题转化成另一个更容易解决的问题,或者由这个表达式直接得到问题的解答,那么,我们就构造这个表达式.

换元法也可以说是构造表达式法. 在《初等数学变换法及其应用》中有专述,这里不再多讲.

构造表达式法同样可用于解答求值,解方程(组),证明不等式、等式以及求数列通项、数列求和、求变量取值范围等问题.

§4-1 构造对偶式

形如 $\sqrt{a}+\sqrt{b}$ 与 $\sqrt{a}-\sqrt{b}$ 或 $\sin\alpha$ 与 $\cos\alpha$ 的式子,我们称之为对偶式. 如果在所给问题的已知条件和结论中出现这种形式,或者通过适当的变换可以转化出这种形式,那么,我们就可以构造其相应的对偶式来解答.

例1 求 $\sin^2 20°+\cos^2 80°+\sqrt{3}\sin 20°\cos 80°$ 的值.(1992 年高考文科试题)

解:设 $A=\sin^2 20°+\cos^2 80°+\sqrt{3}\sin 20°\cos 80°$.

构造对偶式 $B=\cos^2 20°+\sin^2 80°+\sqrt{3}\cos 20°\sin 80°$,

则 $\qquad A+B=\sqrt{3}\sin 100°+2$, ①

$\qquad A-B=\cos 160°-\cos 40°-\sqrt{3}\sin 60°$

$$= -2\sin100°\sin60° - \frac{3}{2} = -\sqrt{3}\sin100° - \frac{3}{2}. \quad ②$$

①+②得 $A = \frac{1}{4}$, 即 $\sin^2 20° + \cos^2 80° + \sqrt{3}\sin20°\cos80° = \frac{1}{4}$.

例2 试求 $f(\alpha, \beta) = \sin^2\alpha + \sin^2\beta + 2\sin\alpha\sin\beta\cos(\alpha+\beta)$ 的值.

解: 构造对偶式 $f\left(\frac{\pi}{2} - \alpha, \frac{\pi}{2} - \beta\right) = \cos^2\alpha + \cos^2\beta - 2\cos\alpha\cos\beta\cos(\alpha+\beta)$, 则

$$f(\alpha, \beta) + f\left(\frac{\pi}{2} - \alpha, \frac{\pi}{2} - \beta\right) = 2 - 2\cos(\alpha+\beta)(\cos\alpha\cos\beta - \sin\alpha\sin\beta)$$
$$= 2[1 - \cos^2(\alpha+\beta)] = 2\sin^2(\alpha+\beta) \quad ①$$

$$f(\alpha, \beta) - f\left(\frac{\pi}{2} - \alpha, \frac{\pi}{2} - \beta\right) = -\cos2\alpha - \cos2\beta + 2\cos(\alpha+\beta)\cos(\alpha-\beta)$$
$$= -2\cos(\alpha+\beta)\cos(\alpha-\beta) + 2\cos(\alpha+\beta) \cdot \cos(\alpha-\beta) = 0. \quad ②$$

①+②可得 $f(\alpha, \beta) = \sin^2(\alpha+\beta)$.

例3 设实数列 $\{x_n\}$, $\{y_n\}$ 满足: $x_n + y_n i = [(\sqrt{3}i - 1)/2]^n$, 求数列 $\{x_n\}$ 的前 1991 项之和 S_{1991}.

解: 由 $x_n + y_n i = [(\sqrt{3}i - 1)/2]^n$ ①

构造对偶式 $x_n - y_n i = [(-\sqrt{3}i - 1)/2]^n$. ②

①+②得 $2x_n = \left(\frac{-1+\sqrt{3}i}{2}\right)^n + \left(\frac{-1-\sqrt{3}i}{2}\right)^n = w^n + \bar{w}^n$ (其中 $w = \frac{-1+\sqrt{3}i}{2}$),

$$\therefore 2S_{1991} = w + w^2 + \cdots + w^{1991} + \bar{w} + \bar{w}^2 + \cdots + \bar{w}^{1991} = \frac{w^{1991} - 1}{w - 1} + \frac{\bar{w}^{1991} - 1}{\bar{w} - 1}$$
$$= \frac{w^2 - 1}{w - 1} + \frac{\bar{w}^2 - 1}{\bar{w} - 1} = w + 1 + \bar{w} + 1 = 1,$$

故 $S_{1991} = \frac{1}{2}$.

例4 设 n 是自然数, θ 为实数, 求和

$$C_n = 1 + \gamma\cos\theta + \gamma^2\cos2\theta + \cdots + \gamma^n\cos n\theta \ (0 < \gamma < 1).$$

解: $\because 1 = \gamma^0\cos0$ 与之对偶的可以是 $\gamma^0\sin0 = 0$,

$\therefore$ 构造对偶式 $S_n = \gamma\sin\theta + \gamma^2\sin2\theta + \cdots + \gamma^n\sin n\theta$,

并令 $z = \gamma(\cos\theta + i\sin\theta)$, 则 $z^n = \gamma^n(\cos n\theta + i\sin n\theta)$,

$$C_n + iS_n = 1 + \gamma(\cos\theta + i\sin\theta) + \cdots + \gamma^n(\cos n\theta + i\sin n\theta)$$

$$= 1 + z + z^2 + \cdots + z^n = \frac{1-z^{n+1}}{1-z}.$$

将 z 代入上式并化简得

$$C_n = \frac{1 - \gamma\cos\theta - \gamma^{n+1}\cos(n+1)\theta + \gamma^{n+2}\cos n\theta}{1 + \gamma^2 - 2\gamma\cos\theta}.$$

例5 求 $(\sqrt{x}+2)^{2n+1}$ 展开式中 x 的整数次幂项系数之和(1988 年全国高中数学联赛题).

解：构造对偶式 $(2-\sqrt{x})^{2n+1}$.

由二项式定理知 $(\sqrt{x}+2)^{2n+1}$ 与 $(2-\sqrt{x})^{2n+1}$ 展开式中 x 的整数次幂项之和 $A(x)$ 相同，非整数次幂项之和互为相反数，

$\therefore 2A(x) = (\sqrt{x}+2)^{2n+1} + (-\sqrt{x}+2)^{2n+1}$, 故 $A(1) = \frac{1}{2}(3^{2n+1}+1)$ 即为所求.

例6 解方程 $\sqrt{1-\frac{1}{x}} + \sqrt{x-\frac{1}{x}} = x.$

解：由已知方程式 $\sqrt{1-\frac{1}{x}} + \sqrt{x-\frac{1}{x}} = x.$ ①

构造对偶式 $\sqrt{1-\frac{1}{x}} - \sqrt{x-\frac{1}{x}} = k.$ ②

① × ② 得 $\left(1-\frac{1}{x}\right) - \left(x-\frac{1}{x}\right) = kx$, $\therefore k = \frac{1}{x} - 1.$ ③

将③代入②入得

$$\sqrt{1-\frac{1}{x}} - \sqrt{x-\frac{1}{x}} = \frac{1}{x} - 1,$$ ④

① - ④ 得 $2\sqrt{x-\frac{1}{x}} = x - \frac{1}{x} + 1,$

$\therefore \left(x-\frac{1}{x}\right) - 2\sqrt{x-\frac{1}{x}} + 1 = 0,$ 即 $\left(\sqrt{x-\frac{1}{x}} - 1\right)^2 = 0,$

$\therefore x - \frac{1}{x} = 1,\ x^2 - x - 1 = 0,$ 解之得 $x = \frac{1 \pm \sqrt{5}}{2}.$

经检验 $x = \frac{1 \pm \sqrt{5}}{2}$ 为原方程的根.

例7 解方程 $\sqrt{10x-4} + 3\sqrt{x-1} = x+5.$

解：将原方程变形为 $\sqrt{10x-4} + \sqrt{9x-9} = (10x-4) - (9x-9),$

即 $\sqrt{10x-4} + \sqrt{9x-9} = (\sqrt{10x-4} + \sqrt{9x-9})(\sqrt{10x-4} - \sqrt{9x-9})$.

由题设知 $\sqrt{10x-4} + \sqrt{9x-9} \neq 0$，于是构造出表达式 $\sqrt{10x-4} - \sqrt{9x-9} = 1$，

将此方程与原方程相加得 $2\sqrt{10x-4} = x+6$，即 $x^2 - 28x + 52 = 0$。

解之得 $x_1 = 26$，$x_2 = 2$。经检验，x_1 和 x_2 都是原方程的根。

例 8 设 $a>0$，$b>0$，且 $a+b=1$，求证：$\sqrt{2a+1} + \sqrt{2b+1} \leq 2\sqrt{2}$。

证明： 构造对偶式 $\sqrt{2a+1} - \sqrt{2b+1}$。

则 $(\sqrt{2a+1} + \sqrt{2b+1})^2 \leq (\sqrt{2a+1} + \sqrt{2b+1})^2 + (\sqrt{2a+1} - \sqrt{2b+1})^2 = 2a+1+2b+1+2\sqrt{(2a+1)(2b+1)} + 2a+1+2b+1 - 2\sqrt{(2a+1)(2b+1)} = 4(a+b) + 4 = 8$。

$\therefore \sqrt{2a+1} + \sqrt{2b+1} \leq 2\sqrt{2}$。

例 9 已知 $a\sqrt{1-b^2} + b\sqrt{1-a^2} = 1$，求证：$a^2 + b^2 = 1$。

证明： 已知 $a\sqrt{1-b^2} + b\sqrt{1-a^2} = 1$. ①

构造对偶式 $a\sqrt{1-b^2} - b\sqrt{1-a^2} = m$, ②

则 ①×② 得 $a^2(1-b^2) - b^2(1-a^2) = m$，$\therefore m = a^2 - b^2$，

即 $a\sqrt{1-b^2} - b\sqrt{1-a^2} = a^2 - b^2$. ③

① + ③ 得 $2a\sqrt{1-b^2} = a^2 - b^2 + 1$，

即 $a^2 - 2a\sqrt{1-b^2} + (1-b^2) = 0$，$(a - \sqrt{1-b^2})^2 = 0$，

$\therefore a = \sqrt{1-b^2}$，即 $a^2 + b^2 = 1$。

例 10 设 $A+B+C=\pi$，求证：$\sin^2 B + \sin^2 C - 2\sin B \sin C \cos A = \sin^2 A$。

证明： 设 $x = \sin^2 B + \sin^2 C - 2\sin B \sin C \cos A$，

构造 $y = \cos^2 B + \cos^2 C + 2\cos B \cos C \cos A$，

则 $\because A+B+C = \pi$，有 $A = \pi - (B+C)$，$B+C = \pi - A$，

$\therefore x+y = 2 + 2\cos A(\cos B \cos C - \sin B \sin C) = 2 + 2\cos A \cos(B+C)$
$= 2 + 2\cos A \cos(\pi - A) = 2(1 - \cos^2 A) = 2\sin^2 A$，

$x - y = \sin^2 B - \cos^2 B + \sin^2 C - \cos^2 C - 2\cos A(\cos B \cos C + \sin B \sin C)$
$= \sin^2 B - \cos^2 B + \sin^2 C - \cos^2 C + 2\cos(B+C)(\cos B \cos C + \sin B \sin C)$
$= \sin^2 B - \cos^2 B + \sin^2 C - \cos^2 C + 2\cos^2 B \cos^2 C - 2\sin^2 B \sin^2 C)$
$= \cos^2 B(\cos^2 C - 1) + \cos^2 C(\cos^2 B - 1) + \sin^2 B(1 - \sin^2 C) + \sin^2 C(1 - \sin^2 B)$
$= -\cos^2 B \sin^2 C - \cos^2 C \sin^2 B + \sin^2 B \cos^2 C + \sin^2 C \cos^2 B$
$= 0$。

由 $\begin{cases} x+y=2\sin^2 A, \\ x-y=0 \end{cases}$ 可得 $x=\sin^2 A$. 故 $\sin^2 B+\sin^2 C-2\sin B\sin C\cos A=\sin^2 A$.

§4-2 构造含参数的表达式

如果我们所遇到的问题在已知条件和结论中找不到直接的关系,但是通过引入一个或几个参数却可以把它们串联起来,那么,我们就利用构造这样的表达式来解答.

例1 若 $\lim\limits_{n\to\infty}(3a_n+4b_n)=8$,$\lim\limits_{n\to\infty}(6a_n-b_n)=1$,求 $\lim\limits_{n\to\infty}(3a_n+b_n)$ 的值.

解:构造含参数的表达式
$$3a_n+b_n=\alpha(3a_n+4b_n)+\beta(6a_n-b_n)$$
$$=(3\alpha+6\beta)a_n+(4\alpha-\beta)b_n,$$

$\therefore \begin{cases} 3\alpha+6\beta=3, \\ 4\alpha-\beta=1, \end{cases}$ 解之得 $\begin{cases} \alpha=\dfrac{1}{3}, \\ \beta=\dfrac{1}{3}. \end{cases}$

$\therefore \lim\limits_{n\to\infty}(3a_n+b_n)=\lim\limits_{n\to\infty}\left[\dfrac{1}{3}(3a_n+4b_n)+\dfrac{1}{3}(6a_n-b_n)\right]=\dfrac{1}{3}\lim\limits_{n\to\infty}(3a_n+4b_n)+\dfrac{1}{3}\lim\limits_{n\to\infty}(6a_n-b_n)=\dfrac{1}{3}\times 8+\dfrac{1}{3}\times 1=3.$

例2 设 $f(x)=ax^2+bx$,且满足 $1\leqslant f(-1)\leqslant 2$,$2\leqslant f(1)\leqslant 4$,求 $f(-2)$ 的取值范围.

解:构造含参数表达式 $f(-2)=\alpha f(-1)+\beta f(1)=\alpha(a-b)+\beta(a+b)$,

即 $4a-2b=(\alpha+\beta)a+(-\alpha+\beta)b$,

$\therefore \begin{cases} \alpha+\beta=4, \\ \beta-\alpha=-2, \end{cases}$ 解之得 $\begin{cases} \alpha=3, \\ \beta=1. \end{cases}$

$\therefore 4a-2b=3(a-b)+(a+b)$,而 $1\leqslant a-b\leqslant 2$,

$\therefore 3\leqslant 3(a-b)\leqslant 6$,$2\leqslant a+b\leqslant 4$,

$\therefore 5\leqslant 3(a-b)+(a+b)\leqslant 10$,即 $5\leqslant f(-2)\leqslant 10$.

例3 已知 $1\leqslant a+b\leqslant 5$,$-1\leqslant a-b\leqslant 3$,求 $3a-2b$ 的取值范围.

解:构造含参数的表达式 $a+b=u$,$a-b=v$,则
$$a=\dfrac{u+v}{2},b=\dfrac{u-v}{2},3a-2b=\dfrac{1}{2}u+\dfrac{5}{2}v.$$

由已知 $\begin{cases} 1 \leqslant u \leqslant 5, \\ -1 \leqslant v \leqslant 3 \end{cases} \Rightarrow \begin{cases} \dfrac{1}{2} \leqslant \dfrac{1}{2}u \leqslant \dfrac{5}{2}, \\ -\dfrac{5}{2} \leqslant \dfrac{5}{2}v \leqslant \dfrac{15}{2} \end{cases} \Rightarrow -2 \leqslant \dfrac{1}{2}u + \dfrac{5}{2}v \leqslant 10.$

故 $3a - 2b$ 的取值范围是 $[-2, 10]$.

例 4 已知实数 x, y, z, s 满足 $x + y + z + s = a (a > 0)$,求证:$x^2 + y^2 + z^2 + s^2 \geqslant \dfrac{a^2}{4}$.

证明: 构造 $x = \dfrac{a}{4} + \alpha$,$y = \dfrac{a}{4} + \beta$,$z = \dfrac{a}{4} + \gamma$,$s = \dfrac{a}{4} + \delta$,则由已知可得 $\alpha + \beta + \gamma + \delta = 0$.

$\because x^2 + y^2 + z^2 + s^2 = \left(\dfrac{a}{4} + \alpha\right)^2 + \left(\dfrac{a}{4} + \beta\right)^2 + \left(\dfrac{a}{4} + \gamma\right)^2 + \left(\dfrac{a}{4} + \delta\right)^2$

$= \dfrac{a^2}{4} + \dfrac{a}{2}(\alpha + \beta + \gamma + \delta) + (\alpha^2 + \beta^2 + \gamma^2 + \delta^2)$,

而 $\alpha + \beta + \gamma + \delta = 0$,$\alpha^2 + \beta^2 + \gamma^2 + \delta^2 \geqslant 0$,故 $x^2 + y^2 + z^2 + s^2 \geqslant \dfrac{a^2}{4}$.

例 5 已知 $m_i > 0 (i = 1, 2, \cdots, n)$,$m_1 a_1 + m_2 a_2 + \cdots + m_n a_n = b$,求证:$m_1 a_1^2 + m_2 a_2^2 + \cdots + m_n a_n^2 \geqslant \dfrac{b^2}{m_1 + m_2 + \cdots + m_n}$.

证明: 由已知 $m_1 a_1 + m_2 a_2 + \cdots + m_n a_n = b$ 构造表达式

$\lambda(m_1 a_1 + m_2 a_2 + \cdots + m_n a_n - b) = 0 (\lambda$ 为实常数$)$,

则 $m_1 a_1^2 + m_2 a_2^2 + \cdots + m_n a_n^2$

$= m_1 a_1^2 + m_2 a_2^2 + \cdots + m_n a_n^2 + \lambda(m_1 a_1 + m_2 a_2 + \cdots + m_n a_n - b)$

$= m_1 \left(a_1 + \dfrac{\lambda}{2}\right)^2 + m_2 \left(a_2 + \dfrac{\lambda}{2}\right)^2 + \cdots + m_n \left(a_n + \dfrac{\lambda}{2}\right)^2 +$

$\left[-b\lambda - (m_1 + m_2 + \cdots + m_n)\dfrac{\lambda^2}{4}\right] \geqslant -b\lambda - (m_1 + m_2 + \cdots + m_n)\dfrac{\lambda^2}{4}.$

当 $a_1 = a_2 = \cdots = a_n = -\dfrac{\lambda}{2}$ 时,$m_1 a_1^2 + m_2 a_2^2 + \cdots + m_n a_n^2$ 的最小值为 $-b\lambda - (m_1 + m_2 + \cdots + m_n)\dfrac{\lambda^2}{4}$.

将 $a_1 = a_2 = \cdots = a_n = -\dfrac{\lambda}{2}$ 代入 $m_1 a_1 + m_2 a_2 + \cdots + m_n a_n = b$ 得 $\lambda = -\dfrac{2b}{m_1 + m_2 + \cdots + m_n}.$

于是 $-b\lambda - (m_1 + m_2 + \cdots + m_n) \cdot \dfrac{\lambda^2}{4} = \dfrac{b^2}{m_1 + m_2 + \cdots + m_n}$.

故 $m_1 a_1^2 + m_2 a_2^2 + \cdots + m_n a_n^2 \geqslant \dfrac{b^2}{m_1 + m_2 + \cdots + m_n}$.

例6 有甲、乙、丙三种货物,若购甲3件,乙7件,丙1件,只需315元;若购甲4件,乙10件,丙1件,共需420元.则现购甲、乙、丙各1件共需多少元?

解:设购甲、乙、丙各1件分别需 x 元、y 元、z 元,依题意可得方程组:$\begin{cases} 3x + 7y + z = 315, \\ 4x + 10y + z = 420. \end{cases}$

这是一个不定方程组.

构造表达式 $x + y + z = m(3x + 7y + z) + n(4x + 10y + z)$
$$= (3m + 4n)x + (7m + 10n)y + (m + n)z$$

$\therefore \begin{cases} 3m + 4n = 1, \\ 7m + 10n = 1, \\ m + n = 1 \end{cases} \Rightarrow \begin{cases} m = 3, \\ n = -2. \end{cases}$

故 $x + y + z = 3(3x + 7y + z) - 2(4x + 10y + z)$
$$= 3 \times 315 - 2 \times 420$$
$$= 105(元).$$

答:购甲、乙、丙各一件共需105元.

§4-3 构造递推式

递推式是数列的重要表达形式之一.如果所给问题的条件和结论中含有递推的式子或者蕴含递推关系,那么,我们可设法构造相应的递推式去解答.

例1 设 $a_1 = 1$,$a_{n+1} = 3a_n + 2^{n-1}$,求 a_n 的表达式.

解:由已知得 $a_{n+1} - 3a_n = 2^{n-1}$, ①

即数列 $\{a_{n+1} - 3a_n\}$ 是公比为2的等比数列,

$\therefore a_{n+1} - 3a_n = 2(a_n - 3a_{n-1}) \Rightarrow a_{n+1} - 2a_n = 3(a_n - 2a_{n-1})$,

即数列 $\{a_{n+1} - 2a_n\}$ 是公比为3的等比数列,

$\therefore a_{n+1} - 2a_n = (a_2 - 2a_1) \times 3^{n-1}$.

$\because a_1 = 1$,$a_2 = 3 \times a_1 + 2^{1-1} = 4$,$\therefore a_2 - 2a_1 = 2$.

由此可得(即构造的递推式)
$$a_{n+1} - 2a_n = 2 \times 3^{n-1}.$$ ②

②－①得，$a_n = 2(3^{n-1} - 2^{n-2})$.

例2 设 $n \in \mathbf{N}$，求证：$\dfrac{1}{2} \cdot \dfrac{3}{4} \cdot \cdots \cdot \dfrac{2n-1}{2n} < \dfrac{1}{\sqrt{2n+1}}$

解：设 $x_n = \sqrt{2n+1} \cdot \dfrac{1}{2} \cdot \dfrac{3}{4} \cdot \cdots \cdot \dfrac{2n-1}{2n}$.

构造商递推式 $\begin{cases} \dfrac{x_{n+1}}{x_n} = \dfrac{\sqrt{2n+1} \cdot \sqrt{2n+3}}{2n+2}, \\ x_1 = \dfrac{\sqrt{3}}{2}. \end{cases}$

$\because \dfrac{\sqrt{2n+1} \cdot \sqrt{2n+3}}{2n+2} < \dfrac{1}{2n+2} \cdot \dfrac{(2n+1)+(2n+3)}{2} = 1$,

$\therefore x_{n+1} < x_n$，即数列 $\{x_n\}$ 为单调递减数列，

$\therefore x_n < x_{n-1} < \cdots < x_1 = \dfrac{\sqrt{3}}{2} < 1$. 故 $\dfrac{1}{2} \cdot \dfrac{3}{4} \cdot \cdots \cdot \dfrac{2n-1}{2n} < \dfrac{1}{\sqrt{2n+1}}$.

例3 平面内有 n 个两两相交的圆，并且任三个圆不经过同一点，试问这 n 个圆把平面分成多少个区域？

解：设分成的区域为 $f(n)$. 当 $n=1$ 时，显然有 $f(1)=2$.

$n=2$ 时，第二个圆被分成两段弧，每段弧将第一个圆分成两个区域，即 $f(2) = 2 + 2$；对第 $n-1$ 个圆再增加一个圆，这第 n 个圆与原来的 $n-1$ 个圆中的每一个圆都有两个交点，一共有 $2(n-1)$ 个交点，把第 n 个圆分为 $2(n-1)$ 段弧，而每段弧将原来的一个区域分为两个区域，一共增加了 $2(n-1)$ 个区域，于是可构造递推式：$f(n) = f(n-1) + 2(n-1)$，令 $n=2$，3，$\cdots$，n 并将各式相加得 $f(n) = f(1) + 2[1 + 2 + \cdots + (n-1)] = 2 + 2 \cdot \dfrac{[1+(n-1)] \cdot (n-1)}{2} = n^2 - n + 2$.

例4 找出数 $(\sqrt{2}+\sqrt{3})^{1980}$ 的十进制小数中小数点的右边（第一位小数）一位数字，并证明你的结论(1980年芬兰、英国、匈牙利、瑞典竞赛题).

解：$\because (\sqrt{2}+\sqrt{3})^{1980} = (5 + 2\sqrt{6})^{990}$,

构造 $a_n = (5 + 2\sqrt{6})^n + (5 - 2\sqrt{6})^n$ ($n \in \mathbf{N}$ 或 $n=0$).

$\because$ 以 $5 \pm 2\sqrt{6}$ 为根的二次方程为

$\qquad x^2 - 10x + 1 = 0$，即 $x^2 = 10x - 1$,

$\therefore$ 数列 $\{a_n\}$ 的递推式为

$\qquad \begin{cases} a_{n+2} = 10 a_{n+1} - a_n, \\ a_0 = 2, \quad a_1 = 10. \end{cases}$

用数学归纳法及递推式 $a_{n+2}=10a_{n+1}-a_n$ 容易证明 $a_n \in \mathbf{N}$（由设易知 $a_n >0$）.

又 $\because 0<5-2\sqrt{6}<0.2$，$\therefore$ 当 $n \geqslant 2$ 时，$0<(5-2\sqrt{6})^n<0.04$,

$\therefore (5+2\sqrt{6})^{990} = a_n - (5-2\sqrt{6})^{990}$ 中小数点右边的第一位数字为 9.

亦即 $(\sqrt{2}+\sqrt{3})^{1980}$ 中小数点右边第一位数字为 9.

注：若二次方程（高次方程也可同样处理）$ax^2+bx+c=0(a \neq 0)$ 的两个根为 x_1 和 x_2，则由 $ax_1^2+bx_1+c=0$ 可得 $ax_1^{n+2}+bx_1^{n+1}+cx_1^n=0$ ①

同理 $ax_2^{n+2}+bx_2^{n+1}+cx_2^n=0$.   ②

①+②得 $a(x_1^{n+2}+x_2^{n+2})+b(x_1^{n+1}+x_2^{n+1})+c(x_1^n+x_2^n)=0$.

若令 $u_n = x_1^n + x_2^n$，则得到递推式 $au_{n+2}+bu_{n+1}+cu_n=0$.

§4-4 构造多项式

在解答问题的已知条件和结论中，如果含有多项式的形式，那么，我们可根据所给对象的形式或相关性质构造对应的多项式.

例1 设 a,b,c 是绝对值小于 1 的实数，证明：$ab+bc+ca+1>0$.

证明： 构造一次多项式 $f(x)=(b+c)x+bc+1$，$|x|<1$.

它的图像是一条直线，且不包括两个端点 $[-1,f(-1)]$ 和 $[1,f(1)]$. 若能证明其两个端点的函数值 $f(-1)$ 和 $f(1)$ 均大于 0，则它对定义域内的每一点 x，$f(x)$ 恒大于 0，从而命题得证.

$\because f(-1) = -(b+c)+bc+1 = (b-1)(c-1)>0$,

$f(1) = b+c+bc+1 = (b+1)(c+1)>0$,

$\therefore f(a) = a(b+c)+bc+1 = ab+bc+ca+1>0$.

例2 a,b,c 是互不相等的实数，求证：$\dfrac{bc}{(a-b)(a-c)}$ $+\dfrac{ac}{(b-a)(b-c)}+\dfrac{ab}{(c-a)(c-b)}=1$.

证明： 构造一个二次多项式

$$f(x) = \frac{(x-a)(x-b)}{(c-a)(c-b)} + \frac{(x-b)(x-c)}{(a-b)(a-c)} + \frac{(x-c)(x-a)}{(b-c)(b-a)}.$$

因 $f(a)=f(b)=f(c)=1$，由多项式恒等定理知 $f(x) \equiv 1$.

取 $x=0$ 即得 $\dfrac{bc}{(a-b)(a-c)}+\dfrac{ac}{(b-a)(b-c)}+\dfrac{ab}{(c-a)(c-b)}=1$.

例 3 求证：$(C_n^0)^2 + (C_n^1)^2 + (C_n^2)^2 + \cdots + (C_n^n)^2 = C_{2n}^n$.

证明： 构造二项式.

由 $(1+x)^n \cdot (1+x)^n = (1+x)^{2n}$ 两边展开得

$(C_n^0 + C_n^1 x + C_n^2 x^2 + \cdots + C_n^{n-1} x^{n-1} + C_n^n x^n)(C_n^0 + C_n^1 x + C_n^2 x^2 + \cdots + C_n^{n-1} x^{n-1} + C_n^n x^n) = C_{2n}^0 + C_{2n}^1 x + C_{2n}^2 x^2 + \cdots + C_{2n}^n x^n + \cdots + C_{2n}^{2n} x^{2n}$.

比较两边 x^n 的系数，它们应该相等，所以有：

$$C_n^0 C_n^n + C_n^1 C_n^{n-1} + C_n^2 C_n^{n-2} + \cdots + C_n^n C_n^0 = C_{2n}^n.$$

$\because C_n^m = C_n^{n-m}$，$\therefore (C_n^0)^2 + (C_n^1)^2 + (C_n^2)^2 + \cdots + (C_n^n)^2 = C_{2n}^n$.

例 4 有质量为 1^2 克，2^2 克，……，1000^2 克的砝码，证明可将它们分成质量相等的两组，每组各有 500 个砝码.

证明： 构造恒等式

$$[x^2 + (x+3)^2 + (x+5)^2 + (x+8)^2] = (x+1)^2 + (x+2)^2 + (x+4)^2 + (x+7)^2.$$

令 $x = 8k + 1$，其中 $k = 0, 1, 2, \cdots, 124$.

把等式两边的每一项看作一个砝码的质量，两边分别有 125 个各不相同的四砝码组，于是将全部砝码分成质量相等的两组，且每组各有 500 个砝码.

例 5 设 $a_1, a_2, \cdots, a_{100}, b_1, b_2, \cdots, b_{100}$ 为互不相同的实数，将它们按如下法则填入 100×100 的方格表：即在位于第 i 行第 j 列之相交处的方格内填入数字 $a_i + b_j$. 现在知道任何一列数的乘积都等于 1，证明：任何一行数的乘积都等于 -1.

证明： 构造多项式 $f(x) = (x + a_1)(x + a_2) \cdots (x + a_{100}) - 1$.

由题意知 $f(b_i) = 0, i = 1, 2, \cdots, 100$.

所以，由因式定理知 [因 $f(x)$ 的次数为 100，首项系数是 1]

$$f(x) = (x - b_1)(x - b_2) \cdots (x - b_{100}).$$

于是就有恒等式

$(x + a_1)(x + a_2) \cdots (x + a_{100}) - 1 = (x - b_1)(x - b_2) \cdots (x - b_{100})$.

令 $x = -a_i (i = 1, 2, \cdots, 100)$ 代入上式，得

$$-1 = (-1)^{100} (a_i + b_1)(a_i + b_2) \cdots (a_i + b_{100}),$$

即第 i 行中所有各数的乘积等于 -1，于是命题得证.

§4-5 构造其他表达式

在解题过程中，除了构造上述几种表达式之外，我们可以根据所给问题的已知条件和结论的形式或其关联的性质构造相应的其他形式的表达式.

例1 已知 $b-d=3$,$(a+b-c-d)^2+(a-b-c+d)^2=13$,求代数式 $(a+b-c-d)\cdot(a-b-c+d)$ 的值.

解:$\because b-d=\dfrac{1}{2}(a+b-c-d)-\dfrac{1}{2}(a-b-c+d)$,

构造表达式 $x=a+b-c-d$,$y=a-b-c+d$,

则 $x-y=2(b-d)=6$,$x^2+y^2=13$,

$\therefore xy=\dfrac{1}{2}[(x^2+y^2)-(x-y)^2]=\dfrac{1}{2}(13-6^2)=-\dfrac{23}{2}$,

即 $(a+b-c-d)(a-b-c+d)=-\dfrac{23}{2}$.

例2 已知 x_1 和 x_2 是方程 $x^2-2x-2=0$ 的两个根,不解方程,求 $\dfrac{2}{x_1^2}+3x_2^3$ 的值.

解:设 $M=\dfrac{2}{x_1^2}+3x_2^3$,构造 $N=\dfrac{2}{x_2^2}+3x_1^3$.

$\because x_1+x_2=2$,$x_1x_2=-2$,$\therefore (x_1-x_2)^2=(x_1+x_2)^2-4x_1x_2=4+8=12$,

$\therefore x_1-x_2=\pm 2\sqrt{3}$.

于是,$M+N=\dfrac{2}{x_1^2}+\dfrac{2}{x_2^2}+3(x_1^3+x_2^3)$

$=\dfrac{2[(x_1+x_2)^2-2x_1x_2]}{(x_1x_2)^2}+3[(x_1+x_2)^3-3x_1x_2(x_1+x_2)]$

$=4+24+36=64$,

$M-N=\dfrac{2}{x_1^2}-\dfrac{2}{x_2^2}+3(x_2^3-x_1^3)=\dfrac{2(x_2^2-x_1^2)}{(x_1x_2)^2}+3(x_2-x_1)(x_2^2+x_2x_1+x_1^2)$

$=\dfrac{2(x_2+x_1)(x_2-x_1)}{(x_1x_2)^2}+3(x_2-x_1)[(x_1+x_2)^2-x_1x_2]=\pm 38\sqrt{3}$.

由 $\begin{cases}M+N=64,\\ M-N=\pm 38\sqrt{3}\end{cases}$ 可得 $M=32\pm 19\sqrt{3}$.

故 $\dfrac{2}{x_1^2}+3x_2^3=32\pm 19\sqrt{3}$.

例3 已知 $\sin\alpha+\cos\alpha=k$,求 $\sin^6\alpha+\cos^6\alpha$ 的值.

解:构造 $f(n)=\sin^n\alpha+\cos^n\alpha$.

由 $(\sin\alpha+\cos\alpha)^2=k^2$ 得 $\sin\alpha\cos\alpha=\dfrac{k^2-1}{2}$.

由 $(\sin^n\alpha+\cos^n\alpha)(\sin\alpha+\cos\alpha)=\sin^{n+1}\alpha+\cos^{n+1}\alpha+\sin\alpha\cos\alpha(\sin^{n-1}\alpha+$

$\cos^{n-1}\alpha$) 得

$$f(n) \cdot k = f(n+1) + \frac{k^2-1}{2}f(n-1).$$

$\therefore f(n+1) = k \cdot f(n) - \frac{k^2-1}{2}f(n-1).$

又 $\because f(1) = k$, $f(2) = \sin^2\alpha + \cos^2\alpha = 1.$

$$f(3) = k \cdot f(2) - \frac{k^2-1}{2} \cdot f(1) = \frac{-k^3+3k}{2},$$

$$f(4) = k \cdot f(3) - \frac{k^2-1}{2} \cdot f(2) = \frac{-k^4+2k^2+1}{2},$$

$$f(5) = k \cdot f(4) - \frac{k^2-1}{2} \cdot f(3) = \frac{-k^3+5k}{4},$$

$$f(6) = k \cdot f(5) - \frac{k^2-1}{2} \cdot f(4) = \frac{-k^5+5k}{4},$$

即 $\sin^6\alpha + \cos^6\alpha = \frac{-k^5+5k}{4}.$

例 4 解方程组 $\begin{cases} x^2 + 3xy = 28, \\ 2xy - y^2 = 7. \end{cases}$

解：构造表达式 $y = kx$，则方程组化为 $\begin{cases} x^2(1+3k) = 28, & ① \\ x^2(2k-k^2) = 7. & ② \end{cases}$

① ÷ ② 消去 x，得 $\frac{1+3k}{2k-k^2} = 4$，解得 $k_1 = 1$，$k_2 = \frac{1}{4}.$

当 $k = 1$ 时，代入①得 $x = \pm\sqrt{7}$，$y = x = \pm\sqrt{7}.$

当 $k = \frac{1}{4}$ 时，代入①得 $x = \pm 4$，$y = \frac{1}{4}x = \pm 1.$

故原方程组的解为：$\begin{cases} x_1 = \sqrt{7}, \\ y_1 = \sqrt{7}; \end{cases} \begin{cases} x_2 = -\sqrt{7}, \\ y_2 = -\sqrt{7}; \end{cases} \begin{cases} x_3 = 4, \\ y_3 = 1; \end{cases} \begin{cases} x_4 = -4, \\ y_4 = -1. \end{cases}$

注：用此方法比直接用消元法解要简单.

例 5 解方程组 $\begin{cases} \sqrt[3]{\frac{x^2}{y}} + \sqrt[3]{\frac{y^2}{x}} = 2, \\ x + y = 2. \end{cases}$

解：构造表达式 $y = kx$，则原方程化为

$\begin{cases} \sqrt[3]{x}(\sqrt[3]{k^{-1}} + \sqrt[3]{k^2}) = 2, & ① \\ x(1+k) = 2. & ② \end{cases}$

①$^3 \div$ ②得 $\dfrac{k^{-1}+3+3k+k^2}{1+k}=4$，即 $k^3-k^2-k+1=0$.

解得 $k_1=1$，$k_2=-1$（舍去），$\therefore y=x$.

由 $\begin{cases} y=x, \\ x+y=2, \end{cases}$ 解得 $x=y=1$.

例6 解方程组 $\begin{cases} x^3+y^3-\dfrac{3}{2}axy=0, \\ x^2+y^2-\dfrac{5}{3}ax=0. \end{cases}$

解：构造表达式 $y=kx$，则原方程组化为

$$\begin{cases} (1+k^3)x^3-\dfrac{3}{2}akx^2=0, & \text{①} \\ (1+k^2)x^2-\dfrac{5}{3}ax=0. & \text{②} \end{cases}$$

解①得 $x_1=0$，$x_2=\dfrac{3ak}{2(1+k^3)}$. 解②得 $x_3=0$，$x_4=\dfrac{5a}{3(1+k^2)}$.

x_2 和 x_4 是同一解，因此有 $\dfrac{3ak}{2(1+k^3)}=\dfrac{5a}{3(1+k^2)}$，化为 $k^3-9k+10=0$.

解得 $k_1=2$，$k_2=-1+\sqrt{6}$，$k_3=-1-\sqrt{6}$.

故原方程组的解为：

(1) $x_1=0$，$y_1=0$.

(2) $k_1=2$ 时得 $x_2=\dfrac{5a}{3(1+k^2)}=\dfrac{a}{3}$，$y_2=2x=\dfrac{2a}{3}$.

(3) $k_2=-1+\sqrt{6}$ 时得 $x_3=\dfrac{4+\sqrt{6}}{12}a$，$y_3=\dfrac{2+3\sqrt{6}}{12}a$.

(4) $k_3=-1-\sqrt{6}$ 时得 $x_4=\dfrac{4-\sqrt{6}}{12}a$，$y_4=\dfrac{2-3\sqrt{6}}{12}a$.

例7 在实数范围内解方程组：

$$\begin{cases} 2(x-1)=y-2, & \text{①} \\ 3(y-2)=2(z+3), & \text{②} \\ x+y+z=\sqrt{x+y+z+1}-1. & \text{③} \end{cases}$$

解：由③得 $x+y+z=0$ 或 $x+y+z=-1$.

若 $x+y+z=0$，可解得 $x=1$，$y=2$，$z=-3$.

若 $x+y+z=-1$，则由①，②可构造连比式

$$1:2:3=(x-1):(y-2):(z+3).$$

利用等比定理可得 $\dfrac{1}{x-1} = \dfrac{2}{y-2} = \dfrac{3}{z+3} = \dfrac{6}{x+y+z} = \dfrac{6}{-1}$.

解之得 $x = \dfrac{5}{6}$, $y = \dfrac{5}{3}$, $z = -\dfrac{7}{2}$.

故原方程组的解为 $\begin{cases} x_1 = 1, & x_2 = \dfrac{5}{6}; \\ y_1 = 2, & y_2 = \dfrac{5}{3}; \\ z_1 = -3, & z_2 = -\dfrac{7}{2}. \end{cases}$

例8 对于一切大于 1 的自然数 n,证明不等式:$\left(1 + \dfrac{1}{3}\right)\left(1 + \dfrac{1}{5}\right) \cdots \left(1 + \dfrac{1}{2n-1}\right) > \dfrac{1}{2}\sqrt{2n+1}$.

证: 设 $A_n = \left(1 + \dfrac{1}{3}\right)\left(1 + \dfrac{1}{5}\right) \cdots \left(1 + \dfrac{1}{2n-1}\right)$

$= \dfrac{4}{3} \cdot \dfrac{6}{5} \cdot \cdots \cdot \dfrac{2n}{2n-1}$ ($n \geq 2$),

构造 $B_n = \dfrac{5}{4} \cdot \dfrac{7}{6} \cdot \cdots \cdot \dfrac{2n+1}{2n}$ ($n \geq 2$),

则对于 $n \geq 1$ 的自然数,都有 $\dfrac{2n}{2n-1} > \dfrac{2n+1}{2n}$,

$\therefore A_n > B_n$. 故 $A_n^2 > A_n \cdot B_n = \dfrac{1}{3}(2n+1) > \dfrac{1}{4}(2n+1)$,即 $A_n > \dfrac{1}{2}\sqrt{2n+1}$.

例9 证明:对于和为 1 的正数,a_1,a_2,$\cdots$,a_n,不等式 $\dfrac{a_1^2}{a_1 + a_2} + \dfrac{a_2^2}{a_2 + a_3} + \cdots + \dfrac{a_{n-1}^2}{a_{n-1} + a_n} + \dfrac{a_n^2}{a_n + a_1} \geq \dfrac{1}{2}$ 成立 [第 24 届全苏中学生(十年级)MC 试题].

证明: 设 $A = \dfrac{a_1^2}{a_1 + a_2} + \dfrac{a_2^2}{a_2 + a_3} + \cdots + \dfrac{a_{n-1}^2}{a_{n-1} + a_n} + \dfrac{a_n^2}{a_n + a_1}$,

构造 $B = \dfrac{a_2^2}{a_1 + a_2} + \dfrac{a_3^2}{a_2 + a_3} + \cdots + \dfrac{a_n^2}{a_{n-1} + a_n} + \dfrac{a_1^2}{a_n + a_1}$,

则 $A - B = \dfrac{a_1^2 - a_2^2}{a_1 + a_2} + \dfrac{a_2^2 - a_3^2}{a_2 + a_3} + \cdots + \dfrac{a_{n-1}^2 - a_n^2}{a_{n-1} + a_n} + \dfrac{a_n^2 - a_1^2}{a_n + a_1}$

$$= a_1 - a_2 + a_2 - a_3 + \cdots + a_{n-1} - a_n + a_n - a_1 = 0,$$

$\therefore A = B.$

又 $\because \dfrac{a_i^2 + a_j^2}{a_i + a_j} - \dfrac{a_i + a_j}{2} = \dfrac{2a_i^2 + 2a_j^2 - (a_i + a_j)^2}{2(a_i + a_j)} = \dfrac{(a_i - a_j)^2}{2(a_i + a_j)} \geqslant 0,$

$\therefore \dfrac{a_i^2 + a_j^2}{a_i + a_j} \geqslant \dfrac{1}{2}(a_i + a_j)$ 而 $a_1 + a_2 + \cdots + a_{n-1} + a_n = 1,$

$\therefore A = \dfrac{1}{2}(A + B) = \dfrac{1}{2}\left(\dfrac{a_1^2 + a_2^2}{a_1 + a_2} + \dfrac{a_2^2 + a_3^2}{a_2 + a_3} + \cdots + \dfrac{a_{n-1}^2 + a_n^2}{a_{n-1} + a_n} + \dfrac{a_n^2 + a_1^2}{a_n + a_1}\right)$

$\geqslant \dfrac{1}{4}[(a_1 + a_2) + (a_2 + a_3) + \cdots + (a_{n-1} + a_n) + (a_n + a_1)] = \dfrac{1}{2}.$

例 10 数列 $\{x_n\}$ 中,$x_1 = 3$,且满足不等关系

$$4x_{n+1} - 3x_n < 2, \qquad ①$$
$$2x_{n+1} - x_n > 2. \qquad ②$$

求证:$2 + \left(\dfrac{1}{2}\right)^n < x_{n+1} < 2 + \left(\dfrac{3}{4}\right)^n (n \in \mathbf{N}).$

证:构造 $x_n - 2 = y_n$,则 $x_n = y_n + 2$. 代入①得 $4(y_{n+1} + 2) - 3(y_n + 2) < 2,$

于是有 $y_{n+1} < \dfrac{3}{4} y_n, \therefore y_{n+1} < \dfrac{3}{4} y_n < \left(\dfrac{3}{4}\right)^2 y_{n-1} < \cdots < \left(\dfrac{3}{4}\right)^n y_1,$

即 $x_{n+1} - 2 < \left(\dfrac{3}{4}\right)^n (x_1 - 2).$

而 $x_1 = 3, \therefore x_{n+1} < 2 + \left(\dfrac{3}{4}\right)^n.$

同理由②有 $y_{n+1} > \dfrac{1}{2} y_n > \left(\dfrac{1}{2}\right)^2 y_{n-1} > \cdots > \left(\dfrac{1}{2}\right)^n y_1,$

而 $y_1 = x_1 - 2 = 1,$

$\therefore y_{n+1} > \left(\dfrac{1}{2}\right)^n,$ 即 $x_{n+1} - 2 > \left(\dfrac{1}{2}\right)^n, \therefore x_{n+1} > 2 + \left(\dfrac{1}{2}\right)^n.$

故 $2 + \left(\dfrac{1}{2}\right)^n < x_{n+1} < 2 + \left(\dfrac{3}{4}\right)^n.$

例 11 证明:大于 $(\sqrt{3} + 1)^{2m}$ 的最小整数可被 2^{m+1} 整除,其中 m 为自然数.

证明:构造表达式 $I = (\sqrt{3} + 1)^{2m} + (\sqrt{3} - 1)^{2m}.$

显然,这个表达式是一个正整数,因为 $(\sqrt{3} - 1)^{2m} < 1,$ 所以 I 与大于 $(\sqrt{3} + 1)^{2m}$ 的最小整数相等.

而 $I = (4 + 2\sqrt{3})^m + (4 - 2\sqrt{3})^m = 2^m [(2 + \sqrt{3})^m + (2 - \sqrt{3})^m]$

$$= 2^{m+1}\left[2^m + 2^{m-2}\cdot\frac{3m(m-1)}{2} + \cdots\right],$$

∴ I 可以被 2^{m+1} 整除. 故问题得证.

例 12 在 $1—100$ 这 100 个自然数中, 找出 10 个自然数, 使得 10 个自然数倒数之和是 1.

解: 构造表达式

$$\frac{1}{1\times 2} + \frac{1}{2\times 3} + \cdots + \frac{1}{n(n+1)} = \left(1-\frac{1}{2}\right) + \left(\frac{1}{2}-\frac{1}{3}\right) + \cdots + \left(\frac{1}{n}-\frac{1}{n+1}\right)$$

$$= 1 - \frac{1}{n+1}.$$

取 $n=9$, 则有 $\dfrac{1}{1\times 2} + \dfrac{1}{2\times 3} + \cdots + \dfrac{1}{9\times 10} = 1 - \dfrac{1}{10}$,

∴ $\dfrac{1}{2} + \dfrac{1}{6} + \dfrac{1}{12} + \dfrac{1}{20} + \dfrac{1}{30} + \dfrac{1}{42} + \dfrac{1}{56} + \dfrac{1}{72} + \dfrac{1}{90} + \dfrac{1}{10} = 1$.

故 $2, 6, 12, 20, 30, 42, 56, 72, 90, 10$ 为所求.

例 13 试证对任意的自然数 n, $a_n = \sum_{k=0}^{n} 2^{3k} C_{2n+1}^{2k+1}$ 不能被 5 整除 (第 16 届 IMO 试题).

证明: 构造 $b_n = \sum_{k=0}^{n} 2^{3k} C_{2n+1}^{2k}$,

则 $\sqrt{8} a_n + b_n = \sum_{k=0}^{n} C_{2n+1}^{2k+1}(\sqrt{8})^{2k+1} + \sum_{k=0}^{n} C_{2n+1}^{2k}(\sqrt{8})^{2k}$

$$= \sum_{k=0}^{n} C_{2n+1}^{k}(\sqrt{8})^k = (\sqrt{8}+1)^{2n+1}.$$ ①

同理可得 $\sqrt{8} a_n - b_n = (\sqrt{8}-1)^{2n+1}$. ②

①×②得 $8a_n^2 - b_n^2 = 7^{2n+1}$, 即 $8a_n^2 = b_n^2 + 7^{2n+1}$,

而 $7^{2n+1} = 7(50-1)^n = 7[5q+(-1)^n] = 35q + 7(-1)^n$, $q\in\mathbf{Z}$,

∴ 7^{2n+1} 被 5 除余 2 或 -2, 又平方数 b_n^2 被 5 除余 1 或 -1, 因而 $b_n^2 + 7^{2n+1}$ 不能被 5 整除, 即 $8a_n^2$ 不能被 5 整除.

故 a_n 不能被 5 整除.

例 14 求证: $(2+\sqrt{3})^n (n\in\mathbf{N})$ 的整数部分是奇数.

证明: 设 $a_n = (2+\sqrt{3})^n + (2-\sqrt{3})^n$ $(n\in\mathbf{N})$,

∵ $0 < 2-\sqrt{3} < 1$, ∴ $0 < (2-\sqrt{3})^n < 1$.

由 $(2+\sqrt{3})^n = a_n - (2-\sqrt{3})^n$ 知只需证明 a_n 是偶数.

(1) $a_1 = 4$,$a_2 = 14$ 均为偶数.

(2) 假设 a_{k-1},a_k 是偶数,则 $a_{k+1} = (2+\sqrt{3})^{k+1} + (2-\sqrt{3})^{k+1}$
$= [(2+\sqrt{3})^k + (2-\sqrt{3})^k][(2+\sqrt{3}) + (2-\sqrt{3})]$
$- [(2+\sqrt{3})^{k-1} + (2-\sqrt{3})^{k-1}](2+\sqrt{3})(2-\sqrt{3}) = 4a_k - a_{k-1}$.
由归纳假设知 a_{k+1} 是偶数.
综合(1)和(2)知 $a_n = (2+\sqrt{3})^n + (2-\sqrt{3})^n (n \in \mathbf{N})$ 均为偶数.
故命题得证.

习 题 四

1. 求 $\sin 10° \sin 30° \sin 50° \sin 70°$ 的值.

2. 化简 $\sqrt[5]{41 + 29\sqrt{2}}$.

3. 求 $\sin^2 10° + \cos^2 40° + \sin 10° \cos 40°$ 的值.

4. 已知 $\dfrac{3}{4}\pi < \alpha - \dfrac{\beta}{2} < \pi$,$\dfrac{\pi}{4} < \dfrac{\alpha}{2} - \beta < \dfrac{\pi}{2}$,且 $\cos\left(\alpha - \dfrac{\beta}{2}\right) = -\dfrac{5}{13}$,$\sin\left(\dfrac{\alpha}{2} - \beta\right) = \dfrac{4}{5}$,求 $\cos\dfrac{3}{2}\beta$ 的值.

5. 设 α,β,γ 为方程 $x^3 - x + 1 = 0$ 的三个根,求 $\alpha^{16} + \beta^{16} + \gamma^{16}$ 的值.

6. 求函数 $y = \dfrac{x^2 + 5}{\sqrt{x^2 + 4}}$ 的最小值.

7. 已知函数 $f(x^2 - 3) = \lg\dfrac{x^2}{x^2 - 4}$,求 $f(x)$ 的定义域.

8. 已知:$0 \leqslant a + b - c \leqslant 1$,$1 \leqslant b + c - a \leqslant 2$,$2 \leqslant c + a - b \leqslant 3$,求 $a - 3b + 2c$ 的取值范围.

9. 解方程:$\sqrt{x-2} + \sqrt{x-7} = 5$.

10. 解方程 $\sqrt{x^2 - 7x + 6} + \sqrt{2x^2 - 5x + 2} = \sqrt{x^2 - 9x + 7} + \sqrt{2x^2 - 3x + 1}$.

11. 解方程 $\sqrt{x^2 + 5} - \sqrt{x^2 - 3x + 3} = 2$.

12. 解方程组 $\begin{cases} x^2 - 3xy^3 + y^6 = 1, \\ xy^3 + x^2 = 33. \end{cases}$

13. 解方程组 $\begin{cases} y^2 = x^2 \cdot \dfrac{a+x}{a-x}, \\ x^2 + y^2 - a(x+y) = 0. \end{cases}$

14. 解方程组 $\begin{cases} x+y+z=6, \\ x^2+y^2+z^2=14, \\ x^3+y^3+z^3=36. \end{cases}$

15. 在实数范围内解方程组 $\begin{cases} \sqrt{x}+\sqrt{y}+\sqrt{z}=3\sqrt{2}, & ① \\ x+y+z=6, & ② \\ x^5+y^5+z^5=96. & ③ \end{cases}$

16. 若 $a, b \in \mathbf{R}^+$，证明：$\dfrac{1}{2}(a^n+b^n) \geqslant \left(\dfrac{a+b}{2}\right)^n$.

17. 求证：$\dfrac{1}{2} \cdot \dfrac{3}{4} \cdot \dfrac{5}{6} \cdot \cdots \cdot \dfrac{99}{100} < \dfrac{1}{10}$.

18. 证明：$(a+b)^2 \leqslant 2(a^2+b^2)$.

19. 证明：$-\sqrt{3} < \dfrac{\sqrt{3}a+1}{\sqrt{a^2+1}} \leqslant 2 \ (a \in \mathbf{R})$.

20. 设 $a>0$，且 $a \neq 1$，$n \in \mathbf{N}$，求证：$\dfrac{1+a^2+a^4+\cdots+a^{2n}}{a+a^3+\cdots+a^{2n-1}} > 1+\dfrac{1}{n}$.

21. 已知 $a_1+a_2+\cdots+a_n=1$，求证：$a_1^2+a_2^2+\cdots+a_n^2 \geqslant \dfrac{1}{n}$.

22. 证明：$\text{tg}\alpha + 2\text{tg}2\alpha + 4\text{tg}4\alpha = \text{ctg}\alpha - 8\text{ctg}8\alpha$.

23. 证明：$\sum\limits_{k=0}^{(\frac{n}{2})} C_n^k C_{n-k}^{n-2k} \cdot 2^{n-2k} = C_{2n}^n$.

24. 求证：$C_{m+n}^k = C_m^0 C_n^k + C_m^1 C_n^{k-1} + C_m^2 C_n^{k-2} + \cdots + C_m^k C_n^0 \ (k, m, n \in \mathbf{N}, k<m, k<n)$.

25. 设有理数列 $\{x_n\}$、$\{y_n\}$ 满足条件 $x_n+\sqrt{2}y_n=(3+2\sqrt{2})^n (n \in \mathbf{N})$，求证：$x_n^2-2y_n^2=1$.

26. 求数列 $1991, 19911991, \cdots, 19911991\cdots1991, \cdots$ 的通项公式.

27. 求和：$\text{tg}\theta + 2\text{tg}2\theta + \cdots + 2^n\text{tg}2^n\theta$.

28. 如果自然数 n 不是 2 的方幂形式，那么 n 可以表示为两个或两个以上的连续自然数之和.

29. 求不超过 $(\sqrt{7}+\sqrt{3})^6$ 的最大整数.

30. 证明：存在无穷多个平方数，它等于一个质数与一个平方数之和.

31. 设 k 是给定正整数 $\alpha = k+\dfrac{1}{2}+\sqrt{k^2+\dfrac{1}{4}}$，证明：$\alpha^n$ 的整数部分 $[\alpha^n]$ 能被 k 整除 $(n \geqslant 1)$.

32. 已知 $x\sin\theta + y\cos\theta = \sqrt{x^2+y^2}$，$\dfrac{\sin^2\theta}{a^2} - \dfrac{\cos^2\theta}{b^2} = \dfrac{1}{x^2+y^2}$，求动点 $P(x,y)$ 的轨迹方程.

第五章 构造数列法

借助于构造一个新的数列使所给问题得以解决的方法叫作构造数列法.

在解题过程中,如何确定构造数列?主要是根据所给问题的已知条件和结论的形式或关系,联想到等差数列、等比数列或其他数列的定义、性质,看看已知条件和结论的形式或通过适当变换后的形式符合等差数列、等比数列或其他数列中的哪一个定义或某个性质;或者说是已知条件和结论中所给定的关系符合等差数列、等比数列或其他数列中的哪一个的定义或某个性质. 一旦这种关系确立,我们就可构造其相应的数列来解答这个问题.

构造数列法可解答求值、求数列通项、数列求知、解方程和方程组、证明恒等式和不等式等数学问题.

构造数列法有构造等差数列、构造等比数列和构造其他数列等方法.

§5-1 构造等差数列

如果所给问题的已知条件和结论的形式或通过适当变换后的形式符合等差数列的定义或性质,或者说已知条件和结论所给定的关系符合等差数列的定义或某一性质,那么就可以构造其相应的等差数列.

例1 设 $n \in \mathbf{N}$,且 $\sin\alpha + \cos\alpha = -1$,求 $\sin^n\alpha + \cos^n\alpha$ 的值.

解: 由条件知 $\sin\alpha + \cos\alpha = -1 = 2 \times \left(-\dfrac{1}{2}\right)$,

于是可构造等差数列 $\sin\alpha$,$-\dfrac{1}{2}$,$\cos\alpha$.

令 $\sin\alpha = -\dfrac{1}{2} - d$,$\cos\alpha = -\dfrac{1}{2} + d$. 由 $\sin^2\alpha + \cos^2\alpha = 1$ 得

$$\left(-\dfrac{1}{2} - d\right)^2 + \left(-\dfrac{1}{2} + d\right)^2 = 1.$$

解之得 $d = \pm\dfrac{1}{2}$,

若 $d=\frac{1}{2}$，则 $\sin\alpha=-1$，$\cos\alpha=0$. 若 $d=-\frac{1}{2}$，则 $\sin\alpha=0$，$\cos\alpha=-1$.

∴ $\sin^n\alpha+\cos^n\alpha=(-1)^n$.

例2 设实数 x,y,z 满足：
$$\begin{cases} x^2-yz-8x+7=0, & \text{①} \\ y^2+z^2+yz-6x+6=0. & \text{②} \end{cases}$$

求 x 的取值范围．(1980年全国数学竞赛题)

解：由①得 $yz=x^2-8x+7$，

由②得 $(y+z)^2=yz+6x-6=(x-1)^2$，

∴ $y+z=\pm(x-1)=\pm 2\times\frac{x-1}{2}$.

由此可构造等差数列 y，$\pm\frac{x-1}{2}$，z．

令 $y=\pm\frac{x-1}{2}+d$，$z=\pm\frac{x-1}{2}-d$.

代入①得 $\frac{(x-1)^2}{4}-d^2=x^2-8x+7$，即 $3x^2-30x+27=-d^2$，

∴ $x^2-10x+9\leqslant 0$. 解之得 $1\leqslant x\leqslant 9$.

例3 已知数列 $a_1,a_2,a_3,\cdots$ 的项，当 n 是任何值时满足关系式 $a_{n+1}-2a_n+a_{n-1}=1$，试用 a_1,a_2,n 表示 a_n.

解：由已知有 $(a_{n+1}-a_n)-(a_n-a_{n-1})=1$，

构造数列 $\{P_n\}$，$P_n=a_n-a_{n-1}$，则 $P_{n+1}-P_n=1$，

∴ $\{P_n\}$ 是等差数列，公差为 $1(n\geqslant 2)$

$$P_n=P_2+(n-2)\cdot 1=P_2+n-2,$$

∴ $a_n=(a_n-a_{n-1})+(a_{n-1}-a_{n-2})+\cdots+(a_2-a_1)+a_1$

$=P_n+P_{n-1}+\cdots+P_2+a_1=(n-1)P_2+\frac{(n-1)(n-2)}{2}\cdot 1+a_1$

$=(n-1)(a_2-a_1)+a_1+\frac{(n-1)(n-2)}{2}$

或 $a_n=(n-1)a_2-(n-2)a_1+\frac{(n-1)(n-2)}{2}$.

例4 设数列 $\{a_n\}$ 满足 $a_{n+1}=\frac{1}{4}\left(\frac{1}{2}+4a_n+\sqrt{1+8a_n}\right)$ 且 $a_1=1$，求通项公式 a_n.

解：构造新数列 $\{b_n\}$：$b_n=\sqrt{1+8a_n}$ 则 $b_1=3$.

$a_n = \dfrac{b_n^2 - 1}{8}$,于是 $\dfrac{b_{n+1}^2 - 1}{8} = \dfrac{1}{4}\left(\dfrac{1}{2} + 4 \cdot \dfrac{b_n^2 - 1}{8} + b_n\right)$,

即 $b_{n+1}^2 = (b_n + 1)^2$. 又 $b_n > 0$,∴ $b_{n+1} - b_n = 1$,

∴ 数列 $\{b_n\}$ 是以公差为 1,3 为首项的等差数列,

∴ $b_n = 3 + (n-1) \cdot 1 = n + 2$.

故 $a_n = \dfrac{1}{8}[(n+2)^2 - 1] = \dfrac{1}{8}(n^2 + 4n + 3)$.

例 5 解方程 $\sqrt[5]{\dfrac{7-x}{1+x}} + \sqrt[5]{\dfrac{1+x}{7-x}} = 2$.

解: 由已知有 $\sqrt[5]{\dfrac{7-x}{1+x}} + \sqrt[5]{\dfrac{1+x}{7-x}} = 2 \times 1$.

于是可构造等差数列 $\sqrt[5]{\dfrac{7-x}{1+x}},\ 1,\ \sqrt[5]{\dfrac{1+x}{7-x}}$.

令 $\begin{cases} \sqrt[5]{\dfrac{7-x}{1+x}} = 1 - d, & \text{①} \\ \sqrt[5]{\dfrac{1+x}{7-x}} = 1 + d. & \text{②} \end{cases}$

①^5 × ②^5 得:$(1+d)^5(1-d)^5 = 1$,

即 $(1-d^2)^5 = 1$,解得 $d = 0$. 把 $d = 0$ 代入 (1) 解得 $x = 3$. 经检验,原方程的解为 $x = 3$.

例 6 解方程 $\sqrt{x^2 + 4x - 2} - \sqrt{x^2 - 2x + 1} = 2x - 1$.

解: 由已知有 $\sqrt{x^2 + 4x - 2} + (-\sqrt{x^2 - 2x + 1}) = 2 \times \dfrac{1}{2}(2x - 1)$.

于是可构造等差数列 $\sqrt{x^2 + 4x - 2},\ \dfrac{1}{2}(2x - 1),\ -\sqrt{x^2 - 2x + 1}$.

令 $\begin{cases} \sqrt{x^2 + 4x - 2} = \dfrac{1}{2}(2x - 1) - d, & \text{①} \\ -\sqrt{x^2 - 2x + 1} = \dfrac{1}{2}(2x - 1) + d. & \text{②} \end{cases}$

①^2 − ②^2 得 $3(2x - 1) = -2(2x - 1)d$,

即 $(2x - 1)(2d + 3) = 0$,解之得 $d = -\dfrac{3}{2}$ 或 $x = \dfrac{1}{2}$.

将 $d = -\dfrac{3}{2}$ 代入①解得 $x = \dfrac{3}{2}$. 经检验 $x = \dfrac{1}{2}$,$x = \dfrac{3}{2}$ 都是原方程的解.

例7 解方程 $\sqrt[5]{2x+10} + \sqrt[5]{22-2x} = 2.$

解：由已知有 $\sqrt[5]{2x+10} + \sqrt[5]{22-2x} = 2 \times 1.$

于是可构造等差数列 $\sqrt[5]{2x+10}$, 1, $\sqrt[5]{22-2x}$.

令 $\begin{cases} \sqrt[5]{2x+10} = 1-d, & ① \\ \sqrt[5]{22-2x} = 1+d. & ② \end{cases}$

①^5 + ②^5 得 $(1-d)^5 + (1+d)^5 = 32$，

即 $C_5^0 + C_5^2 d^2 + C_5^4 d^4 = 16.$ 解之得 $d_1 = 1$, $d_2 = -1$.

分别把 $d_1 = 1$, $d_2 = -1$ 代入①解得 $x_1 = -5$, $x_2 = 11$.

经检验，原方程的解为 $x_1 = -5$, $x_2 = 11$.

注：(1) 形如 $\sqrt[n]{f(x)} \pm \sqrt[n]{g(x)} = a$（常数）且 $f(x) \cdot g(x)$ 是非零常数；

(2) 形如 $\sqrt{f(x)} \pm \sqrt{g(x)} = F(x)$ 且 $f(x) - g(x) = k \cdot F(x)$（$k$ 为非零常数）；

(3) 形如 $\sqrt[n]{f(x)} \pm \sqrt[n]{g(x)} = a$（常数）且 $n > 2$, $n \in \mathbf{N}$，$f(x) + g(x)$ [或 $f(x) - g(x)$] 为常数；

(4) 形如 $\sqrt{f(x)} \pm \sqrt{g(x)} = a$（常数），且 $f(x) \pm g(x)$ 是一个简单的关系式；

(5) 形如 $\sqrt[n]{f(x)} \pm \sqrt[m]{g(x)} = a$（常数），$m, n \in \mathbf{N}$，且 $f(x) + g(x)$ 或 $f(x) - g(x)$ 为常数.

以上几种方程都可以用构造等差数列的方法来解，但求得解之后必须经检验确认.

例8 试证：$C_m^m + C_{m+1}^m + C_{m+2}^m + \cdots + C_{m+n}^m = C_{m+n+1}^{m+1}.$

证明：构造数列 $a_n = C_m^m + C_{m+1}^m + C_{m+2}^m + \cdots + C_{m+n}^m - C_{m+n+1}^{m+1}$ ($n = 1, 2, 3 \cdots$)，

则只需证 $a_n = 0$.

事实上 $a_{n+1} - a_n = C_{m+n+1}^m + C_{m+n+1}^{m+1} - C_{m+n+2}^{m+1} = 0$，

∴ 数列 $\{a_n\}$ 是一个常数列.

又 $a_1 = C_m^m + C_{m+1}^m - C_{m+2}^{m+1} = 0$，

∴ $a_n \equiv 0$. 故原式得证.

例9 设 x, y, z 为非负数，且 $x + y + z = 1$，求证：$0 \leq xy + yz + zx - 2xyz \leq \dfrac{7}{27}.$（第 25 届 IMC 试题）

解：由对称性，不妨设 $x \geq y \geq z \geq 0$.

由已知有 $(x+y)+z=1=2\times\dfrac{1}{2}$.

于是可构造数列 AP，$x+y$，$\dfrac{1}{2}$，z.

令 $x+y=\dfrac{1}{2}+d$，$z=\dfrac{1}{2}-d$，由 $x+y\geqslant 2z\geqslant 0$ 得 $\dfrac{1}{6}\leqslant d\leqslant \dfrac{1}{2}$，

∴ $xy+yz+zx-2xyz=(x+y)z+xy(1-2z)=\dfrac{1}{4}-d^2+2dxy$.

∵ $\dfrac{1}{4}-d^2\geqslant 0$，∴ $\dfrac{1}{4}-d^2+2dxy\geqslant 0$，

即 $xy+yz+zx-2xyz\geqslant 0$.

又 $\dfrac{1}{4}-d^2+2dxy\leqslant \dfrac{1}{4}-d^2+2d\left(\dfrac{x+y}{2}\right)^2$

$=\dfrac{1}{4}-d^2+\dfrac{1}{2}d\left(\dfrac{1}{2}+d\right)^2=\dfrac{1}{4}+\dfrac{1}{4}\cdot 2d\left(\dfrac{1}{2}-d\right)^2$

$\leqslant \dfrac{1}{4}+\dfrac{1}{4}\left[\dfrac{2d+\left(\dfrac{1}{2}-d\right)+\left(\dfrac{1}{2}-d\right)}{3}\right]^3$

$=\dfrac{1}{4}+\dfrac{1}{4}\times\dfrac{1}{27}=\dfrac{7}{27}$，

故 $0\leqslant xy+yz+zx-2xyz\leqslant \dfrac{7}{27}$.

例10 确定最大的实数 z，使得 $x+y+z=5$，$xy+yz+zx=3$，并且 x 和 y 也是实数(加拿大第七届中学生数学竞赛题).

解：由 $x+y+z=5$ 得 $x+y=2\cdot\dfrac{5-z}{2}$，于是可构造等差数列 x，$\dfrac{5-z}{2}$，y.

令 $x=\dfrac{5-z}{2}+d$，$y=\dfrac{5-z}{2}-d$.

由 $xy+yz+zx=3$ 得 $\left(\dfrac{5-z}{2}+d\right)\left(\dfrac{5-z}{2}-d\right)+\left(\dfrac{5-z}{2}-d\right)z+\left(\dfrac{5-z}{2}+d\right)z=3$.

将等式整理为 $3z^2-10z-13=-d^2$，∴ $3z^2-10z-13\leqslant 0$.

解得 $-1\leqslant z\leqslant \dfrac{13}{3}$. 又当 $x=y=\dfrac{1}{3}$ 时，$z=\dfrac{13}{3}$，

故最大的实数 $z=\dfrac{13}{3}$.

§5-2 构造等比数列

如果所给问题的已知条件和结论的形式或者通过适当的变换后的形式符合等比数列的定义或性质,或者说所给问题的已知条件和结论所确定的关系符合等比数列的定义或性质,那么,我们就可以构造相应的等比数列去解答这个问题.

例1 已知 $\sin\varphi \cdot \cos\varphi = \dfrac{60}{169}$,且 $\dfrac{\pi}{4} < \varphi < \dfrac{\pi}{2}$,求 $\sin\varphi$ 和 $\cos\varphi$ 的值.

解:由已知 $\sin\varphi \cdot \cos\varphi = \dfrac{60}{169} = \left(\dfrac{2\sqrt{15}}{13}\right)^2$,

于是构造等比数列 $\sin\varphi,\ \dfrac{2\sqrt{15}}{13},\ \cos\varphi$.

令 $\sin\varphi = \dfrac{2\sqrt{15}}{13}q,\ \cos\varphi = \dfrac{2\sqrt{15}}{13q}\ (2 > q > 1)$,

则由 $\sin^2\varphi + \cos^2\varphi = 1$ 得 $\left(\dfrac{2\sqrt{15}}{13}q\right)^2 + \left(\dfrac{2\sqrt{15}}{13q}\right)^2 = 1$,

即 $60q^4 - 169q^2 + 60 = 0$. 解之得 $q = \dfrac{6}{\sqrt{15}}$,

故
$$\sin\varphi = \dfrac{2\sqrt{15}}{13} \times \dfrac{6}{\sqrt{15}} = \dfrac{12}{13},$$
$$\cos\varphi = \dfrac{2\sqrt{15}}{13} \times \dfrac{\sqrt{15}}{6} = \dfrac{5}{13}.$$

例2 求数列 $a_1 = 2,\ a_2 = 3,\ a_{n+2} = 3a_{n+1} - 2a_n\ (n \geqslant 1)$ 的通项 a_n.

解:∵ $a_{n+2} = 3a_{n+1} - 2a_n$ 可变为 $a_{n+2} - a_{n+1} = 2(a_{n+1} - a_n)$,

构造 $b_n = a_{n+1} - a_n$ 则 $b_{n+1} = 2b_n$,且 $b_1 = 1$,

于是 $\{b_n\}$ 为首项为 1,公比为 2 的等比数列,

∴ $b_n = 1 \cdot 2^{n-1} = 2^{n-1}$,即 $a_{n+1} - a_n = 2^{n-1}$.

由此可得 $a_2 - a_1 = 1,\ a_3 - a_2 = 2,\ a_4 - a_3 = 2^2,\ \cdots\cdots a_n - a_{n-1} = 2^{n-2}$.

两边累加得 $a_n - a_1 = 1 + 2 + 2^2 + \cdots + 2^{n-2} = \dfrac{2^{n-1} - 1}{2 - 1}$,

∴ $a_n = 2^{n-1} - 1 + a_1 = 2^{n-1} - 1 + 2 = 2^{n-1} + 1$.

例3 在数列 $\{a_n\}$ 中，已知 $a_1 = 2$，$a_{n+1} = \dfrac{3a_n+1}{a_n+3}$，求通项 a_n.

解：令 $a_{n+1} - A = \dfrac{3a_n+1}{a_n+3} - A = \dfrac{3a_n+1-Aa_n-3A}{a_n+3} = \dfrac{(3-A)a_n+1-3A}{a_n+3}$，

同理可得 $a_{n+1} + A = \dfrac{(3+A)a_n+1+3A}{a_n+3}$.

两式相除得 $\dfrac{a_{n+1}-A}{a_{n+1}+A} = \dfrac{(3-A)a_n+1-3A}{(3+A)a_n+1+3A} = \dfrac{a_n - \dfrac{3A-1}{3-A}}{a_n + \dfrac{1+3A}{3+A}} \cdot \dfrac{3-A}{3+A}$.

令 $\dfrac{3A-1}{3-A} = A$，则 $3A-1 = 3A - A^2$，$A^2 = 1$，$A = \pm 1$.

取 $A = 1$（或 $A = -1$）得 $\dfrac{a_{n+1}-1}{a_{n+1}+1} = \dfrac{1}{2} \cdot \dfrac{a_n-1}{a_n+1}$.

于是构造一个以 $\dfrac{1}{3}$ 为首项、$\dfrac{1}{2}$ 为公比的等比数列 $\left\{\dfrac{a_n-1}{a_n+1}\right\}$，

$\therefore \dfrac{a_n-1}{a_n+1} = \dfrac{1}{3}\left(\dfrac{1}{2}\right)^{n-1}$，故 $a_n = \dfrac{1+\dfrac{1}{3}\left(\dfrac{1}{2}\right)^n}{1-\dfrac{1}{3}\left(\dfrac{1}{2}\right)^n} = \dfrac{3\cdot 2^n+1}{3\cdot 2^n-1}$.

例4 在数列 $\{a_n\}$ 中，已知 $a_1 = 1$，且 $a_{n+1} = 3a_n + n^2$，求通项 a_n.

解：令 $a_n = b_n + An^2 + Bn + C$ 使 $\{b_n\}$ 为等比数列，

则 $a_{n+1} = b_{n+1} + A(n+1)^2 + B(n+1) + C = 3a_n + n^2$

$= 3(b_n + An^2 + Bn + C) + n^2 = 3b_n + (3A+1)n^2 + 3Bn + 3C$.

于是有 $b_{n+1} = 3b_n + (3A+1)n^2 + 3Bn + 3C - A(n+1)^2 - B(n+1) - C$

$= 3b_n + (2A+1)n^2 + 2(B-A)n + 2C - A - B$.

若 $\{b_n\}$ 为等比数列，则必须 $\begin{cases} 2A+1=0, \\ 2B-2A=0, \\ 2C-A-B=0. \end{cases}$

解之得 $A = B = C = -\dfrac{1}{2}$，代入得 $b_1 = a_1 + \dfrac{1}{2} + \dfrac{1}{2} + \dfrac{1}{2} = \dfrac{5}{2}$.

于是构造了一个以 $\dfrac{5}{2}$ 为首项、公比为 3 的等比数列 $\{b_n\}$，

$\therefore b_n = \dfrac{5}{2} \times 3^{n-1}$.

故 $a_n = b_n - \frac{1}{2}n^2 - \frac{1}{2}n - \frac{1}{2} = \frac{1}{2}(5 \times 3^{n-1} - n^2 - n - 1)$.

注：递推公式右边加了 n 的一次或二次，甚至是 n 的多项式，均可把递推公式改造成一个等比数列的通项与一个多项式的和的形式来求解.

例5 已知数列 $\{a_n\}$ 中，$a_1 = -\frac{1}{2}$，且 $a_{n+1} = \frac{1}{2}a_n + 1$，求 a_n.

解：设 $a_{n+1} + \gamma = \frac{1}{2}(a_n + \gamma)$，则 $a_{n+1} = \frac{1}{2}a_n - \frac{\gamma}{2}$，为和原递推公式保持恒等，必有 $-\frac{\gamma}{2} = 1$，即 $\gamma = 2$，$\therefore a_{n+1} - 2 = \frac{1}{2}(a_n - 2)$

于是就构造了一个新的数列 $\{a_n - 2\}$，而这个新数列是以 $a_1 - 2 = -\frac{1}{2} - 2 = -\frac{5}{2}$ 为首项，公比为 $\frac{1}{2}$ 的等比数列.

$\therefore a_n - 2 = -\frac{5}{2} \times \left(\frac{1}{2}\right)^{n-1} = -5\left(\frac{1}{2}\right)^n$. 故 $a_n = 2 - 5\left(\frac{1}{2}\right)^n$.

例6 在数列 $\{a_n\}$ 中，已知 $a_1 = 1$，$a_2 = 8$，且 $a_n = \sqrt{a_{n-1}a_{n-2}}$（$n \geq 3$，$n \in \mathbf{N}$），求通项 a_n.

解：由 $a_n = \sqrt{a_{n-1}a_{n-2}}$ 可得 $\lg a_n = \frac{1}{2}(\lg a_{n-1} + \lg a_{n-2})$，

$$\lg a_n + A\lg a_{n-1} = \frac{1}{2}\lg a_{n-1} + A\lg a_{n-1} + \frac{1}{2}\lg a_{n-2}$$

$$= \frac{1}{2}[(1 + 2A)\lg a_{n-1} + \lg a_{n-2}]$$

$$= \frac{1 + 2A}{2}\left(\lg a_{n-1} + \frac{1}{1 + 2A}\lg a_{n-2}\right).$$

令 $A = \frac{1}{1 + 2A}$，解之得 $A = -1$ 或 $\frac{1}{2}$，取 $A = -1$ 得

$$\lg a_n - \lg a_{n-1} = -\frac{1}{2}(\lg a_{n-1} - \lg a_{n-2}).$$

于是构造了一个以 $3\lg 2$（$\lg a_2 - \lg a_1 = \lg \frac{a_2}{a_1} = \lg 8$）为首项、$-\frac{1}{2}$ 为公比的等比数列 $\{\lg a_n - \lg a_{n-1}\}$.

$\therefore \lg a_n - \lg a_{n-1} = \lg 8 \left(-\frac{1}{2}\right)^{n-1} = \lg 8^{(-\frac{1}{2})^{n-1}}$，

即 $\lg \frac{a_n}{a_{n-1}} = \lg 8^{(-\frac{1}{2})^{n-1}}$，$\therefore \frac{a_n}{a_{n-1}} = 8^{(-\frac{1}{2})^{n-1}}$.

n 分别以 $2, 3, \cdots, n$ 代入得 $\dfrac{a_2}{a_1} = 8^{\left(-\frac{1}{2}\right)^1}$, $\dfrac{a_3}{a_2} = 8^{\left(-\frac{1}{2}\right)^2}$, $\cdots$, $\dfrac{a_n}{a_{n-1}} = 8^{\left(-\frac{1}{2}\right)^{n-1}}$.

将上述 $n-1$ 个式子两边相乘得

$$\dfrac{a_n}{a_1} = 8^{\left(-\frac{1}{2}\right)+\left(-\frac{1}{2}\right)^2+\cdots+\left(-\frac{1}{2}\right)^{n-1}} = 8^{-\frac{1}{3}\left[1-\left(-\frac{1}{2}\right)^{n-1}\right]}.$$

故 $a_n = 8^{-\frac{1}{3}\left[1-\left(-\frac{1}{2}\right)^{n-1}\right]}$.

例7 已知数列 $\{a_n\}$ 和 $\{b_n\}$ 满足 $a_1 = p$, $b_1 = q$, 且 $a_n = pa_{n-1}$, $b_n = qa_{n-1} + \gamma b_{n-1}$ ($n \geq 2$), 其中 $q \neq 0$, $p > \gamma > 0$, 试求数列 $\{b_n\}$ 的通项 b_n. (1982年高考题)

解：显然 $a_n = a_1 p^{n-1} = p^n$, 于是 $b_n = \gamma b_{n-1} + qp^{n-1}$,

即 $\dfrac{b_n}{p^n} = \dfrac{\gamma}{p}\left(\dfrac{b_{n-1}}{p^{n-1}} + \dfrac{q}{\gamma}\right)$ 两边同加常数 α, 则有 $\dfrac{b_n}{p^n} + \alpha = \dfrac{\gamma}{p}\left(\dfrac{b_{n-1}}{p^{n-1}} + \dfrac{p\alpha + q}{\gamma}\right)$.

令 $\alpha = \dfrac{p\alpha + q}{\gamma}$ 解之得 $\alpha = \dfrac{q}{\gamma - p}$.

构造数列 $\{C_n\}$, $C_n = \dfrac{b_n}{p^n} + \alpha$, 则数列 $\{C_n\}$ 是以 C_1 $\left[C_1 = \dfrac{b_1}{p} + \alpha = \dfrac{\gamma q}{p(\gamma - p)}\right]$ 为首项, $\dfrac{\gamma}{p}$ 为公比的等比数列.

$\therefore C_n = C_1\left(\dfrac{\gamma}{p}\right)^{n-1} = \dfrac{\gamma q}{p^n(\gamma - p)}$. 故 $b_n = p^n(C_n - \alpha) = \dfrac{q(\gamma^n - p^n)}{\gamma - p}$.

例8 若 $\alpha \neq k\pi$, $k \in \mathbf{Z}$, 试证：

$$\cos\dfrac{\alpha}{2}\cos\dfrac{\alpha}{2^2}\cdot\cdots\cdot\cos\dfrac{\alpha}{2^n} = \dfrac{\sin\alpha}{2^n\sin\dfrac{\alpha}{2^n}} \quad (n \in \mathbf{N}).$$

证明：构造数列 $x_n = \left(\cos\dfrac{\alpha}{2}\cos\dfrac{\alpha}{2^2}\cdot\cdots\cdot\cos\dfrac{\alpha}{2^n}\right) \div \dfrac{\sin\alpha}{2^n\sin\dfrac{\alpha}{2^n}}$,

则 $\dfrac{x_{n+1}}{x_n} = \dfrac{\cos\dfrac{\alpha}{2^{n+1}}\cdot 2\sin\dfrac{\alpha}{2^{n+1}}}{\sin\dfrac{\alpha}{2^n}} = 1$,

$\therefore \{x_n\}$ 是一个公比为 1 的等比数列, 于是 $x_n = x_1 = 1$.

故 $\cos\dfrac{\alpha}{2}\cos\dfrac{\alpha}{2^2}\cdot\cdots\cdot\cos\dfrac{\alpha}{2^n} = \dfrac{\sin\alpha}{2^n\sin\dfrac{\alpha}{2^n}}$.

例9 数列 $\{x_n\}$ 满足 $x_{n+1} = 2x_n + \dfrac{1}{2^n}(n \in \mathbf{N})$，求证：适当选取 a 时，对一切 $n \in \mathbf{N}$，不等式 $|x_n - 2^n a| \leq \dfrac{1}{3}$ 成立.

证明： 将题设关系式两边同时除以 2^{n+1} 得

$$\frac{x_{n+1}}{2^{n+1}} = \frac{x_n}{2^n} + \frac{1}{2^{2n+1}}, \quad 即 \frac{x_{n+1}}{2^{n+1}} - \frac{x_n}{2^n} = \frac{1}{2^{2n+1}}.$$

令 $C_n = \dfrac{x_{n+1}}{2^{n+1}} - \dfrac{x_n}{2^n}$，则 $C_1 = \dfrac{x_2}{2^2} - \dfrac{x_1}{2} = \dfrac{1}{2^{2+1}} = \dfrac{1}{8}$，

$$\frac{C_n}{C_{n-1}} = \frac{\dfrac{x_{n+1}}{2^{n+1}} - \dfrac{x_n}{2^n}}{\dfrac{x_n}{2^n} - \dfrac{x_{n-1}}{2^{n-1}}} = \frac{\dfrac{1}{2^{2n+1}}}{\dfrac{1}{2^{2(n-1)+1}}} = \frac{1}{4},$$

$\therefore \{C_n\}$ 是一个以 $\dfrac{1}{8}$ 为首项，公比为 $\dfrac{1}{4}$ 的等比数列，

$$\therefore \frac{x_n}{2^n} = \frac{x_1}{2} + \left(\frac{x_2}{2^2} - \frac{x_1}{2}\right) + \cdots + \left(\frac{x_n}{2^n} - \frac{x_{n-1}}{2^{n-1}}\right)$$

$$= \frac{x_1}{2} + \frac{\dfrac{1}{8}\left(1 - \dfrac{1}{4^{n-1}}\right)}{1 - \dfrac{1}{4}} = \frac{x_1}{2} + \frac{1}{6} - \frac{1}{3} \cdot \frac{1}{2^{2n-1}}.$$

于是 $x_n - 2^n\left(\dfrac{x_1}{2} + \dfrac{1}{6}\right) = -\dfrac{1}{3} \cdot \dfrac{1}{2^{n-1}}$.

故 $\left|x_n - 2^n\left(\dfrac{x_1}{2} + \dfrac{1}{6}\right)\right| = \left|-\dfrac{1}{3} \cdot \dfrac{1}{2^{n-1}}\right| \leq \dfrac{1}{3}$，

即选取 $a = \dfrac{x_1}{2} + \dfrac{1}{6}$ 时，$|x_n - 2^n \cdot a| \leq \dfrac{1}{3}$ 对于一切 $n \in \mathbf{N}$ 恒成立.

例10 给定等差数列 $\{a_n\}$ 为 3，5，7，9，11，13，15，$\cdots$ 作另一数列 $\{b_n\}$ 为 3，7，15，$\cdots$. 这一数列形成的规则是 $b_1 = 3$，$b_2 = a_3 = 7$，$b_3 = a_7 = 15$，$\cdots$，$b_n = a_{b_{n-1}}$. 试求 b_4，b_5，b_n，并加以证明.

解： $a_n = 2n + 1$，

$b_1 = a_1 = 3 = 2^2 - 1$，

$b_2 = a_3 = 7 = 2 \times b_1 + 1 = 2^3 - 1$，

$b_3 = a_7 = 15 = 2 \times b_2 + 1 = 2^4 - 1$，

$b_4 = a_{15} = 31 = 2 \times b_3 + 1 = 2^5 - 1$，

$b_5 = a_{31} = 63 = 2 \times b_4 + 1 = 2^6 - 1.$

又 $b_n = a_{b_{n-1}}$，而 $a_{b_{n-1}} = 2b_{n-1} + 1 = 2^{n+1} - 1$，

$\therefore b_n = 2b_{n-1} + 1 = 2^{n+1} - 1.$

由 $b_n + 1 = 2(b_{n-1} + 1)$，构造数列 $\{C_n\}$，$C_n = b_n + 1$.

则 $C_n = 2C_{n-1}$，即 $\dfrac{C_n}{C_{n-1}} = 2$，$C_1 = b_1 + 1 = 4$. $\therefore \{C_n\}$ 为以 4 为首项，公比为 2 的等比数列，

$\therefore C_n = C_1 \cdot 2^{n-1} = 2^{n+1}$，即 $b_n + 1 = 2^{n+1}$.

故 $b_n = 2^{n+1} - 1.$

例 11 设 A，B，C，D 是一个正四面体的顶点，每条棱长 1 米，一只小虫从顶点 A 出发，按照下列规则爬行：在每一个顶点，它在相交于该顶点的三条棱中选取一条，每条棱被取到的可能性都相等，然后它沿着这条棱爬到另一个顶点，设小虫爬行 7 米之后，它又回到顶点 A 的概率为 $p = \dfrac{n}{729}$，求 n 的值.（第二届美国数学邀请赛试题）

解：设 a_k 为小虫从 A 点出发后第 k 步（每步 1 米）能回到 A 点的走法总数，则有 $a_1 = 0$.

小虫从 A 点出发，每走一步都有三种走法，于是走 $k-1(k \geq 2)$ 步共有 3^{k-1} 种走法，这些走法可分为两类：(1) 第 $k-1$ 步已到达 A 点，这类走法有 a_{k-1} 种；(2) 第 $k-1$ 步不在 A，这时，再爬一步（第 k 步）只能以唯一方式到达 A 点，因此这类走法有 a_k 种.

故 $a_k + a_{k-1} = 3^{k-1}$，即 $a_k = -a_{k-1} + 3^{k-1}$.

两边再加上 $\alpha \cdot 3^k$，得 $a_k + \alpha \cdot 3^k = -[a_{k-1} - (3\alpha + 1)3^{k-1}]$.

令 $\alpha = -(3\alpha + 1)$，得 $\alpha = -\dfrac{1}{4}$.

构造数列 $\{b_k\}$，$b_k = a_k - \dfrac{1}{4} \cdot 3^k$，则 $b_1 = a_1 - \dfrac{1}{4} \cdot 3 = -\dfrac{3}{4}$，$b_k = -b_{k-1}.$

$\therefore$ 数列 $\{b_k\}$ 是以 $b_1 = -\dfrac{3}{4}$ 为首项，-1 为公比的等比数列.

$\therefore b_k = -\dfrac{3}{4} \cdot (-1)^{k-1} = (-1)^k \cdot \dfrac{3}{4}.$

于是 $a_k = b_k + \dfrac{1}{4} \times 3^k = \dfrac{3}{4}[3^{k-1} + (-1)^k].$

所以，小虫第 k 步回到 A 点的概率是 $p = \dfrac{a_k}{3^k} = \dfrac{1}{4}\left[1 - \left(-\dfrac{1}{3}\right)^{k-1}\right].$

取 $k=7$，得 $p=\dfrac{182}{729}$，故 $n=182$.

例12 设 P_1 是正三角形 ABC 的边 AB 上的点，从 P_1 向 BC 作垂线，垂足是 Q_1；从 Q_1 向边 CA 作垂线，垂足是 R_1，从 R_1 向 AB 边作垂线，垂足是 P_2，再从 P_2 重复同样的做法，得到点 Q_2，R_2，P_3，Q_3，R_3，…，当 $n\to\infty$ 时，P_n 接近于哪一点？

解：设正三角形 ABC 的一边为 a，$BP_n = x_n$（n 为自然数），于是

$$BQ_n = BP_n\cos60° = \frac{1}{2}x_n,$$

$$CQ_n = a - \frac{1}{2}x_n,$$

$$CR_n = CQ_n\cos60° = \frac{1}{2}\left(a - \frac{1}{2}x_n\right),$$

$$AR_n = a - \frac{1}{2}\left(a - \frac{1}{2}x_n\right) = \frac{1}{2}a + \frac{1}{4}x_n,$$

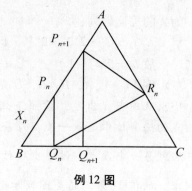

例12 图

$$AP_{n+1} = AR_n\cos60° = \frac{1}{2}\left(\frac{1}{2}a + \frac{1}{4}x_n\right),$$

$$\therefore BP_{n+1} = a - \frac{1}{2}\left(\frac{1}{2}a + \frac{1}{4}x_n\right) = \frac{3}{4}a - \frac{1}{8}x_n,$$

$$\therefore x_{n+1} = \frac{3}{4}a - \frac{1}{8}x_n\ (n\geq 1). \tag{$*$}$$

由（$*$）式得 $x_{n+1} - \dfrac{2}{3}a = -\dfrac{1}{8}\left(x_n - \dfrac{2}{3}a\right)$.

由此有数列 $\left\{x_n - \dfrac{2}{3}a\right\}$ 是首项为 $x_1 - \dfrac{2}{3}a$，公比为 $-\dfrac{1}{8}$ 的无穷等比数列.

$$\therefore \quad x_n - \frac{2}{3}a = \frac{1}{9}\left(-\frac{1}{8}\right)^{n-1}\left(x_1 - \frac{2}{3}a\right),$$

$$x_n = \frac{2}{3}a + \frac{1}{9}\left(-\frac{1}{8}\right)^{n-1}\left(x_1 - \frac{2}{3}a\right),$$

$$\lim_{n\to\infty} x_n = \lim_{n\to\infty}\left[\frac{2}{3}a + \frac{1}{9}\left(-\frac{1}{8}\right)^{n-1}\left(x_1 - \frac{2}{3}a\right)\right] = \frac{2}{3}a.$$

故点 P_n 在 $BP_1 \neq \dfrac{2}{3}a$ 时，它接近于离 B 点的 $\dfrac{2}{3}a$ 处. 当 $BP_1 = \dfrac{2}{3}a$ 时，$x_i = \dfrac{2}{3}a$（$i=1$，2，…）. 当 $n\to\infty$ 时，P_n 点总在离 B 点 $\dfrac{2}{3}a$ 处.

§5-3 构造其他数列

如果所给问题的已知条件和结论是以数列的形式表达的,但又不符合等差数列或等比数列的定义和性质,那么,我们可以根据已知条件和结论的形式构造其他相关数列.

例1 设 $n=1990$,求 $W_n = 2^{-n}(1 - 3C_n^2 + 3^2 C_n^4 - 3^3 C_n^6 + \cdots + 3^{994} C_n^{1988} - 3^{995} C_n^{1990})$ 的值(1990年联赛题).

解:设 $V_n = 2^{-n}[-\sqrt{3} C_n^1 + (\sqrt{3})^3 C_n^3 - (\sqrt{3})^5 C_n^5 + \cdots + (\sqrt{3})^{1987} C_n^{1987} - (\sqrt{3})^{1989} C_n^{1989}]$.

构造复数数列 $\{z_n\}$,$z_n = W_n + V_n \mathrm{i}$,

则 $z_{1990} = W_{1990} + V_{1990} \mathrm{i} = 2^{-1990}(1 - \sqrt{3}\mathrm{i})^{1990}$

$$= \left(-\frac{1}{2} + \frac{\sqrt{3}}{2}\mathrm{i}\right)^{1990} = \omega^{1990} = \omega^{3 \times 663 + 1} = -\frac{1}{2} + \frac{\sqrt{3}}{2}\mathrm{i}.$$

故 $W_{1990} = -\frac{1}{2}$.

例2 设 $a_{n+1} = \frac{1}{10} a_n + \left(\frac{1}{2}\right)^{n+1}$,$a_1 = \frac{3}{5}$,求 a_n.

解:由 $a_{n+1} = \frac{1}{10} a_n + \left(\frac{1}{2}\right)^{n+1}$ 得 $10^{n+1} a_{n+1} = 10^n a_n + 5^{n+1}$.

构造数列 $b_n = 10^n a_n$,则 $b_1 = 10 \times \frac{3}{5} = 6$,$\therefore b_{n+1} = b_n + 5^{n+1}$.

于是 $b_n = b_{n-1} + 5^n = b_{n-2} + 5^{n-1} + 5^n = b_{n-3} + 5^{n-2} + 5^{n-1} + 5^n$

$= \cdots = b_1 + 5^2 + 5^3 + \cdots + 5^{n-1} + 5^n$

$= 6 + 5^2 \frac{(1-5^{n-1})}{1-5} = \frac{5^{n+1}}{4} - \frac{1}{4}$,

即 $10^n a_n = \frac{5^{n+1}}{4} - \frac{1}{4}$. 故 $a_n = \frac{5}{2}\left(\frac{1}{2^{n+1}} - \frac{1}{10^{n+1}}\right)$.

例3 已知数列 $\{a_n\}$ $a_1 = 1$,$a_{n+1} = a_n \cos x + \cos nx$,求 $a_n (\sin 2x \neq 0)$. (1991年北京东城区高考模拟题)

解:构造辅助数列 $\{b_n\}$,$b_n = 0$,$b_{n+1} = b_n \cos x + \sin nx$,结合已知数列的递推式构造复数列 $\{z_n\}$,$z_n = a_n + b_n \mathrm{i}$.

于是 $a_{n+1} + b_{n+1}\mathrm{i} = (a_n + b_n \mathrm{i})\cos x + \cos nx + \mathrm{i}\sin nx$.

由此得到构造复数列的递推式 $z_{n+1} - z_n \cos x = (\cos x + \mathrm{i}\sin x)^n$.   ①

由①有 $z_n - z_{n-1}\cos x = (\cos x + i\sin x)^{n-1}$. ②

①÷②得 $\dfrac{z_{n+1} - z_n\cos x}{z_n - z_{n-1}\cos x} = \cos x + i\sin x$

$\Rightarrow \dfrac{z_{n+1} - z_n(\cos x + i\sin x)}{z_n - z_{n-1}(\cos x + i\sin x)} = \cos x$

$\Rightarrow z_{n+1} - z_n(\cos x + i\sin x) = [z_2 - z_1(\cos x + i\sin x)]\cos^{n-1}x$. ③

∵ $z_1 = a_1 + b_1 i = 1$, $z_2 = z_1\cos x + \cos x + i\sin x = 2\cos x + i\sin x$

∴ ③ $\Rightarrow z_{n+1} - z_n(\cos x + i\sin x) = \cos^n x$. ④

由②和④ $\Rightarrow z_n = a_n + b_n i = \dfrac{\sin nx}{\sin x} + (\cos^n x - \cos nx)i$.

故 $a_n = \dfrac{\sin nx}{\sin x}$.

例4 求和 $S_n = 1\cdot 2\cdot 3 + 2\cdot 3\cdot 4 + 3\cdot 4\cdot 5 + \cdots + n(n+1)(n+2)$.

解：∵ $S_n = 1\cdot 2\cdot 3 + 2\cdot 3\cdot 4 + 3\cdot 4\cdot 5 + \cdots + n(n+1)(n+2)$.

令 $a_k = k(k+1)(k+2)$.

构造数列 $\{b_k\}$，$b_k = k(k+1)(k+2)(k+3)$ ($k = 1, 2, \cdots, n$)，

则 $b_{k+1} - b_k = 4(k+1)(k+2)(k+3) = 4a_{k+1}$.

对上式代入 $k = 1, 2, \cdots, n-1$，得 $b_2 - b_1 = 4a_2$, $b_3 - b_2 = 4a_3$, $\cdots$, $b_n - b_{n-1} = 4a_n$.

将以上式子累加得 $b_n - b_1 = 4S_n - 4a_1$.

将 $a_1 = 1\cdot 2\cdot 3$, $b_1 = 1\cdot 2\cdot 3\cdot 4$, $b_n = n(n+1)(n+2)(n+3)$ 代入上式，解出：$S_n = \dfrac{1}{4}n(n+1)(n+2)(n+3)$.

例5 求 $S_n = \dfrac{1}{2} + \dfrac{2}{4} + \dfrac{3}{8} + \dfrac{4}{16} + \cdots + \dfrac{n}{2^n}$.

解：构造辅助数列

$$2S_n = 1 + \dfrac{2}{2} + \dfrac{3}{4} + \dfrac{4}{8} + \cdots + \dfrac{n}{2^{n-1}},$$

则

$$2S_n - S_n = 1 + \dfrac{1}{2} + \dfrac{1}{4} + \cdots + \dfrac{1}{2^{n-1}} - \dfrac{n}{2^n}$$

$$= \dfrac{1 - \left(\dfrac{1}{2}\right)^n}{1 - \dfrac{1}{2}} - \dfrac{n}{2^n} = 2 - \dfrac{1}{2^{n-1}} - \dfrac{n}{2^n},$$

∴ $S_n = 2 - \dfrac{1}{2^{n-1}} - \dfrac{n}{2^n}$.

例6 设 $\mathrm{tg}x \neq 0$，求证：
$$(1 + \sec 2x)(1 + \sec 4x) \cdots (1 + \sec 2^n x) = \mathrm{ctg}x \, \mathrm{tg} 2^n x.$$

证明： 构造数列
$$a_n = \frac{\text{原式左}}{\text{原式右}} = \mathrm{tg}x \, \mathrm{ctg} 2^n x (1 + \sec 2x)(1 + \sec 4x) \cdots (1 + \sec 2^n x), \quad n \in \mathbf{N},$$
则只需证 $a_n = 1 \, (n \in \mathbf{N})$.

(1) $a_1 = \mathrm{tg}x \, \mathrm{ctg} 2x (1 + \sec 2x) = \mathrm{tg}x \cdot \dfrac{1 + \cos 2x}{\sin 2x} = \mathrm{tg}x \cdot \mathrm{ctg}x = 1.$

(2) 假设 $a_k = 1$，则 $a_{k+1} = \dfrac{a_{k+1}}{a_k} = \mathrm{ctg} 2^{k+1} x \, \mathrm{tg} 2^k x (1 + \sec 2^{k+1} x)$
$$= \mathrm{tg} 2^k x \cdot \frac{1 + \cos 2^{k+1} x}{\sin 2^{k+1} x} = \mathrm{tg} 2^k x \cdot \mathrm{ctg} 2^k x = 1.$$

综合(1)和(2)知 $a_n = 1$. 故原式对一切 $n(n \in \mathbf{N})$ 都成立.

例7 设 $\theta, \alpha \in \mathbf{R}$，求证：对于 $n \in \mathbf{N}$，有 $S = C_n^0 \sin\alpha - C_n^1 \sin(\alpha + \theta) + C_n^2 \sin(\alpha + 2\theta) + \cdots + (-1)^n C_n^n \sin(\alpha + n\theta) = 2^n \sin^n \dfrac{\theta}{2} \sin\left(\dfrac{3\pi + \theta}{2} \cdot n + \alpha\right).$
(1991年北京海淀区高考模拟题)

证明： 设 $x_k = (-1)^{k-1} C_n^{k-1} \cos[\alpha + (k-1)\theta]$，$y_k = (-1)^{k-1} C_n^{k-1} \sin[\alpha + (k-1)\theta]$，

构造复数列 $\{z_n\}$，$z_n = x_n + y_n \mathrm{i}$ 则
$$x_k + y_k \mathrm{i} = (-1)^{k-1} C_n^{k-1} \{\cos[\alpha + (k-1)\theta] + \mathrm{i}\sin[\alpha + (k-1)\theta]\}$$
$$= (-1)^{k-1} C_n^{k-1} [\cos\alpha\cos(k-1)\theta - \sin\alpha\sin(k-1)\theta$$
$$+ \mathrm{i}\sin\alpha\cos(k-1)\theta + \mathrm{i}\cos\alpha\sin(k-1)\theta]$$
$$= (-1)^{k-1} C_n^{k-1} [\cos(k-1)\theta(\cos\alpha + \mathrm{i}\sin\alpha) + \mathrm{i}\sin(k-1)\theta(\cos\alpha$$
$$+ \mathrm{i}\sin\alpha)]$$
$$= (-1)^{k-1} C_n^{k-1} (\cos\alpha + \mathrm{i}\sin\alpha)[\cos(k-1)\theta + \mathrm{i}\sin(k-1)\theta]$$
$$= (-1)^{k-1} C_n^{k-1} (\cos\alpha + \mathrm{i}\sin\alpha)(\cos\theta + \mathrm{i}\sin\theta)^{k-1}$$

$\therefore z_1 + z_2 + \cdots + z_{n+1}$
$$= (\cos\alpha + \mathrm{i}\sin\alpha)[C_n^0 - C_n^1(\cos\theta + \mathrm{i}\sin\theta) + \cdots + (-1)^n C_n^n (\cos\theta + \mathrm{i}\sin\theta)^n]$$
$$= (\cos\alpha + \mathrm{i}\sin\alpha)[1 - (\cos\theta + \mathrm{i}\sin\theta)]^n$$
$$= (\cos\alpha + \mathrm{i}\sin\alpha)\left\{2\sin\frac{\theta}{2}\left[\cos\left(\frac{3\pi}{2} + \frac{\theta}{2}\right) + \mathrm{i}\sin\left(\frac{3\pi}{2} + \frac{\theta}{2}\right)\right]\right\}^n$$
$$= 2^n \sin^n \frac{\theta}{2}\left[\cos\left(\frac{3\pi + \theta}{2} \cdot n + \alpha\right) + \mathrm{i}\sin\left(\frac{3\pi + \theta}{2} \cdot n + \alpha\right)\right].$$

比较等式两边的虚部问题得证.

例 8 设 $n \in \mathbf{N}$，求证：$\dfrac{1}{2} \cdot \dfrac{3}{4} \cdot \dfrac{5}{6} \cdot \cdots \cdot \dfrac{2n-1}{2n} < \dfrac{1}{\sqrt{2n+1}}$.

证明： 构造数列 $\{x_n\}$，这里

$x_n = \sqrt{2n+1} \cdot \dfrac{1}{2} \cdot \dfrac{3}{4} \cdot \dfrac{5}{6} \cdot \cdots \cdot \dfrac{2n-1}{2n}$，因而 $x_n > 0$，

$\dfrac{x_n}{x_{n-1}} = \dfrac{\sqrt{2n+1}(2n-1)}{2n\sqrt{2n+1}} = \dfrac{\sqrt{4n^2-1}}{2n} < 1$.

即 $0 < \dfrac{x_n}{x_{n-1}} < 1$.

而 $0 < x_1 = \dfrac{\sqrt{3}}{2} < 1$，$\therefore x_n = x_1 \cdot \dfrac{x_2}{x_1} \cdot \dfrac{x_3}{x_2} \cdot \cdots \cdot \dfrac{x_n}{x_{n-1}} < 1$，即 $x_n < 1$.

故 $\dfrac{1}{2} \cdot \dfrac{3}{4} \cdot \dfrac{5}{6} \cdot \cdots \cdot \dfrac{2n-1}{2n} < \dfrac{1}{\sqrt{2n+1}}$.

例 9 求证：$\sum\limits_{k=1}^{n} \dfrac{1}{\sqrt{k}} > \sqrt{n}$ ($n \in \mathbf{N}$, 且 $n > 2$).

证明： 构造数列 $\{x_n\}$，这里 $x_n = \sum\limits_{k=1}^{n} \dfrac{1}{\sqrt{k}} - \sqrt{n}$，

则 $\quad x_{n+1} - x_n = \dfrac{1}{\sqrt{n+1}} + \sqrt{n} - \sqrt{n+1} = \dfrac{1}{\sqrt{n+1}} - \dfrac{1}{\sqrt{n}+\sqrt{n+1}}$

$\qquad = \dfrac{\sqrt{n}}{\sqrt{n+1}(\sqrt{n}+\sqrt{n+1})} > 0$.

$\therefore x_{n+1} > x_n$，即 $\{x_n\}$ 是单调增数列，从而有 $x_n > x_{n-1} > x_{n-2} > \cdots > x_3 > x_2$.

但 $x_2 = \left(1 + \dfrac{1}{\sqrt{2}}\right) - \sqrt{2} = 1 - \dfrac{\sqrt{2}}{2} > 0$，$\therefore x_n > 0$. 故 $\sum\limits_{k=1}^{n} \dfrac{1}{\sqrt{k}} > \sqrt{n}$.

例 10 已知 a 和 b 为正数，且 $\dfrac{1}{a} + \dfrac{1}{b} = 1$，试证：对于每一个 $n \in \mathbf{N}$，

$(a+b)^n - a^n - b^n \geq 2^{2n} - 2^{n+1}$. (1988 年全国高中数学竞赛题第一试第五题)

证明： 构造数列 $a_n = (a+b)^n - a^n - b^n - 2^{2n} + 2^{n+1}$ ($n \in \mathbf{N}$)，

则只需证 $a_n \geq 0$.

(1) $a_1 = a + b - a - b - 2^2 + 2^2 = 0$.

(2) 假设 $a_k \geq 0$ 则

$\quad a_{k+1} = (a+b)^{k+1} - a^{k+1} - b^{k+1} - 2^{2k+2} + 2^{k+2}$

$\qquad = (a+b)[(a+b)^k - a^k - b^k] + a^k b + a b^k - 2^{2k+2} + 2^{k+2}$

$$= (a+b)(a_k + 2^{2k} - 2^{k+1}) + a^k b + ab^k - 2^{2k+2} + 2^{k+2}$$
$$\geq (a+b)(2^{2k} - 2^{k+1}) + a^k b + ab^k - 2^{2k+2} + 2^{k+2}$$

$\because \dfrac{1}{a} + \dfrac{1}{b} = 1$，$\therefore a+b = ab$.

又 $a+b \geq 2\sqrt{ab}$，$\therefore ab \geq 2\sqrt{ab}$，于是有 $a+b = ab \geq 4$.

故 $a_{k+1} \geq 4(2^{2k} - 2^{k+1}) + 2\sqrt{(ab)^{k+1}} - 2^{2k+2} + 2^{k+2}$
$\geq -4 \cdot 2^{k+1} + 2 \cdot 2^{k+1} + 2^{k+2} = 0$.

综合(1)和(2)知原不等式对一切 $n \in \mathbf{N}$ 成立.

例 11 设 $a_n = \sqrt{1 \cdot 2} + \sqrt{2 \cdot 3} + \cdots + \sqrt{n(n+1)}$ $(n \in \mathbf{N})$，求证：$\dfrac{n(n+1)}{2} < a_n < \dfrac{(n+1)^2}{2}$. (1985 年高考理科试题)

证明： 构造数列 $\{b_n\}$ 和 $\{C_n\}$，使

$$b_n = a_n - \dfrac{n(n+1)}{2}, \quad C_n = \dfrac{(n+1)^2}{2} - a_n,$$

则 $b_{n+1} - b_n = (a_{n+1} - a_n) + \left[\dfrac{n(n+1)}{2} - \dfrac{(n+1)(n+2)}{2}\right]$
$= \sqrt{(n+1)(n+2)} - (n+1) > 0$,

$C_{n+1} - C_n = \left[\dfrac{(n+2)^2}{2} - \dfrac{(n+1)^2}{2}\right] + (a_n - a_{n+1})$
$= \dfrac{(n+1)+(n+2)}{2} - \sqrt{(n+1)(n+2)}$
$> \sqrt{(n+1)(n+2)} - \sqrt{(n+1)(n+2)} = 0$.

又 $b_1 = \sqrt{2} - 1 > 0$，$C_1 = 2 - \sqrt{2} > 0$,

$\therefore b_n > b_{n-1} > \cdots > b_1 > 0$，$C_n > C_{n-1} > \cdots > C_1 > 0$,

即 $a_n - \dfrac{n(n+1)}{2} > 0$，$\dfrac{(n+1)^2}{2} - a_n > 0$，故 $\dfrac{n(n+1)}{2} < a_n < \dfrac{(n+1)^2}{2}$.

例 12 对于一切大于 1 的自然数 n，求证：$\left(1+\dfrac{1}{3}\right)\left(1+\dfrac{1}{5}\right)\cdots\left(1+\dfrac{1}{2n-1}\right) > \dfrac{\sqrt{2n+1}}{2}$.

证明： 构造数列 $a_n = \left(1+\dfrac{1}{3}\right)\left(1+\dfrac{1}{5}\right)\cdots\left(1+\dfrac{1}{2n-1}\right)$ $(n \geq 2)$,

$$b_n = \dfrac{5}{4} \cdot \dfrac{7}{6} \cdot \cdots \cdot \dfrac{2n+1}{2n} \ (n \geq 2)$$

显然 $a_n > b_n > 0$. $\therefore a_n^2 > a_n \cdot b_n = \dfrac{2n+1}{3} > \dfrac{2n+1}{4}$.

故 $a_n > \dfrac{\sqrt{2n+1}}{2}$.

例 13 是否存在常数 a, b, c 使得等式

$$1 \cdot 2^2 + 2 \cdot 3^2 + \cdots + n(n+1)^2 = \dfrac{n(n+1)}{12}(an^2 + bn + c)$$

对一切自然数 n 都成立？并证明你的结论.（1989 年理科高考题）

解：构造数列 $\{a_n\}$.

$$a_n = 1 \cdot 2^2 + 2 \cdot 3^2 + \cdots + n(n+1)^2 - \dfrac{n(n+1)}{12}(an^2 + bn + c),$$

则 $a_{n+1} - a_n = (n+1)(n+2)^2 - \dfrac{(n+1)(n+2)}{12}[a(n+1)^2 + b(n+1) + c]$

$$+ \dfrac{n(n+1)}{12}(an^2 + bn + c)$$

$$= \dfrac{n+1}{12}[4(3-a)n^2 + (48-5a-3b)n + 2(24-a-b-c)].$$

令 $3 - a = 0$, $48 - 5a - 3b = 0$, $24 - a - b - c = 0$.

解得 $a = 3$, $b = 11$, $c = 10$.

此时 $a_1 = 1 \cdot 2^2 - \dfrac{1 \cdot (1+1)}{12}(3 \times 1^2 + 11 \times 1 + 10) = 0$.

故存在常数 $a = 3$, $b = 11$, $c = 10$, 使 $a_n = a_{n-1} = \cdots = a_1 = 0$.

即存在常数 a, b, c 使所给式子对一切自然数 n 成立.

例 14 设 a 是方程 $x^3 - 3x^2 + 1 = 0$ 根的最大值, 求证: $[a^{1788}]$ 与 $[a^{1988}]$ 都能被 17 整除. ($[x]$ 表示不超过 x 的最大整数)（29 届 IMO 备选题）

证明：设 α, β, a 是 $x^3 - 3x^2 + 1 = 0$ 的三根, 且 $\alpha < \beta < a$, 则有 $-1 < \alpha < -\dfrac{1}{2}$, $\dfrac{1}{2} < \beta < 1$, $2\sqrt{2} < a$, 且还有 $|\alpha| < \beta$ [这是因为 $(-\alpha)^3 - 3(-\alpha)^2 + 1 = -\alpha^3 - 3\alpha^2 + 1 = -\alpha^3 - \alpha^3 = -2\alpha^3 > 0$, 因此有 $-\alpha < \beta$] 及 $\alpha^2 + \beta^2 = (\alpha + \beta)^2 - 2\alpha\beta = 1$. $(8-a)^2 < 1$.

令 $u_n = \alpha^n + \beta^n + a^n (n \geq 0)$, 则有 $0 < \alpha^n + \beta^n < 1$, 且 $u_0 = 3$, $u_1 = 3$, $u_2 = 9$, $u_{n+3} = 3u_{n+2} - u_{n+1}$, 于是对于一切 $n \in \mathbf{N}$, $u_n \in \mathbf{N}$. 且 $[a^n] = u_n - 1$.

将 $\{u_n\}$ 的每一项除以 17 所得的余数构成的数列 $\{\bar{u}_n\}$: 3, 3, 9, 7, 4, 11, 9, 9, 16, 5, 6, 0, 3, 3, 9, 7, 4, $\cdots$.

该数列是以 16 为周期的周期数列, 即 $\bar{u}_{n+16} = \bar{u}_n$.

而 $1788 = 16 \times 11 + 12$. $1988 = 16 \times 124 + 4$.

∴ $\bar{u}_{1788} = \bar{u}_{12} = 1$，$\bar{u}_{1988} = \bar{u}_4 = 1$.

由此可知 $u_{1788} - 1$ 与 $u_{1988} - 1$ 皆可被 17 整除.

故命题得证.

例 15 已知 $a_1 = 1$，$a_2 = 2$，

$$a_{n+2} = \begin{cases} 5a_{n+1} - 3a_n \, (a_n \cdot a_{n+1} \text{ 为偶数}), \\ a_{n+1} - a_n \, (a_n \cdot a_{n+1} \text{ 为奇数}). \end{cases}$$

试证：对一切 $n \in \mathbf{N}$，$a_n \neq 0$. (1988 年全国高中联赛题).

证明： 设 $\{a_n\}$ 被 3 除，余数构成的数列为 $\{\bar{a}_n\}$.

1，2，1，2，1，2，…. 显然有 $\bar{a}_{n+2} = \bar{a}_n$.

即 $\{\bar{a}_n\}$ 是以 2 为周期的周期数列.

这不难用数学归纳法证明：

$n = 1$ 时，$\bar{a}_3 = \bar{a}_1 = 1$，假设 $n \leq k$ 时，$\bar{a}_{k+2} = \bar{a}_k$.

则 $n = k+1$ 时，

当 $\bar{a}_{k+1} \cdot \bar{a}_{k+2}$ 为偶数时，$\bar{a}_{k-1} \cdot \bar{a}_k$ 亦为偶数，且有

$$\bar{a}_{k+3} = 5\bar{a}_{k+2} - 3\bar{a}_{k+1} = 5\bar{a}_k - 3\bar{a}_{k-1} = \bar{a}_{k+1};$$

当 $\bar{a}_{k+1} \bar{a}_{k+2}$ 为奇数时 $\bar{a}_{k-1} \cdot \bar{a}_k$ 亦为奇数，且有

$$\bar{a}_{k+3} = \bar{a}_{k+2} - \bar{a}_{k+1} = \bar{a}_k - \bar{a}_{k-1} = \bar{a}_{k+1}.$$

从而对一切 $n \in \mathbf{N}$，有 $\bar{a}_{n+2} = \bar{a}_n$.

所以，$\bar{a}_{2n+1} = \bar{a}_1 = 1$，$\bar{a}_{2n} = \bar{a}_2 = 2$，即 a_n 不是 3 的倍数，特别地，对一切 $n \in \mathbf{N}$，$a_n \neq 0$.

习 题 五

1. 已知数列 $\{a_n\}$ 中，$a_1 = 1$，且 $S_n = \dfrac{S_{n-1}}{2S_{n-1} + 1}$ $(n \geq 2)$，求 a_n.

2. 在数列 $\{a_n\}$ 中，$a_1 = 1$，$a_2 = 2$，且 $a_{n+2} = 2a_{n+1} - a_n + 1$，求 a_n.

3. 已知数列 $\{a_n\}$ 中，$a_1 = 6$，且 $a_n = 3a_{n-1} + 7 \cdot 5^{n-2} + 2 \cdot 3^{n-1}$ $(n \geq 2, n \in \mathbf{N})$，求 a_n.

4. 解方程 $\sqrt{2x + 8} + 2\sqrt{x + 5} = 2$.

5. 解方程 $\sqrt[3]{x - 5} + \sqrt{6 - x} = 1$.

6. 解方程 $\sqrt{x^2 - 3x + 4} - \sqrt{x^2 - 5x + 7} = 1$.

7. 求下列方程组的实数解：

(1) $\begin{cases} x = 6 - y, & ① \\ z^2 = xy - 9. & ② \end{cases}$; (2) $\begin{cases} \sqrt{x} + \sqrt{y-1} = 5, & ③ \\ xy - x = 36. & ④ \end{cases}$

8. 求证：$\sin^{10}\theta + \cos^{10}\theta \geqslant \dfrac{1}{16}$. (苏联竞赛题)

9. 设 $a_1 = 5$, $a_{n+1} = 2a_n + 3$, 求数列 $\{a_n\}$ 的通项 a_n.

10. 在 $\{a_n\}$ 中, $a_1 = 1$, 对于 $n > 1 (n \in \mathbf{N})$ 有 $a_n = 3a_{n-1} + 2$, 求 a_n.

11. 已知数列 $\{a_n\}$ 中, $a_1 = 1$, $a_2 = 6$, 且 $a_{n+2} = a_{n+1} + 6a_n (n \geqslant 1, n \in \mathbf{N})$, 求通项 a_n.

12. 已知数列 $\{a_n\}$ 中, $a_1 = 1$, 且 $a_{n+1} = 3a_n + 2^n$, 求通项 a_n.

13. 已知数列 $\{a_n\}$ 中, $a_1 = \dfrac{1}{2}$, 且 $2a_n = 3a_{n-1} + 1 (n \geqslant 2, n \in \mathbf{N})$, 求通项 a_n.

14. 已知数列 $\{a_n\}$ 中的项满足 $\begin{cases} a_1 = b, \\ a_{n+1} = ca_n + d \end{cases} (c \neq 1)$ 求 a_n 的通项公式.

15. 已知数列 $\{a_n\}$ 中, $a_1 = \dfrac{5}{6}$, $a_{n+1} = \dfrac{1}{3}a_n + \left(\dfrac{1}{2}\right)^{n+1}$, 求 a_n.

16. 数列 $\{x_n\}$ 中, $x_0 = x_1 = 1$, $x_2 = 3$, 且 $x_n = 4x_{n-1} - 2x_{n-2} - 3x_{n-3} (n \geqslant 3)$, 求证: $x_n > \dfrac{3}{2}(1 + 3^{n-2}) (n \in \mathbf{N})$.

17. 正四面体棱长为 a, 以各个面的中心为顶点作内接正四面体, 如此继续.

(1) 求所有正四面体的表面积之和;

(2) 求所有正四面体的内切球的球面积之和.

18. 已知数列 $\{a_n\}$, $\{b_n\}$, $a_{n+1} = a_n\cos\theta - b_n\sin\theta$, $b_{n+1} = a_n\sin\theta + b_n\cos\theta$, 且 $a_1 = 1$, $b_1 = \text{tg}\theta$, 求 a_n 和 b_n.

19. 设 $a_1, a_2, \cdots, a_n$ 组成等差数列, $b_1, b_2, \cdots, b_n$ 组成等比数列, 求和 $S_n = a_1b_1 + a_2b_2 + \cdots + a_nb_n$.

20. 求证: $1^2 + 2^2 + \cdots + n^2 = \dfrac{1}{6}n(n+1)(2n+1)$.

21. 设 $n \in \mathbf{N}$, $\theta \neq \dfrac{k\pi}{2} (k \in \mathbf{Z})$, 求证:

$(1 + \sec\theta)\left(1 + \sec\dfrac{\theta}{2}\right)\cdots\left(1 + \sec\dfrac{\theta}{2^{n-1}}\right) = \text{tg}\theta\,\text{ctg}\dfrac{\theta}{2^n}$.

22. 求证: $\dfrac{1}{2}\text{tg}\dfrac{x}{2} + \dfrac{1}{2^2}\text{tg}\dfrac{x}{2^2} + \cdots + \dfrac{1}{2^n}\text{tg}\dfrac{x}{2^n} = \dfrac{1}{2^n}\text{ctg}\dfrac{x}{2^n} - \text{ctg}x$. ($n \in \mathbf{N}$, $x \neq$

$k\pi$, $k \in \mathbf{Z}$)

23. 若 $n \in \mathbf{N}$,且 $n \neq 1$,求证 $\left(\dfrac{1+n}{2}\right)^n > n!$.

24. 已知 $x > -1$,且 $x \neq 0$,$n \in \mathbf{N}$ 且 $n \geq 2$,求证:$(1+x)^n > 1 + nx$.

25. 证明:对于任何自然数 n,下式成立:
$$\dfrac{1}{n+1} + \dfrac{1}{n+2} + \cdots + \dfrac{1}{n+(2n+1)} > 1.$$

26. 证试:$11^{n+2} + 12^{2n+1}(n=0,1,\cdots)$ 能被 133 整除.

27. 数列 $\{V_n\}$ 定义如下:$V_0 = 0$,$V_1 = 1$,$V_{n+1} = 8V_n - V_{n-1}(n \in \mathbf{N})$,求证:$\{V_n\}$ 中没有形如 $3^{\alpha} \cdot 5^{\beta}(\alpha, \beta \in \mathbf{N})$ 的项.(1989 年冬令营选拔赛题).

28. 已知 $\sin\theta + \cos\theta$ 是有理数,求证:$\sin^n\theta + \cos^n\theta(n \in \mathbf{N})$ 也是有理数.

29. 求证:大于 $(3+\sqrt{5})^n(n \in \mathbf{N})$ 的最小正整数能被 2^n 整除.(苏州市 1987 年高中数学竞赛试题)

第六章 构造图形法

在解答某些平面几何或立体几何问题甚至是某些代数、三角、解析几何问题时,往往会遇到已知条件与结论没有直接联系,而必须构造某一种图形才能把这种联系找出来,或者说通过构造某一种图形就可以把它们的关系显示出来,从而使问题得到解决的情况.这种借助于添作辅助图形达到解题目的的一种构造方法叫作构造图形法.

根据问题的已知条件和结论的不同情况,构造图形法有构造辅助线、构造辅助角、构造辅助多边形、构造辅助圆、构造辅助平面和构造辅助体等.

构造图形法可解答平面几何和立体几何中很多相关证明和计算的问题.代数、三角和解析几何中的某些问题通过构造图形更容易得到解决.不过后者在《初等数学变换法及其应用》一书中我们已讲述,这里就不重复了.

§6-1 构造辅助线

构造辅助线就是借助于添作辅助线进行解题的一种构造图形法.什么时候需要添作辅助线?那就是所给问题的已知条件和结论中含有线与线的关系,且这种关系不是明显地表示出来,在这种情况下,我们必须添作适当的辅助线,使原图形得到重新地编排与组合,构成一个新的图形,而在这个新图形中,已知条件与结论中的线与线的关系得以显现.

在解答具体问题时如何添作辅助线?应该说方法千变万化,没有什么固定的规则可循.总的原则是根据问题的已知条件与结论,通过分析、联想、类比等方法找出要作的辅助线.具体途径和方法一般可以从以下三个方面考虑:一是通过添作辅助线把已知条件中的线与结论中的线关联在一起;二是添作与已知条件中的线或结论中的线有关联的第三条线;三是通过添作辅助线改造原图或构造新图,使已知条件和结论中的线都包含其中.

辅助线的种类有:

(1)连接两已知点或定点的线段(例1~例3,例12);

(2)延长已知线段等于定长或与其他线段或其延长线相交(例4~例5);

(3)从已知点作已知线段的平行线段(例5~例6);

(4)从已知点作已知线段的垂线(例7~例9,例11);

(5)从已知点作已知圆的切线;

(6)作出相交两圆的公共弦;

(7)作出相切两圆的公切线或中心线;

(8)平面与平面的相交线(例10).

例1 如图所示,已知△ABC是等边三角形,点D,F分别在线段BC,AB上,DC=EF,∠EFB=60°,

(1)求证:四边形EFCD是平行四边形;

(2)若BF=EF,求证:AE=AD.(2010年厦门市中考数学试题第22题)

证明:(1)(略)

(2)连接BE.

∵ BF=EF,∠EFB=60°,

∴ △EFB是等边三角形,

∴ EB=EF,∠EBF=60°.

∵ DC=EF,∴ EB=DC.

又∵ △ABC是等边三角形,

∴ ∠ACB=60°,AB=AC.

∴ ∠EBF=∠ACB,

∴ △AEB≌△ADC,故 AE=AD.

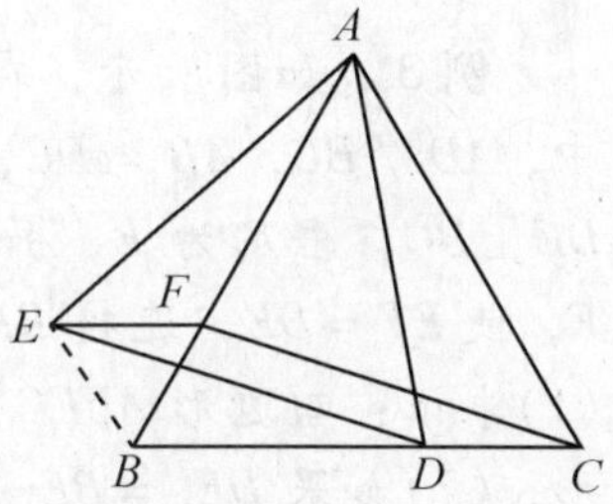

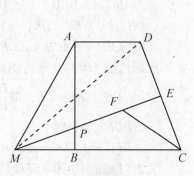

例1图

例2 已知:如图所示,在直角梯形ABCD中,AD∥BC,∠ABC=90°,点E是DC的中点,过点E作DC的垂线交AB于点P,交CB的延长线于点M,点F在线段ME上,且满足CF=AD,MF=MA.

(1)若∠MFC=120°,求证:AM=2MB;

(2)求证:$\angle MPB = 90° - \frac{1}{2}\angle FCM$.

(2010年重庆市中考数学试题第24题)

证明:(1)连接MD.

∵ 点E是DC的中点,ME⊥DC.

∴ MD=MC.

又∵ AD=CF,MF=MA,

∴ △AMD≌△FMC,

例2图

$\therefore \angle MAD = \angle MFC = 120°$. 又 $AD /\!/ BC$, $\angle ABC = 90°$,

$\therefore \angle BAD = 90°$, $\therefore \angle MAB = 30°$.

在 Rt$\triangle ABM$ 中, $\angle MAB = 30°$, $\therefore BM = \dfrac{1}{2}AM$,

即 $AM = 2MB$.

(2) $\because \triangle AMD \cong \triangle FMC$, $\therefore \angle ADM = \angle FCM$.

$\because AD /\!/ BC$, $\therefore \angle ADM = \angle CMD$, $\therefore \angle CMD = \angle FCM$.

而 $MD = MC$, $ME \perp DC$, $\therefore \angle DME = \angle CME = \dfrac{1}{2}\angle CMD$.

$\therefore \angle CME = \dfrac{1}{2}\angle FCM$.

在 Rt$\triangle MBP$ 中, $\angle MPB = 90° - \angle CME = 90° - \dfrac{1}{2}\angle FCM$.

例3 如图所示,在梯形 $ABCD$ 中,$AD /\!/ BC$,$AB = DC$,过点 D 作 $DE \perp BC$,垂足为 E,并延长 DE 至 F,使 $EF = DE$,连接 BF,CF,AC.(1)求证:四边形 $ABFC$ 是平行四边形;(2)如果 $DE^2 = BE \cdot CE$,求证:四边形 $ABFC$ 是矩形.(2011 年上海市中考数学试题第 23 题)

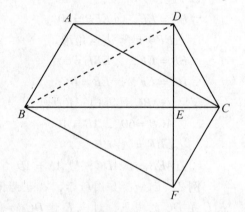

例3图

证明:(1)连接 BD.

$\because$ 梯形 $ABCD$ 中,$AD /\!/ BC$,$AB = DC$,

$\therefore AC = BD$. 又 $BC = CB$,

$\therefore \triangle ABC \cong \triangle DCB$, $\therefore \angle ACB = \angle DBC$.

$\because DE \perp BC$, $EF = DE$, $\therefore BD = BF$, $\angle DBC = \angle FBC$.

$\therefore AC = BF$, $\angle ACB = \angle CBF$, $\therefore AC /\!/ BF$.

故四边形 $ABFC$ 是平行四边形.

(2) $\because DE^2 = BE \cdot CE$, 即 $\dfrac{DE}{BE} = \dfrac{CE}{DE}$. 又 $\because \angle DEB = \angle DEC = 90°$,

$\therefore \triangle BDE \sim \triangle DEC$,

$\therefore \angle BFC = \angle BDC = \angle BDE + \angle CDE = \angle BDE + \angle DBE = 90°$.

又由(1)知四边形 $ABFC$ 是平行四边形,

故四边形 $ABFC$ 是矩形.

例 4 已知 P 是正三角形 ABC 的外接圆中劣弧上的一点，求证：$PB+PC=PA$.

证明： 如图所示，延长 PC 到 P'.

使 $CP'=BP$，连接 AP'.

∵ A，B，P，C 共圆，

∴ $\angle ACP' = \angle ABP$.

又 $\triangle ABC$ 为正三角形，$AB=AC$，

∴ $\triangle ACP' \cong \triangle ABP$，

∴ $AP'=AP$，$\angle CAP' = \angle BAP$，

∴ $\angle PAP' = \angle BAC = 60°$，

∴ $\triangle PAP'$ 是正三角形.

即 $PP'=PA$，故 $PB+PC=PA$.

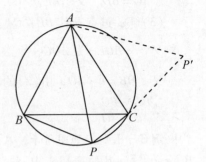

例 4 图

例 5 在(1)图至(3)图中，直线 MN 与线段 AB 相交于点 O，$\angle 1 = \angle 2 = 45°$.

(1) 如(1)图所示，若 $AO=OB$，请写出 AO 与 BD 的数量关系和位置关系；

(2) 将(1)图中的 MN 绕点 O 顺时针旋转得到(2)图，其中 $AO=OB$，求证：$AC=BD$，$AC \perp BD$；

(3) 将(2)图中的 OB 拉长为 AO 的 k 倍得到(3)图，求 $\dfrac{BD}{AC}$ 的值. (2010 年河北省中考数学试题第 24 题)

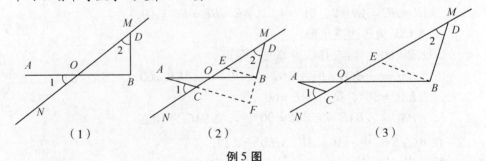

例 5 图

(1) **答：** $AO=BD$，$AO \perp BD$.

(2) **证明：** 如例 5(2)图所示，过 B 作 $BE \parallel CA$ 交 DO 于 E，延长 AC 与 DB 的延长线相交于 F，则 $\angle ACO = \angle BEO$.

又∵ $AO=OB$，$\angle AOC = \angle BOE$.

∴ $\triangle AOC \cong \triangle BOE$，∴ $AC=BE$.

又∵ ∠1 = 45°, ∴ ∠ACO = ∠BEO = 135°.
∴ ∠DEB = 45°, 而 ∠2 = 45°, ∴ BE = BD, ∠EBD = 90°.
∴ AC = BD. 又∵ BE // AC, ∴ ∠AFD = 90°. 故 AC ⊥ BD.
(3) 解：过点 B 作 BE // CA 交 DO 于 E 见例 5(3) 图, ∴ ∠BEO = ∠ACO.
又∵ ∠BOE = ∠AOC, ∴ △BOE ∽ △AOC. ∴ $\frac{BE}{AC} = \frac{BO}{AO}$.
又∵ OB = k · AO, 由 (2) 的方法易得 BE = BD.
故 $\frac{BD}{AC} = \frac{BO}{AO} = k$.

例 6 已知：如图所示，在梯形 ABCD 中，AD // BC，AB = DC = AD = 2，BC = 4，求 ∠B 的度数及 AC 的长.（2010 年北京市中考数学试题第 19 题）

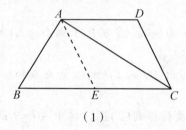
（1）

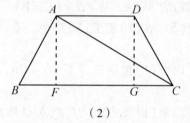
（2）

例 6 图

解法一： 过 A 点作 AE // DC 交 BC 于点 E. [例 6 图 (1)]
∵ AD // BC, ∴ 四边形 AECD 是平行四边形. ∴ AD = EC, AE = DC.
∵ AB = DC = AD = 2, BC = 4, ∴ AE = BE = EC = AB,
∴ △ABE 为等边三角形,
∴ ∠B = 60°, 而 △AEC 为等腰三角形,
∴ ∠EAC = ∠ECA, 但 ∠EAC + ∠ECA = ∠AEB = 60°,
∴ ∠EAC = 30°, 又 ∠BAE = 60°,
∴ ∠BAC = ∠BAE + ∠EAC = 90°, ∴ △BAC 为 Rt△.
在 Rt△BAC 中，AC = AB · tg60° = 2√3.

解法二： 分别作 AF ⊥ BC, DG ⊥ BC,
F, G 为垂足 [例 6 图 (2)],
∴ ∠AFB = ∠DGC = 90°.
∵ AD // BC, ∴ 四边形 AFGD 是矩形, ∴ AF = DG.
又 AB = DC, ∴ Rt△AFB ≌ Rt△DGC. ∴ BF = CG.
∵ AD = 2, BC = 4, ∴ BF = 1.

在 Rt△AFB 中，$\cos B = \dfrac{BF}{AB} = \dfrac{1}{2}$，∴ $\angle B = 60°$.

$BF = 1$，$AF = \sqrt{3}$，$FC = 3$. 由勾股定理得 $AC = 2\sqrt{3}$.

故 $\angle B = 60°$，$AC = 2\sqrt{3}$.

例7 已知：在菱形 $ABCD$ 中，O 是对角线 BD 上的一个动点.

(1) 如例 7 图 (1) 所示，P 为线段 BC 上一点，连接 PO 并延长交 AD 于点 Q，当 O 是 BD 的中点时，求证：$OP = OQ$.

(2) 如图 (2) 所示，连接 AO 并延长与 DC 交于点 R，与 BC 的延长线交于点 S，若 $AD = 4$，$\angle DCB = 60°$，$BS = 10$，求 AS 和 OR 的长.（2010 年成都中考数学试题第 20 题）

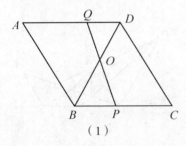
（1）

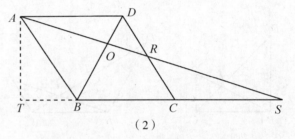
（2）

例 7 图

(1) 证明略.

(2) 解：如图 (2) 所示，过 A 作 $AT \perp BC$ 与 CB 的延长线交于点 T.

∵ $ABCD$ 是菱形，$\angle DCB = 60°$，$AB = AD = 4$，$\angle ABT = 60°$，

∴ $AT = AB\sin 60° = 2\sqrt{3}$，$TB = AB\cos 60° = 2$.

∵ $BS = 10$，∴ $TS = TB + BS = 12$.

∴ $AS = \sqrt{AT^2 + TS^2} = 2\sqrt{39}$.

∵ $AD \parallel BS$，∴ $\triangle AOD \sim \triangle SOB$，∴ $\dfrac{AO}{OS} = \dfrac{AD}{SB} = \dfrac{4}{10} = \dfrac{2}{5}$，即 $\dfrac{AS - OS}{OS} = \dfrac{2}{5}$.

∴ $\dfrac{AS}{OS} = \dfrac{7}{5}$. ∴ $OS = \dfrac{5}{7} AS = \dfrac{10\sqrt{39}}{7}$.

同理可得 $\triangle ARD \sim \triangle SRC$，∴ $\dfrac{AR}{RS} = \dfrac{AD}{SC} = \dfrac{4}{6} = \dfrac{2}{3}$.

即 $\dfrac{AS - SR}{RS} = \dfrac{2}{3}$，∴ $\dfrac{AS}{RS} = \dfrac{5}{3}$，∴ $RS = \dfrac{3}{5} AS = \dfrac{6\sqrt{39}}{5}$.

故 $OR = OS - RS = \frac{10\sqrt{39}}{7} - \frac{6\sqrt{39}}{5} = \frac{8\sqrt{39}}{35}$.

例8 已知：在 $\triangle ABC$ 中，$BC = 2AC$，$\angle DBC = \angle ACB$，$BD = BC$，CD 交线段 AB 于点 E.

（1）如图（1）所示，当 $\angle ACB = 90°$ 时，线段 DE，CE 的数量关系为 _____ ；

（2）如图（2）所示，当 $\angle ACB = 120°$ 时，求证：$DE = 3CE$；

（3）如图（3）所示，在（2）的条件下，点 F 是 BC 的中点，连 DF 与 AB 交于 G，$\triangle DKG$ 与 $\triangle DBG$ 关于直线 DG 对称（点 B 的对称点是 K），延长 DK 交 AB 于 H，若 $BH = 10$，求 CE 的长.（2011年哈尔滨市中考数学试题第28题）

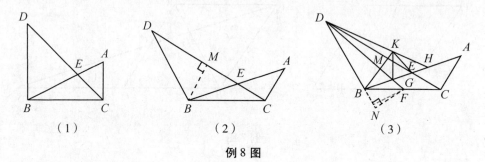

例8 图

（1）$DE = 2CE$.

（2）**证明**：如图（2）所示，$\angle DBC = \angle ACB = 120°$，$DB = BC$.

$\therefore \angle D = \angle BCD = 30°$，$\therefore \angle ACD = 90°$.

过点 B 作 $BM \perp DC$ 于 M，则 $DM = MC$，$BM = \frac{1}{2}BC$.

$\because AC = \frac{1}{2}BC$，$\therefore BM = AC$，

又 $\because \angle BMC = \angle ACM = 90°$，$\angle MEB = \angle CEA$，

$\therefore \triangle BME \cong \triangle ACE$. $\therefore ME = CE = \frac{1}{2}CM$，故 $DE = 3EC$.

（3）**解**：如图（3）所示，过点 B 作 $BM \perp DC$ 于 M，过点 F 作 $FN \perp DB$ 交 DB 的延长线于点 N，设 $BC = 2a$.

$\because \angle DBF = 120°$，$\therefore \angle FBN = 60°$，$FN = \frac{\sqrt{3}}{2}a$，$BN = \frac{a}{2}$，

$\because DB = BC = 2BF = 2a$，

∴ $DN = DB + BN = \frac{5}{2}a.$

∴ $DF = \sqrt{DN^2 + FN^2} = \sqrt{\left(\frac{5}{2}a\right)^2 + \left(\frac{\sqrt{3}}{2}a\right)^2} = \sqrt{7}a.$

∵ $AC = \frac{1}{2}BC$, $BF = \frac{1}{2}BC$, ∴ $BF = AC.$

∴ $\triangle DBF \cong \triangle BCA$, ∴ $\angle BDF = \angle CBA.$

又∵ $\angle BFG = \angle DFB$, ∴ $\triangle FBG \sim \triangle FDB$,

∴ $\frac{FG}{BF} = \frac{BF}{DF} = \frac{BG}{DB}$, ∴ $BF^2 = FG \cdot FD,$

即 $a^2 = \sqrt{7}a \cdot FG$, $FG = \frac{\sqrt{7}}{7}a,$

$DG = DF - FG = \frac{6\sqrt{7}}{7}a$, $BG = \frac{FG \cdot DB}{BF} = \frac{2\sqrt{7}}{7}a.$

∵ $\triangle DKG$ 和 $\triangle DBK$ 关于直线 DG 对称,

∴ $\angle GDH = \angle BDF$, ∴ $\angle ABC = \angle GDH.$

又∵ $\angle BGF = \angle DFH$, ∴ $\triangle BGF \sim \triangle DGH$, ∴ $\frac{BG}{DG} = \frac{GF}{GH}$,

∴ $GH = \frac{DG \cdot GF}{BG}.$

∵ $BH = BG + GH = \frac{5\sqrt{7}}{7}a = 10$, ∴ $a = 2\sqrt{7},$

∴ $BC = 2a = 4\sqrt{7}$, $CM = BC\cos 30° = 2\sqrt{21}$, ∴ $DC = 2CM = 4\sqrt{21},$

∴ $DE = 3EC$, ∴ $EC = \frac{1}{4}DC = \sqrt{21}.$

例9 如图所示，在直角梯形 $ABCD$ 中，$AD // BC$，$AB \perp BC$，$AD = AB = 1$，$BC = 2$，将点 A 折叠到 CD 边上，记折叠后 A 点的对应点为 P（P 点与 D 点不重合）折痕 EF 与边 AD，BC 相交，交点分别为 E，F，过点 P 作 $PN // BC$ 交 AB 于点 N，交 EF 于点 M，连结 PA，PE，AM，EF 与 PA 相交于 O.

(1) 指出四边形 $PEAM$ 的形状；（不需证明）

(2) 记 $\angle EPM = \alpha$，$\triangle AOM$，$\triangle AMN$ 的面积分别为 S_1，S_2.

①求证：$\dfrac{S_1}{\mathrm{tg}\dfrac{\alpha}{2}} = \dfrac{1}{8}PA^2$；

②设 $AN = x$,$y = \dfrac{S_1 - S_2}{\text{tg}\dfrac{\alpha}{2}}$,试求出

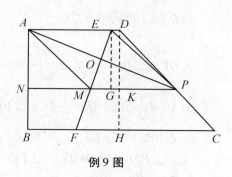

例9图

以 x 为自变量的函数 y 的解析式,并确定 y 的取值范围(2011年珠海市中考数学第22题).

(1)答:四边形 $AMPE$ 为菱形.

(2)①证明:∵ 四边形 $AMPE$ 为菱形,∴ $\angle MAP = \dfrac{\alpha}{2}$ $S_1 = \dfrac{1}{2} OA \cdot OM$.

在 Rt$\triangle AOM$ 中,$\text{tg}\dfrac{\alpha}{2} = \dfrac{OM}{OA}$,∴ $OM = OA\text{tg}\dfrac{\alpha}{2}$.

∴ $S_1 = \dfrac{1}{2} OA \times OA\text{tg}\dfrac{\alpha}{2} = \dfrac{1}{2} OA^2 \text{tg}\dfrac{\alpha}{2} = \dfrac{1}{2}\left(\dfrac{1}{2}PA\right)^2 \text{tg}\dfrac{\alpha}{2}$

$= \dfrac{1}{8} PA^2 \text{tg}\dfrac{\alpha}{2}$,即 $\dfrac{S_1}{\text{tg}\dfrac{\alpha}{2}} = \dfrac{1}{8} PA^2$.

②解:过点 D 作 DH 垂直于 BC 交 BC 于点 H,交 PN 于点 K,则 $DK \perp PN$,$BH = AB = AD = DH = 1$,$DK = AN = x$.

∵ $CH = BC - BH = 2 - 1 = 1$,∴ $CH = DH$.

∴ $\angle NPD = \angle BCD = 45°$,∴ $PK = DK = x$,$PN = 1 + x$.

在 Rt$\triangle ANP$ 中,$AP^2 = AN^2 + PN^2 = x^2 + (1+x)^2 = 2x^2 + 2x + 1$.

过点 E 作 PM 的垂线 EG(垂足为点 G),令 $\triangle EGM$ 的面积为 S.

∵ $\triangle EGM \sim \triangle AOM$,

∴ $\dfrac{S}{S_1} = \left(\dfrac{EG}{AO}\right)^2 = \dfrac{x^2}{\dfrac{1}{4}AP^2} = \dfrac{4x^2}{AP^2}$,∴ $S = \dfrac{4x^2}{AP^2} S_1$.

∵ 四边形 $ANGE$ 的面积等于菱形 $AMPE$ 的面积

$$S_{\text{四边形}ANGE} = S_{\text{菱形}AMPE} = S_{\text{矩形}ANGE},$$

∴ $2S_1 = S_2 + S$,

∴ $S_1 - S_2 = S - S_1 = \dfrac{4x^2}{AP^2} S_1 - S_1 = \left(\dfrac{4x^2}{AP^2} - 1\right) S_1$,

∴ $y = \dfrac{S_1 - S_2}{\text{tg}\dfrac{\alpha}{2}} = \left(\dfrac{4x^2}{AP^2} - 1\right) \times \dfrac{S_1}{\text{tg}\dfrac{\alpha}{2}} = \left(\dfrac{4x^2}{AP^2} - 1\right) \times \dfrac{1}{8} AP^2 = \dfrac{1}{8}(4x^2 - AP^2)$,

$$\therefore y = \frac{1}{4}x^2 - \frac{1}{4}x - \frac{1}{8} = \frac{1}{4}\left(x - \frac{1}{2}\right)^2 - \frac{3}{16}.$$

故 y 的取值范围为 $\left[-\frac{3}{16}, +\infty\right)$.

例 10 求证：如果两平行直线中的一条与一个平面平行，另一条又不在这个平面内，那么另一条也和这个平面平行.

已知：直线 a∥直线 b，a∥平面 α，$b \not\subset \alpha$.

求证：b∥α.

证明：在 α 内取点 A $\left.\begin{array}{l}\\ a\text{∥}\alpha\end{array}\right\}$

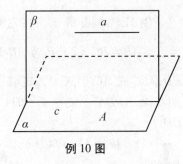

例 10 图

$\Rightarrow A \notin a \Rightarrow A$ 与 a 确定一个平面，设为 β

$\Rightarrow \left.\begin{array}{l}A \in \beta \\ A \in \alpha\end{array}\right\} \Rightarrow \alpha$ 与 β 相交.

设 $\left.\begin{array}{l}a\text{∥}\alpha \\ \alpha \cap \beta = c \\ a \subset \beta\end{array}\right\} \Rightarrow \left.\begin{array}{l}a\text{∥}c \\ a\text{∥}b\end{array}\right\} \Rightarrow \left.\begin{array}{l}b\text{∥}c \\ b \not\subset \alpha \\ c \subset \alpha\end{array}\right\} \Rightarrow b\text{∥}\alpha.$

注：当题中出现直线与平面平行的条件时，要作出（或找出）辅助直线.

例 11 已知直二面角 $\alpha - l - \beta$，$A \in \alpha$，$AC \perp l$，点 C 为垂足，$B \in \beta$，$BD \perp l$，点 D 为垂足，若 $AB = 2$，$AC = BD = 1$，则点 D 到平面 ABC 的距离等于（　　）。

(A) $\dfrac{\sqrt{2}}{3}$　　(B) $\dfrac{\sqrt{3}}{3}$　　(C) $\dfrac{\sqrt{6}}{3}$　　(D) 1

[2011 年全国高考数学(理)试题选择题(6)]

解：如图所示，作 $DE \perp BC$ 于 E.

由 $\alpha - l - \beta$ 为直二面角，

$AC \perp l$ 得 $AC \perp$ 平面 β，

进而 $AC \perp DE$.

又 $BC \perp DE$，$BC \cap AC = C$.

$\therefore DE \perp$ 平面 ABC，故 DE 为 D 到平面 ABC 的距离.

在 Rt△ACB 中，$BC = \sqrt{AB^2 - AC^2}$

$= \sqrt{2^2 - 1^2} = \sqrt{3}.$

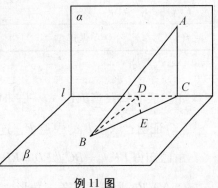

例 11 图

在 Rt$\triangle BDC$ 中，$DC = \sqrt{BC^2 - BD^2} = \sqrt{3-1} = \sqrt{2}$.

而 $\frac{1}{2}DE \times BC = \frac{1}{2}BD \times DC$，

∴ $DE = \frac{BD \times DC}{BC} = \frac{1 \times \sqrt{2}}{\sqrt{3}} = \frac{\sqrt{6}}{3}$，故答案为 C.

例 12 如图所示，在 $\triangle ABC$ 中，$\angle B = \frac{\pi}{2}$，$AB = BC = 2$，P 为 AB 边上一动点，$PD \parallel BC$ 交 AC 于点 D，现将 $\triangle PDA$ 沿 PD 翻折至 $\triangle PDA'$，使平面 $PDA' \perp$ 平面 $PBCD$.

(1) 当棱锥 $A'-PBCD$ 的体积最大时，求 PA 的长；

(2) 若点 P 为 AB 的中点，E 为 $A'C$ 的中点，求证：$A'B \perp DE$. (2011 年高考江西省文科数学试题第 18 题)

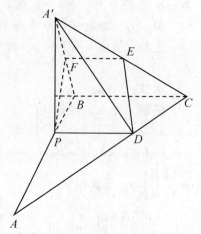

例 12 图

(1) **解**：设 $PA = x$，则

$\overline{V}_{A'-PBCD} = \frac{1}{3}PA \cdot S_{底面PDCB} = \frac{1}{3}x\left(2 - \frac{x^2}{2}\right)$.

令 $f(x) = \frac{1}{3}x\left(2 - \frac{x^2}{2}\right) = \frac{2x}{3} - \frac{x^3}{6}$ ($x > 0$)，

则 $f'(x) = \frac{2}{3} - \frac{x^2}{2}$.

x	$\left(0, \frac{2\sqrt{3}}{3}\right)$	$\frac{2\sqrt{3}}{3}$	$\left(\frac{2\sqrt{3}}{3}, +\infty\right)$
$f'(x)$	+	0	−
$f(x)$	单调递增	极大值	单调递减

由上表易知，当 $PA = x = \frac{2\sqrt{3}}{3}$ 时，有 $\overline{V}_{A'-PBCD}$ 取最大值.

(2) **证明**：取 $A'B$ 的中点 F，连结 EF 和 PF.

由已知得 $EF \underline{\underline{\parallel}} \frac{1}{2}BC \underline{\underline{\parallel}} PD \Rightarrow ED \parallel FP$.

∵ $\triangle A'PB$ 为等腰直角三角形，$A'B \perp PF$，∴ $A'B \perp DE$.

§6-2 构造辅助角

借助于构造辅助角以达到解答问题的一种构造图形方法叫作构造辅助角法. 当解答某个问题时,需要用到已知条件中所给出的角,但又不能直接找出来的时候,我们就要借助辅助角把它们联系起来,从而使问题得以解答.

在平面几何的问题中,往往构造一个与已知条件中或结论中的角相等的角,或者构造两个或多个分别与已知条件的角和结论中的角相等的角. 如果我们解答的问题涉及角的和差倍分时,则必须相应地构造出和差倍分的角. 在立体几何的问题中,构造两条异面直线的夹角、直线与平面的夹角、二面角、二面角的平面角,是解答这类问题的必备选择.

构造辅助角的时候必须根据已知条件和结论中的角,联想到角的相关定理,诸如"平行线间的同位角或内错角相等"、"弦切角和夹同弧的圆周角相等"来适当构造,否则,就达不到解答问题的目的.

例1 假设:二圆外切于 P,一圆的弦 AB 延长,若切另一圆于点 C,又延长 AP 到 D,求证:$\angle BPC = \angle CPD$.

证明: 过 P 作两圆的公切线,交 AC 于点 E,这样就将 $\angle BPC$ 分成了两个角 $\angle BPE$ 和 $\angle CPE$.

$\because EP = EC$,$\therefore \angle CPE = \angle PCE$.

又 $\because \angle BPE = \angle A$,

$\therefore \angle BPC = \angle A + \angle PCE$.

但 $\angle CPD = \angle A + \angle PCE$,

故 $\angle BPC = \angle CPD$.

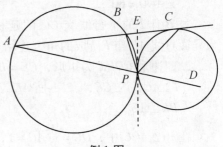

例1 图

例2 在四边形 $ABCD$ 中,若 $AD = BC$,又 M,N 分别是 AB,DC 的中点,延长 AD,MN 交于点 E,延长 BC,MN 交于点 F,则 $\angle AEM = \angle BFM$.

证明: 连接 BD 取其中点 O,再连接 OM,ON,于是构造了 $\angle MNO$ 和 $\angle NMO$.

$\because M$ 为 AB 的中点,O 为 BD 的中点,

$\therefore OM \parallel AD$,$\therefore \angle AEM = \angle NMO$.

同理 $\angle BFM = \angle MNO$.

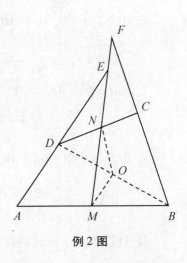

例2 图

又 $\because OM = \dfrac{1}{2}AD$, $ON = \dfrac{1}{2}BC$, 而 $AD = BC$,

$\therefore OM = ON$, $\therefore \angle MNO = \angle NMO$.

故 $\angle AEM = \angle BFM$.

例3 线段 $AB = 10$, 它的两端分别在 $60°$ 的二面角 $\alpha - l - \beta$ 的面 α, β 内, A, B 两点到棱的距离分别为 2 和 4, 求:

(1) AB 与棱 l 所成的角;

(2) AB 与 β 所成的角.

解: 过 A 作平面 β 的垂线交 β 于 O, 连接 BO, 于是就构造了 $\angle ABO$, 而此角即为直线 AB 与 β 所成的角.

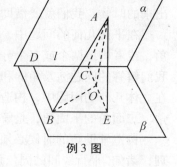

例3 图

过 O 在 β 内作 l 的垂线交 l 于 C, 连 AC, 由三垂线定理知 $AC \perp l$, 则 $AC = 2$, 且 $\angle ACO$ 为二面角 $\alpha - l - \beta$ 的平面角.

$\therefore \angle ACO = 60°$.

过 B 作 l 的平行线交 CO 的延长线于 E, 于是又构造 $\angle ABE$, 而 $\angle ABE$ 为异面直线 AB 与 l 所成的角, 连结 AE, 过 B 作 $BD \perp l$ 于 D, 则 $EC // BD$.

$\therefore$ 四边形 $CDBE$ 为矩形, $CE = BD = 4$.

$\because l \perp AC$, $l \perp CE$, $\therefore l \perp$ 面 AEC, 从而 $BE \perp$ 面 AEC.

$\therefore BE \perp AE$.

在 Rt$\triangle AOC$ 中, $OC = \dfrac{1}{2}AC = 1$, $OA = \sqrt{3}$, 于是 $OE = 4 - 1 = 3$.

在 Rt$\triangle AOB$ 中, $\sin \angle ABO = \dfrac{AO}{AB} = \dfrac{\sqrt{3}}{10}$.

$\therefore \angle ABO = \arcsin \dfrac{\sqrt{3}}{10}$, 即 AB 与 β 所成的角为 $\arcsin \dfrac{\sqrt{3}}{10}$.

在 $\triangle ACE$ 中, $AE^2 = AC^2 + CE^2 - 2AC \cdot CE\cos 60°$

$$= 4 + 16 - 2 \times 2 \times 4 \times \dfrac{1}{2} = 12.$$

在 Rt$\triangle AEB$ 中, $\sin \angle ABE = \dfrac{AE}{AB} = \dfrac{\sqrt{12}}{10} = \dfrac{\sqrt{3}}{5}$.

$\therefore \angle ABE = \arcsin \dfrac{\sqrt{3}}{5}$.

故直线 AB 与 l 所成的角为 $\arcsin \dfrac{\sqrt{3}}{5}$.

例4 在棱长都相等的四面体 $A-BCD$ 中, E, F 分别为 AD, BC 的中点, 连接 AF, CE (如图所示).

(1) 求异面直线 AF, CE 所成的角;

(2) 求 CE 与底面 BCD 所成角的大小.

(1988年上海市高考数学试题五)

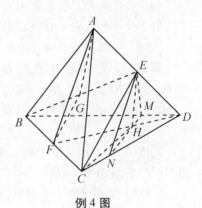

例4 图

解: (1) 在平面 BCE 内过 F 作 $FG/\!/CE$ 交 BE 于 G, 构造 $\angle AFG$, 连结 AG, 则 $\angle AFG$ 为 AF 与 CE 所成的角 (如图所示).

$\because F$ 为 BC 的中点, $\therefore G$ 为 BE 的中点.

设四面体的棱长为 a, 由已知四面体的四个面都是正三角形, 又 E, F 分别为 AD, BC 的中点,

$\therefore AF \perp BC$, $BE \perp AD$, $AF = BE = CE = \dfrac{\sqrt{3}}{2}a$, $FG = \dfrac{1}{2}CE = \dfrac{\sqrt{3}}{4}a$,

$AG = \sqrt{AE^2 + GE^2} = \dfrac{\sqrt{7}}{4}a$, $\therefore \cos\angle AFG = \dfrac{AF^2 + FG^2 - AG^2}{2AF \cdot FG} = \dfrac{2}{3}$.

故 $\angle AFG = \arccos\dfrac{2}{3}$.

(2) 过 E 作 $EM \perp BD$ 于点 M, 过点 M 作 $MN \perp BD$ 交 CD 于 N, 过点 E 作 $EH \perp MN$, 连 CH, 构造 $\angle ECM$ (如图所示)

$\because BD \perp EM$, $BD \perp MN$, $\therefore BD \perp$ 平面 EMN.

而 $BD \subset$ 平面 BCD, $\therefore$ 平面 $EMN \perp$ 平面 BCD.

由此可得 $EH \perp$ 平面 BCD, $\therefore \angle ECH$ 就是 CE 与平面 BCD 所成的角.

$\because \triangle EMD$, $\triangle NMD$ 都是直角三角形, MD 公共, $\angle EDM = \angle NDM = 60°$.

$\therefore \text{Rt}\triangle EMD \cong \text{Rt}\triangle NMD$.

$CE = \dfrac{\sqrt{3}}{2}a$, $EM = MN = ED\sin 60° = \dfrac{\sqrt{3}}{4}a$, $EN = ED = \dfrac{1}{2}a$.

在 $\triangle EMN$ 中, $EH \cdot MN = EN \cdot \sqrt{EM^2 - \left(\dfrac{1}{2}EN\right)^2}$, $\therefore EH = \dfrac{\sqrt{6}}{6}a$.

故 $\angle ECH = \arcsin\dfrac{EH}{CE} = \arcsin\dfrac{\sqrt{2}}{3}$.

例5 如图所示: 在三棱锥 $P-ABC$ 中, $\angle APB = 90°$, $\angle PAB = 60°$, $AB = BC = CA$, 平面 $PAB \perp$ 平面 ABC.

(1)求直线 PC 与平面 ABC 所成角的大小;

(2)求二面角 $B - AP - C$ 的大小.

[2012 年四川高考数学(理)试题第 19 题]

解:(1)设 AB 的中点为 D,AD 的中点为 O,连 PO,CO,CD. 又 $\angle APB = 90°$,$\angle PAB = 60°$,由此可得 $\triangle APD$ 为等边三角形.

$\therefore PO \perp AD$,而平面 $PAB \perp$ 平面 ABC,平面 $PAB \cap$ 平面 $ABC = AD$.

$\therefore PO \perp$ 平面 ABC,$\angle OCP$ 为直线 PC 与平面 ABC 所成的角.

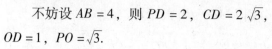

例 5 图

不妨设 $AB = 4$,则 $PD = 2$,$CD = 2\sqrt{3}$,$OD = 1$,$PO = \sqrt{3}$.

在 $\mathrm{Rt}\triangle CDO$ 中,$CO = \sqrt{OD^2 + CD^2} = \sqrt{13}$.

在 $\mathrm{Rt}\triangle POC$ 中,$\mathrm{tg}\angle OCP = \dfrac{PO}{CO} = \dfrac{\sqrt{3}}{\sqrt{13}} = \dfrac{\sqrt{39}}{13}$.

故直线 PC 与平面 ABC 所成角的大小为 $\mathrm{arctg}\dfrac{\sqrt{39}}{13}$.

(2)过 D 作 $DE \perp AP$ 于 E,连接 CE,由已知可得 $CD \perp$ 平面 PAB,根据三垂线定理知 $CD \perp PA$.

$\therefore \angle CED$ 为二面角 $B - AP - C$ 的平面角.

由(1)知 $DE = \sqrt{3}$.

在 $\mathrm{Rt}\triangle CDE$ 中,$\mathrm{tg}\angle CED = \dfrac{CD}{DE} = \dfrac{2\sqrt{3}}{\sqrt{3}} = 2$.

故二面角 $B - AP - C$ 的大小为 $\mathrm{arctg}2$.

例 6 如图所示:在四棱锥 $P - ABCD$ 中,$PA \perp$ 平面 $ABCD$,$AC \perp AD$,$AB \perp BC$,$\angle BAC = 45°$,$PA = AD = 2$,$AC = 1$,

(1)证明 $PC \perp AD$;

(2)求二面角 $A - PC - D$ 的正弦值;

(3)设 E 为棱 PA 上的点,满足异面直线 BE 与 CD 所成的角为 $30°$,求 AE 的长.[2012 年天津高考数学(文)试题第 17 题]

(1)证明:(略)

(2)解:如图(1)所示,作 $AH \perp PC$ 于 H,连接 DH,则由 $PC \perp AD$,$PC \perp$

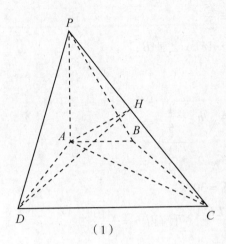
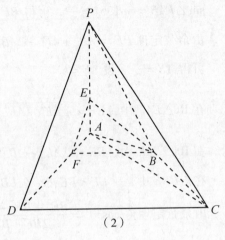

(1)   (2)

例6图

AH，可得 $PC \perp$ 平面 AHD.

∴ $DH \perp PC$，于是 $\angle AHD$ 为二面角 $A-PC-D$ 的平面角.（即构造了二面角 $A-PC-D$ 的平面角 $\angle AHD$）

在 Rt$\triangle PAC$ 中，$PA=2$，$AC=1$，由此可得 $AH = \dfrac{2}{\sqrt{5}}$.

由(1)知 $AD \perp AH$，故在 Rt$\triangle DAH$ 中，

$DH = \sqrt{AD^2 + AH^2} = \dfrac{2\sqrt{30}}{5}$，$\sin\angle AHD = \dfrac{AD}{DH} = \dfrac{\sqrt{30}}{6}$.

故二面角 $A-PC-D$ 的正弦值为 $\dfrac{\sqrt{30}}{6}$.

(3) 解：如图(2)所示，因为 $\angle ADC < 45°$.

故过点 B 作 CD 的平行线必然与线段 AD 相交，设交点为 F，连 BE，EF，则 $\angle EBF$ 或其补角为异面直线 BE 与 CD 所成的角.

由于 $BF // CD$，∴ $\angle AFB = \angle ADC$.

在 Rt$\triangle DAC$ 中，$CD = \sqrt{5}$，$\sin\angle ADC = \dfrac{1}{\sqrt{5}}$，

∴ $\sin\angle AFB = \dfrac{1}{\sqrt{5}}$.

在 Rt$\triangle AFB$ 中，由 $\dfrac{BF}{\sin\angle FAB} = \dfrac{AB}{\sin\angle AFB}$，$AB = \dfrac{1}{\sqrt{2}}$，

$\sin\angle FAB = \sin 135° = \dfrac{\sqrt{2}}{2}$,可得 $BF = \dfrac{\sqrt{5}}{2}$.

由余弦定理 $BF^2 = AB^2 + AF^2 - 2AB \cdot AF\cos\angle FAB$,

可得 $AF = \dfrac{1}{2}$. 设 $AE = h$.

在 Rt△EAF 中,$EF = \sqrt{AE^2 + AF^2} = \sqrt{h^2 + \dfrac{1}{4}}$.

在 Rt△BAE 中,$BE = \sqrt{AE^2 + AB^2} = \sqrt{h^2 + \dfrac{1}{2}}$.

在 △EBF 中,∵ $EF < BE$,∴ $\angle EBF = 30°$.

由余弦定理得 $\cos 30° = \dfrac{BE^2 + BF^2 - EF^2}{2BE \cdot BF}$,可解得 $h = \dfrac{\sqrt{10}}{10}$.

故 $AE = \dfrac{\sqrt{10}}{10}$.

例7 已知两异面直线 a 和 b 所成的角为 θ,它们的公垂线段 AA' 的长度为 d,在直线 a 和 b 上分别取点 E 和 F,设 $A'E = m$,$AF = n$,求 EF 图(1).

解:以 a,b 的公垂线 AA' 为棱构造二面角 $E-AA'-F$,过 A' 作 $A'G \underline{\underline{\parallel}} AF$ 如图(2)所示,根据两异面直线成角的定义可知 $\angle EA'G = \theta$ 或 $\angle EA'G = \pi - \theta$.

∵ $AA' \perp AF$,$AA' \perp A'G$. 又 $AA' \perp A'E$,

∴ $\angle EA'G$ 就是二面角 $E-AA'-F$ 的平面角.

且 $AA' \perp$ 平面 $EA'G$. 由 $A'G \underline{\underline{\parallel}} AF$ 知 $FG \underline{\underline{\parallel}} AA'$,

∴ $FG \perp$ 平面 $EA'G$. 而 $EG \subset$ 平面 $EA'G$,

∴ $FG \perp EG$.

在 Rt△EFG 和 △$EA'G$ 中有
$EF^2 = GF^2 + EG^2 = d^2 + EG^2$,
$EG^2 = A'E^2 + A'G^2 - 2A'E \cdot A'G\cos\angle EA'G$
$= m^2 + n^2 - 2mn\cos\angle EA'G$.

当 $\angle EA'G = \theta$ 时,即二面角度数为 θ 时,
$$EF = \sqrt{d^2 + m^2 + n^2 - 2mn\cos\theta}.$$

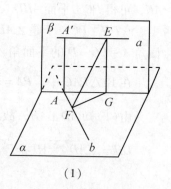

(1)

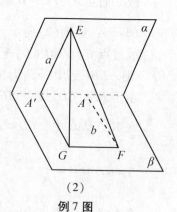

(2)

例7 图

当 $\angle EA'G = \pi - \theta$ 时，即二面角度数为 $\pi - \theta$ 时，

$$EF = \sqrt{d^2 + m^2 + n^2 - 2mn\cos(\pi - \theta)} = \sqrt{d^2 + m^2 + n^2 + 2mn\cos\theta}.$$

例 8 如图所示，已知三棱柱 $A_1B_1C_1 - ABC$ 的底面是边长为 2 的正三角形，侧棱 A_1A 与下底面相邻的两边 AB，AC 均成 $45°$ 角．(1) 求点 A_1 到平面 B_1BCC_1 的距离；(2) 试问 A_1A 多长时，点 A_1 到平面 ABC 与到平面 B_1BCC_1 的距离相等．(1989 年四川省高中数学联赛第一试第四题)

解：过 A_1 作 $A_1M \perp B_1C_1$ 于 M，过 M 作 $MN \perp B_1C_1$ 交 BC 于 N，构造 $\angle A_1MN$，再作 $A_1H \perp MN$ 于 H(如图所示)

(1) $\because B_1C_1 \perp A_1M$，$B_1C_1 \perp MN$，

$\therefore B_1C_1 \perp$ 平面 AMN.

又 $\because B_1C_1 \subset$ 平面 BB_1C_1C，

$\therefore$ 平面 $AMN \perp$ 平面 BB_1C_1C，

$\therefore A_1H$ 为 A_1 到平面 BB_1C_1C 的距离.

$\because A_1H \perp$ 平面 BB_1C_1C，$MN \perp BC$，

$\therefore A_1N \perp BC$(三垂线定理).

由条件可得 $\triangle A_1AB \cong \triangle A_1AC$，

$\therefore A_1B = A_1C$，

$\therefore A_1N$ 为 $\triangle A_1BC$ 的中线，从而 $MN \underline{\underline{\parallel}} B_1B$.

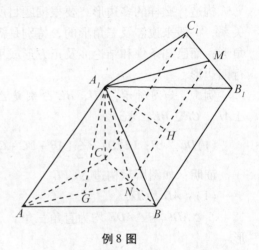

例 8 图

设 $A_1A = x$，

则 $A_1B^2 = A_1A^2 + AB^2 - 2A_1A \cdot AB\cos 45° = x^2 - 2\sqrt{2}x + 4$，

$A_1N^2 = A_1B^2 - BN^2 = x^2 - 2\sqrt{2}x + 3$，

$$\cos\angle A_1MN = \frac{A_1M^2 + MN^2 - A_1N^2}{2A_1M \cdot MN} = \frac{\sqrt{6}}{3}, \quad \sin\angle A_1MN = \frac{\sqrt{3}}{3},$$

$\therefore A_1H = A_1M\sin\angle A_1MN = 1$.

(2) $\because MN \parallel A_1A$，$\therefore$ 四边形 A_1ANM 为平行四边形.

由 $AN \perp BC$，$MN \perp BC$ 得 $BC \perp$ 平面 A_1ANM.

而 $BC \subset$ 平面 ABC，

$\therefore$ 平面 $ABC \perp$ 平面 A_1ANM，作 $A_1G \perp AN$ 于 G，则 $A_1G \perp$ 平面 ABC.

然而 $A_1G \cdot AN = A_1H \cdot A_1A$.

若 $A_1G = A_1H$，则 $A_1A = AN = \sqrt{3}$.

§6-3 构造辅助多边形

在解答平面几何或立体几何的某些问题中，添加一条或几条辅助线或者是辅助角还不足以找到已知条件与结论的关系时，我们就要考虑构造更复杂的图形，而构造辅助多边形则是思考的范畴．借助于构造辅助多边形以达到解决问题的一种构造图形方法叫作构造辅助多边形法．

构造什么样的多边形，要根据题目所给出的已知条件和结论的形式及其关系，一般来说涉及三角形的，特别是需要利用三角形的一些性质就构造三角形；而已知条件和结论涉及正方形或平行四边形就构造相应的正方形或平行四边形．

例1 如图所示，AD，BE 分别是 $\triangle ABC$ 的 $\angle A$，$\angle B$ 外角平分线，$CD \perp AD$，$CE \perp BE$，求证：

(1) $DE \parallel AB$；(2) $DE = \dfrac{1}{2}(AB + BC + CA)$.

证明： 如图所示构造 $\triangle CFG$

(1) $\because AD \perp CD$，

$\therefore \triangle ADC$ 与 $\triangle ADF$ 均为直角三角形.

又 $\angle CAD = \angle FAD$，AD 为公共边，

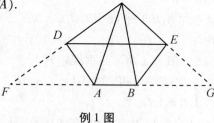

例1图

$\therefore \mathrm{Rt}\triangle ADC \cong \mathrm{Rt}\triangle ADF$，$\therefore CD = FD$，即 D 为 CF 的中点．
同理 E 为 CG 的中点．$\therefore DE \parallel FG$，即 $DE \parallel AB$.

(2) 又由 $\mathrm{Rt}\triangle ADC \cong \mathrm{Rt}\triangle ADF$ 得 $AC = AF$.
由 $\mathrm{Rt}\triangle BEC \cong \mathrm{Rt}\triangle BEG$ 得 $BC = BG$.

$$\therefore DE = \dfrac{1}{2}FG = \dfrac{1}{2}(FA + AB + BG)$$

$$= \dfrac{1}{2}(AC + AB + BC) = \dfrac{1}{2}(AB + BC + CA).$$

例2 在 $\triangle ABC$ 中，E 是 BC 的中点，D 在 AC 边上，若 $\angle BAC = 60°$，$\angle ACB = 20°$，$\angle DEC = 80°$，$AC = 1$，求 $\triangle ABC$ 的面积与 $\triangle CDE$ 的面积的 2 倍之和．

解： 如图所示构造正三角形 ACF，作 $\angle BCF$ 的平分线 CG 交 AF 于 G，

则 CB，CG 是 $\angle ACF$ 的三等分线.

∵ $\angle GBC = \angle BAC + \angle ACB = 80° = \angle DEC$，

∴ $\triangle CDE \backsim \triangle CGB$.

又∵ E 是 BC 的中点，∴ 相似比为 $1:2$，

∴ $2S_{\triangle CDE} = \dfrac{1}{2} S_{\triangle CGB}$，

∴ $S_{\triangle ABC} + 2S_{\triangle CDE} = \dfrac{1}{2} S_{\triangle ACF} = \dfrac{\sqrt{3}}{8}$.

例 3 已知 $\triangle ABC$ 的外接圆与内切圆的半径分别为 R 和 r，求证：$\dfrac{r}{R} \leqslant \dfrac{1}{2}$.

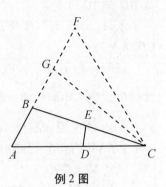

例 2 图

证明： 构造两个三角形(如图所示).

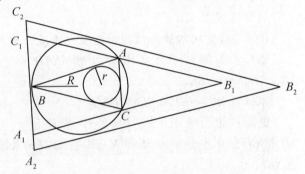

例 3 图

(1) 过点 A，B，C 分别作 BC，CA，AB 的平行线，三条直线围成 $\triangle A_1 B_1 C_1$，则 $\triangle A_1 B_1 C_1 \backsim \triangle ABC$.

(2) 作 $\triangle ABC$ 外接圆的三条切线，使其分别平行于 $\triangle A_1 B_1 C_1$ 的三边，三条直线围成 $\triangle A_2 B_2 C_2$，则 $\triangle A_2 B_2 C_2 \backsim \triangle ABC$.

由(1)有四边形 $A_1 CAB$ 为平行四边形，∴ $A_1 B = CA_1$.

又四边形 $ABCB_1$ 为平行四边形，∴ $AB = B_1 C$.

∴ $AB = \dfrac{1}{2} A_1 B_1$，$\dfrac{AB}{A_1 B_1} = \dfrac{1}{2}$.

由(2)可得 $\dfrac{AB}{A_2 B_2} = \dfrac{r}{R}$.

由于 $\triangle A_1 B_1 C_1$ 在 $\triangle A_2 B_2 C_2$ 的内部，∴ $A_2 B_2 \geqslant A_1 B_1$.

∴ $\dfrac{AB}{A_2 B_2} \leqslant \dfrac{AB}{A_1 B_1}$，故 $\dfrac{r}{R} \leqslant \dfrac{1}{2}$.

例 4 若空间四边形的一组对边相等，则对角线中点的连线与这组对边所成的角相等.

已知：如图所示，空间四边形 $ABCD$ 中，$AB = CD$，M 和 N 分别为对角

线 BD 和 AC 的中点.

求证：MN 与 AB 所成的角等于 MN 与 CD 所成的角.

证明：如图所示，取 AD 的中点 E 构造 $\triangle EMN$，则 $EM \underline{\underline{/\!/}} \frac{1}{2} AB$，$EN \underline{\underline{/\!/}} \frac{1}{2} CD$.

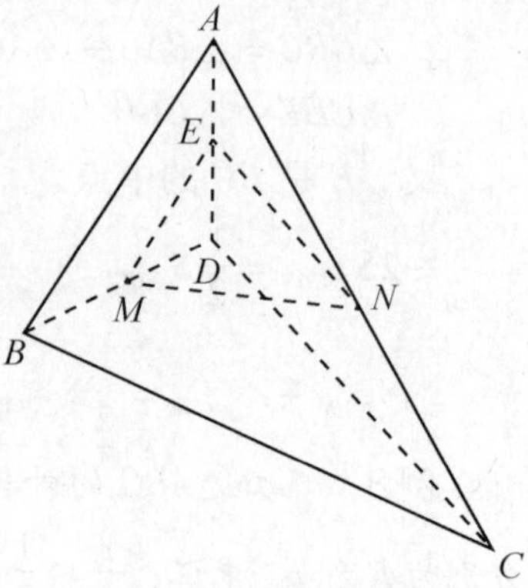

∴ $\angle EMN$ 为 MN 与 AB 所成的角，

$\angle ENM$ 为 MN 与 CD 所成的角.

又∵ $AB = CD$，

∴ $EM = EN$，$\triangle EMN$ 为等腰三角形，

∴ $\angle EMN = \angle ENM$.

故命题成立.

例4图

例5 若空间四边形两组对边互相垂直，则对边的平方和相等.

已知：如图所示，空间四边形 $ABCD$ 中，$AB \perp CD$，$AD \perp BC$.

求证：$AB^2 + CD^2 = BC^2 + DA^2$.

证明：如图所示，取对角线中点 E 和 F，AD 和 CD 的中点分别为 M 和 N，构造 $\triangle MEF$ 及 $\triangle NEF$.

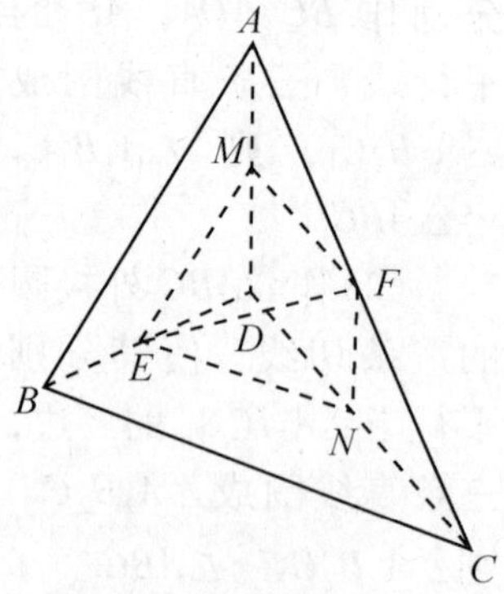

∵ $CD \perp AB$，而 $ME /\!/ AB$，$MF /\!/ CD$.

∴ $MF \perp ME$，∴ $\triangle MEF$ 为直角三角形.

同理 $\triangle ENF$ 为直角三角形.

∴ $EM^2 + MF^2 = EF^2 = NE^2 + NF^2$.

但 $EM = \frac{1}{2} AB$，$MF = \frac{1}{2} CD$，$NE = \frac{1}{2} BC$，

$NF = \frac{1}{2} DA$.

故 $AB^2 + CD^2 = BC^2 + DA^2$.

例5图

例6 $\triangle ABC$ 是等腰直角三角形，$\angle BAC = 90°$，D 是 AC 的中点，$AE \perp BD$ 交 BD 于 E，AE 的延长线交 BC 于 F，求证：$\angle ADB = \angle CDF$.

证明：把等腰直角三角形 ABC 沿 BC 对折，构成正方形 $ABA'C$，连 AD'，$A'D$，$A'A$，BD'（如图所示），则

∵ $AB = AC$，$AD = CD'$，∴ $Rt\triangle BAD \cong Rt\triangle ACD'$.

∴ $\angle ABD = \angle CAD'$.

又∵ $AE \perp BD$,则 $\angle AED = 90°$,

∴ $\angle EAD = \angle ABD$,即 $\angle FAD = \angle ABD$,

∴ $\angle FAD = \angle CAD'$.

∴ A,F,D' 三点共线.

由对称性知 A',F,D 共线.

由 Rt$\triangle ADB \cong$ Rt$\triangle CDA'$ 可得 $\angle ADB = \angle CDA'$.故 $\angle ADB = \angle CDF$.

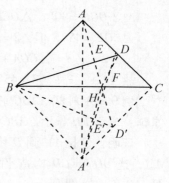

例 6 图

例 7 如图所示,梯形 $ABCD$ 中,$AD \parallel BC$,$AB = AC$,$\angle BAC = 90°$,$BD = BC$,BD 与 AC 交于 G,求证:$CG = CD$.

证明:以 A 为中心构造正方形 $BCEF$(如图所示),连 FD.

∵ 正方形是轴对称图形,又点 A 是中心,$AD \parallel BC$.

∴ AD 所在直线是正方形的对称轴,

∴ $DF = DB$.

∵ $BD = BC = BF = DF$,∴ $\triangle BDF$ 是正三角形.

∴ $\angle FBD = 60°$.

又∵ $\angle FBA = \angle ABC = 45°$,

∴ $\angle ABD = 15°$,$\angle DBC = 30°$.

∵ $BD = BC$,

∴ $\angle BDC = \dfrac{180° - 30°}{2} = 75°$,$\angle CGD = \angle AGB = 90° - 15° = 75°$.

故 $CG = CD$.

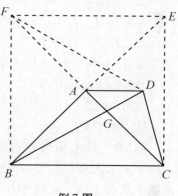

例 7 图

例 8 如图所示,已知平面内并列的三个相等的正方形,证明:$\angle 1 + \angle 2 + \angle 3 = 90°$.

证明:在原图下构造三个正方形,连 CE 和 OE(如图所示).

由 Rt$\triangle CBE \cong$ Rt$\triangle OFC$ 得

$CE = OC$,$\angle CEB = \angle 2$.

而 $\angle CEB + \angle BCE = 90°$,

∴ $\angle 2 + \angle BCE = 90°$.

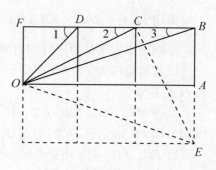

例 8 图

∴ ∠OCE = 90°，△OCE 为等腰直角三角形．
∠COE = 45°，但 ∠2 = ∠COA，∠3 = ∠BOA = ∠AOE．
∴ ∠2 + ∠3 = ∠COA + ∠AOE = ∠COE = 45°．
故 ∠1 + ∠2 + ∠3 = 45° + 45° = 90°．

例9 分别以 △ABC 的边 AB 和 AC 为边向外作正方形 ABEF 和 ACGH．
求证：线段 FH 等于 △ABC 的中线 AM 的 2 倍．

证明：延长 AM 到 D 使 MD = AM，连 BD 和 CD 构造平行四边形 ABDC（如图所示），于是有
∠BAC + ∠ABD = 180°．
又 ∠FAB = ∠HAC = 90°，
∴ ∠FAH + ∠BAC = 180°，
∴ ∠FAH = ∠ABD．
又 AF = AB，AH = AC = BD，
∴ △FAH ≅ △ABD．
∴ FH = AD．
故 FH = 2AM．

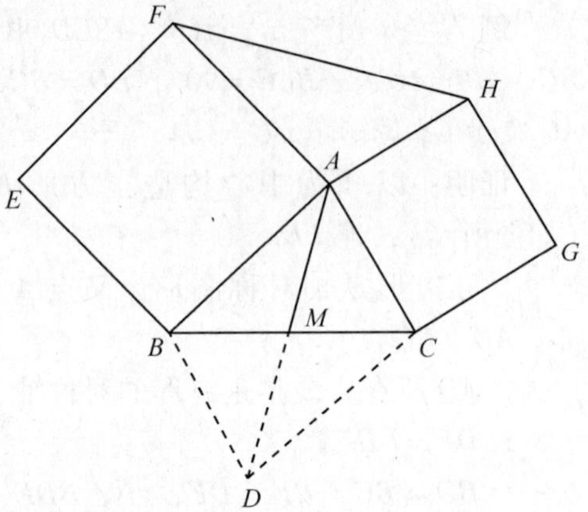

例10 设空间四边形 ABCD 四边中点依次为 E，F，G，H，对角线中点 M 和 N，证明 EG，FH，MN 相交于同一点且在此点平分．

证明：如图所示，连 EF，FG，GH，HE 构造四边形 EFGH．

∵ E 和 H 分别为 AB 和 AD 的中点，
∴ $EH \underline{\underline{\parallel}} \frac{1}{2} BD$．
同理 $FG \underline{\underline{\parallel}} \frac{1}{2} BD$．∴ $EH \underline{\underline{\parallel}} FG$．
∴ 四边形 EFGH 为平行四边形．
设其对角线 EG 和 FH 相交于 O，EG 和 FH 在 O 点平分．

例9图

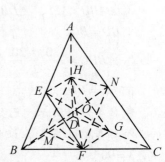

例10图

又连 MF，FN，NH，HM，同理我们构造了平行四边形 MFNH，其对角线 MN 和 FH 相交于 FH 的中点 O，且在该点互相平分．
故 EG，FH，MN 相交于同一点 O 且在此点平分．

例11 如图所示，从圆上一点 D 作 DE⊥直径 AB 于 E，过 A 和 D 两点

各作圆的切线相交于 C，连接 BC 交 DE 于 F，求证：$DF = FE$.

证明：过 B 作圆的切线交 CD 的延长线于 G，构造梯形 $ABGC$（如图所示）.

$\because DE \perp AB, \therefore DE // AC // GB.$

$\therefore \triangle BFE \sim \triangle BCA, \dfrac{FE}{CA} = \dfrac{BE}{BA}.$

但 $\dfrac{BE}{BA} = \dfrac{GD}{GC}, \therefore \dfrac{FE}{CA} = \dfrac{GD}{GC}$，即 $\dfrac{FE}{GD} = \dfrac{CA}{GC}.$

又 $\triangle CFD \sim \triangle CBG, \therefore \dfrac{DF}{GB} = \dfrac{CD}{CG}.$

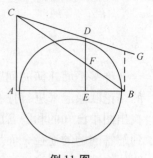

例 11 图

然而 $CA = CD, \therefore \dfrac{DF}{GB} = \dfrac{FE}{GD}.$ 又 $GB = GD$，故 $DF = FE$.

例 12 一个圆的内接凸八边形四条相邻边边长为 3，另四条边边长为 2，求它的面积，并化成 $r + s\sqrt{t}$ 的形式，其中 r，s，t 均表示正整数.（美国第 39 届大学生数学竞赛题）

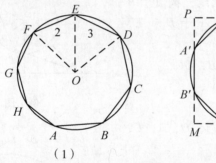
（1）

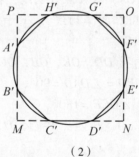
（2）

例 12 图

解：如图（1）所示，沿凸八边形各顶点及其外接圆圆心 O 的连线，剪开成 8 个等腰三角形，按大小相邻、以腰为公共边重新拼成一个凸八边形，显然，前后两个凸八边形的面积和外接圆的半径均不变，如图（2）所示.

在图（2）中，在边长为 2 的边长（也可在边长为 3 的边上）向外各补一个腰为 $\sqrt{2}$ 的等腰直角三角形，实际上就是延长边长为 3 的边，在拼得的凸八边形 $A'B'C'D'E'F'G'H'$ 的基础上构造正方形 $MNOP$.

故所求凸八边形的面积为：

$$S_8 = (3 + 2\sqrt{2})^2 - 4 \times \dfrac{1}{2}(\sqrt{2})^2 = 13 + 12\sqrt{2}（\text{平方单位}）.$$

这里 $r=13$,$s=12$,$t=2$.

§6-4 构造辅助圆

许多平面几何的问题,表面看与圆的关系不大,但是把已知条件和欲求的结论联系起来进行仔细地分析、思考对照,我们就可以发现,如果能设法找出图中已知的和隐含的条件,添加辅助圆,利用圆的性质,就能巧妙地找到解答问题的途径. 而那种借助构造辅助圆从而使问题得以解答的构图方法叫作构造辅助圆法.

利用构造辅助圆法可以解答平面几何中的有关角度和线段相等、直线平行与垂直、比例式与乘积式的一些证明题,还可解答平面几何中的计算题、极值问题.

怎样构造辅助圆? 主要是根据已知条件和结论,联想到四点共圆的条件和性质来决定.

例1 假设从圆的中心 O 到圆外的直线 xy 作垂线 OA,从 A 点作割线,截圆于 B 和 C,过 B 和 C 的二切线交 xy 于 D 和 E,求证:$DA=AE$.

证明:连接 OD,OE,OB,OC.

则 $\because \angle OBD=\angle OAD=90°$,

$\angle OAE+\angle OCE=180°$,

$\therefore O$,D,A,B 四点共圆,O,A,E,C 四点共圆.

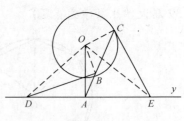

例1图

(即构造了两个辅助圆)

$\therefore \angle ODB=\angle OAB=\angle OEC$.

又 $OB=OC$,

$\therefore \text{Rt}\triangle OBD \cong \text{Rt}\triangle OCE$,$OD=OE$,

即 $\triangle ODE$ 为等腰三角形.

而 $OA \perp DE$,故 $DA=AE$.

例2 $\triangle ABC$ 的两个高为 BD 和 CE,外接圆中心为 O,求证:$AO \perp DE$.

证明:过 A 作切线 AF,设 AO 与 DE 相交于 G.

$\because \angle BDC=\angle BEC=90°$

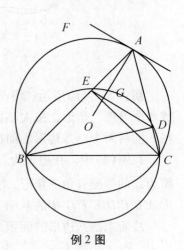

例2图

· 116 ·

∴ B，C，D，E 四点共圆，构造此圆.

∴ $\angle AED = \angle C$，又 $\angle BAF = \angle C$.

∴ $\angle AED = \angle BAF$，而 $\angle BAF + \angle EAO = 90°$.

∴ $\angle AEG + \angle EAG = \angle AED + \angle EAO = 90°$. ∴ $\angle AGE = 90°$，即 $AO \perp DE$.

例3 假设：从 $\triangle ABC$ 的外接圆上一点 P 作 $PD \perp AB$ 交 AB 于 D，$PE \perp BC$ 交 BC 于 E，$PF \perp AC$ 交 AC 于 F，求证：D，E，F 三点共线.

证明：连接 DE，EF，BP，PC.

则 ∵ $\angle BDP = \angle BEP = 90°$，

∴ D，B，P，E 四点共圆.

又 ∵ $\angle CEP + \angle CFP = 180°$，

∴ E，P，F，C 四点共圆，构造此二圆.

则 $\angle DEP + \angle DBP = 180°$，$\angle PCF = \angle PEF$.

又 $\angle PCF = \angle DBP$，∴ $\angle PEF = \angle DBP$.

∴ $\angle DEP + \angle PEF = 180°$.

故 DE 与 EF 在一条直线上，即 D，E，F 三点共线.

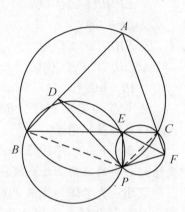

例3图

例4 如图所示，在锐角三角形 ABC 中，高 BE 和 CF 相交于 H，求证：$BA \cdot BF + CA \cdot CE = BC^2$，$BE \cdot BH + CF \cdot CH = BC^2$.

证明：连接 AH 并延长交 BC 于 D，则 AD 为 BC 上的高.

∵ $\angle AFC = \angle ADC = 90°$，

∴ A，F，D，C 四点共圆.

又 ∵ $\angle AEB = \angle ADB = 90°$，

∴ A，E，D，B 四点共圆.

作出此二辅助圆，则

$$BA \cdot BF = BC \cdot BD,$$
$$CA \cdot CE = BC \cdot DC.$$

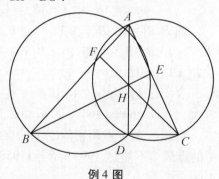

例4图

两式相加得：

$$BA \cdot BF + CA \cdot CF = BC \cdot BD + BC \cdot DC = BC(BD + DC) = BC^2.$$

同理，由 B，D，H，F 四点共圆与 C，E，H，D 四点共圆可证得：$BE \cdot BH + CF \cdot CH = BC^2$.

例5 如图所示，设 P 和 Q 为线段 BC 上两定点，且 $BP = CQ$，A 为 BC 外一动点，当点 A 运动到使 $\angle BAP = \angle CAQ$ 时，$\triangle ABC$ 是什么三角形？证明

你的结论.(1986 年全国初中数学联赛第三题)

证明：构造 $\triangle ABC$ 的外接圆，并延长 AP 和 AQ 分别交圆于 P' 和 Q'，连接 BP' 和 CQ'.

当 $\angle BAP = \angle CAQ$ 时，$\overarc{BP'} = \overarc{CQ'}$，

∴ $BP' = CQ'$，这时 $\overarc{P'C} = \overarc{Q'B}$.

∴ $\angle P'BP = \angle Q'CQ$.

又 $BP = CQ$，

∴ $\triangle BPP' \cong \triangle CQQ'$，

∴ $\angle BP'P = \angle CQ'Q$，

∴ $AB = AC$.

故当点 A 运动到使 $\angle BAP = \angle CAQ$ 时，$\triangle ABC$ 是等腰三角形.

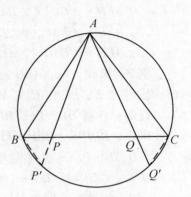

例 5 图

例 6 平面上有 1993 个点，其中任意两点间的距离都不小于 1，现将距离恰好为 1 的每两点连一线段，试证：这样的线段不会多于 5979 条.

证明：先考虑与点 A 的距离等于 1 的点最多有 n 个，设有 m 个以 A 为圆心、1 为半径作圆（如图所示），则这 m 个点在所构成的圆周上，记为 B_1，B_2，$\cdots$，B_m，则

$$AB_1 = AB_2 = \cdots = AB_m = 1.$$

而 $B_1B_2 \geq 1$，$B_2B_3 \geq 1$，$\cdots$，$B_mB_1 \geq 1$.

∴ $\angle B_1AB_2 \geq 60°$，$\angle B_2AB_3 \geq 60°$，$\cdots$，$\angle B_mAB_1 \geq 60°$.

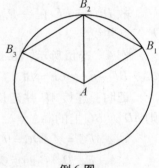

例 6 图

又∵ $\angle B_1AB_2 + \angle B_2AB_3 + \cdots + \angle B_mAB_1 = 360°$，∴ $m \cdot 60° \leq 360°$，∴ $m \leq 6$.

所以，距 A 点距离等于 1 的点最多有 6 个，那么距 1993 个点的距离为 1 的点最多不超过 $1993 \times 6 = 11958$ 个，故长度等于 1 的线段最多不超过 $\dfrac{1993 \times 6}{2} = 5979$ 条.

注：题中的 1993 个点可改成 $n(n \geq 6)$ 个点.

§6-5 构造辅助面

构造辅助面法就是借助于添加辅助面以达到解答问题的一种构造图形法. 在立体几何中, 我们往往通过构造适当的平面把立体几何的问题转化为平面几何的问题; 另外, 在解答某些立体几何的问题时, 已知条件与结论的关系不是十分明显, 通过构造适当的平面, 就可以找到一条从已知条件通往结论的路, 从而使问题得到解答. 例如, 要求两条异面直线的距离, 可以通过构造一个过其中一条直线而平行另一条直线的面, 把线与线的距离问题转化为线与面的距离问题, 或者分别过其中一条线构造两个平行平面, 把线与线之间的距离问题转化为面与面之间的距离问题. 而所要构造的平面与已知条件或结论中的某些元素, 如点、线等, 特别是结论中的线或已知条件中与结论相关的线有密切关系, 我们必须细心观察, 认真分析, 然后加以确定.

例1 如图所示, 已知平行六面体 $ABCD-A_1B_1C_1D_1$ 的底面 $ABCD$ 是菱形, 且 $\angle C_1CB = \angle C_1CD = \angle BCD = 60°$.

(1) 证明: $C_1C \perp BD$;

(2) 假定 $CD = 2$, $CC_1 = \dfrac{3}{2}$, 记面 C_1BD 为 α, 面 CBD 为 β, 求二面 $\alpha-BD-\beta$ 的平面角的余弦值;

(3) 当 $\dfrac{CD}{CC_1}$ 的值为多少时, 能使 $A_1C \perp$ 平面 C_1BD, 请给出证明. [2000年全国高考数学(理)试题]

(1) **证明**: 连接 A_1C_1 和 AC 构造平面 AA_1C_1C (简称面 AC_1), AC 与 BD 相交于 O, 连接 C_1O.

∵ 四边形 $ABCD$ 是菱形,

∴ $AC \perp BD$, $BC = CD$.

又∵ $\angle BCC_1 = \angle DCC_1$, $C_1C = C_1C$,

∴ $\triangle C_1BC \cong \triangle C_1DC$, ∴ $C_1B = C_1D$.

而 $DO = OB$, ∴ $C_1O \perp BD$.

但 $AC \perp BD$, $AC \cap C_1O = O$, ∴ $BD \perp$ 面 AC_1.

又 $CC_1 \subset$ 面 AC_1, ∴ $BD \perp CC_1$, 即 $CC_1 \perp BD$.

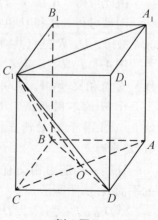

例1图

(2),(3)解(略).

例2 AB,CD 为夹在两个平行平面 α 和 β 之间的异面线段,M 和 N 分别为 AB 和 CD 的中点,求证:MN//平面 α.

证明: 如图所示,$\because A \notin CD$,$\therefore$ 过点 A 和 CD 构造一个平面 γ,且 $\beta \cap \gamma = AC$,$\alpha \cap \gamma = DE$.

$\because \alpha // \beta$,$\therefore AC // DE$.

令 $DE = AC$,连接 EA,则四边形 $AEDC$ 为平行四边形.

取 AE 的中点为 P,连接 MP,NP,构造平面 MNP,再连接 BE.

$\because M$,N 分别为 AB,CD 的中点,

$\therefore MP // BE$,$NP // DE$,

$\therefore MP // \alpha$,$NP // \alpha$ 且 $MP \cap NP = P$.

$\therefore$ 平面 MNP//平面 α,而 $MN \subset$ 平面 MNP.

故 MN//平面 α.

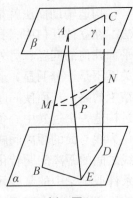

例2 图

例3 如图所示,已知 $\triangle ABC$ 在平面 α 之外,它的三边所在直线分别交平面 α 于 P,Q,R,求证:P,Q,R 三点共线.

证明: 以 $\triangle ABC$ 的三个顶点 A,B,C 构造一个平面 β.

$\because R \in CB$,$\therefore R \in \beta$.

又 $\because BC \cap \alpha = R$,$\therefore R \in \alpha$.

由此可得,R 在 α 与 β 的交线上.

同理可得,P 和 Q 也在 α 与 β 的交线上

故 P,Q,R 三点共线.

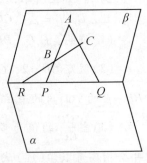

例3 图

例4 a,b,c 是不共面的三条直线,它们相交于 M,又 A,D 是直线 a 上异于 M 的不同两点,B,C 分别是直线 b,c 上异于 M 的两点,求证:BD 与 AC 是异面直线.

证明: 构造由相交直线 a 和 b 确定的平面 α(如图所示).

$\because D \in a$,$a \subset \alpha$,$\therefore D \in \alpha$.

同理 $B \in \alpha$,$\therefore BD \subset \alpha$.

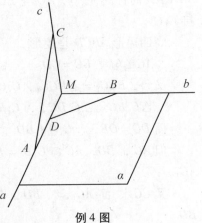

例4 图

又 $A\in a$, $a\subset\alpha$, $\therefore A\in\alpha$.

但 A 不在 BD 上，$C\notin\alpha$,

$\therefore BD$ 与 AC 是异面直线(异面直线判定定理).

例 5 如图所示，在正方体 $ABCD-A_1B_1C_1D_1$ 中，E 和 F 分别是 BB_1 和 CD 的中点.

(1) 证明 $AD\perp D_1F$;

(2) 求 AE 与 D_1F 所成的角;

(3) 证明面 $AED\perp$ 面 A_1FD_1;

(4) 设 $AA_1=2$，求三棱锥 $F-A_1ED_1$ 的体积 $V_{F-A_1ED_1}$. [1997 年全国高考数学(理)试题]

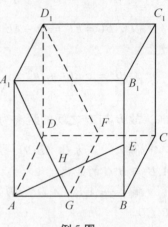

例 5 图

(1) **证明**：(略)

(2) **解**：取 AB 的中点 G，连接 A_1G 和 FG 构造平面 A_1GFD_1，因为 F 是 CD 的中点，

$\therefore GF \underline{\underline{\parallel}} AD$.

又 $A_1D_1 \underline{\underline{\parallel}} AD$.

$\therefore GF \underline{\underline{\parallel}} A_1D_1$，故 A_1GFD_1 是平行四边形，$A_1G // D_1F$.

设 A_1G 与 AE 相交于 H，则 $\angle AHA_1$ 是 AE 与 D_1F 所成的角，因为 E 是 BB_1 的中点，

$\therefore \text{Rt}\triangle A_1AG\cong \text{Rt}\triangle ABE$. $\therefore \angle GA_1A=\angle EAB=\angle HAG$.

而 $\angle AGA_1+\angle GA_1A=90°$，$\therefore \angle AGH+\angle HAG=\angle AGA_1+\angle GA_1A=90°$.

故 $\angle AHA_1=90°$，即直线 AE 与 D_1F 所成的角是直角.

(3)，(4) (略).

例 6 矩形 $ABCD$，$AB=a$，$AD=b$，沿对角线 AC 折叠，使面 ABC 和面 ADC 成 $60°$ 的二面角，那么 B，D 间的距离是多少？

解：如图所示，作 $BE\perp AC$ 交 AC 于 E，$DF\perp AC$ 交 AC 于 F，在平面 ABC 内作 $FG \underline{\underline{\parallel}} BE$，连 DB，BG，DG，于是构造了平面 DFG.

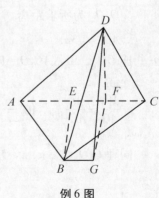

例 6 图

$\because GF \underline{\underline{\parallel}} BE$，$\therefore GF\perp AC$，$BGFE$ 是矩形.

又 $DF\perp AC$，$\therefore AC\perp$ 平面 DFG.

而 $BG // AC$，$\therefore BG\perp$ 平面 DFG，$BG\perp DG$.

$\therefore \triangle BGD$ 是直角三角形.

$\angle DFG$ 是二面角 $D-AC-B$ 的平面角 $\angle DFG = 60°$.

由已知有 $DF^2 = AF \cdot FC$, $AD^2 = AF \cdot AC$, $CD^2 = CF \cdot AC$.

于是 $AF = \dfrac{b^2}{\sqrt{a^2+b^2}}$, $CF = \dfrac{a^2}{\sqrt{a^2+b^2}}$, $\therefore AF \cdot FC = \dfrac{a^2b^2}{a^2+b^2}$,

$\therefore DF = BE = GF = \dfrac{ab}{\sqrt{a^2+b^2}}$, $\therefore \triangle DFG$ 是等边三角形, $DG = \dfrac{ab}{\sqrt{a^2+b^2}}$.

又 $\because BG = EF = AF - AE = AF - CF = \dfrac{b^2-a^2}{\sqrt{a^2+b^2}}$,

$\therefore BD = \sqrt{BG^2 + DG^2} = \sqrt{\dfrac{a^4 - 2a^2b^2 + b^4}{a^2+b^2} + \dfrac{a^2b^2}{a^2+b^2}} = \sqrt{\dfrac{a^4 - a^2b^2 + b^4}{a^2+b^2}}$.

故 B 与 D 之间的距离为 $\sqrt{\dfrac{a^4 - a^2b^2 + b^4}{a^2+b^2}}$.

例 7 正方体 $ABCD-A_1B_1C_1D_1$ 的棱长为 a, 如图所示, 求异面直线 A_1B 与 B_1C 的距离.

解: 连 A_1B, A_1D, BD 构造平面 A_1BD, 连 B_1C, B_1D_1, D_1C 构造平面 B_1CD_1.

$\because A_1B // CD_1$, $B_1C // A_1D$,

$A_1B \cap A_1D = A_1$, $CD_1 \cap B_1C = C$,

$\therefore$ 平面 $A_1BD //$ 平面 B_1CD_1,

$\therefore A_1B$ 与 B_1C 的距离等于平面 A_1BD 与平面 B_1CD_1 的距离.

连 AC_1 交平面 A_1BD 及平面 B_1CD_1 于 O_1, O_2.

$\because AC_1 \perp$ 平面 A_1BD, $AC_1 \perp$ 平面 B_1CD_1,

$\therefore O_1O_2$ 为所求距离.

$\because AC_1 = \sqrt{3}a$.

连 OO_1, $Rt\triangle AO_1O \sim Rt\triangle ACC_1$,

$\therefore \dfrac{AO_1}{AO} = \dfrac{AC}{AC_1}$, $\therefore AO_1 = \dfrac{\sqrt{2}a \cdot \dfrac{\sqrt{2}}{2}a}{\sqrt{3}a} = \dfrac{\sqrt{3}}{3}a$.

同理 $C_1O_2 = \dfrac{\sqrt{3}}{3}a$, $\therefore O_1O_2 = \dfrac{\sqrt{3}}{3}a$.

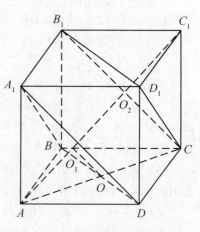

例 7 图

即 A_1B 与 B_1C 间的距离为 $\frac{\sqrt{3}}{3}a$.

例8 在三棱锥 $S-ABC$ 中底面 $\triangle ABC$ 是顶角为 α、底边 $AC=a$ 的等腰三角形，$\angle SCA=90°$，$SC=b$，侧面 SAC 与底面的夹角为 θ $(0<\theta\leqslant\frac{\pi}{2})$，$E$ 是 SA 的中点，求证：无论 θ 与 α 为何值时，异面直线 BE 与 SC 间距离为定值.

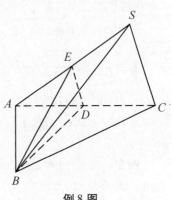

例8图

证明： 取 AC 的中点 D，连结 BD、DE，构造平面 BDE.

则 $DE /\!/ SC$，$\therefore SC /\!/$ 平面 BDE.

$\therefore$ 异面直线 BE 与 SC 的距离就是 SC 到平面 BDE 的距离.

由题意得 $DE\perp AC$，$BD\perp AC$.

$\therefore AC\perp$ 平面 BDE，$\therefore CD$ 就是 SC 到平面 BDE 的距离. 而 $CD=\frac{1}{2}a$.

故 SC 与 BE 间的距离为定值.

§6-6 构造辅助几何体

借助于构造辅助几何体以达到解答问题的一种构造图形的方法叫作构造辅助几何体法．在解答立体几何问题中，构造辅助几何体的目的：一是为了把空间的线与线的问题转化为几何体内线与线的问题，二是把不太规则的几何体内的问题转化为比较规则的甚至是典型的几何体内的问题．如何构造辅助几何体，必须根据问题的已知条件和结论，尽量构造一个简洁的、典型的几何体，以利于问题的解决.

例1 斜三棱柱 $ABC-A_1B_1C_1$ 的各条棱长均为2，侧棱与底面所成的角为 $60°$，且侧面 ABB_1A_1 垂直于底面，求证：$B_1C\perp C_1A$.

证明： 将斜三棱柱 $ABC-A_1B_1C_1$ 构造成一平行六面体 $ADBC-A_1D_1B_1C_1$ (如图所示).

$\because$ 斜三棱柱 $ABC-A_1B_1C_1$ 各边长为2，$\therefore$ 四边形 $ADBC$ 为菱形.

设 $AB\cap DC=O$，则 $CD\perp AB$，O 为 AB，CD 的中点.

$\because$ 侧面 $ABB_1A_1\perp$ 底面 ABC，连结 B_1C，B_1O，B_1D，则 $B_1C=B_1D$，

$\therefore B_1O\perp CD$ 又 B_1B 与底面 ABC 成 $60°$ 角，$B_1B=AB$，

∴ $B_1O \perp AB$,∴ $B_1O \perp$ 平面 $ADBC$,

∴ $B_1O = B_1B\sin 60° = 2 \times \dfrac{\sqrt{3}}{2} = \sqrt{3}$.

又∵ $OC = OD = 2 \times \dfrac{\sqrt{3}}{2} = \sqrt{3}$,

∴ $\triangle DB_1C$ 为等腰直角三角形,

∴ $DB_1 \perp B_1C$. 而 $AC_1 // B_1D$,故 $AC_1 \perp B_1C$.

例 2 若空间四边形四内角均为直角,则为矩形.

证明:(反证法)假设 A,B,C,D 不共面且 $\angle ABC = \angle BCD = \angle CDA = \angle DAB = 90°$,连 AC,BD 得四面体 $ABCD$,构造其外接平行六面体 AB_1(如图所示).

∵ $AB \perp BC$,$A_1D_1 // BC$,

∴ $AB \perp A_1D_1$ 又 $AB \perp AD$.

∴ $AB \perp$ 平面 AA_1DD_1,同理 $CD \perp$ 平面 AA_1DD_1.

又 $C_1D_1 // CD$,∴ $C_1D_1 \perp$ 平面 AA_1DD_1

但 C_1D_1 交 AB 于 O,于是过 O 有两条直线 AB,C_1D_1 与面 AA_1DD_1 垂直,这是不可能的.

∴ A,B,C,D 四点共面,为矩形.

例 3 如图所示,$A_1B_1C_1 - ABC$ 是直三棱柱,过 A_1,B,C_1 的平面和平面 ABC 的交线记作 l.(1)判定直线 A_1C_1 和 l 的位置关系并加以证明。(2)若 $A_1A = 1$,$AB = 4$,$BC = 3$,$\angle ABC = 90°$;求顶点 A_1 到直线 l 的距离.(1993 年全国高考题)

(1)答:$A_1C_1 // l$,证明如下:

把直三棱柱 $A_1B_1C_1 - ABC$ 补体构造成一个直平行六面体 $A_1C_1B_1D_1 - ACBD$(如图所示).

连接 A_1D.∵ $A_1D // C_1B$.∴ A_1D 与 C_1B

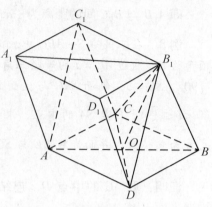

例 1 图

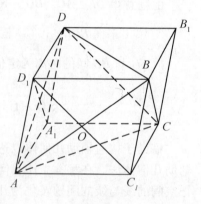

例 2 图

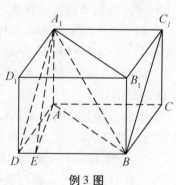

例 3 图

确定一个平面 α.

又 $\because A_1$,B,$C \in \alpha$,由公理 3 知过点 A_1,B,C 的平面即是 α. $\therefore$ 平面 α 与平面 ABC 的交线为 BD. $\therefore l$ 与 BD 重合,又由 A_1C_1BD 是平行四边形,知 $A_1C_1 \parallel l$.

(2)解:过 A 点作 $AE \perp l$ 于 E 点,连接 A_1E,则由题设及三垂线定理知 $A_1E \perp l$,即 A_1E 是点 A_1 到直线 l 的距离.

$\because \triangle ABC \cong \triangle ADB$,$\therefore \angle DAB = \angle ABC = 90°$

$AD = BC = 3$,$DB = AC = \sqrt{4^2+3^2} = 5$. $\therefore AE = \dfrac{AD \times AB}{DB} = \dfrac{3 \times 4}{5} = \dfrac{12}{5}$.

在 Rt$\triangle A_1AE$ 中,$A_1E = \sqrt{A_1A^2 + AE^2} = \sqrt{1^2 + \left(\dfrac{12}{5}\right)^2} = \dfrac{13}{5}$.

例 4 在边长为 a 的正方体 $ABCD-A_1B_1C_1D_1$ 中,O 为正方形 $ABCD$ 的中点,求 A_1O 与 BC 之间的距离.

解:如图所示,构造一个边长为 a 的正方体 $ABCD-A_2B_2C_2D_2$,延长 A_1O 到 C_2,连接 A_1B_2、D_1C_2 分别交 AB 于 G,CD 于 H,连接 GH,则 $BC \parallel GH$.

$\therefore BC \parallel$ 平面 A_1C_2,过点 O 作 $EF \parallel A_1B_2$,过 O 点作 $MN \parallel AB$,得平面 EF,则平面 $EF \perp$ 平面 A_1C_2,作 $NN_1 \perp EF$,则 NN_1 为所求.

在 Rt$\triangle NN_1F$ 中,$NF = a$,$NN_1 = NF\sin\angle NFN_1$.

而 $\sin\angle NFN_1 = \sin\angle B_1B_2A = \dfrac{A_1B_1}{A_1B_2} = \dfrac{a}{\sqrt{a^2+(2a)^2}} = \dfrac{\sqrt{5}}{5}$,$\therefore NN_1 = \dfrac{\sqrt{5}}{5}a$.

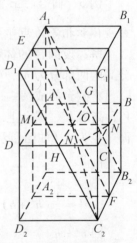

例 4 图

即 A_1O 和 BC 之间的距离为 $NN_1 = \dfrac{\sqrt{5}}{5}a$.

例 5 已知 $ABCD$ 是边长为 4 的正方形,E,F 分别是 AB,AD 的中点,GC 垂直于 $ABCD$ 所在的平面,且 $GC = 2$,求点 B 到平面 EFG 的距离.

解:连 EF,AC 交于 H,连接 GH,再连 BF,BG,则构造了一个三棱锥 $B-EFG$.

$\because V_{B-EFG} = V_{G-EFB}$,

$\therefore \frac{1}{3} S_{\triangle EFG} \cdot h = \frac{1}{3} S_{\triangle EFB} \cdot GC$（$h$ 为所求距离）．　①

又 $S_{\triangle EFG} = \frac{1}{2} EF \cdot GH$

$= \frac{1}{2} \cdot \frac{1}{2} BD \cdot \sqrt{GC^2 + HC^2}$

$= \frac{1}{2} \times 2\sqrt{2} \times \sqrt{22} = 2\sqrt{11}$．

$S_{\triangle EFB} = \frac{1}{2} EB \cdot AF = \frac{1}{2} \times 2 \times 2 = 2$．

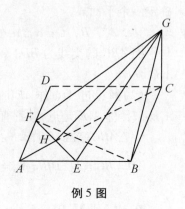

例5图

代入①式得　$h = \frac{2\sqrt{11}}{11}$ 即为所求．

例6　圆台的上底面积是下底面积的 $\frac{1}{4}$，一个平行于底面的截面将圆台分成体积相等的两部分，求截面将高分成两部分（自上而下）的比．

解：设圆台的体积为 V，高为 h，所分高的两部分为 h_1，h_2．

将圆台补成圆锥，设小圆锥的体积为 V'，高为 h'，圆台上底面半径为 γ_1，下底面半径为 γ_2（如图所示）．

则 $\because \pi \gamma_1^2 = \frac{1}{4} \pi \gamma_2^2$，$\therefore \gamma_1 = \frac{1}{2} \gamma_2$，

$\therefore h' = \frac{1}{2}(h' + h)$，

即 $h' = h$．

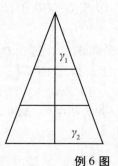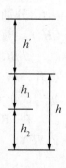

例6图

而 $V' = \frac{1}{3} \pi \gamma_1^2 \cdot h'$，$V' + V = \frac{1}{3} \pi \gamma_2^2 \cdot (h' + h) = \frac{8}{3} \pi \gamma_1^2 \cdot h'$，

$\therefore V = \frac{7}{3} \pi \gamma_1^2 \cdot h'$，$\therefore V' = \frac{1}{7} V$．

又 $\because \dfrac{V'}{V' + \frac{1}{2} V} = \dfrac{h'^3}{(h' + h_1)^3}$，$\therefore \dfrac{h'^3}{(h' + h_1)^3} = \dfrac{2}{9}$，

即 $\dfrac{h}{h + h_1} = \dfrac{\sqrt[3]{2}}{\sqrt[3]{9}} \times \dfrac{h - h_1}{h} = \dfrac{2\sqrt[3]{2} - \sqrt[3]{9}}{\sqrt[3]{9} - \sqrt[3]{2}}$，故 $\dfrac{h_1}{h_2} = \dfrac{\sqrt[3]{9} - \sqrt[3]{2}}{2\sqrt[3]{2} - \sqrt[3]{9}}$．

例 7 在长方体 $ABCD-A_1B_1C_1D_1$ 中,$AB=3$,$BC=4$,$AA_1=5$,求异面直线 BD_1 和 AC 所成的角.

解:如图所示,构造一个与原长方体相同的长方体 $ADEF-A_1D_1E_1F_1$,连接 AE_1.

∵ $BD_1 \parallel AE_1$,

∴ $\angle E_1AC$ 即为所求.

连接 E_1C,在 $\triangle ACE_1$ 中,$AC=5$,$E_1C=\sqrt{61}$,$AE_1=5\sqrt{2}$,

∴ $\cos\angle E_1AC = \dfrac{AC^2+AE_1^2-E_1C^2}{2AC \cdot AE_1}$

$= \dfrac{7\sqrt{2}}{50}$,

∴ $\angle E_1AC = \arccos\dfrac{7\sqrt{2}}{50}$,即 BD_1 和 AC 所成的角为 $\arccos\dfrac{7\sqrt{2}}{50}$.

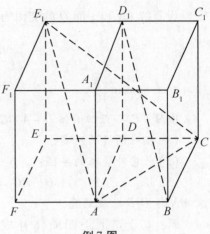

例7图

例 8 在 $120°$ 的二面角 $P-a-Q$ 的两个面 P 和 Q 内,分别有点 A 和点 B,已知点 A 和点 B 到棱 a 的距离分别为 2 和 4,且线段 $AB=10$.

(1)求直线 AB 和棱 a 所成的角;

(2)求直线 AB 和平面 Q 成所的角.

解:(1)过 B 点作一个平面垂直于棱 a,再过 B 点作一个平面平行于平面 P,同样,过 A 点作一个平面垂直于棱 a,作另一个平面平行于平面 Q,这样就构造了一个平行六面体 $ACDE-MNBF$(如图所示),由题意知:

∵ $AE=2$,$ED=BF=4$,$\angle AED=120°$,又 $AB=10$.

∴ $AD=\sqrt{2^2+4^2-2\times 2\times 4\cos 120°}=2\sqrt{7}$,

$\sin\angle ABD = \dfrac{AD}{AB} = \dfrac{2\sqrt{7}}{10} = \dfrac{\sqrt{7}}{5}$.

故 AB 和棱的交角为 $\arcsin\dfrac{\sqrt{7}}{5}$.

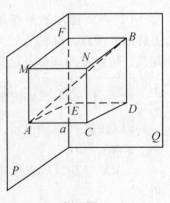

例8图

（2）设 A 到平面 Q 的距离为 h，则 $V_{ACDE-MNBF} = h \cdot S_{矩形EDBF} = BD \cdot S_{\square ACDE}$，

$\therefore h \cdot BD \cdot DE = BD \cdot AE \cdot DE\sin 120°$，$h = AE \cdot \sin 120° = 2 \times \dfrac{\sqrt{3}}{2} = \sqrt{3}$.

设直线 AB 和平面 Q 的交角为 α，则

$$\sin\alpha = \dfrac{h}{AB} = \dfrac{\sqrt{3}}{10}.$$

$\therefore \alpha = \arcsin\dfrac{\sqrt{3}}{10}$

例 9 已知正四面体 $D-A_1BC_1$ 的棱长为 a，求：

（1）相对两棱的距离；

（2）求它外接球的半径；

（3）M, N 分别为 A_1D, BC_1 的中点，求 MN 与 C_1D 所成的角.

解：（1）先把正四面体补成正方体 $ABCD-A_1B_1C_1D_1$，如图(1)所示. 所求相对棱的距离即为正方体相对两面的面对角线的距离，也就是正方体相对两面的距离，因为面对角线长为 a，所以正方体棱长为 $\dfrac{\sqrt{2}}{2}a$，所求相对棱距离为 $\dfrac{\sqrt{2}}{2}a$.

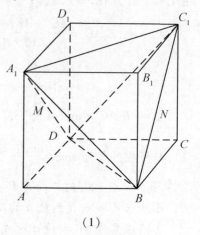

（2）正四面体的外接球就是补后正方体的外接球，球的直径为正方体的对角线，所以正四面体外接球的半径长为 $\dfrac{1}{2}\sqrt{3\left(\dfrac{\sqrt{2}}{2}a\right)^2} = \dfrac{\sqrt{6}}{4}a$，如例 9(2) 图所示.

（3）如例 9(1) 图所示，

$\because MN /\!/ CD$，

$\therefore MN$ 与 DC_1 所成角即为 $\angle C_1DC = 45°$.

例 10 长方体 AC_1 的对角面 BB_1D_1D 内有一点 M，若 MB 与 BA, BC 所成的角均为 $60°$，求 BM 与 BB_1 所成角的正弦值.

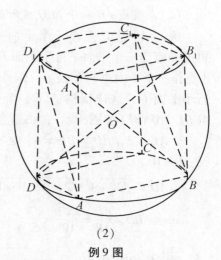

例 9 图

解：∵ 长方体 $ABCD - A_1B_1C_1D_1$ 由一个顶点出发的三条棱互相垂直，

∴ 过 M 点在长方体内构造出一个小长方体（如图所示）.

∴ BM 与 AB，BB_1，BC 所成的角满足：

$\cos^2\angle ABM + \cos^2\angle MBB_1 + \cos^2\angle MBC = 1.$

∵ MB 与 AB，BC 所成的角均为 $60°$，

∴ $\cos\angle MBB_1 = \sqrt{1 - \left(\frac{1}{2}\right)^2 - \left(\frac{1}{2}\right)^2} = \frac{\sqrt{2}}{2}$，

∴ $\angle MBB_1 = 45°$.

故 $\text{tg}\angle MBB_1 = \text{tg}45° = 1.$

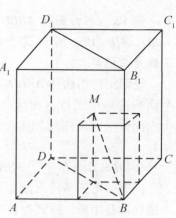

例 10 图

例 11 如果正四棱锥的侧面是正三角形，求证它的相邻两个侧面所成的二面角是侧面与底面所成二面角的二倍.

证明：在正四棱锥 $S-ABCD$ 的下面再构造一个同样的正四棱锥，变成一个八面体（如图所示），由于八面体都是正三角形，且 $ABCD$ 又是正方形，因此是一个正八面体，12 条棱所在的二面角都相等，原正四棱锥的底面 $ABCD$ 是四个二面角的角平分面，由此，原命题得证.

例 12 已知 PA 与正方形 $ABCD$ 所在平面垂直，且 $AB = PA$，求平面 PBA 与平面 CDP 所成的二面角的度数.

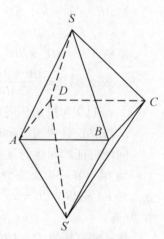

例 11 图

解：以 AB 为棱构造正方体 $ABCD - PEFG$（如图所示）则面 PBA 与面 CDP 所成的二面角即为面 CDP 与面 $CDGF$ 所成的二面角.

∵ $CD \perp$ 平面 $ADGP$,

∴ $CD \perp PD$，$CD \perp GD$,

∴ $\angle PDG$ 就是平面 CDP 与平面 $CDGF$ 所成二面角的平面角. 而 $\angle PDG = 45°$.

故平面 PBA 与平面 CDP 所成的二面角是 $45°$.

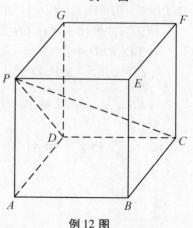

例 12 图

例 13 在四面体 $ABCD$ 中，$AB = CD$，$AC = BD$，$AD = BC$，试证这个四面体的各个面都是锐角三角形.

证明： 过四面体 $ABCD$ 各棱作对棱的平行平面构造一个平行六面体 $AEBF - GCHD$。（这个六面体叫四面体的外接平行六面体，如图所示）

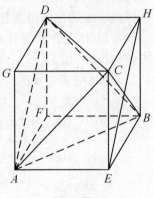

例 13 图

$\because EH = AD = BC$，$\therefore EBHC$ 是矩形.

同理，可证平行六面体 $AEBF - GCHD$ 的各个侧面都是矩形，故其为长方体.

若 $AE = a$，$AF = b$，$AG = c$，

则 $AB^2 = a^2 + b^2$，$AD^2 = b^2 + c^2$，$BD^2 = EG^2 = a^2 + c^2$.

显然 $AB^2 + AD^2 > BD^2$，

$\therefore \cos\angle BAD = \dfrac{AB^2 + AD^2 - BD^2}{2AB \cdot AD} > 0$，

$\therefore \angle BAD$ 为锐角，同理可证 $\angle ABD$，$\angle ADB$ 也是锐角，

$\therefore \triangle ABD$ 是锐角三角形.

同理可证四面体的其他各面也是锐角三角形.

例 14 在球面上有四个点 P，A，B，C，如果 PA，PB，PC 两两互相垂直，且 $PA = PB = PC = a$，那么这个球面的面积是_____.（1991 年高考第 20 题）

解： 将三棱锥 $P - ABC$ 补成边长为 a 的正方体 $PBFC - ADEG$，连 CD.（如图所示）

则正方体内接于球且 CD 为球的直径.

在 $\text{Rt}\triangle CBD$ 中，

$\because CD^2 = BC^2 + BD^2 = PB^2 + PC^2 + PA^2 = 3a^2$，

$\therefore CD = \sqrt{3}a$，即球的半径为 $\dfrac{\sqrt{3}}{2}a$.

故 $S_{球面} = 4\pi r^2 = 4\pi \times \left(\dfrac{\sqrt{3}}{2}a\right)^2 = 3\pi a^2$.

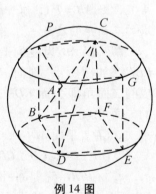

例 14 图

例 15 如图所示，在多面体 $ABCC_1B_1$ 中，面 ABC 是边长为 3 的等边三角形，而 BCC_1B_1 是矩形，且 $CC_1 = 3\sqrt{2}$，$CC_1 \perp$ 平面 ABC，求三棱锥 $B_1 - ABC_1$ 的体积.

解：如图所示，把多面体构造成正三棱柱 $ABC - A_1B_1C_1$.

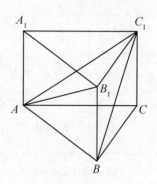

例 15 图

$$\because V_{三棱柱} = S_{\triangle ABC} \cdot CC_1$$
$$= \frac{1}{2} \cdot 3^2 \sin 60° \times 3\sqrt{2} = \frac{27}{4}\sqrt{6},$$

$$V_{C_1 - ABC} = \frac{1}{3} S_{\triangle ABC} \cdot CC_1 = \frac{9}{4}\sqrt{6} = V_{A - A_1B_1C_1},$$

$$\therefore V_{B_1 - ABC_1} = \frac{27}{4}\sqrt{6} - \frac{9}{4}\sqrt{6} \times 2 = \frac{9}{4}\sqrt{6}.$$

例 16 一个四面体的四个面都是边长为 a，b，c 的全等三角形，求此四面体的体积.

解：如图所示，构造长方体 $ABCD - A'B'C'D'$，使 $AB' = a$，$B'C = b$，$B'D' = c$，则四面 $AB'CD'$ 符合题目条件.

设长方体的三度为 x，y，z，则有

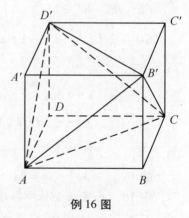

例 16 图

$$\begin{cases} x^2 + z^2 = a^2, \\ x^2 + y^2 = c^2, \\ y^2 + z^2 = b^2, \end{cases} \text{解之得} \begin{cases} x = \sqrt{\dfrac{a^2 + c^2 - b^2}{2}}, \\ y = \sqrt{\dfrac{b^2 + c^2 - a^2}{2}}, \\ z = \sqrt{\dfrac{a^2 + b^2 - c^2}{2}}. \end{cases}$$

$$V_{长方体} = xyz = \sqrt{\frac{(a^2 + b^2 - c^2)(a^2 + c^2 - b^2)(b^2 + c^2 - a^2)}{2}},$$

$$V_{B' - ABC} = V_{C - C'B'D'} = V_{D' - ACD} = \nabla_{A - A'B'D'}$$
$$= \frac{1}{3} \cdot \frac{1}{2} xy \cdot z = \frac{1}{6} xyz$$
$$= \frac{1}{12} \sqrt{\frac{(a^2 + b^2 - c^2)(a^2 + c^2 - b^2)(b^2 + c^2 - a^2)}{2}},$$

$$\therefore V_{四面体 AB'CD'} = V_{长方体} - 4\nabla_{B' - ABC}$$
$$= \frac{1}{2} \sqrt{\frac{(a^2 + b^2 - c^2)(a^2 + c^2 - b^2)(b^2 + c^2 - a^2)}{2}}$$

$$-4\times\frac{1}{12}\sqrt{\frac{(a^2+b^2-c^2)(a^2+c^2-b^2)(b^2+c^2-a^2)}{2}}$$

$$=\frac{1}{6}\sqrt{\frac{(a^2+b^2-c^2)(a^2+c^2-b^2)(b^2+c^2-a^2)}{2}}$$

$$=\frac{1}{12}\sqrt{2(a^2+b^2-c^2)(a^2+c^2-b^2)(b^2+c^2-a^2)}$$

例 17 直四棱柱 $ABCD-A_1B_1C_1D_1$ 内接于高为 $3a$ 的圆柱底面 $ABCD$ 中 $\angle A=60°$，$\angle B=90°$，$AB=BC=2a$，求该四棱柱的体积.

解：如图所示延长 AD 与 BC 交于 E，延长 A_1D_1 与 B_1C_1 交于 E_1，将原四棱柱构造成以 $\triangle ABE$ 为底的直三棱柱 $ABE-A_1B_1E_1$.

∵ $\angle A=60°$，$\angle B=90°$，

∴ $\triangle ABE$，$\triangle CDE$ 均为含 $30°$ 角的直角三角形，∴ $AE=2AB=4a$，$BE=\sqrt{3}AB=2\sqrt{3}a$，

$CE=BE-BC=2(\sqrt{3}-1)a$，

$CD=\frac{1}{2}CE=(\sqrt{3}-1)a$，$DE=\sqrt{3}CD=(3-\sqrt{3})a$，

∴ $S_{四边形ABCD}=S_{\triangle ABE}-S_{\triangle CDE}$

$=\frac{1}{2}[2a\cdot 2\sqrt{3}a-(\sqrt{3}-1)a\cdot(3-\sqrt{3})a]=3a^2$.

故 $V_{四棱柱}=3a^2\cdot 3a=9a^3$.

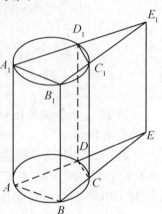

例 17 图

例 18 如果四面体中每组相对棱的长度各自相等，三组对棱长分别为 $2\sqrt{5}$，$\sqrt{15}$，$\sqrt{7}$，求四面体的体积.

解：设四面体 A_1-DBC_1（如图所示）把它补为长方体 $ABCD-A_1B_1C_1D_1$，设长方体的长、宽、高分别为 a，b，c，则

$$\begin{cases}a^2+b^2=(2\sqrt{5})^2,\\ a^2+c^2=(\sqrt{15})^2,\\ c^2+b^2=(\sqrt{7})^2,\end{cases}$$

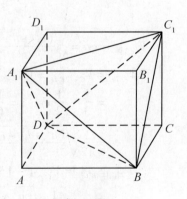

例 18 图

解之 $\begin{cases} a = \sqrt{14}, \\ b = \sqrt{6}, \\ c = 1. \end{cases}$

$V_{长方体} = abc = \sqrt{14 \times 6 \times 1} = 2\sqrt{21}$,

$\therefore V_{A_1-DBC_1} = V_{长方体} - 4V_{B_1-A_1BC_1} = 2\sqrt{21} - 4 \times \frac{1}{3} \times \frac{1}{2} abc = 2\sqrt{21} - \frac{2}{3} \times 2\sqrt{21}$

$= \frac{2}{3}\sqrt{21}$.

例 19 在三棱锥 $P-ABC$ 中，$PA = a$，$CB = b$，PA 和 BC 所成的角为 θ，AP 与 BC 的距离为 h，求三棱锥 $P-ABC$ 的体积.

解： 如图所示，将三棱锥 $P-ABC$ 构造为斜三棱柱 $ABC-PB_1C_1$，记三棱锥 $P-ABC$ 的体积为 V_1，三棱柱 $ABC-PB_1C_1$ 的体积为 V_2，则 $V_1 = \frac{1}{3}V_2$.

$\because AP /\!/$ 平面 BCC_1B_1,

$\therefore AP$ 与 BC 的距离 h 即为 AP 与平面 BCC_1B_1 的距离.

$\because AP$ 与 BC 所成的角为 θ，$\therefore \angle B_1BC = \theta$.

$\therefore V_2 = \frac{1}{2}h \cdot S_{\square BCC_1B_1} = \frac{1}{2}h \times ab\sin\theta$.

故 $V_1 = \frac{1}{6}abh\sin\theta$.

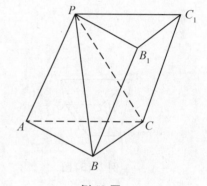

例 19 图

注： 当已知条件为一般的三棱锥时，可以交于一点的三条棱中的一条为斜三棱柱的侧棱，其他两棱为三棱柱的面对角线将三棱锥构造成斜三棱柱.

例 20 有两个边长为 $2\sqrt{2}$ 厘米的正三角形，连接两边中点，把每个正三角形分成 P 与 Q 两部分 [如图 (1) 所示]，然后将这四块黏附于一个正方形 [如图 (2) 所示] 折叠成一个多面体，求这个多面体的体积.

解： 折叠成的多面体如图 (3) 所示.

延长 AE，BF 相交于 C，延长 AH，BG 相交 D，连接 CD，构造四面体 $ABCD$ [如图 (4) 所示].

$\because AE = EF = BF = \sqrt{2}$，$AB = 2\sqrt{2}$，$\therefore \triangle ABC$ 是正三角形.

又 $EFGH$ 是正方形，所以四面体 $ABCD$ 是一个棱长为 $2\sqrt{2}$ 的正四面体，

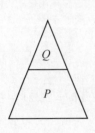

例20(1)图

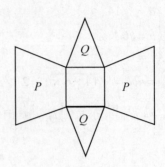

例20(2)图

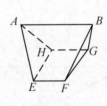

例20(3)图

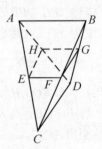

例20(4)图

而正方形 $EFGH$ 把这个正四面体分成体积相等的两部分.

$$V_{ABCD} = \frac{1}{3}S_{底}h = \frac{1}{3} \cdot \frac{\sqrt{3}}{4} \cdot (2\sqrt{2})^2 \cdot \sqrt{\frac{2}{3}} \cdot (2\sqrt{2}) = \frac{8}{3}(立方厘米),$$

∴ 所求多面体的体积等于 $\frac{4}{3}$ 立方厘米.

习 题 六

1. P 为 $\triangle ABC$ 一边 AC 上的点,在 CB 延长线上取一点 Q,使 $BQ = AP$,连 PQ 交 AB 于 R,求证: $\frac{PR}{RQ} = \frac{BC}{AC}$.

2. 已知:如图所示锐角三角形 ABC 内接于 $\odot O$, $\angle ABC = 45°$, 点 D 是 $\overset{\frown}{BC}$ 上一点,过点 D

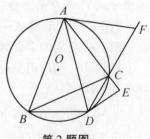

第2题图

的切线 DE 交 AC 的延长线于点 E，且 $DE \parallel BC$，连结 AD，BE，BD，AD 的垂线 AF 与 DC 的延长线交于点 F.

(1) 求证：$\triangle ABD \sim \triangle ADE$；

(2) 已知 $\triangle DAF$，$\triangle BAE$ 的面积分别为 $S_{\triangle DAF}$、$S_{\triangle BAE}$，求证：$S_{\triangle DAF} > S_{\triangle BAE}$.（2011年广东省珠海市中考数学试题第21题）

3. 如图所示在 Rt$\triangle ABC$ 中，$\angle ABC = 90°$，斜边 AC 的垂直平分线交 BC 于 D，交 AC 于 E 点，连接 BE.

(1) 若 BE 是 $\triangle DEC$ 的外接圆的切线，求 $\angle C$ 的大小；

(2) 当 $AB = 1$，$BC = 2$ 时，求 $\triangle DEC$ 的外接圆半径.（2010年陕西省中考数学试题第23题）

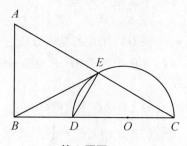

第3题图

4. 如图所示，已知 AB 是 $\odot O$ 的直径，点 C 在 $\odot O$ 上，过点 C 的直线与 AB 的延长线交于点 P，$AC = PC$，$\angle COB = 2\angle PCB$.

(1) 求证：PC 是 $\odot O$ 的切线；

(2) 求证：$BC = \dfrac{1}{2}AB$；

(3) 点 M 是弧 AB 的中点，CM 交 AB 于点 N，若 $AB = 4$，求 $MN \cdot MC$ 的值.（2010年兰州市中考数学试题第26题）

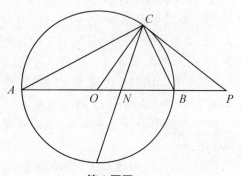

第4题图

5. 如图所示，在 $\triangle ABC$ 中，$AB = AC$，以 AB 为直径的半圆 O 交 BC 于点 D，$DE \perp AC$，垂足为 E.

(1) 求证：点 D 是 BC 的中点；

(2) 判断 DE 与 $\odot O$ 的位置关系，并证明你的结论；

(3) 如果 $\odot O$ 的直径为 9，$\cos B = \dfrac{1}{3}$，求 DE 的长.（2010年江苏省扬州市中考数学试题第26题）

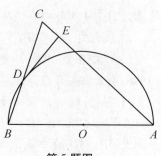

第5题图

6. 如图所示，AB 是 $\odot O$ 的直径，点 D 在 $\odot O$ 上，$\angle DAB = 45°$，$BC \parallel$

AD, CD // AB.

(1) 判断直线 CD 与 $\odot O$ 的位置关系并说明理由;

(2) 若 $\odot O$ 的半径为 1,求图中阴影部分的面积(结果保留 π). (2010 年南京市中考数学试题第 25 题)

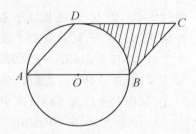

第 6 题图

7. 如图所示,点 C,D 分别在扇形 AOB 的半径 OA,OB 的延长线上,且 $OA=3$,$AC=2$,CD 平行于 AB 并与弧 AB 相交于 M,N.

(1) 求线段 OD 的长;

(2) 若 tg $\angle C = \dfrac{1}{2}$,求弦 MN 的长.

(2011 年上海市中考数学试题第 21 题)

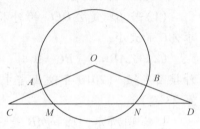

第 7 题图

8. 如图所示,圆 O_1 与圆 O_2 内切于点 A,其半径分别为 γ_1 与 γ_2 ($\gamma_1 > \gamma_2$),圆 O_1 的弦 AB 交圆 O_2 于点 C (O_1 不在 AB 上),求证:$AB:AC$ 为定值. [2011 年江苏高考数学(文科)试题第 21 题选做题 A]

9. 已知平面 $\alpha \perp$ 平面 γ,α // 平面 β,求证:$\beta \perp \gamma$.

10. 已知正四棱锥 $P-ABCD$ 的底面边长和各侧棱长均为 13,M,N 分别是 PA,BD 上的点,且 $PM:MA=BN:ND=5:8$.

(1) 求证:直线 MN // 平面 PBC;

(2) 求直线 MN 与平面 $ABCD$ 所成的角. (1996 年上海高考数学题)

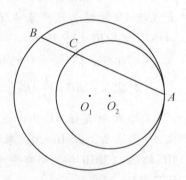

第 8 题图

11. 如图所示,在四棱锥 $P-ABCD$ 中,平面 $PAD \perp$ 平面 $ABCD$,$AB=AD$,$\angle BAD=60°$,E,F 分别是 AP,AD 的中点,求证:

(1) 直线 EF // 平面 PCD;

(2) 平面 $BEF \perp$ 平面 PAD. [2011 年江苏省高考数学(文)试题第 16 题]

12. 假设:在平行四边形 $ABCD$ 内取一点 P,

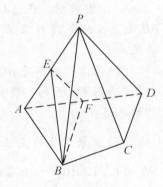

第 11 题图

使 $\angle BAP = \angle BCP$,求证:$\angle ABP = ADP$.

13. 如图所示,在二面角 $A-BC-D$ 为 θ 的两个平面内分别有△ABC 和△BDC,它们的公共边 $BC = \sqrt{6}$,且 $\angle BAC = \angle BCD = 90°$,$\angle CBD = 30°$,$AB = AC$,当 θ 为定值时,求 A,D 两点间的距离.

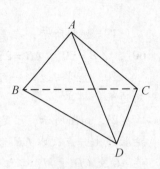

第13题图

14. 如图所示,菱形 $ABCD$ 的边长为 a,对角线 BD 的长等于 a,将此菱形沿 BD 折成直二面角,在平面 ABD 中,过 BD 的中点 E 作 $EM \perp AB$ 于 M,$EN \perp AD$ 于 N,求点 A 到平面 CMN 的距离.

15. 如图所示,已知圆柱的底面半径是 3,高是 4,A,B 两点分别在两底面的圆周上,且 $AB = 5$,则直线 AB 与轴 OO' 之间的距离等于_____.
(1989年理工医农类高考数学试题第 18 题)

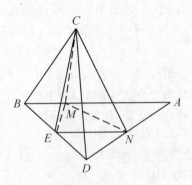

第14题图

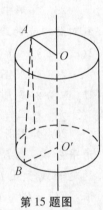

第15题图

16. 如图所示,在圆锥 PO 中,已知 $PO = \sqrt{2}$,⊙O 的直径 $AB = 2$,C 是 $\overparen{AB}$ 的中点,D 是 AC 的中点.

(1)证明:平面 $POD \perp$ 平面 PAC;

(2)求二面角 $B-PA-C$ 的余弦值.

(2011年湖南高考数学(理)试题第 19 题)

17. △ABC 中,$AB = 3AC$,$\angle A$ 的平分线交 BC 于 D,过 B 作 $BE \perp AD$,求证:$AD = DE$.

18. 在梯形 $ABCD$ 中,底 BC 上的两个角 $\angle B$ 与 $\angle C$ 的和等于直角,则两底中点的连线 $MN = \frac{1}{2}(BC - AD)$.

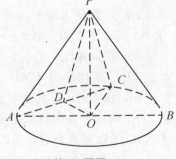

第16题图

19. 如图所示，在圆内接四边形 ABCD 中，∠A = 60°，∠B = 90°，AB = 2，CD = 1，求 BC 和 DA 的长．

20. 空间四边形一组对边中点的连线小于另一组对边和的一半．

21. 如图所示，E 是正方形 ABCD 的对角线 AC 的延长线上一点，以 CE 为斜边作等腰直角三角形 CEG，连 AG 交 CD 于 M，求证：$BM \perp DE$．

22. △ABC 中，AB = BC，∠ABC = 90°，E 在 AB 上，$BM \perp CE$ 交 AC 于 M，且 AE:AB = 999:2991，求 AM:MC．

23. 梯形中位线长 d，一腰长 2c，此腰两端点到对腰中点的距离分别为 a 和 b，求证：$a^2 + b^2 = 2(c^2 + d^2)$．

24. 在 △ABC 中，BD⊥AC 于 D，CE⊥AB 于 E，M，N 分别是 BC，ED 的中点，求证：$MN \perp ED$．

25. 任一三角形的垂心是垂足三角形的内心．

26. 如图所示，在 △ABC 中，AD 是角平分线，∠BAC 的外角平分线交 BC 的延长线于点 E，T 为 DE 的中点，求证：$TE^2 = BT \cdot CT$（广州市 1990 年中考试题）．

27. 已知直角三角形的两直角边分别为 a 和 b，斜边为 c，求证：$a^2 + b^2 = c^2$．

28. 以圆 O 上任一点 A 为圆心画圆交圆 O 于 B、C，圆 O 的弦 AE 交 BC 于 F，交圆 A 于 D，求证：$AD^2 = AE \cdot AF$．

29. 已知直线 a // c，b // c，求证：a // b．

30. 空间四边形 ABCD 中，若 AB = AD，CB = CD，则对角线 BD⊥AC．

31. 在空间，下列命题正确的是（　　）．

A. 两组对边分别相等的四边形是平行四边形

B. 两组对角分别相等的四边形是平行四边形

C. 四条边相等的四边形是菱形

D. 对角线相交的四边形是平面图形

32. 求证：过已知平面外一点且平行于该平面的直线都在过这点平行于该平面的平面内．

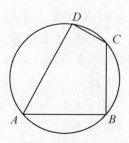

第 19 题图

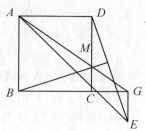

第 21 题图

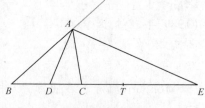

第 26 题图

33. 若一个等边圆柱的底面半径为 R，上底圆周上的一点和下底圆周上的一点的连线 AB_1 和底面的夹角为 α，求这条连线 AB_1 和圆柱轴线 OO_1 间的距离.

34. 若空间四边形两组对边互相垂直，则对角线互相垂直.

35. 已知 AB，BC，CD，DA 是首尾相接的四条线段，且 $\angle ABC = \angle ACD = \angle CDA = \angle DAB = 90°$，求证：$A$，$B$，$C$，$D$ 在同一平面内.

36. 三棱锥 $P-ABC$ 的三个侧面两两互相垂直，Q 为底面上一点，Q 到三个面的距离分别为 1，2，3 求 Q 到顶点 P 的距离.

37. 如图所示，设平面 AC 和 BD 相交于 BC，它们所成的二面角为 $45°$，P 为平面 AC 内的点，Q 为平面 BD 内的一点，已知直线 MQ 是直线 PQ 在平面 BD 内的射影，并且 M 在 BC 上，又设 PQ 与平面 BD 所成的角为 β，$\angle CMQ = \theta (0° < \theta < 90°)$，线段 PM 的长为 a，求线段 PQ 的长.

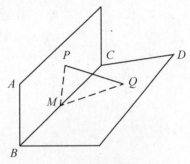

第37题图

38. 已知正方体 $ABCD-A_1B_1C_1D_1$ 是单位正方体，求异面直线 AB 与 B_1C 间的距离.

39. 在 $120°$ 的二面角 $\alpha-a-\beta$ 的两个面 α 和 β 内分别有点 A，B，已知点 A 和点 B 到棱 a 的距离分别是 2 和 4，且线段 $AB = 10$，求直线 AB 和棱长 a 所成的角.

40. 如图所示，直三棱柱 $ABC-A_1B_1C_1$ 的底面为等腰直角三角形，$(\angle ABC = 90°)$ 且 $BC = B_1B$，O 为 AC 的中点，求：

(1) $\angle OBC_1$ 的度数；

(2) 二面角 $O-C_1B-C$ 的大小.

41. 正三棱锥 C_1-A_1BD 的侧棱与底面边长相等，M，N 分别为棱 A_1C_1 与 BD 的中点，求 MN 与 C_1D 所成的角.

42. 在四面体 $A-BCD$ 中，$BA \perp CA$，$BC \perp CD$，平面 $ABC \perp$ 平面 DBC，$AC = AB$，$BC = 6$，$\angle DBC = 30°$，求 AC 与 BD 所成的角.

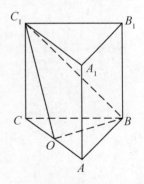

第40题图

43. 斜三棱柱的一个侧面的面积为 S，并且该侧面到它相对棱的距离为 a，求这斜三棱柱的体积.

44. 如图所示，三棱锥 $P-ABC$ 中，已知 $PA \perp BC$，$PA = BC = l$，PA，BC 的公垂线 $ED = h$，求证：三棱锥 $P-ABC$ 的体积等于 $V = \dfrac{1}{6}l^2h$.

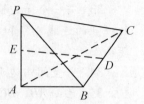

第 44 题图

45. 在四面体 $ABCD$ 中，若 $AD = P$，$BC = q$，异面直线 AD 与 BC 所成的角为 θ，它们之间的距离为 h，求证：$V_{\text{四面体}ABCD} = \dfrac{1}{6}pqh\sin\theta$.

第七章 构造命题法

很多数学问题我们不能从已知条件出发,直接推出结论,这时往往需要将原来的问题加以改造,那种借助构造新命题而使原命题获得解决的一种构造方法就叫作构造命题法.

构造命题法分构造等价命题、构造强命题、构造辅助命题以及构造引理四种.

构造命题法可用于解决代数、三角、平面几何、立体几何、解析几何,简言之就是整个初等数学中诸如求值、解方程、证明等式及不等式等问题.

§7-1 构造等价命题

将原命题转化为和它等价的命题,从而使问题变成易于解决的方法,叫作构造等价命题法.

具体地讲,我们在解答某一个问题时,直接从已知条件出发得出结论比较困难,那么可以对原命题的已知条件或结论,或同时对已知条件和结论进行适当的恒等变换或其他变换,构造出一个比原命题更容易解决的且与原命题等价的命题或者构造比原命题更容易解决的逆否命题,通过对等价命题的解决达到解答原命题的目的.

例1 已知 $x^2 - xy + y^2 = 2$,其中 x,y 是实数,求 $x^2 + xy + y^2$ 的取值范围.

解:由题意联想到以下不等式

$$x^2 - 2xy + y^2 = (x-y)^2 \geq 0, \quad ①$$
$$x^2 + 2xy + y^2 = (x+y)^2 \geq 0. \quad ②$$

设 $M = x^2 + xy + y^2$,

则有 $M - 2 = 2xy$,$M + 2 = 2(x^2 + y^2)$.

由此①变为 $3 - \frac{1}{2}M \geq 0$,②变为 $\frac{3}{2}M - 1 \geq 0$

原问题就等价地转化为解 M 满足下列不等式组:

· 141 ·

$$\begin{cases} 3-\dfrac{1}{2}M \geqslant 0, \\ \dfrac{3}{2}M-1 \geqslant 0, \end{cases} \quad 解之\dfrac{2}{3} \leqslant M \leqslant 6. \quad 故\dfrac{2}{3} \leqslant x^2+xy+y^2 \leqslant 6.$$

例2 设 x，y 为正数，满足 $x+y<\pi$，求 $\sin x\sin y\sin(x+y)$ 的最大值．

解：将原命题变换为
$$\sin x\sin y\sin(x+y)=\sin x\sin y\sin(\pi-x-y).$$
$\because x$，y，$\pi-x-y$ 均为正数，且 $x+y+(\pi-x-y)=\pi$，

$\therefore x$，y，$\pi-x-y$ 可作为一个三角形的三个内角，

$\therefore \sin x\sin y\sin(\pi-x-y) \leqslant \sin^3\dfrac{\pi}{3}=\dfrac{3\sqrt{3}}{8}.$

等号当且仅当 $x=y=\pi-x-y=\dfrac{\pi}{3}$ 时取得，从而知所求最大值为 $\dfrac{3\sqrt{3}}{8}$．

例3 求 $\sqrt{x^2+y^2+2x+1}+\sqrt{x^2+y^2-2x+1}$ 的最小值．

解：$\because$ 原式 $=\sqrt{(x+1)^2+y^2}+\sqrt{(x-1)^2+y^2}.$

于是可构造等价命题：求动点 P (x,y) 到已知点两点 $A(-1,0)$，$B(1,0)$ 的距离之和的最小值，即求 $|PA|+|PB|$ 的最小值（如图所示）．

$\because |PA|+|AB| \geqslant |AB|$，当且仅当 P 点在线段 AB 上时等号成立．

$\therefore |PA|+|PB|$ 的最小值为 $|AB|=2$，

即 $\sqrt{x^2+y^2+2x+1}+\sqrt{x^2+y^2-2x+1}$

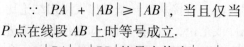

例3图

的最小值为2．

例4 求 $x^4+x^3+x^2+x+1=0$ 的全部解．

解法一：显然 $x \neq 0$，将方程两边除以 x^2，则原方程变为

$$x^2+\dfrac{1}{x^2}+x+\dfrac{1}{x}+1=0,$$

$$\left(x^2+2+\dfrac{1}{x^2}\right)+\left(x+\dfrac{1}{x}\right)+(1-2)=0,$$

$$\left(x+\dfrac{1}{x}\right)^2+\left(x+\dfrac{1}{x}\right)-1=0.$$

令 $y=x+\dfrac{1}{x}$，则原方程变为 $y^2+y-1=0$．

解之 $y_1 = \dfrac{-1+\sqrt{5}}{2}$, $y_2 = \dfrac{-1-\sqrt{5}}{2}$.

于是原方程等价于 $x^2 - y_1 x + 1 = 0$ 和 $x^2 - y_2 x + 1 = 0$.

解之得：$x_1 = \dfrac{-1+\sqrt{5}}{4} + \dfrac{\sqrt{10+2\sqrt{5}}}{4}i$, $x_2 = \dfrac{-1+\sqrt{5}}{4} - \dfrac{\sqrt{10+2\sqrt{5}}}{4}i$,

$x_3 = \dfrac{-1-\sqrt{5}}{4} + \dfrac{\sqrt{10-2\sqrt{5}}}{4}i$, $x_4 = \dfrac{-1-\sqrt{5}}{4} - \dfrac{\sqrt{10-2\sqrt{5}}}{4}i$.

解法二： 显然 $x \neq 1$，将方程两边同乘以 $x-1$，则原方程变为 $(x-1) \cdot (x^4 + x^3 + x^2 + x + 1) = 0$，即 $x^5 = 0$.

于是原方程等价于 $x^5 = 1$.

解之 $x_1 = \cos\dfrac{2}{5}\pi + i\sin\dfrac{2}{5}\pi$, $x_2 = \cos\dfrac{4}{5}\pi + i\sin\dfrac{4}{5}\pi$, $x_3 = \cos\dfrac{6}{5}\pi + i\sin\dfrac{6}{5}\pi$, $x_4 = \cos\dfrac{8}{5}\pi + i\sin\dfrac{8}{5}\pi$.

例5 求证：$\dfrac{\operatorname{tg}\alpha - \operatorname{ctg}\alpha}{\sec\alpha + \csc\alpha} = \sin\alpha - \cos\alpha$.

证明： 将所证的等式转化为它的等价命题

$$\operatorname{tg}\alpha - \operatorname{ctg}\alpha = (\sec\alpha + \csc\alpha)(\sin\alpha - \cos\alpha).$$

$\because (\sec\alpha + \csc\alpha)(\sin\alpha - \cos\alpha)$

$= \sec\alpha\sin\alpha - \sec\alpha\cos\alpha + \csc\alpha\sin\alpha - \csc\alpha\cos\alpha$

$= \dfrac{\sin\alpha}{\cos\alpha} - 1 + 1 - \dfrac{\cos\alpha}{\sin\alpha} = \operatorname{tg}\alpha - \operatorname{ctg}\alpha$,

$\therefore \dfrac{\operatorname{tg}\alpha - \operatorname{ctg}\alpha}{\sec\alpha + \csc\alpha} = \sin\alpha - \cos\alpha$.

例6 求证：$\max(\sqrt{1+x} - \sqrt{x}) = 1$.

证明： $\because x \geq 0$，设 $x = \operatorname{ctg}^2 t (0 < t \leq \dfrac{\pi}{2})$，则

$$y = \sqrt{1+x} - \sqrt{x} = \sqrt{1+\operatorname{ctg}^2 t} - \sqrt{\operatorname{ctg}^2 t}$$

$$= \csc t - \operatorname{ctg} t = \dfrac{1 - \cos t}{\sin t} = \operatorname{tg}\dfrac{t}{2} (0 < \dfrac{t}{2} \leq \dfrac{\pi}{4}).$$

于是构造等价命题：求证 $\max\left(\operatorname{tg}\dfrac{t}{2}\right) = 1 (0 < t \leq \dfrac{\pi}{2})$.

事实上：$\because \operatorname{tg}\dfrac{t}{2}$ 在 $[0, \dfrac{\pi}{2}]$ 上为单调递增函数.

$\therefore \max\left(\operatorname{tg}\dfrac{t}{2}\right) = 1$. 故 $\max(\sqrt{1+x} - \sqrt{x}) = 1$.

例7 已知 $a, b, c \in \mathbf{R}$,求证:$\dfrac{(a^2+b^2+bc)^2+(a^2+b^2+ac)^2}{a^2+b^2} \geqslant (a+b+c)^2$.

证明: 将不等式两边同乘以 $\dfrac{1}{a^2+b^2}$,然后将两边开方可得:

$$\sqrt{\dfrac{(a^2+b^2+ac)^2+(a^2+b^2+bc)^2}{(a^2+b^2)^2}} \geqslant \dfrac{|a+b+c|}{\sqrt{a^2+b^2}}.$$

于是原命题的等价命题为:已知 $a, b, c \in \mathbf{R}$.

求证 $\sqrt{(1+\dfrac{ac}{a^2+b^2})^2+(1+\dfrac{bc}{a^2+b^2})^2} \geqslant \dfrac{|a+b+c|}{\sqrt{a^2+b^2}}$.

设点 $P(1, 1)$,点 $M\left(-\dfrac{ac}{a^2+b^2}, -\dfrac{bc}{a^2+b^2}\right)$,直线 l 的方程为:$ax+by+c=0$,则

$\because a\left(-\dfrac{ac}{a^2+b^2}\right)+b\left(-\dfrac{bc}{a^2+b^2}\right)+c=0$,

$\therefore$ 点 M 在直线 l 上.

而 $\sqrt{\left(1+\dfrac{ac}{a^2+b^2}\right)^2+\left(1+\dfrac{bc}{a^2+b^2}\right)^2}$ 表示

点 P 到点 M 的距离,$\dfrac{|a+b+c|}{\sqrt{a^2+b^2}}$ 表示点 P 到

直线 l 的距离(如图所示).

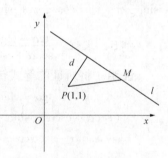

例7图

由平面几何性质 $|PM| \geqslant d$,

$\therefore \sqrt{\left(1+\dfrac{ac}{a^2+b^2}\right)^2+\left(1+\dfrac{bc}{a^2+b^2}\right)^2} \geqslant \dfrac{|a+b+c|}{\sqrt{a^2+b^2}}$.

故原不等式得证.

例8 设单位圆 $x^2+y^2=1$ 内任意两点 $A(x_A, y_A)$,$B(x_B, y_B)$,$P(x, y)$ 为以线段 AB 为直径的圆上任意一点,求证:$x^2+y^2<2$.

证明: 联想到复数模的概念和性质,构造一个与原命题等价的复数问题来证明.

设 A, B, P 对应的复数分别为 z_1, z_2, z,依题意有 $|z_1|<1$,$|z_2|<1$,$\left|z-\dfrac{1}{2}(z_1+z_2)\right|=\dfrac{1}{2}|z_1-z_2|$.

于是可构造与原命题的等价命题:

若 $|z_1|<1$,$|z_2|<1$,且 $\left|z-\dfrac{1}{2}(z_1+z_2)\right|=\dfrac{1}{2}|z_1-z_2|$ 则 $|z|^2<2$.

由 $\frac{1}{2}|z_1-z_2| = \left|z-\frac{1}{2}(z_1+z_2)\right| \geq |z|-\frac{1}{2}|z_1+z_2|$,

得 $|z| \leq \frac{|z_1+z_2|+|z_1-z_2|}{2}$.

由基本不等式 $\frac{a^2+b^2}{2} \geq \left(\frac{a+b}{2}\right)^2$ 得

$$|z|^2 \leq \left(\frac{|z_1+z_2|+|z_1-z_2|}{2}\right)^2 \leq \frac{|z_1+z_2|^2+|z_1-z_2|^2}{2}$$
$$= |z_1|^2+|z_2|^2 < 2. \quad (|z_1+z_2|^2+|z_1-z_2|^2 = 2|z_1|^2+2|z_2|^2)$$

故原命题得证.

例9 设 $\triangle ABC$ 的三边为 a,b,c,三个对应内角的平分线为 t_a,t_b,t_c,求证：$abc > t_a t_b t_c$.

证明：构造它的等价命题：已知条件不变,求证：$bc > t_a^2$,$ca < t_b^2$,$ab > t_c^2$.

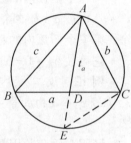

如图所示,作 $\triangle ABC$ 的外接圆,$\angle A$ 的平分线 AD 交 BC 于 D,交外接圆于 E,连接 EC.

由 $\triangle ABD \backsim \triangle AEC$ 可得 $AB \cdot AC = AE \cdot AD$.

但 $AE > AD$,$\therefore AB \cdot AC > AD^2$,即 $bc > t_a^2$.

同理可证：$ca > t_b^2$,$ab > t_c^2$.

故 $a^2b^2c^2 > t_a^2 t_b^2 t_c^2$,即 $abc > t_a t_b t_c$.

例9 图

例10 在 $\triangle ABC$ 中,已知 $\sin A\cos^2\frac{C}{2} + \sin C\cos^2\frac{A}{2} = \frac{3}{2}\sin B$,且最大角与最小角之差为 $90°$,求证：它的三边之比为 $(\sqrt{7}+1):\sqrt{7}:(\sqrt{7}-1)$.

证明：$\because \sin A\cos^2\frac{C}{2} + \sin C\cos^2\frac{A}{2} = \frac{3}{2}\sin B$

$\Leftrightarrow \sin A \cdot \frac{1+\cos C}{2} + \sin C \cdot \frac{1+\cos A}{2} = \frac{3}{2}\sin B$

$\Leftrightarrow \sin A + \sin C = 2\sin B \Leftrightarrow a+c = 2b$.

最大角与最小角之差为 $90° \Leftrightarrow$ 三个角由小到大依次为 α,$90°-2\alpha$,$90°+\alpha \Leftrightarrow 0° < \alpha < 30°$.

又由正弦定理三边长之比为 $\sin\alpha : \cos 2\alpha : \cos\alpha$ ($0° < \alpha < 30°$).

至此,原命题可等价地转化为：

已知 $0° < \alpha < 30°$,且满足 $2\cos 2\alpha = \sin\alpha + \cos\alpha$,求证：$\sin\alpha : \cos 2\alpha : \cos\alpha = (\sqrt{7}-1):\sqrt{7}:(\sqrt{7}+1)$.

事实上，$2\cos2\alpha = \sin\alpha + \cos\alpha$，$\therefore \cos\alpha - \sin\alpha = \dfrac{1}{2}$.

设 $\sin\alpha = x$，则 $\sqrt{1-x^2} - x = \dfrac{1}{2}$ $(0 < x < \dfrac{1}{2})$，

解得 $\sin\alpha = \dfrac{1}{4}(\sqrt{7}-1)$，$\therefore \cos2\alpha = \dfrac{1}{4}\sqrt{7}$，$\cos\alpha = \dfrac{1}{4}(\sqrt{7}+1)$，

$\therefore \sin\alpha : \cos2\alpha : \cos\alpha = (\sqrt{7}-1) : \sqrt{7} : (\sqrt{7}+1)$.

故原命题成立.

例 11 试证：$2222^{5555} + 5555^{2222}$ 可被 7 整除.

证明：构造等价命题：

$2222^{5555} + 5555^{2222} = (2222^{5555} + 4^{5555}) + (5555^{2222} - 4^{2222}) - (4^{5555} - 4^{2222})$.

第一个括弧内的数可被 $2222 + 4 = 2226 = 7 \times 318$ 整除（因为 n 为奇数时 $a^n + b^n$ 可被 $a + b$ 整除），第二个括弧内的数可被 $5555 - 4 = 5551 = 7 \times 793$ 整除，第三个括弧内的数可写成：$4^{2222}(4^{3333} - 1) = 4^{2222}(64^{1111} - 1)$.

它可被 $64 - 1 = 63 = 7 \times 9$ 整除. 故 $2222^{5555} + 5555^{2222}$ 可被 7 整除.

例 12 设二次方程 $ax^2 + 2bx + 1 = 0$，$cx^2 + 2dx + 1 = 0$，已知系数组成的 a, b, d, c 三数构成等差数列，求证：上述两个方程中至少有一个方程有实根.

证明：原命题用数学符号简化为：

设 $ax^2 + 2bx + 1 = 0$，$cx^2 + 2dx + 1 = 0$，$(a \neq 0, c \neq 0)$，且 $a + c = 2bd$，求证：$b^2 - a < 0$，$d^2 - c < 0$ 不能同时成立.

构造与它等价的逆否命题：

设 $ax^2 + 2bx + 1 = 0$，$cx^2 + 2dx + 1 = 0$，$(a \neq 0, c \neq 0)$，已知 $b^2 < a$，$d^2 < c$，求证：$a + c \neq 2bd$.

事实上，$b^2 < a$，$d^2 < c$，$\therefore a + c > b^2 + d^2 \geq 2bd$.

$\therefore a + c \neq 2bd$，故原命题成立.

例 13 如图所示，圆 O 的割线 AB-CD 满足 $AB = CD$，AP，DQ 切圆 O 于 P，Q，求证：PQ 平分弦 BC.

证明：由切割线定理有

$AP^2 = AB \cdot AC$，$DQ^2 = DC \cdot DB$.

$\because AB = CD$，

$\therefore AC = AB + BC = CD + BC = DB$，

$\therefore AP^2 = DQ^2$，即 $AP = DQ$.

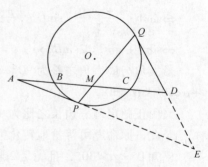

例 13(1) 图

延长 AP，QD 交于 E，则问题变为另一个等价命题：在等腰三角形 PQE 中，如图（2）所示，有 $AP=DQ$，求证：$AM=MD$.

过 D 作 $DF/\!/QP$ 交 EP 于 F，则 $\triangle DFE$ 为等腰三角形.

$\therefore ED=EF$，又 $\triangle EQP$ 为等腰三角形，

$\therefore EQ=EP$.

$\therefore DQ=FP=AP$，即 P 为 AF 的中点.

但 $PM/\!/FD$，$\therefore PM$ 平分 AD，即 $AM=MD$.

由此原命题得证.

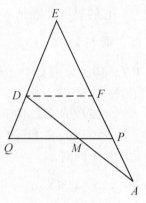

例13(2)图

例14 已知集合 A 和集合 B 各含有 12 个元素，$A\cap B$ 含有 4 个元素，试求同时满足下面条件的集合 C 的个数：(1) $C\subset A\cup B$，且 C 中含有 3 个元素；(2) $C\cap A\neq\Phi$. (1986 年全国高考题)

解：因为 A 和 B 各有 12 个元素，而 $A\cap B$ 有 4 个元素，所以 $A\cup B$ 中有 $12+12-4=20$ 个元素，从条件(1)知集合 C 的 3 个元素是从 $A\cup B$ 的 20 个元素中选出来的，而从条件(2)知集合 C 中的 3 个元素至少有一个是从 A 中选取的，假如我们把 $A\cup B$ 中 20 个元素看成某种产品，而集合 A 中的元素看成是合格品，那么就可以构造与命题等价的命题：

"某种产品有 20 件，其中合格品 12 件，现抽取 3 件检查，问至少有一件合格品的抽法有多少种？"

而这个问题的解答为：$C_{20}^3 - C_8^3 = 1084$（种）

故满足条件的集合 C 的个数为 1084.

例15 今有前后两排长凳子，让 9 个人随意就座（包括前排无人，后排 9 人），共有多少种不同坐法？

解：此题若分"前 0 后 9，前 1 后 8，前 2 后 7，…，前 9 后 0"等情况计，算后相加，则将十分烦琐．现构造它的等价命题：9 个人添加一个"分隔元素"共 10 个元素的全排列（分隔元素左边的看成坐在前排，右边的看成坐在后排），于是问题便很快得到解决．

$$P_{10}^{10}=3628800,$$

即共有 3628800 种不同坐法.

例16 求证：面积等于 1 的三角形不能被面积小于 2 的平行四边形所覆盖.

证明：此命题就是"若 $S_{\triangle PQR}=1$，$S_{\square ABCD}<2$，则 $\triangle PQR$ 不在 $\square ABCD$ 内部"，

它的等价命题是：若 $\triangle PQR$ 在 $\square ABCD$ 内部，则 $S_{\triangle PQR} \leqslant \dfrac{1}{2} S_{\square ABCD}$，如图所示，过 P 作 $MN // AB$，分别交于 AD，BC 于 N，M，交 QR 于 E，连接 BN，则

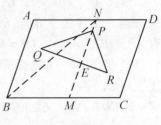

例 16 图

∵ $\triangle PQR$ 在 $\square ABCD$ 的内部，∴ $PE \leqslant MN$.

又 $\triangle PQE$ 在 PE 边上的高不大于 $\triangle BMN$ 在边 MN 上的高，

∴ $S_{\triangle PQE} \leqslant S_{\triangle BMN}$. 但 $S_{\triangle BMN} = \dfrac{1}{2} S_{\square ABMN}$，

∴ $S_{\triangle PQE} \leqslant \dfrac{1}{2} S_{\square ABMN}$. 同理 $S_{\triangle PER} \leqslant \dfrac{1}{2} S_{\square MCDN}$，

∴ $S_{\triangle PQE} + S_{\triangle PER} \leqslant \dfrac{1}{2} S_{\square ABMN} + \dfrac{1}{2} S_{\square MCDN}$，

即 $S_{\triangle PQR} \leqslant \dfrac{1}{2} S_{\square ABCD}$. 故原命题得证.

§7-2 构造强命题

什么是强命题？所谓强命题是指它的结论是原命题结论的充分条件．也就是说由原命题的强命题的结论可以推出原命题的结论，反之则不可．在解答实际问题时，往往会遇到这种情况：一个问题的原命题解决比较困难，而它的强命题的解答却相对来说容易一些，这个时候我们就可从解答它的强命题入手．而这种借助于构造一个比原命题更强的命题，通过对强命题的解答使原命题得到解决的一种构造命题的方法叫作构造强命题法.

在解答具体问题时如何构造适合原命题解决的强命题？主要还是要从原命题的已知条件和结论进行联想思考．一般来说可以从以下三个方面来寻求：一是如果原命题的结论是表达式的话，看能否找出它的递推式；二是加强原命题的结论，特别是利用放缩法来加强原命题的结论；三是将原命题的结论推向一般化.

例1 求证：$\operatorname{ctg}\alpha - 8\operatorname{ctg}8\alpha = \operatorname{tg}\alpha + 2\operatorname{tg}2\alpha + 4\operatorname{tg}4\alpha$.

证明： 构造一个倍角递推式（强命题）

$$\operatorname{ctg}\alpha - \operatorname{tg}\alpha = 2\operatorname{ctg}2\alpha, \qquad ①$$

$$2\operatorname{ctg}2\alpha - 2\operatorname{tg}2\alpha = 4\operatorname{ctg}4\alpha, \qquad ②$$

$$4\operatorname{ctg}4\alpha - 4\operatorname{tg}4\alpha = 8\operatorname{ctg}8\alpha. \qquad ③$$

事实上，$2\text{ctg}2\alpha = \dfrac{2}{\text{tg}2\alpha} = \dfrac{2(1-\text{tg}^2\alpha)}{2\text{tg}\alpha} = \text{ctg}\alpha - \text{tg}\alpha$.

同理可证其他两式.

① + ② + ③即得 $\text{ctg}\alpha - 8\text{ctg}8\alpha = \text{tg}\alpha + 2\text{tg}2\alpha + 4\text{tg}4\alpha$.

例2 已知：$m_1 = \dfrac{a+b}{a-b}$，$m_2 = \dfrac{c+d}{c-d}$，$m_3 = \dfrac{ac-bd}{ad+bc}$，求证：$m_1 + m_2 + m_3 = m_1 \cdot m_2 \cdot m_3$.

证明： 从结论的形式联想到三角中类似的恒等式，于是构造命题：若 $\alpha + \beta + \gamma = n\pi\,(n \in z)$，则 $\text{tg}\alpha + \text{tg}\beta + \text{tg}\gamma = \text{tg}\alpha\text{tg}\beta\text{tg}\gamma$.

这个命题是容易证明的.

$\because \alpha + \beta + \gamma = n\pi$，$\therefore \gamma = n\pi - (\alpha + \beta)$.

$\therefore \text{tg}\gamma = \text{tg}[n\pi - (\alpha + \beta)] = -\text{tg}(\alpha + \beta) = -\dfrac{\text{tg}\alpha + \text{tg}\beta}{1 - \text{tg}\alpha\text{tg}\beta}$,

即 $\text{tg}\alpha + \text{tg}\beta + \text{tg}\gamma = \text{tg}\alpha\text{tg}\beta\text{tg}\gamma$.

由已知有 $m_1 = \dfrac{1 + \dfrac{b}{a}}{1 - \dfrac{b}{a}}$，$m_2 = \dfrac{1 + \dfrac{d}{c}}{1 - \dfrac{d}{c}}$，$m_3 = \dfrac{1 - \dfrac{bd}{ac}}{\dfrac{d}{c} + \dfrac{b}{a}}$.

令 $\text{tg}\alpha = \dfrac{b}{a}$，$\text{tg}\beta = \dfrac{d}{c}$，则有

$m_1 = \dfrac{1 + \text{tg}\alpha}{1 - \text{tg}\alpha} = \text{tg}(45° + \alpha)$，$m_2 = \dfrac{1 + \text{tg}\beta}{1 - \text{tg}\beta} = \text{tg}(45° + \beta)$，$m_3 = \dfrac{1 - \text{tg}\alpha\text{tg}\beta}{\text{tg}\alpha + \text{tg}\beta} = \text{ctg}(\alpha + \beta) = \text{tg}[90° - (\alpha + \beta)]$.

而 $(45° + \alpha) + (45° + \beta) + [90° - (\alpha + \beta)] = 180°$.

由所构命题可得

$\text{tg}(45°+\alpha) + \text{tg}(45°+\beta) + \text{tg}[90°-(\alpha+\beta)] = \text{tg}(45°+\alpha)\text{tg}(45°+\beta)\text{tg}[90°-(\alpha+\beta)]$.

故 $m_1 + m_2 + m_3 = m_1 \cdot m_2 \cdot m_3$.

例3 已知：$x_i > 0$，$i = 1, 2, \cdots, n$，求证：
$$\dfrac{x_1^2}{x_2} + \dfrac{x_2^2}{x_3} + \cdots + \dfrac{x_{n-1}^2}{x_n} + \dfrac{x_n^2}{x_1} \geq x_1 + x_2 + \cdots + x_n.$$

证明： 构造强命题：若 $a, b > 0$，则 $\dfrac{a}{b}(a-b) \geq (a-b)$.

事实上，$\because a, b > 0$，$\dfrac{a}{b}(a-b) - (a-b) = (a-b)\left(\dfrac{a}{b} - 1\right) = \dfrac{(a-b)^2}{b} \geq 0$,

$\therefore \dfrac{a}{b}(a-b) \geq (a-b)$. $\because x_i > 0$，$i = 1, 2, \cdots, n$.

由上述命题有 $\dfrac{x_1}{x_2}(x_1-x_2) \geqslant x_1-x_2$，$\dfrac{x_2}{x_3}(x_2-x_3) \geqslant x_2-x_3$，$\cdots\cdots \dfrac{x_n}{x_1}(x_n-x_1) \geqslant x_n-x_1$.

将上述式子两边相加即得：
$$\dfrac{x_1^2}{x_2}+\dfrac{x_2^2}{x_3}+\cdots+\dfrac{x_{n-1}^2}{x_n}+\dfrac{x_n^2}{x_1} \geqslant x_1+x_2+\cdots+x_n.$$

例4 设 $A_n = 3^{3^{\cdot^{\cdot^{\cdot^3}}}}$（$n$ 重），$B_n = 8^{8^{\cdot^{\cdot^{\cdot^8}}}}$（$n$ 重），求证：对于一切 $n \in \mathbf{N}$，有 $A_{n+1} > B_n$.

证明：构造强命题：设 $A_n = 3^{3^{\cdot^{\cdot^{\cdot^3}}}}$（$n$ 重），$B_n = 8^{8^{\cdot^{\cdot^{\cdot^8}}}}$（$n$ 重），则对于一切 $n \in \mathbf{N}$，有 $A_{n+1} > 3B_n$.

事实上，当 $n=1$ 时，$A_2 = 3^3 = 27 > 24 = 3 \times 8 = 3B_1$ 强命题成立.

假设 $n=k$ 时，强命题成立，即 $A_{k+1} > 3B_k$，

则 $n=k+1$ 时 $A_{k+2} = 3^{A_{k+1}} > 3^{3B_k} = 27^{B_k} > 24^{B_k}$

$\qquad\qquad = 3^{B_k} \cdot 8^{B_k} > 3 \cdot 8^{B_k} = 3 \cdot B_{k+1}$，

即 $n=k+1$ 时，强命题成立.

由上可知，对一切 $n \in \mathbf{N}$，有 $A_{n+1} > 3B_n$. 故 $A_{n+1} > B_n$.

例5 求证：$\dfrac{1}{9}+\dfrac{1}{25}+\cdots+\dfrac{1}{(2n+1)^2} < \dfrac{1}{4}$（$n \in \mathbf{N}^+$）.

分析：假设命题强化为：$\dfrac{1}{9}+\dfrac{1}{25}+\cdots+\dfrac{1}{(2n+1)^2} \leqslant \dfrac{1}{4}-\dfrac{1}{g(n)}$（$n \in \mathbf{N}^+$）.

用数学归纳法证明它成立必须满足如下两个条件：

(1) $n=1$ 时 $\dfrac{1}{9} < \dfrac{1}{4}-\dfrac{1}{g(n)}$；　　　　　　　　　　　　　　　①

(2) 假设 $n=k$ 时有 $\dfrac{1}{9}+\dfrac{1}{25}+\cdots+\dfrac{1}{(2k+1)^2} \leqslant \dfrac{1}{4}-\dfrac{1}{g(k)}$，则当 $n=k+1$ 时，$\dfrac{1}{9}+\dfrac{1}{25}+\cdots+\dfrac{1}{(2k+1)^2}+\dfrac{1}{(2k+3)^2} \leqslant \dfrac{1}{4}-\dfrac{1}{g(k+1)}$ 成立.

但由归纳假设只能得到
$$\dfrac{1}{9}+\dfrac{1}{25}+\cdots+\dfrac{1}{(2k+1)^2}+\dfrac{1}{(2k+3)^2} \leqslant \dfrac{1}{4}-\dfrac{1}{g(k)}+\dfrac{1}{(2k+3)^2}.$$

如果能证明 $\dfrac{1}{4}-\dfrac{1}{g(k)}+\dfrac{1}{(2k+3)^2} \leqslant \dfrac{1}{4}-\dfrac{1}{g(k+1)}$，即 $\dfrac{1}{g(k)}-\dfrac{1}{g(k+1)} \geqslant \dfrac{1}{(2k+3)^2}$　　②

成立，则②成立，由此可知 $g(n)$ 必须同时满足①、②两式.

从②式的右端分母形式知是一个二次多项式，因此 $g(n)$ 应是一次多项式，设 $g(n)=an+b(a,b$ 为待定系数)，将 $g(n)=an+b$ 代入②式得 $a(2k+3)^2 \geqslant (ak+b)(ak+a+b)$ 对 $k \in \mathbf{N}^+$ 恒成立，整理得 $4ak^2+12ak+9a > a^2k^2+(2ab+a^2)k+b(a+b)$ 对 $n \in \mathbf{N}^+$ 恒成立，比较各项系数后得 $a \leqslant 4$，$b \leqslant 4$. 又因为 $g(n)$ 同时满足(1)式，代入后得 $a+b > \frac{36}{5}$，因此取 $a=4$，$b=4$，于是 $g(n)=4n+4$.

证明：构造强命题：$\frac{1}{9}+\frac{1}{25}+\cdots+\frac{1}{(2n+1)^2} \leqslant \frac{1}{4}-\frac{1}{4n+4}(n \in \mathbf{N}^+)$.

设 $f(n)=\frac{1}{9}+\frac{1}{25}+\cdots+\frac{1}{(2n+1)^2}+\frac{1}{4n+4}$，则

$$\because f(n+1)-f(n)=\frac{1}{(2n+3)^2}+\frac{1}{4(n+1)+4}-\frac{1}{4n+n}$$

$$=\frac{1}{4n^2+12n+9}-\frac{1}{4n^2+12n+8} \leqslant 0,$$

$\therefore f(n)$ 为单调递减函数，$\therefore f(n) \leqslant f(1) = \frac{1}{9}+\frac{1}{8} < \frac{1}{4}$.

$\therefore$ 强命题成立. 故原命题成立.

注：这里的强命题也可用数学归纳法证明，但不如用递减函数简捷.

例6 已知正整数 $n>1$，求证：$1+\frac{1}{2!}+\frac{1}{3!}+\cdots+\frac{1}{n!} < \frac{9}{5}$.

分析：假设构造强命题为：已知正整数 $n>1$，求证：

$$1+\frac{1}{2!}+\frac{1}{3!}+\cdots+\frac{1}{n!} < \frac{9}{5}-\frac{1}{g(n)},$$

则 $g(n)$ 应同时满足：

(1) $1+\frac{1}{2} < \frac{9}{5}-\frac{1}{g(2)}$， ①

(2) $\frac{1}{g(k)}-\frac{1}{g(k+1)} > \frac{1}{(k+1)!}$. ②

观察②式的结构，不等式的右边是阶乘结构，因此设 $g(n)=a \cdot n!$，将 $g(n)$ 代入②式知 $\frac{k}{a} > 1$ 对 $k \geqslant 2$ 恒成立，故有 $a \leqslant 2$，又因为 $g(n)$ 同时满足①式，代入得 $a > \frac{5}{3}$，因此 $\frac{5}{3} < a \leqslant 2$，取 $a=2$，可得 $g(n)=2 \cdot n!$.

证明：构造强命题：已知正整数 $n>1$，求证：

$$1 + \frac{1}{2!} + \frac{1}{3!} + \cdots + \frac{1}{n!} < \frac{9}{5} - \frac{1}{2 \cdot n!}.$$

设 $f(n) = 1 + \frac{1}{2!} + \frac{1}{3!} + \cdots + \frac{1}{n!} + \frac{1}{2 \cdot n!}$,

则 $f(n+1) - f(n) = \frac{1}{(n+1)!} + \frac{1}{2 \cdot (n+1)!} - \frac{1}{2 \cdot n!}$

$$= \frac{2 + 1 - 2(n+1)}{2 \cdot (n+1)!} = \frac{-(2n-1)}{2 \cdot (n+1)!} < 0(因为 n > 1).$$

∴ $f(n)$ 为单调递减函数.

∴ $f(n) < f(1) = 1 + \frac{1}{2 \times 1!} = \frac{3}{2} < \frac{9}{5}$.

∴ 对于正整数 $n > 1$, $1 + \frac{1}{2!} + \frac{1}{3!} + \cdots + \frac{1}{n!} < \frac{9}{5} - \frac{1}{2 \cdot n!}$ 成立.

故原命题得证.

例7 求证：$\frac{1}{3!} + \frac{2}{4!} + \frac{3}{5!} + \cdots + \frac{n}{(n+2)!} < \frac{1}{2}(n \in \mathbf{N}^+)$.

证明：∵ $\frac{1}{3!} + \frac{2}{4!} + \frac{3}{5!} + \cdots + \frac{n}{(n+2)!} < \frac{2}{3!} + \frac{3}{4!} + \frac{4}{5!} + \cdots + \frac{n+1}{(n+2)!}$

$$= \frac{3-1}{3!} + \frac{4-1}{4!} + \frac{5-1}{5!} + \cdots + \frac{(n+2)-1}{(n+2)!}$$

$$= \frac{1}{2!} - \frac{1}{3!} + \frac{1}{3!} - \frac{1}{4!} + \frac{1}{4!} - \frac{1}{5!} + \cdots + \frac{1}{(n+1)!} - \frac{1}{(n+2)!}$$

$$= \frac{1}{2!} - \frac{1}{(n+2)!} < \frac{1}{2},$$

∴ 构造强命题：$\frac{1}{3!} + \frac{2}{4!} + \frac{3}{5!} + \cdots + \frac{n}{(n+2)!} < \frac{1}{2} - \frac{1}{(n+2)!}(n \in \mathbf{N}^+)$.

(1) 当 $n = 1$ 时，强命题显然成立.

(2) 假设 $n = k$ 时，强命题成立，即

$$\frac{1}{3!} + \frac{2}{4!} + \frac{3}{5!} + \cdots + \frac{k}{(k+2)!} < \frac{1}{2} - \frac{1}{(k+2)!}$$

则当 $n = k+1$ 时，

$\frac{1}{3!} + \frac{2}{4!} + \frac{3}{5!} + \cdots + \frac{k}{(k+2)!} + \frac{k+3}{(k+3)!} < \frac{1}{2} - \frac{1}{(k+2)!} + \frac{k+1}{(k+3)!}$

$$= \frac{1}{2} - \frac{2}{(k+3)!} < \frac{1}{2} - \frac{1}{(k+3)!},$$

即 $n = k+1$ 时，强命题成立.

由(1)，(2)可知当 $n \in \mathbf{N}^+$ 强命题成立.

故原不等式成立.

例8 设数列 $\{a_n\}$ 满足 $a_{n+1} = a_n^2 - na_n + 1$，$n = 1, 2, 3, \cdots$，当 $a_1 \geq 3$ 时，证明，对一切正整数 n，有：

(1) $a_n \geq n+2$；(2) $\dfrac{1}{1+a_1} + \dfrac{1}{1+a_2} + \cdots + \dfrac{1}{1+a_n} \leq \dfrac{1}{2}$.

证明： (1) 用数学归纳法易证，略.

(2) 联想到 $\dfrac{1}{2^2} + \dfrac{1}{2^3} + \cdots + \dfrac{1}{2^{n+1}} = \dfrac{\dfrac{1}{4}\left[1-\left(\dfrac{1}{2}\right)^n\right]}{1-\dfrac{1}{2}} = \dfrac{1}{2} - \left(\dfrac{1}{2}\right)^{n+1} < \dfrac{1}{2}$.

构造强命题：设数列 $\{a_n\}$ 满足 $a_{n+1} = a_n^2 - na_n + 1$，$n = 1, 2, 3, \cdots$，当 $a_1 \geq 3$ 时，对于一切正整数 n，$a_n \geq 2^{n+1} - 1$ 成立.

(1) 当 $n=1$ 时，$a_1 \geq 3 \geq 2^{1+1} - 1$ 强命题成立.

(2) 假设 $n=k$ 时，强命题成立，即 $a_k \geq 2^{k+1} - 1$.

则当 $n=k+1$ 时，

$a_{k+1} = a_k^2 - ka_k + 1 = a_k(a_k - k) + 1 \geq (2^{k+1} - 1)(2^{k+1} - 1 - k) + 1$.

又 $(2^{k+1} - 1)(2^{k+1} - 1 - k) + 1 - (2^{k+2} - 1)$

$= (2^{k+1})^2 - (2+k)2^{k+1} + 1 + k + 1 - 2^{k+2} + 1$

$= (2^{k+1})^2 - (4+k)2^{k+1} + 3 + k$

$= (2^{k+1} - 1)(2^{k+1} - 3 - k)$.

$\because k \geq 1$ 时，$2^{k+1} - 1 > 0$，$2^{k+1} - 3 - k \geq 0$ 成立，

$\therefore (2^{k+1} - 1)(2^{k+1} - 1 - k) + 1 > 2^{k+2} - 1$.

从而 $a_{k+1} \geq 2^{k+2} - 1$ 成立，即 $n=k+1$ 时强命题成立.

由 (1)，(2) 可知当 $a_1 \geq 3$ 时，对一切正整数 n，均有 $a_n \geq 2^{n+1} - 1$ 成立，因此 $1 + a_n \geq 2^{n+1}$，

$\therefore \dfrac{1}{1+a_n} \leq \dfrac{1}{2^{n+1}}$.

故 $\dfrac{1}{1+a_1} + \dfrac{1}{1+a_2} + \cdots + \dfrac{1}{1+a_n}$

$\leq \dfrac{1}{2^2} + \dfrac{1}{2^3} + \cdots + \dfrac{1}{2^{n+1}}$

$= \dfrac{\dfrac{1}{4}\left[1-\left(\dfrac{1}{2}\right)^n\right]}{1-\dfrac{1}{2}} = \dfrac{1}{2} - \left(\dfrac{1}{2}\right)^{n+1} < \dfrac{1}{2}$.

例9 数列 $\{a_n\}$ 中，$a_1 = 2$，$a_{n+1} = \dfrac{a_n}{2} + \dfrac{1}{a_n}$ ($n \in \mathbf{N}^+$)，求证：$a_n < \sqrt{2} + \dfrac{1}{n}$.

分析：在 $a_k < \sqrt{2} + \dfrac{1}{k}$ 的条件下去推证 $a_{k+1} < \sqrt{2} + \dfrac{1}{k+1}$ 时，由于 $a_{n+1} = \dfrac{a_k}{2} + \dfrac{1}{a_k} < \dfrac{\sqrt{2}}{2} + \dfrac{1}{2k} + \dfrac{1}{a_k}$.

要使 $\dfrac{\sqrt{2}}{2} + \dfrac{1}{2k} + \dfrac{1}{a_k} < \sqrt{2} + \dfrac{1}{k+1}$，只需 $\dfrac{1}{a_k} < \dfrac{\sqrt{2}}{2} + \dfrac{1}{k+1} - \dfrac{1}{2k} = \dfrac{\sqrt{2}}{2} + \dfrac{k-1}{2k(k+1)}$.

由此可知，只要 $\dfrac{1}{a_k} < \dfrac{\sqrt{2}}{2}$，即 $a_k > \sqrt{2}$ 就可以达到这个目的.

证明：构造强命题：在原题设条件下，求证：$\sqrt{2} < a_n < \sqrt{2} + \dfrac{1}{n}$.

(1) 当 $n = 1$ 时，$\sqrt{2} < a_1 = 2 < \sqrt{2} + \dfrac{1}{1}$，强命题成立.

(2) 假设 $n = k$ 时，强命题成立，即 $\sqrt{2} < a_k < \sqrt{2} + \dfrac{1}{k}$ ($k \in \mathbf{N}^+$).

则当 $n = k+1$ 时，$a_{k+1} = \dfrac{a_k}{2} + \dfrac{1}{a_k} \geq 2\sqrt{\dfrac{a_k}{1} \cdot \dfrac{1}{a_k}} = \sqrt{2}$，

当且仅当 $\dfrac{a_k}{2} = \dfrac{1}{a_k}$，即 $a_k = \sqrt{2}$ 时取等号，由于 $a_k > \sqrt{2}$，故上式不能取等号，即 $a_{k+1} > \sqrt{2}$.

又 $\because a_{k+1} = \dfrac{a_k}{2} + \dfrac{1}{a_k} < \dfrac{\sqrt{2} + \dfrac{1}{k}}{2} + \dfrac{1}{\sqrt{2}} = \sqrt{2} + \dfrac{1}{2k} \leq \sqrt{2} + \dfrac{1}{k+1}$，

$\therefore$ 当 $n = k+1$ 时，$\sqrt{2} < a_{k+1} < \sqrt{2} + \dfrac{1}{k+1}$ 强命题成立.

由 (1)，(2) 可知，对一切 $n \in \mathbf{N}^+$ 强命题成立.
故原不等式成立.

例10 若 a_1，a_2，a_3，a_4，a_5 都是大于 1 的实数，求证：
$(1+a_1)(1+a_2)(1+a_3)(1+a_4)(1+a_5) \leq 16(a_1 a_2 a_3 a_4 a_5 + 1)$.

证明：联想到系数 $16 = 2^{5-1}$，将问题一般化，构造强命题：
若 a_1，a_2，$\cdots$，a_n ($n \geq 2$) 都是大于 1 的实数，则
$$(1+a_1)(1+a_2)\cdots(1+a_n) \leq 2^{n-1}(a_1 a_2 \cdots a_n + 1).$$

(1) 当 $n = 2$ 时，因为 $(1-a_1)(1-a_2) \geq 0$，变形得 $(1+a_1)(1+a_2) \leq 2(a_1 a_2 + 1)$ 强命题成立.

(2)假设 $n=k$ 时，强命题成立，即有 $(1+a_1)(1+a_2)\cdots(1+a_k) \leqslant 2^{k-1}(a_1 a_2 \cdots a_k + 1)$.

则当 $n=k+1$ 时，由归纳假设及 $n=2$ 的结论可得
$(1+a_1)(1+a_2)\cdots(1+a_k)(1+a_{k+1}) \leqslant 2^{k-1}(a_1 a_2 \cdots a_k + 1)(1+a_{k+1})$
$\leqslant 2^{k-1} \cdot 2(a_1 a_2 \cdots a_k a_{k+1} + 1) = 2^{k+1}(a_1 a_2 \cdots a_{k+1} + 1)$.

这说明 $n=k+1$ 时，强命题成立.

由(1)，(2)可知，若 $a_1, a_2, \cdots, a_n (n \geqslant 2)$ 都是大于 1 的实数，则 $(1+a_1)(1+a_2)\cdots(1+a_n) \leqslant 2^n (a_1 a_2 \cdots a_n + 1)$ 成立.

当 $n=5$ 时，即为本题结论.

例 11 已知 $a_i > 0$, $\prod_{i=1}^{n} a_i = 1$，求证：$\prod_{i=1}^{n}(2+a_i) \geqslant 3^n$.

证明： 将 $\prod_{i=1}^{n}(2+a_i) \geqslant 3^n$ 变形为 $\left[\prod_{i=1}^{n}(a_i + 2)\right]^{\frac{1}{n}} \geqslant 1 + 2 = \sqrt[n]{\prod_{i=1}^{n} a_i} + 2$,

于是可构造更一般化的命题（强命题）：若 $a_i, b_i > 0 (i=1, 2, \cdots, n)$，则 $\left[\prod_{i=1}^{n}(a_i + b_i)\right]^{\frac{1}{n}} \geqslant \left(\prod_{i=1}^{n} a_i\right)^{\frac{1}{n}} + \left(\prod_{i=1}^{n} b_i\right)^{\frac{1}{n}}$.

事实上，

$$\frac{\left(\prod_{i=1}^{n} a_i\right)^{\frac{1}{n}} + \left(\prod_{i=1}^{n} b_i\right)^{\frac{1}{n}}}{\left[\prod_{i=1}^{n}(a_i + b_i)\right]^{\frac{1}{n}}}$$

$$= \sqrt[n]{\left(\frac{a_1}{a_1+b_1}\right)\left(\frac{a_2}{a_2+b_2}\right)\cdots\left(\frac{a_n}{a_n+b_n}\right)} + \sqrt[n]{\left(\frac{b_1}{a_1+b_1}\right)\left(\frac{b_2}{a_2+b_2}\right)\cdots\left(\frac{b_n}{a_n+b_n}\right)}$$

$$\leqslant \frac{1}{n}\sum_{i=1}^{n}\left(\frac{a_i}{a_i+b_i}\right) + \frac{1}{n}\sum_{i=1}^{n}\left(\frac{b_i}{a_i+b_i}\right) = 1,$$

$\therefore \left[\prod_{i=1}^{n}(a_i + b_i)\right]^{\frac{1}{n}} \geqslant \left(\prod_{i=1}^{n} a_i\right)^{\frac{1}{n}} + \left(\prod_{i=1}^{n} b_i\right)^{\frac{1}{n}}$.

由上令 $b_i = 2(i=1, 2, \cdots, n)$ 又 $\prod_{i=1}^{n} a_i = 1$ 即可得 $\prod_{i=1}^{n}(2+a_i) \geqslant 3^n$.

例 12 求证：$997^{1993} > 1993!$.

证明： 原不等式可变为 $\left(\frac{1993+1}{2}\right)^{1993} > 1993!$.

于是可构造一般化的命题（强命题），求证：$\left(\frac{n+1}{2}\right)^n > n!$.

事实上，$\dfrac{a_1 + a_2 + \cdots + a_n}{n} \geqslant \sqrt[n]{a_1 a_2 \cdots a_n}$.

令 $a_1 = 1$,$a_2 = 2$,$\cdots$,$a_n = n$,则有 $\dfrac{n\left(\dfrac{n+1}{2}\right)}{n} > \sqrt[n]{n!}$.

$\therefore \left(\dfrac{n+1}{2}\right)^n > n!$

令 $n = 1993$ 就得到要证的不等式.

例 13 求证：$\dfrac{(1+\sqrt{1991})^{1992} - (1-\sqrt{1991})^{1992}}{\sqrt{1991}}$ 必为整数.

证明： 构造更一般化的命题(强命题)：

求证：$\dfrac{(1+x)^{1992} - (1-x)^{1992}}{x}$ 必为整数.

设 $f(x) = (1+x)^{1992} - (1-x)^{1992}$ 则有 $f(-x) = -f(x)$,

$\therefore f(x)$ 是奇函数,

$\therefore f(x)$ 必是只含有奇次项的整系数多项式,从而 $\dfrac{f(x)}{x}$ 必是只含有偶次项的整系项多项式,因此,$\dfrac{f(x)}{x}$ 必为整数.

取 $x = \sqrt{1991}$,原命题得证.

例 14 已知 $\triangle ABC$,$\angle C = 90°$,求证：对于 $\triangle ABC$ 内任意 n 个点,必可适当地记为 P_1,P_2,$\cdots$,P_n,使得

$P_1P_2^2 + P_2P_3^2 + \cdots + P_{n-1}P_n^2 \leqslant AB^2$

(1986 年数学奥林匹克国家集训队选拔题).

证明： 构造强命题. 把结论改为：必可适当地记 P_1,P_2,$\cdots$,P_n,使得 $AP_1^2 + P_1P_2^2 + \cdots + P_{n-1}P_n^2 + P_nB^2 \leqslant AB^2$.

事实上,当 $n = 1$ 时,

$\because \angle AP_1B \geqslant 90°$,$\therefore AP_1^2 + P_1B^2 \leqslant AB^2$ 强命题成立.

假设 $n < k$ 时,强命题成立,则 $n = k$ 时.

过 C 引 AB 的垂线,垂足为 D,不妨假设 $\triangle ADC$ 和 $\triangle BDC$ 中都有点,不然,如果 k 个点都在 $\triangle ADC$ 内,则从 D 引 AC 的垂线,这种做法一直进行下去,直到把 k 个点分割在两个三角形内为止.

设 $\triangle ADC$ 内有 s 个点,$\triangle BDC$ 内有 $k-s$ 个点,由归纳假设,可以分别标号这 s 个点和 $k-s$ 个点,使得

$$AP_1^2 + P_1P_2^2 + \cdots + P_{s-1}P_s^2 + P_sC^2 \leqslant AC^2, \quad ①$$

$$CP_{s+1}^2 + P_{s+1}P_{s+2}^2 + \cdots + P_{k-1}P_k^2 + P_kB^2 \leqslant BC^2. \quad ②$$

又 $\because \angle P_sCP_{s+1} < \angle ACB = 90°$,

第七章 构造命题法

$\therefore P_s P_{s+1}^2 < P_s C^2 + C P_{s+1}^2$ ③

由①，②，③式可得 $AP_1^2 + P_1 P_2^2 + \cdots + P_{k-1} P_k^2 + P_k B^2 \leqslant AB^2$.

综上所述可知 $AP_1^2 + P_1 P_2^2 + \cdots + P_{n-1} P_n^2 + P_n B^2 \leqslant AB^2$.

故 $P_1 P_2^2 + P_2 P_3^2 + \cdots + P_{n-1} P_n^2 \leqslant AB^2$.

§7-3 构造辅助命题

通过构造一个辅助命题，使原问题得到解决的构造方法叫作构造辅助命题法。实际上，在解题的过程中，不断变换问题的条件或结论，或者同时变换问题的条件和结论，就是不断构造辅助命题的过程。当然，构造辅助命题不仅仅是变换问题的条件或结论这一形式，在解答具体问题还是要根据问题的已知条件和结论进行联想、思考。

例1 已知函数 $f(x) = \dfrac{x^2}{1+x^2}$，求 $f(1) + f(2) + f\left(\dfrac{1}{2}\right) + f(3) + f\left(\dfrac{1}{3}\right) + f(4) + f\left(\dfrac{1}{4}\right)$ 的值.（2002年高考全国卷）

解：构造辅助命题：已知函数 $f(x) = \dfrac{x^2}{1+x^2}$，则 $f(x) + f\left(\dfrac{1}{x}\right) = 1$.

事实上 $f(x) + f\left(\dfrac{1}{x}\right) = \dfrac{x^2}{1+x^2} + \dfrac{1}{1+x^2} = 1$,

$\therefore f(2) + f\left(\dfrac{1}{2}\right) = 1$, $f(3) + f\left(\dfrac{1}{3}\right) = 1$, $f(4) + f\left(\dfrac{1}{4}\right) = 1$.

又 $f(1) = \dfrac{1^2}{1+1^2} = \dfrac{1}{2}$，故

$f(1) + f(2) + f\left(\dfrac{1}{2}\right) + f(3) + f\left(\dfrac{1}{3}\right) + f(4) + f\left(\dfrac{1}{4}\right) = \dfrac{1}{2} + 1 + 1 + 1 = 3\dfrac{1}{2}$.

注：此题若采取将数值一个个代入计算，非常繁杂，而引入这一辅助命题，解答显得简单.

例2 若下列三个方程中，至少有一个方程有实数根，求出实数 a 的取值范围.

$x^2 + 4ax - 4a + 3 = 0$, $x^2 + (a-1)x + a^2 = 0$, $x^2 + 2ax - 2a = 0$.

解：由原命题可知，三个方程中至少有一个方程有实数根难以判定，所以改变原命题的条件。构造一个辅助命题：若三个方程都无实数根，求出实数 a 的取值范围.

$\because$ 三个方程都无实数根，

∴ 它们的判别式都小于0.

即 $\begin{cases}(4a)^2-4(-4a+3)<0,\\(a-1)^2-4a^2<0,\\(2a)^2-4(-2a)<0,\end{cases}$ 亦即 $\begin{cases}-\dfrac{3}{2}<a<\dfrac{1}{2},\\a<-1\text{ 或 }a>\dfrac{1}{3},\\-2<a<0.\end{cases}$

解之得 $-\dfrac{3}{2}<a<-1$.

故当 $a\leqslant-\dfrac{3}{2}$ 或 $a\geqslant-1$ 时,三个方程中至少有一个方程有实数根.

注:这里原命题不易解答,而原命题中的条件的反面是三个方程都没有实数根,把条件改成后者问题则容易解决,因此从后者入手.

例3 证明: $1\times4+2\times7+3\times10+\cdots+n(3n+1)=n(n+1)^2$ ($n\in\mathbf{N}^+$).

证明: 构造辅助命题:

证明 $1^2+2^2+3^2+\cdots+n^2=\dfrac{n(n+1)(2n+1)}{6}$ ($n\in\mathbf{N}^+$).

事实上,(1)当 $n=1$ 时,左式 $=1^2=1$,右式 $=\dfrac{1\times2\times3}{6}=1$,辅助命题成立.

(2) 假设 $n=k$ 时,辅助命题成立,即 $1^2+2^2+3^2+\cdots+k^2=\dfrac{k(k+1)(2k+1)}{6}$.

则当 $n=k+1$ 时,有
$1^2+2^2+3^2+\cdots+k^2+(k+1)^2$
$=\dfrac{k(k+1)(2k+1)}{6}+(k+1)^2=\dfrac{k(k+1)(2k+1)+6(k+1)^2}{6}$
$=\dfrac{(k+1)(2k^2+7k+6)}{6}=\dfrac{(k+1)(k+2)(2k+3)}{6}$
$=\dfrac{(k+1)[(k+1)+1][2(k+1)+1]}{6}$.

即 $n=k+1$ 时,辅助命题成立.

由(1),(2)可知,对一切 $n\in\mathbf{N}^+$,辅助命题成立.

∴ $1\times4+2\times7+3\times10+\cdots+n(3n+1)$
$=1\times(3+1)+2\times(3\times2+1)+\cdots+n(3n+1)$
$=3(1^2+2^2+3^2+\cdots+n^2)+(1+2+3+\cdots+n)$

$$= 3 \times \frac{n(n+1)(2n+1)}{6} + \frac{n(n+1)}{2} = \frac{n(n+1)(2n+1+1)}{2}$$

$$= n(n+1)^2.$$

例 4 已知二次方程 $ax^2 + bx + c = 0$ 的两根之比为 $2:3$，求证：$6b^2 = 25ac$.

证明：构造辅助命题：若二次方程 $ax^2 + bx + c = 0$ 的两根之比为 $k(k \neq 0)$，则 $kb^2 = (k+1)^2 ac$.

设已知方程的两根为 x_0 和 kx_0，由韦达定理知

$$x_0 + kx_0 = -\frac{b}{a}, \qquad ①$$

$$x_0 \cdot kx_0 = \frac{c}{a}. \qquad ②$$

①^2 得 $(k+1)^2 x_0^2 = \frac{b^2}{a^2}$. ③

② $\times (k+1)^2$ 得 $k(k+1)^2 x_0^2 = (k+1)^2 \frac{c}{a}$. ④

把③代入④得 $kb^2 = (k+1)^2 ac$，辅助命题成立.

根据此命题，令 $k = \frac{2}{3}$ 代入上式即得 $6b^2 = 25ac$.

例 5 已知实数 $a > b > e$，其中 e 是自然对数的底，证明：$a^b > b^a$.

证明：构造辅助命题：函数 $f(x) = \frac{\ln x}{x}$ 在 $(e, +\infty)$ 上是严格递减的.

事实上，$\because f'(x) = \frac{1 - \ln x}{x^2} < 0 [0 \in (e, +\infty)]$，

$\therefore f(x) = \frac{\ln x}{x}$ 在 $(e, +\infty)$ 上是严格递减的.

又 $\because a > b > e$，$\therefore \frac{\ln a}{a} < \frac{\ln b}{b}$，即 $b \ln a < a \ln b$.

故 $a^b < b^a$.

例 6 给定两组数 $x_1, x_2, \cdots, x_n$ 和 $y_1, y_2, \cdots, y_n$，现已知 $x_1 > x_2 > \cdots > x_n > 0$，$y_1 > y_2 > \cdots > y_n > 0$，$x_1 > y_1$，$x_1 + x_2 > y_1 + y_2$，$\cdots$，$x_1 + x_2 + \cdots + x_n > y_1 + y_2 + \cdots + y_n$，求证：对任何自然数 k 都有如下的不等式成立：
$x_1^k + x_2^k + \cdots + x_n^k > y_1^k + y_2^k + \cdots + y_n^k$.

证明：构造辅助命题：若 $a_1 > a_2 > \cdots > a_n > 0$ 且满足二题设条件，则
$a_1 x_1 + a_2 x_2 + \cdots + a_n x_n > a_1 y_1 + a_2 y_2 + \cdots + a_n y_n$.

因为 $a_1 > a_2 > \cdots > a_n > 0$，所以存在正数 $b_1, b_2, \cdots, b_n$，使得 $a_n = b_1$，

$a_{n-1} = b_1 + b_2$,…,$a_1 = b_1 + b_2 + \cdots + b_n$ 于是

$$a_1 x_1 + a_2 x_2 + \cdots + a_n x_n$$
$$= (b_1 + b_2 + \cdots + b_n)x_1 + (b_1 + b_2 + \cdots + b_{n-1})x_2 + \cdots + b_1 x_n$$
$$= b_1(x_1 + x_2 + \cdots + x_n) + b_2(x_1 + x_2 + \cdots + x_{n-1}) + \cdots + b_n x_1$$
$$> b_1(y_1 + y_2 + \cdots + y_n) + b_2(y_1 + y_2 + \cdots + y_{n-1}) + \cdots + b_n y_1$$
$$= (b_1 + b_2 + \cdots + b_n)y_1 + (b_1 + b_2 + \cdots + b_{n-1})y_2 + \cdots + b_1 y_n$$
$$= a_1 y_1 + a_2 y_2 + \cdots + a_n y_n.$$

依次取 $a_i = x_i^{k-1}$,x_i^{k-2},…,x_i,y_i,…,y_i^{k-1} ($i = 1$,2,…,n) 代入辅助命题即得要证的不等式.

例 7 已知函数 $f(x)$ 对其定义域的任意两个实数 a,b,当 $a < b$ 时,都有 $f(a) < f(b)$,试证明方程 $f(x) = 0$ 至多有一个实根.

证明:构造一个条件不变、结论与原命题的结论正好相反的命题,方程至少有两个实数根,记为 $x_1 < x_2 < x_3 < \cdots < x_n (n \geq 2)$,则对于其中任意的 x_i 和 x_{i+k} 有

$$f(x_i) = f(x_{i+k}). \quad ①$$

但由已知当 $x_i < x_{i+k}$ 时,必有

$$f(x_i) < f(x_{i+k}). \quad ②$$

②与①矛盾,∴ 构造的命题不成立.

故方程 $f(x) = 0$ 至多有一个实根.

注:这里原题不好证,于是构造一个结论与原命题结论正好相反的命题,并证明这个命题不成立,从而得到原命题成立的结论,其思考方法也可叫正难则反.

例 8 设方程 $x = q\sin x + a$ ($0 < q < 1$,a 是实数) 的实数根存在,求证实根唯一.

证明:构造一个与原命题结论恰好相反的命题.

假定有两个实数根 x_1,x_2 ($x_1 \neq x_2$),则 $x_1 = q\sin x_1 + a$,$x_2 = q\sin x_2 + a$,

$$x_1 - x_2 = 2q\cos\frac{x_1 + x_2}{2}\sin\frac{x_1 - x_2}{2},$$

$$|x_1 - x_2| \leq 2q\left|\sin\frac{x_1 - x_2}{2}\right|.$$

又 $\left|\sin\frac{x_1 - x_2}{2}\right| \leq \left|\frac{x_1 - x_2}{2}\right|$,∴ $|x_1 - x_2| \leq q|x_1 - x_2|$.

但 $x_1 \neq x_2$,∴ $q \geq 1$ 与已知 $0 < q < 1$ 矛盾.

∴ 构造的新命题不成立,故原命题成立.

例9 现有90张卡片,在每张卡片上都写上一个非负整数,设这90个整数的和 S 不超过1979,求证:在这90张卡片中至少有3张卡片上的数相等.

证明:构造一个与原命题结论正好相反的命题:

假定至多有两张卡片上的数相等.

则 $S > S_{\min} = 2(0+1+2+\cdots+44) = 1980 > 1979$.

这与已知条件矛盾,∴ 构造的新命题不成立. 故原命题成立.

例10 若整数 $n>1$,证明决无正整数 x,y,z 能满足方程 $x^n+y^n=z^n$,但其中有一个 x 或 y 不大于 n 者.

证明:构造与原命题结论恰好相反的命题:假定存在正整数 x,y,z 能满足方程 $x^n+y^n=z^n$.

其中 $x \leqslant y$,且 $x \leqslant n$(由于 x,y 对称,这样假定不影响结论的全面性).

∵ $x<z$, $y<z$,

∴ $z^n-y^n=(z-y)(z^{n-1}+z^{n-2}y+z^{n-3}y^2+\cdots+y^{n-1}) > 1 \cdot nx^{n-1} \geqslant x^n$.

这与我们假定 $x^n+y^n=z^n$ 相矛盾,∴ 构造的命题不成立.

故原命题成立.

§7-4 构造引理

什么叫引理?引理就是在解决某些问题的过程中需要应用一些没有被证明的结论. 把它提出来以后必须加以证明,是正确的才能引用. 而通过构造引理使问题得以解决的构造命题的方法叫作构造引理法.

例1 求函数 $y=\log_4(x^2-4x+3)$ 的单调区间.

解:这是一个复合函数,设 $y=\log_4 u$, $u=x^2-4x+3$,由 $u>0$.

$$u=x^2-4x+3$$

解得 $y=\log_4(x^2-4x+3)$ 的定义域为 $x<1$ 或 $x>3$.

先构造两个引理:

引理1:已知函数 $y=f[g(x)]$,若 $u=g(x)$ 在区间 (a,b) 上是增函数,其值域 (c,d),又函数 $y=f(u)$ 在 (c,d) 上也是增函数,那么原合函数 $y=f[g(x)]$ 在 (a,b) 上是增函数.

证明:在 (a,b) 上任取 x_1,x_2,使 $a<x_1<x_2<b$.

∵ $u=g(x)$ 在 (a,b) 上是增函数,∴ $g(x_1)<g(x_2)$.

记 $u_1=g(x_1)$, $u_2=g(x_2)$ 即 $u_1<u_2$,且 u_1,$u_2 \in (c,d)$.

又∵ 函数 $y=f(u)$ 在区间 (c,d) 上是增函数,

∴ $f(u_1) < f(u_1)$ 即 $f[g(x_1)] < f[g(x_2)]$.

故函数 $y = f[g(x)]$ 在 (a, b) 上是增函数.

类似地可以证明如下引理:

引理2：已知函数 $y = f[g(x)]$，若 $u = g(x)$ 在区间 (a, b) 上是减函数，其值域为 (c, d)，又函数 $y = f(u)$ 在区间 (c, d) 上是增函数，那么，复合函数 $y = f[g(x)]$ 在区间 (c, d) 上是减函数.

由两个引理可知：

当 $x \in (3, +\infty)$ 时，$u = x^2 - 4x + 3$ 为增函数，$y = \log_4 u$ 也为增函数，所以 $(3, +\infty)$ 是 $y = \log_4(x^2 - 4x + 3)$ 的单调增区间；

当 $x \in (-\infty, 1)$ 时，$u = x^2 - 4x + 3$ 为减函数，而 $y = \log_4 u$ 为增函数，所以 $(-\infty, 1)$ 是 $y = \log_4(x^2 - 4x + 3)$ 的单调减区间.

注：复合函数的单调性有四个引理，结论列表如下：

函 数	单 调 状 况			
内层函数 $u = g(x)$	增	增	减	减
外层函数 $y = f(u)$	增	减	增	减
复合函数 $y = f[g(x)]$	增	减	减	增

例2 求函数 $y = \log_{\frac{1}{2}}(2x - x^2)$ 的单调区间.

解：设 $y = \log_{\frac{1}{2}} u$，$u = 2x - x^2$ 由 $u > 0$，$u = 2x - x^2$，解得 $y = \log_{\frac{1}{2}}(2x - x^2)$ 的定义域为 $0 < x < 2$.

由于 $y = \log_{\frac{1}{2}} u$ 在 $(0, +\infty)$ 内是减函数，由上例引理知原复合函数的单调性与 $u = 2x - x^2$ 的单调性正好相反.

$u = 2x - x^2 = -(x-1)^2 - 1$ 在 $x \geq 1$ 时单调减. 由 $0 < x < 2$（复合函数定义域），$x \geq 1$（u 减），

解得 $1 \leq x < 2$，

∴ $[1, 2)$ 是 $y = \log_{\frac{1}{2}}(2x - x^2)$ 的单调增区间.

又 $u = 2x - x^2 = -(x-1)^2 - 1$ 在 $x \geq 1$ 时单调减. 由 $0 < x < 2$（复合函数定义域），$x \geq 1$（u 减），

解得 $1 < x \leq 2$，∴ $[1, 2)$ 是复合函数的单调减区间.

注：定义域与单调区间取公共部分，以保证单调区间在定义域内.

例3 求函数 $y=2^{\sqrt{7-6x-x^2}}$ 的单调区间.

解：设 $y=2^{\sqrt{u}}$，$u=7-6x-x^2$，由 $u \geq 0$，$u=7-6x-x^2$，解得原复合函数的定义域为 $-7 \leq x \leq 1$.

因为 $y=2^{\sqrt{u}}$ 在定义域 $[0,+\infty)$ 内是增函数，所以由引理知，原复合函数的单调性与 $u=7-6x-x^2$ 的单调性相同.

易知 $u=7-6x-x^2=-(x+3)^2+16$ 在 $x \leq -3$ 时单调增.

由 $-7 \leq x \leq 1$（复合函数定义域），$x \leq -3$（u 增），解得 $-7 \leq x \leq -3$，

∴ $[-7,-3]$ 是复合函数的单调增区间.

又 $u=-x^2-6x+7=-(x+3)^2+16$ 在 $x \geq -3$ 时单调减，由 $-7 \leq x \leq 1$（复合函数定义域），$x \geq -3$（u 减），

解得 $-3 \leq x \leq 1$.

∴ $[-3,1]$ 是复合函数的单调减区间.

例4 在等腰 $\triangle ABC$ 的腰 AB 上取一点 D，在另一腰 AC 的延长线上取一点 E，使 $BD=CE$，连接 DE 交 BC 于 F（如图所示），求证：$FD=FE$.

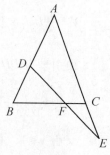

例4图

证明：先构造一个引理：在 $\triangle A_1B_1C_1$ 和 $\triangle A_2B_2C_2$ 中，若 $\angle A_1 = \angle A_2$，$\angle B_1 + \angle B_2 = 180°$，且 $B_1C_1 = B_2C_2$，则 $A_1C_1 = A_2C_2$.

下面证明这个引理：

根据正弦定理，在 $\triangle A_1B_1C_1$ 和 $\triangle A_2B_2C_2$ 中有 $A_1C_1 = \dfrac{B_1C_1 \sin B_1}{\sin A_1}$，$A_2C_2 = \dfrac{B_2C_2 \sin B_2}{\sin A_2}$.

∵ $\angle A_1 = \angle A_2$，$B_1C_1 = B_2C_2$，$\sin B_2 = \sin(180° - B_1) = \sin B_1$，

∴ $A_1C_1 = A_2C_2$.

由此在 $\triangle FBD$ 和 $\triangle FCE$ 中，

∵ $\angle BFD = \angle CFE$，$\angle FBD + \angle FCE = \angle FCA + \angle FCE = 180°$，$BD = CE$，

∴ 根据引理可得 $FD = FE$.

例5 已知某个四面体中，有且仅有一条棱大于1，求证它的体积 $V \leq \dfrac{1}{8}$.

证明：构造一个引理：在一个边长为 $\overline{LN} \leq 1$、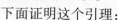$\overline{MN} \leq 1$ 和 $\overline{LM} = x(0 < x < 2)$ 的 $\triangle LMN$ 中，有 $\overline{NK} \leq \sqrt{1-\dfrac{x^2}{4}}$，这里 K 是从 N 到线段 $\overline{LM}$ 的垂线的垂足.

如图 1 所示，不失一般性，设 $MK \geq \dfrac{x}{2}$.

由于 $x > 0$，$MN \leq 1$，$\therefore NK^2 = MN^2 - MK^2 \leq 1 - \dfrac{x^2}{4}$，$\therefore NK \leq \sqrt{1 - \dfrac{x^2}{4}}$.

下面利用这个引理来证明我们的命题：

如图 2 所示，$ABCD$ 是任意一个四面体，它只有一边大于 1（不失一般性，设 $CD > 1$），D_1 是由 D 到平面 ABC 的垂线的垂足，D_2 和 C_1 分别是由 D 和 C 到线段 AB 的垂线的垂足，棱 AB 的长为 x，则

$$V = \dfrac{1}{3}DD_1 \times \dfrac{x}{2} \times CC_1 \leq \dfrac{x}{6}DD_2 \times CC_1.$$

由引理有 $DD_2 \leq \sqrt{1 - \dfrac{x^2}{4}}$，$CC_1 \leq \sqrt{1 - \dfrac{x^2}{4}}$，

$\therefore V \leq \dfrac{x}{6}\left(1 - \dfrac{x^2}{4}\right) = \dfrac{1}{3}\left(1 + \dfrac{x}{2}\right) \cdot \dfrac{x}{2}\left(1 - \dfrac{x}{2}\right).$

又由 $x \leq 1$，得 $1 + \dfrac{x}{2} \leq \dfrac{3}{2}$.

而根据关于算术平均和几何平均定理有

$$\sqrt{\dfrac{x}{2}\left(1 - \dfrac{x}{2}\right)} \leq \dfrac{1}{2}.$$

故 $V \leq \dfrac{1}{3} \times \dfrac{3}{2} \times \dfrac{1}{4} = \dfrac{1}{8}.$

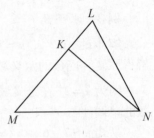

例 5(1) 图

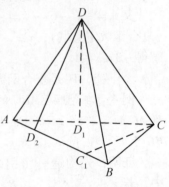

例 5(2) 图

例 6 已知 m 和 n 是任意非负整数，证明：若规定 $0! = 1$，则 $\dfrac{(2m)!(2n)!}{m!\,n!\,(m+n)!}$ 是一个整数.

证明： 构造引理：若 $[u]$ 表示不超过 u 的最大整数，则对于 $x, y \geq 0$，恒有 $[2x] + [2y] \geq [x + y]$.

事实上，若 $x + y < 1$，则有 $[x + y] = 0$，不等式显然成立.

若 $x + y \geq 1$，则 $[x + y - 1] \geq 0$，仍有

$$[2x] + [2y] \geq [2x + 2y - 1]$$
$$= [(x + y) + (x + y - 1)]$$
$$\geq [x + y] + [x + y - 1] \geq [x + y].$$

由于在 $k!$ 的标准分解式中质因数 p 的次数等于

$$\left[\frac{k}{p}\right]+\left[\frac{k}{p^2}\right]+\left[\frac{k}{p^3}\right]+\cdots,$$

所以，若证$\frac{(2m)!\ (2n)!}{m!\ n!\ (m+n)!}$是整数，只需证明

$$\left[\frac{2m}{pr}\right]+\left[\frac{2n}{pr}\right]\geq\left[\frac{m}{pr}\right]+\left[\frac{n}{pr}\right]+\left[\frac{m+n}{pr}\right].$$

设 $m=g\cdot p^r+s(0\leq s<p^r)$，$n=h\cdot p^r+t(0\leq t<p^r)$，

则
$$\left[\frac{2m}{pr}\right]+\left[\frac{2n}{pr}\right]=2g+2h+\left[\frac{2s}{pr}\right]+\left[\frac{2t}{pr}\right],$$

$$\left[\frac{m}{pr}\right]+\left[\frac{n}{pr}\right]+\left[\frac{m+n}{pr}\right]=2g+2h+\left[\frac{s+t}{pr}\right].$$

由引理有 $\left[\frac{2s}{pr}\right]+\left[\frac{2t}{pr}\right]\geq\left[\frac{s+t}{pr}\right]$，

$$\therefore \left[\frac{2m}{pr}\right]+\left[\frac{2n}{pr}\right]\geq\left[\frac{m}{pr}\right]+\left[\frac{n}{pr}\right]+\left[\frac{m+n}{pr}\right].$$

故 $\frac{(2m)!\ (2n)!}{m!\ n!\ (m+n)!}$是一个整数.

例7 已知四面体 $ABCD$，E，F，G 分别在棱 AB，AC，AD 上，记 $\triangle EFG$ 的面积为 $S_{\triangle EFG}$，周长为 $P_{\triangle EFG}$，求证：

(1) $S_{\triangle EFG}\leq\max\{S_{\triangle ABC}, S_{\triangle ABD}, S_{\triangle ACD}, S_{\triangle BCD}\}$;

(2) $P_{\triangle EFG}\leq\max\{P_{\triangle ABC}, P_{\triangle ABD}, P_{\triangle ACD}, P_{\triangle BCD}\}$.

(1986年数学奥林匹克国家集训队选拔题)

证明： 构造两个引理：

引理1： 给定空间两直线 l 和 m，P，Q，R 为 l 上顺次三点，它们到 m 的距离依次为 d_1，d_2，d_3，则 $d_2\leq\max(d_1, d_3)$.

证明从略.

引理2： 给定两直线 l，m 及 l 上两点 M，N，设 P，Q，R 为 m 上顺次三点，则 $QM+QN\leq\max\{PM+PN, RM+RN\}$.

引理2可通过将 N 点绕直线 m 旋转到平面 MPQ 上，且 N 与 M 分别位于直线 m 两侧面，使问题得以简化. 证明从略.

设 $\triangle EFG$ 所在平面为 π，不妨设 B 点到 π 的距离最小，则当 B 不与 E 重合时，考虑过 B 平行于 π 的平面 π'，设 π' 与四面体 $ABCD$ 交成 $\triangle BF'G'$，其中 F' 位于 AC 上，G' 位于 AD 上（如右图），于是有 $EF/\!/BF'$，$EG/\!/BG'$，$FG/\!/F'G'$，

$$\therefore \triangle EFG\backsim\triangle BF'G'.$$

显然 $S_{\triangle EFG} < S_{\triangle BF'G'}$，$P_{\triangle EFG} < P_{\triangle BF'G'}$.

所以我们只需证明 $\triangle BF'G'$ 满足（1），（2）即可.

如图所示，连接 $F'D$，设 A，G'，D 到 BF' 的距离分别为 d_1，d_2，d_3，则由引理 1 知
$$d_2 \leq \max\{d_1, d_3\}.$$
$\therefore S_{\triangle BF'G'} \leq \max\{S_{\triangle BF'A}, S_{\triangle BF'D}\}$
$\leq \max\{S_{\triangle ABC}, S_{\triangle ACD}\}$.

同理可证，$S_{\triangle BF'G'} \leq \max\{S_{\triangle ABD}, S_{\triangle BCD}\}$.

于是 $S_{\triangle BF'G'} \leq \max\{S_{\triangle ABC}, S_{\triangle ABD}, S_{\triangle ACD}, S_{\triangle BCD}\}$.

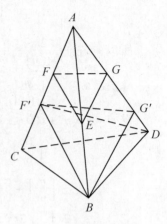

例 7 图

问题（1）即证.

运用引理 2 易得
$$P_{\triangle BF'G'} \leq \max\{P_{\triangle ABF'}, P_{\triangle BDF'}\}$$
$$\leq \max\{P_{\triangle ABC}, P_{\triangle ABD}, P_{\triangle BCD}\},$$
则有 $P_{\triangle BF'G'} \leq \max\{P_{\triangle ABC}, P_{\triangle ABD}, P_{\triangle ACD}, P_{\triangle BCD}\}$.

因此（2）成立.

例 8 以任意方式将圆上 $4k$ 个点标上 1，2，$\cdots$，$4k$，求证：

（1）可以用 $2k$ 条两两不交的弦联结这 $4k$ 个点，使得每条弦的两端的标数之差不超过 $3k-1$；

（2）对于任意的自然数 k，（1）中的数 $3k-1$ 不能再减少.

（1986 年数学奥林匹克国家集训队选拔题）

证明：（1）将 1，2，$\cdots$，$4k$ 这 $4k$ 个数分成 A，B 两组.
$$A = \{1, 2, \cdots, k, 3k+1, 3k+2, \cdots, 4k\},$$
$$B = \{k+1, k+2, \cdots, 3k\}.$$
则 A 中任一数与 B 中任一数的之差的绝对值不大于 $3k-1$，因此，只需证明可以用 $2k$ 条两两不交的弦联结 A，B 中的数，弦的一端在 A 中，另一端在 B 中.

构造如下引理：圆周上有 $2n$ 个点，其中 n 个为"红点"，另外 n 个为"蓝点"，则可用 n 条两两不相交的弦联结这 $2n$ 个点，使每条弦的两端不同色.

事实上，当 $n=1$ 时，引理显然成立.

假设 $n=k$ 时，引理成立，则 $n=k+1$ 时，一定能找到相邻的两点，设为 P，Q，它们的颜色不相同，将 P，Q 用弦联结起来，然后去掉 P，Q 两点，还剩 $2k$ 个点，有 k 个"红"点，k 个"蓝点"，由假设可以用 k 条两两不

相交的弦联结这$2k$个点，使每条弦的两端点不同色，注意到P，Q是相邻的两点，故弦PQ不可能与其余k条弦相交，这样就证明了$n=k+1$时引理成立.

由上可知，对一切自然数n，引理成立.

从引理可得：可以用$2k$条两两不相交的弦联结A，B中的数，弦的一端在A中，另一端在B中，于是(1)得以证明.

(2)对圆周上$4k$个点依次编号为1，2，$\cdots$，$4k$，再填上适当的数，填法如下：

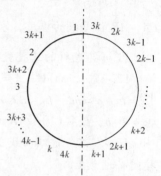

编号：1，2，3，4，5，$\cdots$，$2k-2$，$2k-1$，$2k$；

填数：1，$3k+1$，2，$3k+2$，3，$\cdots$，$4k-1$，k，$4k$；

编号：$2k+1$，$2k+2$，$2k+3$，$\cdots$，$4k-2$，$4k-1$，$4k$；

填数：$k+1$，$2k+1$，$k+2$，$\cdots$，$3k-1$，$2k$，$3k$.

A，B定义同(1)，则从填数过程能够证明：若A中的两数间连有一弦，则A中必有相邻两数，它们间有一弦相连，且两数之差不小于$3k-1$.

若A中任两数间没有弦相连，则A中的数只能"平行"地与B中的数相连(否则弦将相交)，所以必有1和$3k$相连，从而两数之差为$3k-1$.

这就说明了(1)中的数$3k-1$不能再减少.

习 题 七

1. 求函数$y=\dfrac{\sin x+3\cos x}{\sin x+2\cos x+1}$的值域.

2. 已知$\theta_i \geqslant 0 (i=1, 2, \cdots, n)$，且$\theta_1+\theta_2+\cdots+\theta_n=\pi$，求：$s=\sin^2\theta_1+\sin^2\theta_2+\cdots+\sin^2\theta_n$的最大值.

3. 解方程$\dfrac{\operatorname{ctg}x+1}{\operatorname{ctg}x-1}=\cos 2x$.

4. 求证：$\operatorname{tg}3A-\operatorname{tg}2A-\operatorname{tg}A=\operatorname{tg}3A\operatorname{tg}2A\operatorname{tg}A$.

5. 设$\triangle ABC$为任意三角形，证明：$\operatorname{tg}^2\dfrac{A}{2}+\operatorname{tg}^2\dfrac{B}{2}+\operatorname{tg}^2\dfrac{C}{2}\geqslant 1$.

6. 试证：$\sqrt[n]{n+\sqrt[n]{n}}+\sqrt[n]{n-\sqrt[n]{n}}\leqslant 2\sqrt[n]{n}(n\in \mathbf{N})$且仅当$n=1$时取等号.

7. 已知：$x > -1$ 且 $x \neq 0$，$n \in \mathbf{N}$，$n \geq 2$，求证：$(1+x)^n > 1 + nx$.

8. 已知复数 z_1，z_2，z_3 满足条件 $z_1\bar{z}_1 = z_2\bar{z}_2 = z_3\bar{z}_3 = 1$，且 $z_1 + z_2 + z_3 = 0$，求证：z_1，z_2，z_3 对应的点恰是复平面上一个正三角形的顶点.

9. 求证：在自然数集中，存在 $2n+1$ 个 $(n \in \mathbf{N})$ 连续的自然数，使得前 $n+1$ 个自然数的平方和等于后 n 个自然数的平方和.

10. 设 P 是三角形 ABC 内部的一个点，D，E，F 依次是 P 向线段 BC，CA，AB 作垂线的垂足，求出使 $\dfrac{BC}{PD} + \dfrac{CA}{PE} + \dfrac{AB}{PF}$ 达到最小时 P 的位置.

11. n 为怎样的正整数时，式子 $n^4 + n^2$ 可被 $2n+1$ 整除.

12. 设 $a, b \in \mathbf{R}$，$A = \{(x, y) \mid x = n, y = na + b, n \in \mathbf{R}\}$，$B = \{(x, y) \mid x = m, y = m^2 + 6, m \in \mathbf{R}\}$，$C = \{(x, y) \mid 9x^2 + 22y^2 \leq 198\}$，讨论是否存在 a 和 b，使得 (1) $A \cap B \neq \Phi$，(2) $(a, b) \in C$ 同时成立？

13. 求证：过双曲线上的一点的切线和法线与虚轴交成的三角形，其外接圆必过焦点.

14. 求证：$\text{tg}20° + 2\text{tg}40° + 4\text{tg}10° = \text{tg}70°$.

15. 求证：$37^{73} > 73!$.

16. 已知 $a, b, c > 0$，求证：$\dfrac{a^2}{b^2} + \dfrac{b^2}{c^2} + \dfrac{c^2}{a^2} \geq \dfrac{a^2}{b} + \dfrac{b^2}{c} + \dfrac{c^2}{a}$.

17. 设 n 为自然数 $(n \geq 1)$，求证：$\dfrac{1}{1^2} + \dfrac{1}{2^2} + \cdots + \dfrac{1}{n^2} < 2$.

18. 已知 $0 < a < 1$，数列 $\{a_n\}$ 满足 $a_1 = 1 + a$，$a_{n+1} = \dfrac{1}{a_n} + a (n \geq 1)$，求证：对于一切正整数 n，有 $a_n > 1$.

19. 设 $0 < x < \dfrac{\pi}{32}$，求证：$\dfrac{\text{tg}9\alpha}{\text{tg}\alpha} > 9$.

20. 证明：$\underbrace{11\cdots1}_{1993\text{ 个}}\underbrace{22\cdots2}_{1993\text{ 个}}$ 是两个连续自然数的积.

21. 正数 a 为何值时，函数 $y = a\sqrt{x+2} + 3\sqrt{6-x}$ 的最大值为 $10\sqrt{2}$.

22. 解方程 $|x^2 - 3x - 2| = 3x + 5$.

23. 证明不等式：$1 + \dfrac{1}{\sqrt{2}} + \dfrac{1}{\sqrt{3}} + \cdots + \dfrac{1}{\sqrt{n}} < 2\sqrt{n} (n \in \mathbf{N})$.

24. 求证形如 2^k (k 是正整数) 的数不能是 n 个连续正整数的和.

25. 设 $\theta_i \in \mathbf{R} (i = 0, 1, 2, \cdots, n, n \in \mathbf{N})$，求证方程：
$$z^n \cos\theta_n + z^{n-1}\cos\theta_{n-1} + \cdots + z\cos\theta_1 + \cos\theta_0 = 2.$$

的根在复平面上对应的点全在圆 $|z|=\dfrac{1}{2}$ 之外.

26. 求函数 $y=\left(\dfrac{1}{2}\right)^{x^2-2x-1}$ 的单调区间.

27. 求前 n 个自然数的立方和.

第八章 构造数学模型法

何为数学模型？数学模型就是用数字表达式或图形表示所反映的对象某些元素之间的关系的一种数学结构．通过构造数学模型，分析并解剖这个模型从而使问题得到解决的方法叫作构造数学模型法．在生产和生活（包括经济生活）中，有许多实际问题可以用构造数学模型法来解决．用构造数学模型法解答实际问题一般有以下四个步骤：第一，分析与假设，找出问题中的变量；第二，构建数学模型，根据题意写出变量之间的关系式或图形；第三，对数学模型求解．第四，必须根据求解的结果检查是否符合题意，作出最终的回答．

例1 某地为促进淡水养殖业的发展，将价格控制在适当范围内，决定对淡水鱼养殖提供政府补贴，设淡水鱼的市场价格为 x 元/千克，政府补贴为 t 元/千克，根据市场调查，当 $8 \leqslant x \leqslant 14$ 时，淡水鱼的市场供应日供应 P 千克与市场日需求量 Q 千克近似地满足关系：

$$P = 1000(x+t-8) \quad (x \geqslant 8, \ t \geqslant 0)$$
$$Q = 500\sqrt{40-(x-8)^2} \quad (8 \leqslant x \leqslant 14).$$

当 $P = Q$ 时，市场价格称为市场平衡价格．

（1）将市场平衡价格表示为政府补贴的函数，并求出函数的定义域；

（2）为使市场平衡价格不高于每千克10元，政府补贴至少每千克多少元？（1995年高考全国数学试题（理）第24题）

解： 依题设有 $1000(x+t-8) = 500\sqrt{40-(x-8)^2}$，

化简得 $5x^2 + (8t-80)x + (4t^2-64t+280) = 0$.

当判别式 $\Delta = 800 - 16t^2 \geqslant 0$ 时，可得 $x = 8 - \dfrac{4}{5}t \pm \dfrac{2}{5}\sqrt{50-t^2}$.

由 $\Delta > 0$，$t \geqslant 0$，$8 \leqslant x \leqslant 14$ 得不等式组

（1）$\begin{cases} 0 \leqslant t \leqslant \sqrt{50}, \\ 8 \leqslant 8 - \dfrac{4}{5}t + \dfrac{2}{5}\sqrt{50-t^2} \leqslant 14; \end{cases}$

(2) $\begin{cases} 0 \leqslant t \leqslant \sqrt{50}, \\ 8 \leqslant 8 - \dfrac{4}{5}t - \dfrac{2}{5}\sqrt{50-t^2} \leqslant 14. \end{cases}$

解不等式组(1)得 $0 \leqslant t \leqslant \sqrt{10}$，不等式组(2)无解.

故所求函数关系式为 $x = 8 - \dfrac{4}{5}t + \dfrac{2}{5}\sqrt{50-t^2}$.

函数的定义域为 $[0, \sqrt{10}]$.

(2) 为使 $x \leqslant 10$，应有 $8 - \dfrac{4}{5}t + \dfrac{2}{5}\sqrt{50-t^2} \leqslant 10$.

化简得 $t \geqslant 1$ 或 $t \leqslant -5$.

由 $t \geqslant 0$，知 $t \geqslant 1$，从而政府补贴至少每千克1元.

例2 如图所示，为处理含有某种杂质的污水，要制造一个底宽为2米的无盖长方体沉淀箱，污水从 A 孔流入，经沉淀后从 B 孔流出. 设箱体的长度为 a 米，高度为 b 米，已知流出的水中该杂质的质量分数与 a，b 的乘积 ab 成反比. 现有制箱材料60平方米，问当 a，b 各为多少米时，经沉淀后流出的水中该杂质的质量分数最小(A，B 孔的面积忽略不计)？[1998年高考全国数学试题(理)第22题]

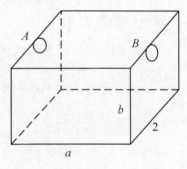

例2 图

解：设 y 为流出的水中杂质的质量分数，则 $y = \dfrac{k}{ab}$.

其中 $k > 0$，为比例系数，依题意：所求的 a，b 值使 y 最小.

根据题设有 $4b + 2ab + 2a = 60$ ($a > 0$，$b > 0$)，得

$$b = \dfrac{30-a}{2+a} \ (0 < a < 30).\quad ①$$

于是 $y = \dfrac{k}{ab} = \dfrac{k}{\dfrac{30a-a^2}{2+a}} = \dfrac{k}{-a+32-\dfrac{64}{a+2}}$

$= \dfrac{k}{34-\left(a+2+\dfrac{64}{a+2}\right)} \geqslant \dfrac{k}{34-2\sqrt{(a+2)\dfrac{64}{a+2}}} = \dfrac{k}{18}.$

当 $a+2 = \dfrac{64}{a+2}$ 时取等号，y 达到最小值.

这时 $a = 6$ 或 $a = -10$(舍去). 将 $a = 6$ 代(1)得 $b = 3$.

故当 a 为 6 米、b 为 3 米时,经沉淀后流出的水中该杂质的质量分数最小.

例3 从社会效益和经济效益出发,某地投入资金进行生态环境建设,并以此发展旅游产业,根据规划,本年度投入 800 万元,以后每年将比上一年减少 $\dfrac{1}{5}$,本年度当地旅游收入估计为 400 万元,由于该项建设对旅游业的促进作用,预计今后的旅游业收入每一年会比上一年增加 $\dfrac{1}{4}$.

(1)设 n 年内(本年度为第一年)总投入为 a_n 万元,旅游收入为 b_n 万元,写出 a_n,b_n 的表达式;

(2)至少经过几年旅游业的收入才能超过总投入?[2001 年高考全国数学试题(理)第 21 题]

解:(1)第一年投入为 800 万元,第二年投入为 $800 \times \left(1 - \dfrac{1}{5}\right)$ 万元,……,第 n 年投入为 $800 \times \left(1 - \dfrac{1}{5}\right)^{n-1}$ 万元.

所以 n 年的总投入为

$$a_n = 800 + 800 \times \left(1 - \dfrac{1}{5}\right) + \cdots + 800 \times \left(1 - \dfrac{1}{5}\right)^{n-1}$$

$$= \sum_{k=1}^{n} 800 \times \left(1 - \dfrac{1}{5}\right)^{k-1} = 4000 \left[1 - \left(\dfrac{4}{5}\right)^n\right].$$

同理可得 n 年的旅游总收入为

$$b_n = 400 + 400 \times \left(1 + \dfrac{1}{4}\right) + \cdots + 400 \times \left(1 + \dfrac{1}{4}\right)^{n-1}$$

$$= \sum_{k=1}^{n} 400 \times \left(\dfrac{5}{4}\right)^{k-1} = 1600 \left[\left(\dfrac{5}{4}\right)^n - 1\right].$$

(2)设至少经过 n 年旅游业的总收入才能超过总投入,则 $b_n - a_n > 0$,即

$$1600 \left[\left(\dfrac{5}{4}\right)^n - 1\right] - 4000 \left[1 - \left(\dfrac{4}{5}\right)^n\right] > 0.$$

化简得 $5 \times \left(\dfrac{4}{5}\right)^n + 2\left(\dfrac{5}{4}\right)^n - 7 > 0$.

设 $x = \left(\dfrac{4}{5}\right)^n$,代入上式有 $5x^2 - 7x + 2 > 0$.

解此不等式得 $x < \dfrac{2}{5}$,$x > 1$(舍).

即 $\left(\dfrac{4}{5}\right)^n < \dfrac{2}{5}$，由此得 $n \geqslant 5$.

答：至少经过 5 年旅游业的总收入才能超过总投入．

例 4 某海滨城市海面有一台风，据监测，当前台风中心位于城市 O（如图所示）的东偏南 θ（$\theta = \arccos\dfrac{\sqrt{2}}{10}$）方向 300 千米的海面 P 处，并以 20 千米/小时的速度向西偏北 45° 方向移动，台风侵袭的范围为圆形区域，当前半径为 60 千米，并以 10 千米/小时的速度不断扩大，问几小时后该城市开始受到台风侵袭？[2003 年高考全国数学试题（理）第 20 题].

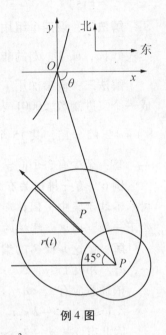

例 4 图

解：如图所示建立坐标系，以 O 为原点，正东方向为 x 轴正向，在时刻 $t(h)$，台风中心 $\overline{P}(\bar{x}, \bar{y})$ 的坐标为

$$\begin{cases} \bar{x} = 300 \times \dfrac{\sqrt{2}}{10} - 20 \times \dfrac{\sqrt{2}}{2} t, \\ \bar{y} = -300 \times \dfrac{7\sqrt{2}}{10} + 20 \times \dfrac{\sqrt{2}}{2} t. \end{cases}$$

此时台风侵袭的区域是 $(x - \bar{x}) + (y - \bar{y}) \leqslant [r(t)]^2$，其中 $r(t) = 10t + 60$.

若在 t 时刻城市 O 受到台风的侵袭，则有 $(0 - \bar{x})^2 + (0 - \bar{y})^2 \leqslant (10t + 60)^2$，

即 $\left(300 \times \dfrac{\sqrt{2}}{10} - 20 \times \dfrac{\sqrt{2}}{2} t\right)^2 + \left(-300 \times \dfrac{7\sqrt{2}}{10} + 20 \times \dfrac{\sqrt{2}}{2} t\right)^2 \leqslant (10t + 60)^2$.

整理得 $t^2 - 36t + 288 \leqslant 0$，解之得 $12 \leqslant t \leqslant 24$.

答：12 小时后该城市开始受到台风侵袭．

上面列举的是运用构造数学模型解答的非数学领域的实际问题．其实对于数学本身有些问题同样可以运用这种方法来解答，不过此时我们将所给的问题提炼抽象纯化，并根据对应和同构原理，构造适当的反映其本质特征的数学模型．

例 5 某班有 40 个学生，都参加了课外小组，课外小组有数学、美术、体育和书法四种，每人可以参加一个、二个、三个或四个组，问这个班中至少有几个学生参加的组和组数相同，为什么？

解法一：按不同的参加方法构造抽屉，直接穷举，参加的方法有：参加

一个组的有 4 种，两个组的有 $C_4^2 = 6$ 种，三个组的有 $C_4^3 = 4$ 种，参加四个组的有 1 种，共 15 种.

于是 $\left[\dfrac{40}{15}\right] + 1 = 3$.

解法二：设四个组用 a，b，c，d 表示.

∵ $\{a, b, c, d\}$ 的非常真子集为 $2^4 - 1 = 15$，于是 $\left[\dfrac{40}{15}\right] + 1 = 3$.

解法三：设参加用 1 表示，不参加用 0 表示，按参加情况依次排列构造成一个二进制数，0001 表示只参加第四个小组，于是从 0001 到 $(1111)_2 = 8 + 4 + 2 + 1 = 15$，共 15 个数即 15 种情况，由此 $k = \left[\dfrac{40}{15}\right] + 1 = 3$.

答：至少有 3 个同学参加的方法一样.

例 6 有一排树共有 n 棵，现从中砍伐 $k(n \geq 3k-2)$ 棵，为了使砍伐的树木不过于集中，园林部门规定：在每砍下一棵树后至少要留下两棵方能续砍下一棵，问这 k 棵树的砍伐方法有多少种.

解：记这 n 棵树的编号为 $1, 2, 3, \cdots, n$，砍下的 k 棵树记为 a_1，a_2 $\cdots$，a_k，并设 $1 \leq a_1 < a_2 < \cdots < a_k \leq n$.

依题意应有 $a_i < a_{i+1} - 2 (i = 1, 2, \cdots, k-1)$.

∴ $1 \leq a_1 < a_2 - 2 < a_3 - 4 < \cdots < a_k - 2(k-1) \leq n - 2(k-1)$.

因此有 a_1，$a_2 - 2$，$\cdots$，$a_k - 2(k-1)$.

为此，可从 1 至 $n - 2(k-1)$ 这 $n - 2(k-1)$ 个数中选取 k 个数从小到大的一个排列，这个排列的个数为 $C_{n-2(k-1)}^k$，并且每个排列完全确定 a_1，a_2，$\cdots$，a_k 的唯一一种取法.

故 a_1，a_2，$\cdots$，a_k 的取法有 $C_{n-2(k-1)}^k$ 种，即这 k 棵树的砍伐方法有 $C_{n-2(k-1)}^k$ 种.

例 7 有若干个鸟窝，它们之间的距离彼此不等，如果从每个鸟窝都有一只鸟飞落到离它最近的另一个鸟窝，试证每个鸟窝飞落下的鸟不超过 5 只.

证明：如果鸟窝的个数不超过 6 只，则每个鸟窝飞落的鸟不超过 5 只，命题显然成立.

如果鸟窝的个数超过 6 只，把问题转化为构造数学模型：证明平面内不存在这样的点 O，它到 n 个点 p_1，p_2，$\cdots$，p_n 的距离 d_1，d_2，$\cdots$，d_n，能使 $d_1 < p_1 p_2$，$d_1 < p_1 p_n$，$d_2 < p_2 p_1$，$d_2 < p_2 p_3 \cdots d_n < p_n p_1$，$d_n < p_n p_{n-1}$ 同时成立.

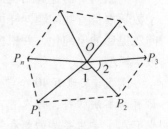

例 7 图

如图所示：设 O 在多边形内部，$d_1 < p_1p_2$，$d_2 < p_2p_1$，则 p_1p_2 为不等边 $\triangle p_1Op_2$ 的最大边.

∴ $\angle 1 > 60°$，同理 $\angle 2 > 60°$，…，$\angle n > 60°$.

于是 $\angle 1 + \angle 2 + \cdots + \angle n > 60°(n \geq 6)$ 与 $\angle 1 + \angle 2 + \cdots + \angle n = 360°$ 矛盾，所以这样的点不存在.

如果 O 点在多边形的边上或外部，同样可以推得这样的点不存在，故命题得证.

例8 求关于 x_1，x_2，…，x_n 的方程 $x_1 + x_2 + \cdots + x_n = m$ ($m \in \mathbf{N}$) 的非负整数解的个数.

解：构造如下与问题等价的模型：m 个相同小球投放到 $n-1$ 块隔板分开的 n 个空格内共有多少种投放种数.

于是把 m 个小球与这 $n-1$ 块隔板进行排列，每一种排列对应一种投放结果，即对应原方程的一个解，而这种排列的种数为 C_{m+n-1}^{n-1}.

故原方程非负整数解的个数为 C_{m+n-1}^{n-1}.

例9 男女学生若干人围坐一圆桌，若相邻者为同性别，中间就插一朵红花；若相邻不同性别，中间就插一朵蓝花；若所插红花与蓝花的朵数相同，则男女总人数必是4的倍数.

证明：男生用 $+1$ 表示，女生用 -1 表示，这样同号两数 $(+1)$，$(+1)$ 或 (-1)，(-1) 之间插红花；异号两数 $(+1)$，(-1) 或 (-1)，$(+1)$ 之间插蓝花，即两数积为"$+1$"时插红花；两数积为"-1"时插蓝花. 这样原问题就转化为如下与之等价的数学模型：x_1，x_2，…，x_n 是一种排列，它们均为 $+1$ 或 -1.

若 $x_1x_2 + x_2x_3 + \cdots + x_nx_1 = 0$，则 n 必为4的倍数.

因为从 x_1（不妨设为 $+1$）开始，依次经过 x_2，x_3，…，x_n，再到 x_1（$+1$），变号的次数为偶数次，即 $x_1 = (-1)^{2k}x_1$，就是说在 x_1x_2，x_2x_3，…，$x_{n-1}x_n$，x_nx_1 中的 -1 的个数为偶数.

又 $x_1x_2 + x_2x_3 + \cdots + x_nx_1 = 0$，所以其中 $+1$ 的个数亦为 $2k$.

∴ x_1x_2，x_2x_3，…，x_nx_1 中的 $+1$ 和 -1 共有 $4k$ 个，由此得 $n = 4k$.

故男女学生总人数必是4的倍数.

例10 1，2，3，…，n 排成一列，使得除最前面一个数外，其他每个数都与排在它前面的某个数之差为1，这种排法的种数是多少？（第26届美国普特南数学竞赛题）

解：当 n 分别取1，2，3，4时，得排列的种数依次为1，2，4，8，故推测本题的答案应是 2^{n-1}.

为此我们证明：首项为 k 的满足条件的排列数为 $C_{n-1}^{k-1}(k=1,2,\cdots,n)$.

当首项为 k 时考虑数 $1,2,\cdots,k-1$ 及 $k+1,k+2,\cdots,n$ 这两类数出现在排列中的顺序，依据条件，2 必定在 1 之前出现（否则 1 之前将没有那个数与它的差为 1），依次类推，3 必定在 2 之前，$\cdots$，$k-1$ 必定在 $k-2$ 之前，故数 $1,2,\cdots,k-1$ 出现在排列中的次序是递减的，同理可得 $k+1,k+2,\cdots,n$ 出现在排列中的顺序是递增的，且除 k 之外的 $n-1$ 个空位中数 $1,2,\cdots,k-1$ 可以任意选取 $k-1$ 个空位从大到小排列，不仅如此，当这 $k-1$ 个数排完之后，要得出整个排列只需将剩余的 $n-1$ 个空位按从小到大的顺序依次填上 $k+1,k+2,\cdots,n$ 就行了. 因此，从 $n-1$ 个空位中任意选取 $k-1$ 个空位后就确定一个 k 在首位的排列、由此可知 k 在首位的排列有 C_{n-1}^{k-1} 种.

故所求的排法有 $C_{n-1}^{0}+C_{n-1}^{1}+\cdots+C_{n-1}^{n-1}=2^{n-1}$ 种.

上述有关章节中讲到构造函数法、构造方程法、构造表达式法、构造数组法、构造数列法乃至在《初等数学变换法及其应用》讲到数形变换法都可叫构造数学模型法，只不过在那里已经给出了数学模型，只是这个模型难以解答，我们必须构造一个与之等价的易于解答的数学模型，从而使问题得到解决. 按照所构造的模型的形式和处理的手段不同我们分出这些种类.

习 题 八

1. 某地现有耕地 10000 公顷，规划 10 年后粮食单产比现在增加 22%，人均粮食占有量比现在提高 10%，如果人口年增长率为 1%，那么耕地平均每年至多只能减少多少公顷（精确到 1 公顷）？[1996 年高考全国数学试题（理）第 23 题]

2. 甲、乙两地相距 S 千米，汽车从甲地匀速行驶到乙地，速度不得超过 C 千米/时，已知汽车每小时的运输成本（以元为单位）由可变部分和固定部分组成：可变部分与速度 V（千米时）的平方成正比，比例系数为 b；固定部分为 a 元.

(1) 全程运输成本把 y（元）表示为速度 V（千米时）的函数，并指出这个函数的定义域.

(2) 为了使运输成本最小，汽车应以多大速度行驶？

[1997 年高考全国数学试题（理）第 22 题]

3. 某城市 2001 年末汽车保有量为 30 万辆，预计此后每年报废上一年末汽车保有量的 6%，并且每年新增汽车数量相同，为保护城市环境，要求该城市汽车保有量不超过60万辆,那么每年新增汽车数量不应超过多少辆?
[2002年高考全国数学试题(理)第20题]

4. 若考虑被加数的顺序,试求自然数 n 写成一个或多个自然数之和的表示法有多少种?

5. 求方程 $x_1 + x_2 + x_3 + x_4 + x_5 = 25$ 的非负整数解的组数.

6. 剧院的座位排成 P 排 q 列(我们规定把纵行的座位叫作列),这样整个剧院可容纳 Pq 个观众($P>1$,$q>1$),在每一个位置上,坐一个小学生,他们都不一样高,老师在每排中挑选个子最矮的学生,在这些最矮的学生中,个子最高的等于 a;然后,老师在每列中,挑选个子最高的,他们之中最矮的等于 b.

试说明:三个关系式 $a<b$,$a=b$,$a>b$ 中,那一个可以表示数 a 与 b 的关系,并弄清当剧院小学生调换座位后,这个关系是否改变.

习 题 解 答

习 题 一

1. 解：构造两个辅助函数，$y_1 = |x^2 - 1|$，$y_2 = c + 1$，则原方程的解转换成在 C 取不同值时两函数图像交点的个数.

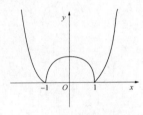

第 1 题图

曲线 $y_1 = |x^2 - 1|$ 的图像如图所示，从 C 的不同取值 $y_2 = C + 1$ 与 y_1 的交点个数可得原方程不同解的个数，见下表：

C	$C<-1$	$C=-1$	$-1<C<0$	$C=0$	$C>0$
解的个数	0	2	4	3	2

2. 解：设 $f(x) = 7x^2 - (k+13)x + k^2 - k - 2$.

如图所示 $f(x) = 0$ 的两根分别在 $0 < x < 1$ 与 $1 < x < 2$ 内的充要条件是：

$$\begin{cases} f(0) > 0, \\ f(1) < 0, \\ f(2) > 0. \end{cases} \Leftrightarrow \begin{cases} k^2 - k - 2 > 0, \\ k^2 - 2k - 8 < 0, \\ k^2 - 3k > 0. \end{cases}$$

$$\Leftrightarrow \begin{cases} k < -1 \text{ 或 } k > 2, \\ -2 < k < 4, \\ k < 2 \text{ 或 } k > 3 \end{cases} \Leftrightarrow -2 < k < -1 \text{ 或 } 3$$

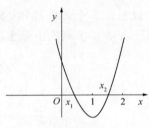

第 2 题图

$< k < 4$ 即为所求.

3. 解：$3\sin^2 x - \cos^2 x + 4\cos x + a^2 = -4\cos^2 x + 4\cos x + a^2 + 3$.

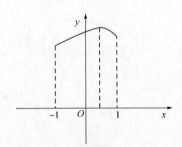

第 3 题图

令 $\cos x = t$. 构造函数 $f(t) = -4t^2 + 4t + a^2 + 3$ ($-1 \leq t \leq 1$)，则原不等式可转化为 $4 \leq f(t) \leq 20$.

在 $[-1, 1]$ 内恒成立.

二次函数 $f(t) = -4t^2 + 4t + a^2 + 3$ ($-1 \leq t \leq 1$) 图像顶点横坐标为 $t = \dfrac{1}{2}$.

所以，满足条件的图像如图所示，则有：
$$\begin{cases} f(-1) = a^2 - 5 \geq 4, \\ f\left(\dfrac{1}{2}\right) = a^2 + 4 \leq 20. \end{cases}$$
解之得 $-4 \leq a \leq -3$ 或 $3 \leq a \leq 4$ 为所求．

4. 解：构造 $f(x) = \lg(a^x - b^x)$，先确定 x 的取值范围．

$\because a^x - b^x > 0$ 即 $\left(\dfrac{a}{b}\right)^x > 1$，且 $\dfrac{a}{b} > 1$，$\therefore x \in (0, +\infty)$．

依题意，只需 $f(x)$ 是 $(0, +\infty)$ 上增函数，且 $f(1) = 0$．

$\because a > 1 > b > 0$，$\therefore a^x$ 和 $-b^x$ 都是 $(0, +\infty)$ 上的增函数，从而 $a^x - b^x$ 亦是 $(0, +\infty)$ 上的增函数．

又 $f(1) = \lg(a - b)$，令 $\lg(a - b) = 0$ 得 $a - b = 1$．

故 a, b 满足的关系式是 $a = b + 1$

5. 解：构造函数 $y_1 = \sqrt{x}$，$y_2 = ax + \dfrac{3}{2}$，则 y_1 的图像是经过原点的幂函数 $y = x^{\frac{1}{2}}$ 的图像，y_2 的图像是经过定点 $\left(0, \dfrac{3}{2}\right)$ 斜率为 a 的一条射线（如图所示）．

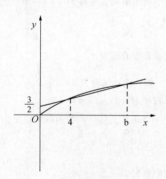

第 5 题图

不等式 $\sqrt{x} > ax + \dfrac{3}{2}$ 的解为当 $y_1 = \sqrt{x}$ 的图像在 $y_2 = ax + \dfrac{3}{2}$ $(0 \geq 0)$ 的图像上方时，相应的 x 的取值范围．

因为不等式的解集为 $(4, b)$，故方程 $\sqrt{x} = ax$

$+ \dfrac{3}{2}$ 有一个解为 4 将 $x = 4$ 代入方程，得 $a = \dfrac{1}{8}$．

再求方程 $\sqrt{x} = \dfrac{1}{8} x + \dfrac{3}{2}$ 的解，得 $x = 36$，即 $b = 36$．

6. 解：$\because$ 当 $\theta \in \left(0, \dfrac{\pi}{2}\right)$ 时，$\sin\theta + \cos\theta \geq 1$．

而此时 $\sin\theta + \cos\theta = \dfrac{1}{5} < 1$，$\therefore \theta \in \left(\dfrac{\pi}{2}, \pi\right)$．

构造函数 $f(x) = \sin x + \cos x$．

$\because \sin x$，$\cos x$ 在 $\left(\dfrac{\pi}{2}, \pi\right)$ 上都是减函数，

$\therefore f(x) = \sin x + \cos x$ 在 $\left(\dfrac{\pi}{2}, \pi\right)$ 上也是减函数．

又 $\because f\left(\dfrac{3\pi}{4}\right) = 0 < f(\theta) = \dfrac{1}{5}$，

利用 $f(x)$ 的单调递减性可得 $\dfrac{\pi}{2} < \theta < \dfrac{3\pi}{4}$．

最后根据 $\theta \in \left(\dfrac{\pi}{2}, \dfrac{3\pi}{4}\right)$ 时，$\text{tg}\theta < -1$，故选择 A．

7. 解：② $\times 2$ 化成 $(2y)^2 + \sin 2y + 2a = 0$．

构造函数 $f(t) = t^2 + \sin t$，$t \in \left[-\dfrac{\pi}{2}, \dfrac{\pi}{2}\right]$．

易证 $f(t)$ 在 $\left[-\dfrac{\pi}{2}, \dfrac{\pi}{2}\right]$ 上单调递增．

于是题中的条件变为 $\begin{cases} f(x) - 2a = 0, \\ f(-2y) - 2a = 0. \end{cases}$

由此可得 $f(x) = f(-2y)$，$\therefore x = -2y$，即 $x + 2y = 0$．

故 $\cos(x + 2y) = 1$．

8. 解：构造函数 $g(x) = x^5 + ax^3 + bx$，则 $f(x) = g(x) - 8$．

$\because f(-2) = 10$，$\therefore g(-2) = f(-2) + 8 = 18$．

又 $\because g(-x) = -(x^5 + ax^3 + bx) = -g(x)$．

$\therefore g(x)$ 是奇函数，

$\therefore g(2) = -g(-2) = -18$．

故 $f(2) = g(2) - 8 = -18 - 8 = -26$．

9. 解：构造函数 $F(x) = f(x) + 4$．则 $F(x)$ 为奇函数．

$F\left(\dfrac{1}{\sqrt{3} - 2}\right) = f\left(\dfrac{1}{\sqrt{3} - 2}\right) + 4$．

而 $F\left(\dfrac{1}{\sqrt{3} - 2}\right) = F[-(2 + \sqrt{3})]$

$$= -F(2+\sqrt{3})$$
$$= -[f(2+\sqrt{3})+4]$$
$$= -4,$$
$$\therefore f\left(\frac{1}{\sqrt{3}-2}\right) = -8.$$

10. 解：(1) 构造一个新的函数，令 $x = \sin\theta, -\frac{\pi}{2} \leq \theta \leq \frac{\pi}{2}$。则 $\cos\theta \geq 0$，

$$\therefore y = \sin^2\theta + 2a\cos\theta + a^2 - 6a + 13$$
$$= -\cos^2\theta + 2a\cos\theta + a^2 - 6a + 14$$
$$= -(\cos\theta - a)^2 + 2a^2 - 6a + 14,$$

$\therefore$ 函数 y 的最大值 $M(a) = \begin{cases} a^2 - 8a + 13 & (a < -1), \\ 2a^2 - 6a + 14 & (-1 \leq a \leq 1), \\ a^2 - 4a + 13 & (a > 1). \end{cases}$

(2) 当 $a \in (1, +\infty)$ 时，$M(a) = a^2 - 4a + 13 = (a-2)^2 + 9$。

要使 $y = \log_b M(a)$ 在 $(1, +\infty)$ 内取到最大值 $-\frac{4}{3}$。

则 $0 < b < 1$，于是 $\log_b 9 = -\frac{4}{3}$，$b = 3^{-\frac{3}{2}} = \frac{\sqrt{3}}{9}$。

故存在 $b = \frac{\sqrt{3}}{9}$，使 $a \in (1, +\infty)$ 时，$y = \log_b M(a)$ 取到最大值 $-\frac{4}{3}$。

11. 解：构造两个函数 $y_1 = \sqrt{a(a-x)}$，$y_2 = a - 2x$，作出其图像。

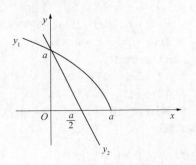

第11题（1）图

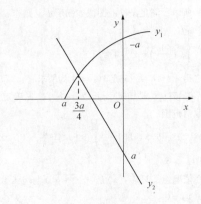

第11题（2）图

由图像可知：

(1) 当 $a > 0$ 时，不等式的解是 $0 < x \leq a$；

(2) 当 $a < 0$ 时，不等式的解是 $x > \frac{3a}{4}$。

12. 解：原方程可化为 $x^5 + x + (5x+3)^5 + (5x+3) = 0$。 ①

构造函数 $f(x) = x^5 + x$ $(x \in \mathbf{R})$，则方程①变为 $f(x) + f(5x+3) = 0$。

易证 $f(x)$ 为单调奇函数，

$\therefore f(5x+3) = -f(x) = f(-x)$。

由函数的单调性可得 $5x + 3 = -x$。

$\therefore x = -\frac{1}{2}$。

故原方程的解为：$x = -\frac{1}{2}$。

13. 解：构造函数 $f(a) = a(2 + \sqrt{a^2 + 3})$，则原方程变为 $f(2x+1) = f(-3x)$。

$\because f(a)$ 在 R 上是单调增函数，

$\therefore 2x + 1 = -3x$，$x = -\frac{1}{5}$。

故原方程的解为 $x = -\frac{1}{5}$。

14. 解：由题设知 $x \geq 1$，$y \geq 1$，于是可构造函数

$x = \sec^2\alpha$，$y = \sec^2\beta$，$\alpha, \beta \in \left[0, \frac{\pi}{2}\right)$。

原方程可化为 $\sec^2\alpha \text{tg}\beta + \sec^2\beta \text{tg}\alpha = \sec^2\alpha \sec^2\beta$。

即 $\sin\beta\cos\beta + \sin\alpha\cos\alpha = 1$，

$\sin 2\beta + \sin 2\alpha = 2,$

$\therefore \quad \sin 2\beta = 1, \quad \sin 2\alpha = 1,$

$\beta = 45°, \quad \alpha = 45°,$

$x = y = \sec^2 45° = 2.$

故原方程的解为 $\begin{cases} x = 2, \\ y = 2. \end{cases}$

15. 解：原方程可化为：$\sqrt[3]{2t+1} + (x+1) + \sqrt[3]{2x+1} + (2x+3) = 0.$

令 $x+1 = t$，则得 $\sqrt[3]{t} + t + \sqrt[3]{2t+1} + (2t+1) = 0.$

构造 $f(t) = \sqrt[3]{t} + t$，可得 $f(t) + f(2t+1) = 0$，$f(2t+1) = -f(t).$

由于函数 $f(t)$ 是奇函数，

$\therefore f(2t+1) = f(-t).$

又 $\because$ 函数 $f(t)$ 是单调递增的，

$\therefore 2t + 1 = -t,$

$\therefore t = -\dfrac{1}{3}$，于是 $x = -\dfrac{4}{3}.$

故原方程的解为：$x = -\dfrac{4}{3}.$

16. 解：构造函数 $f(x) = x^3 - 6$，$g(x) = [x]$，分别作出 $f(x)$，$g(x)$ 的图像（如图所示），发现仅在 $1 < x \leqslant 2$ 时，两个函数的图像才有交点.

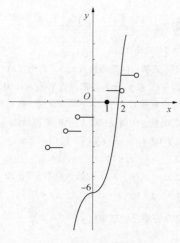

第 16 题图

当 $x = 2$ 时，$f(2) - g(2) = 2^3 - 6 - 2 = 0.$

当 $1 < x < 2$ 时，$[x] = 1.$

令 $f(x) - g(x) = x^3 - 6 - 1 = 0$ 得 $x = \sqrt[3]{7}.$

故原方程的解为：$x_1 = \sqrt[3]{7}$，$x_2 = 2.$

17. 证明：构造二次函数

$f(x) = \left(x + \dfrac{a}{b}\right)\left(x - \dfrac{a}{b}\right) = x^2 - \dfrac{a^2}{b^2},$

则 $f\left(\dfrac{a+m}{b+m}\right) = \left(\dfrac{a+m}{b+m}\right)^2 - \dfrac{a^2}{b^2} = \dfrac{[2ab + m(a+b)]m(b-a)}{b^2(b+m)^2},$

$\therefore a, b, m \in \mathbf{R}^+$ 且 $a < b.$

$\therefore f\left(\dfrac{a+m}{b+m}\right) > 0.$

而 $-\dfrac{a}{b} < \dfrac{a}{b}$，且 $\dfrac{a+m}{b+m} > 0$，故 $\dfrac{a+m}{b+m} > \dfrac{a}{b}.$

18. 证明：构造二次函数 $f(x) = (x+1)(x-1) = x^2 - 1$，则

$f\left(\dfrac{a+b}{1+ab}\right) = \left(\dfrac{a+b}{1+ab}\right)^2 - 1 = \dfrac{(a^2-1)(1-b^2)}{(1+ab)^2}.$

$\because |a| < 1, |b| < 1, \therefore a^2 - 1 < 0, 1 - b^2 > 0.$

$\therefore f\left(\dfrac{a+b}{1+ab}\right) < 0.$

故 $\left(\dfrac{a+b}{1+ab}\right)^2 < 1$，即 $\left|\dfrac{a+b}{1+ab}\right| < 1.$

19. 证明：构造辅助函数 $y = x + \dfrac{1}{x}$，则当 $0 < x \leqslant \dfrac{1}{4}$ 时，y 为减函数，

$\therefore y_{\min} = \dfrac{1}{4} + \dfrac{1}{\frac{1}{4}} = \dfrac{17}{4}.$

而由 $a, b \in \mathbf{R}^+$，$a + b = 1$ 知 $ab > 0.$

又 $1 = (a+b)^2 = a^2 + b^2 + 2ab \geqslant 2ab + 2ab = 4ab.$

$\therefore ab \leqslant \dfrac{1}{4}$，即 $0 < ab \leqslant \dfrac{1}{4}.$

故 $ab + \dfrac{1}{ab} \geqslant \dfrac{17}{4}.$

20. 证明：构造二次函数 $f(t) = (t + 2\sqrt{2})(t - 2\sqrt{2}) = t^2 - 8.$

$\therefore f\left[\dfrac{2+x}{1+x}\sqrt{1+(1+x)^2}\right]$

181

$$= \left[\frac{2+x}{1+x}\sqrt{1+(1+x)^2}\right]^2 - 8$$

$$= \frac{x^2[(x+2)^2 + 2(1+x)]}{(1+x)^2} \geq 0.$$

而 $-2\sqrt{2} < 2\sqrt{2}$，且 $x \geq 0$，

$$\therefore \frac{2+x}{1+x}\sqrt{1+(1+x)^2} \geq 2\sqrt{2}.$$

等号当且仅当 $x = 0$ 时成立.

21. 证明：构造函数 $f(x) = ax^2 - 2cx + b$.

$\because a > 0$,

$\therefore$ 抛物线开口向上，条件有 $f(1) = a + b - 2c < 0$，故抛物线与 x 轴在 $x = 1$ 两边有两个交点.

$\therefore$ (1) $\Delta = 4c^2 - 4ab > 0$，即 $c^2 > ab$.

(2) 解 $ax^2 - 2cx + b = 0$ 得

$$x_1 = \frac{c - \sqrt{c^2 - ab}}{a}, \quad x_2 = \frac{c + \sqrt{c^2 - ab}}{a}.$$

$$\therefore c - \sqrt{c^2 - ab} < a < c + \sqrt{c^2 - ab}.$$

22. 证明：构造函数

$$f(x) = \frac{x(a^x - 1)}{(a^x + 1)\log_a(\sqrt{x^2+1} - x)} - \ln(\sqrt{x^2+1} + x),$$

则

$$\because f(-x) = \frac{-x(a^{-x} - 1)}{(a^{-x} + 1)\log_a(\sqrt{(-x)^2+1} + x)} - \ln(\sqrt{(-x)^2+1} - x)$$

$$= \frac{-x\left(\frac{1}{a^x} - 1\right)}{\left(\frac{1}{a^x} + 1\right)\log_a \frac{1}{\sqrt{x^2+1} - x}} - \ln\frac{1}{\sqrt{x^2+1} + x}$$

$$= -\left[\frac{x(a^x - 1)}{(a^x + 1)\log_a(\sqrt{x^2+1} - x)} - \ln(\sqrt{x^2+1} + x)\right]$$

$$= -f(x),$$

$\therefore f(x)$ 为奇函数.

当 $x > 0$ 时，

$\because 0 < a < 1$,

$\therefore a^x - 1 < 0$，由 $(\sqrt{x^2+1} + x) > 1$，

$\therefore \log_a(\sqrt{x^2+1} + x) < 0$，那么有

$$f(x) = \frac{x(a^x - 1)}{(a^x + 1)\log_a(\sqrt{x^2+1} - x)} - \ln(\sqrt{x^2+1} + x)$$

$$= -\left[\frac{x(a^x - 1)}{(a^x + 1)\log_a(\sqrt{x^2+1} + x)} + \ln(\sqrt{x^2+1} + x)\right] < 0,$$

$\therefore$ 当 $x < 0$ 时 $f(x) = -f(-x) > 0$.

故 $\dfrac{x(a^x - 1)}{(a^x + 1)\log_a(\sqrt{x^2+1} - x)} > \ln(\sqrt{x^2+1} + x)$.

23. 证明：构造二次函数

$f(t) = (1 + 2^{2x} + 4^{2x}a)t^2 - 2(1 + 2^x + 4^x a)t + 3$,

则 $f(t) = (t-1)^2 + (2^x t - 1)^2 + a(4^x t - 1)^2 + (1-a) \geq 0$.

若 $f(t) = 0$，则有 $t - 1 = 2^x t - 1 = 4^x t - 1 = 1 - a = 0$.

得 $t = 1$，且 $a = 1$，且 $x = 0$，但 $x \neq 0$.

$\therefore f(t) > 0$.

$\therefore \Delta = 4(1 + 2^x + 4^x a)^2 - 4 \times 3(1 + 2^{2x} + 4^{2x} a) < 0$,

即 $(1 + 2^x + 4^x a)^2 < 3(1 + 2^{2x} + 4^{2x} a)$.

亦即 $\left(\dfrac{1 + 2^x + 4^x a}{3}\right)^2 < \dfrac{1 + 2^{2x} + 4^{2x} a}{3}$,

$\therefore \lg\left(\dfrac{1 + 2^x + 4^x a}{3}\right)^2 < \lg\dfrac{1 + 2^{2x} + 4^{2x} a}{3}$,

即 $2\lg\dfrac{1 + 2^x + 4^x a}{3} < \lg\dfrac{1 + 2^{2x} + 4^{2x} a}{3}$.

故 $2f(x) < f(2x)$.

24. 证明：构造函数 $f(x) = (1 - y - z)x + y(1 - z) + z$，视 y, z 为参数，当 $1 - y - z = 0$ 时，$f(x)$ 为常数函数，当 $1 - y - z \neq 0$ 时，$f(x)$ 为 x 的一次函数，因而是 $(0, 1)$ 上的单调函数.

$\therefore f(0) = y - yz + z = (y - 1)(1 - z) + 1 < 1$,

$f(1) = 1 - yz < 1$,

$\therefore f(x)$ 在 $(0, 1)$ 上的最大值小于 1，即

$x(1 - y) + y(1 - z) + z(1 - x) < 1$.

25. 证明：构造函数 $y = \dfrac{x}{x + a} = 1 - \dfrac{a}{x + a}$ ($a > 0$).

考虑函数 $y = 1 - \dfrac{a}{x + a}$ 在 $(-\infty, -a)$ 和 $(a,$

182

$+\infty$)上单调增加,它们的图像是以直线 $x=-a$ 和 $y=1$ 为渐近线的双曲线.

利用单调性有

$$\frac{x+y+a+b}{x+y+a+b+c+r} + \frac{y+z+b+c}{y+z+a+b+c+r}$$

$$> \frac{x+a+b}{x+a+b+c+r} + \frac{z+b+c}{z+a+b+c+r}$$

$$> \frac{x+a}{x+z+a+b+c+r} + \frac{z+c}{x+z+a+b+c+r}$$

$$= \frac{x+z+a+c}{x+z+a+b+c+r}.$$

26. 证明:构造辅助函数 $f(x) = \frac{1}{1+x}$.

$\because f'(x) = -\frac{1}{1+x^2} < 0$,

$\therefore f(x)$ 在 $[0, +\infty)$ 上是严格单调下降的.

又 $\because \frac{a_2+a_6}{a_1+a_2+a_3+a_4} < \frac{a_4+a_5+a_6+a_7}{a_1+a_2}$,

$\therefore \frac{1}{1+\frac{a_5+a_6}{a_1+a_2+a_3+a_4}} > \frac{1}{1+\frac{a_4+a_5+a_6+a_7}{a_1+a_2}}$,

即 $\frac{a_1+a_2+a_3+a_4}{a_1+a_2+a_3+a_4+a_5+a_6} > \frac{a_1+a_2}{a_1+a_2+a_3+a_4+a_5+a_6+a_7}$. ①

又 $\because \frac{a_2+a_7}{a_3+a_4+a_5+a_6} < \frac{a_1+a_2+a_3+a_4+a_7}{a_5+a_6}$,

$\therefore \frac{1}{1+\frac{a_2+a_7}{a_3+a_4+a_5+a_6}} > \frac{1}{1+\frac{a_1+a_2+a_3+a_4+a_7}{a_5+a_6}}$,

即 $\frac{a_3+a_4+a_5+a_6}{a_2+a_3+a_4+a_5+a_6+a_7} > \frac{a_5+a_6}{a_1+a_2+a_3+a_4+a_5+a_6+a_7}$. ②

① + ② 即得所证.

27. 证明:构造一次函数 $f(a) = (b+c)a + bc+1 (|a|<1)$ 其图像是一不包括端点的线段,于是 $f(-1) \leq f(a) \leq f(1)$ 或 $f(1) \leq f(a) \leq f(-1)$.

然而 $\because |b|<1, |c|<1$,

$\therefore f(1) = (b+c) \times 1 + bc + 1 = (b+1)(c+$

$1) > 0$,

$f(-1) = (b+c) \times (-1) + bc + 1 = (b-1)(c-1) > 0$.

故 $f(a) = (b+c)a + bc + 1 = ab + bc + ca + 1 > 0$.

28. 证明:构造 $x = \sec^2\alpha$, $y = \sec^2\beta$, $\alpha, \beta \in (0, \frac{\pi}{2})$. 把问题转化为求证

$\sqrt{\sec^2\alpha \cdot \sec^2\beta} > 1 + \sqrt{(\sec^2\alpha-1)(\sec^2\beta-1)}$,

即 $\sec\alpha\sec\beta > 1 + \text{tg}\alpha \cdot \text{tg}\beta$.

再化为 $\cos\alpha\cos\beta + \sin\alpha\sin\beta \leq 1$,即 $\cos(\alpha-\beta) \leq 1$.

此式显然成立,依次递推可得原不等式成立.

29. 证明:构造函数

$f(u) = \sqrt{u+1} - \sqrt{u-1} = \frac{2}{\sqrt{u+1}+\sqrt{u-1}}$,

则对 $u \geq 1$, $f(u)$ 是单调递减函数.

$\therefore b - a = (\sqrt{x+1} - \sqrt{x-1}) \cdot$

$+ (\sqrt{y+1} - \sqrt{y-1})$

$= \frac{2}{\sqrt{x+1}+\sqrt{x-1}} +$

$\frac{2}{\sqrt{y+1}+\sqrt{y-1}} \leq 2\sqrt{2} < 3$

又由题设知 $b - a > 1$.

$\therefore b - a = 2$,即 $b = a + 2$.

30. 分析: 由 $0.08 \leq x \leq 0.12$ 知

$|10x - 1| \leq 0.2$. ①

如果所求的多项式 $p(x) = \frac{1}{10}Q(x)$,则由

$|P(x) - 0.1| < 0.001$ ②

可得 $|Q(x) - 1| < 0.001$. ③

由于 $P(x)$ 要求整系数,所以 $Q(x)$ 的各项系数必须是 10 的倍数,且满足③式,很自然想到构造函数 $Q(x) = (10x-1)^n + 1$(其中 n 为奇数).

因为将 $10x - 1$ 与①式联系,由二项式定理知:

当 n 为奇数时,$(10x-1)^n + 1$ 各项系数均为 10 的倍数,要 $Q(x)$ 满足③,即

$|(10x-1)^n| < 0.001$.

根据①，必须选择 n，使得 $(0.2)^n < 0.001$，即 $5^n > 10^3$，显然取 $n = 5$ 即可.

于是构造出多项式 $p(x) = \frac{1}{10}[(10x-1)^n + 1]$ 满足条件.

31.（1）解：已知递推式可变为 $a_{n+1} = 2 \cdot \sqrt{\frac{1 + \frac{1}{2}a_n}{2}}$，用数学归纳法易证 $0 < \frac{1}{2}a_n < 1$.

构造三角函数 $\frac{1}{2}a_n = \cos\theta_n \left(0 < \theta_n < \frac{\pi}{2}\right)$，则

$$a_{n+1} = 2\cos\theta_{n+1} = \sqrt{2 + 2\cos\theta_n} = 2\cos\frac{\theta_n}{2},$$

$\therefore \theta_{n+1} = \frac{1}{2}\theta_n.$

而由 $a_1 = \sqrt{2} = 2\cos\theta_1$，可得 $\theta_1 = \frac{\pi}{4}$，

$\therefore \theta_n = \frac{\pi}{4}\left(\frac{1}{2}\right)^{n-1} = \frac{\pi}{2^{n+1}}.$

$\therefore a_n = 2\cos\frac{\pi}{2^{n+1}}.$

（2）证明：$\because y = \cos\theta$ 在 $\left(0, \frac{\pi}{2}\right)$ 内是减函数，

而 $0 < \frac{\pi}{2^{n+2}} < \frac{\pi}{2^{n+1}} < \frac{\pi}{2}$，

$\therefore \cos\frac{\pi}{2^{n+1}} < \cos\frac{\pi}{2^{n+2}}$ 即 $a_n < a_{n+1}.$

又 $|a_n| = 2\cos\frac{\pi}{2^{n+1}} < 2$，故 $\{a_n\}$ 是递增有界数列.

32. 解：$\because a, c, b, m$ 都是正数，且 $a^m = b^m + c^m.$

$\therefore a > b, a > c$，立得 $a + c > b, a + b > c.$

a, b, c 为三边要构成三角形，必须 $b + c > a.$

显然 m 为大于 2 的整数，因若 $m = 1$，有 $a = b + c$，所以不能构成三角形；而若 $m = 2$，则 $a^2 = b^2 + c^2$，a, b, c 构成直角三角形，故 $m \geq 3$.

构造函数 $f(x) = \left(\frac{b}{a}\right)^x + \left(\frac{c}{a}\right)^x.$

$\because 0 < \frac{b}{a} < 1, 0 < \frac{c}{a} < 1,$

$\therefore$ 函数 $\left(\frac{b}{a}\right)^x$ 与 $\left(\frac{c}{a}\right)^x$ 都是减函数，从而 $f(x)$ 也是减函数.

由已知

$$f(m) = \left(\frac{b}{a}\right)^m + \left(\frac{c}{a}\right)^m = 1,$$

$$f(1) = \frac{b}{a} + \frac{c}{a}.$$

当 $m \geq 3$ 时，$f(m) < f(1)$ 即 $\frac{b}{a} + \frac{c}{a} > 1 \Rightarrow b + c > a.$

由此可知，当 $m \geq 3$ 时，a, b, c 均可构成三角形.

又当 $m \geq 3$ 时，

$\therefore f(2) = \left(\frac{b}{a}\right)^2 + \left(\frac{c}{a}\right)^2 > f(m) = 1.$

$\therefore b^2 + c^2 > a^2,$

$\therefore a, b, c$ 构成锐角三角形.

故 m 的最小值为 3.

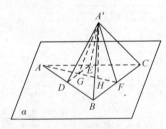

第 33 题图

33. 解：如图所示，AF 为 $\triangle ABC$ 的 BC 边上的高.

$\because DE // BC,$

$\therefore AF \perp DE$，且 F, G 分别为 BC, DE 的中点，沿 DE 折成 $60°$ 的二面角后，A 移到 A' 位置，$A'G \perp DE, GF \perp DE,$

$\therefore \angle A'GF = 60°$ 且 $DE \perp$ 面 $A'GF, BC \perp$ 面 $A'GF$，则 $A'F \perp BC$，即 $A'F$ 为折起后 A 到 BC 的距离.

设 $AG = x.$ $\therefore AF = \frac{\sqrt{3}}{2}a,$

$\therefore GF = \frac{\sqrt{3}}{2}a - x.$

在 $\triangle A'GF$ 中 $A'F^2 = x^2 + \left(\dfrac{\sqrt{3}}{2}a - x\right)^2$

$\qquad -2x \cdot \left(\dfrac{\sqrt{3}}{2} - x\right)\cos 60°$

$\qquad = 3(x - \dfrac{\sqrt{3}}{2}a)^2 + \dfrac{3a^2}{16}.$

当 $x = \dfrac{\sqrt{3}}{2}a$ 时,$A'F$ 取最小值 $\dfrac{\sqrt{3}}{4}a$,此时,

面 $A'GF \perp$ 面 $BCED$. 且 $\triangle A'GF$ 为正三角形.

设 GF 的中点为 H,则 $A'H \perp$ 面 $BCED$,且 $A'H = \dfrac{\sqrt{3}}{2} \cdot \dfrac{\sqrt{3}}{4}a = \dfrac{3}{8}a.$

∴ 棱锥体积 $V = \dfrac{1}{3}S_{BCED} \cdot A'H = \dfrac{1}{3} \cdot \dfrac{3}{4} \cdot \dfrac{\sqrt{3}}{4}a^2 \cdot \dfrac{3}{8}a = \dfrac{3\sqrt{3}}{128}a^3.$

习 题 二

1. 解:设 $x = \sqrt[3]{9+\sqrt{80}} + \sqrt[3]{9-\sqrt{80}}$,则

$x^3 = 18 + 3(\sqrt[3]{9+\sqrt{80}} + \sqrt[3]{9-\sqrt{80}})$,

即 $x^3 = 18 + 3x.$

于是构造出方程 $x^3 - 3x - 18 = 0$,即 $(x-3)(x^2+3x+6) = 0$,而 $x^2+3x+6 = 0$ 无实根.

∴ $x - 3 = 0$,$x = 3$.

故 $\sqrt[3]{9+\sqrt{80}} + \sqrt[3]{9-\sqrt{80}} = 3.$

2. 解:∵ $\lg 54 = \lg 2 + 3\lg 3$,$\lg 63 = 2\lg 3 + \lg 7$,$\lg 84 = 2\lg 2 + \lg 3 + \lg 7.$

设 $\lg 2 = x$,$\lg 3 = y$,$\lg 7 = z$. 则可构造方程组

$\begin{cases} x + 3y = a, \\ 2y + z = b, \\ 2x + y + z = c \end{cases}$ 解之得 $\begin{cases} x = \dfrac{1}{7}(a - 3b + 3c), \\ y = \dfrac{1}{7}(2a + b - c), \\ z = \dfrac{1}{7}(-4a + 5b + 2c). \end{cases}$

∴ $\log 504 = 3\lg 2 + 2\lg 3 + \lg 7 = 3x + 2y + z$

$\qquad = \dfrac{3}{7}(a - 3b + 3c) + \dfrac{2}{7}(2a + b - c) + \dfrac{1}{7}(-4a + 5b + 2c)$

$\qquad = \dfrac{1}{7}(3a - 2b + 9c).$

3. 解:以 $x_1 = 3 - \sqrt{3}$,$x_2 = 3 + \sqrt{3}$ 为根构造二次方程

$x^2 - 6x + 6 = 0,$

则原式 $= (x^2 - 6x + 6)(x^2 + x + 1) - x - 5$

$\qquad = -x - 5$

$\qquad = -8 + \sqrt{3}.$

4. 解:由 $\sin\alpha + \sin\beta = \dfrac{1}{4}$ 得

$\sin[(\alpha+\beta) - \beta] + \sin[(\alpha+\beta) - \alpha] = \dfrac{1}{4},$

即 $\sin(\alpha+\beta)(\cos\alpha + \cos\beta) - \cos(\alpha+\beta)(\sin\alpha + \sin\beta) = \dfrac{1}{4}.$

将已知代入有 $\dfrac{1}{3}\sin(\alpha+\beta) - \dfrac{1}{4}\cos(\alpha+\beta) = \dfrac{1}{4}$,即

$\dfrac{1}{3}\sin(\alpha+\beta) = \dfrac{1}{4}[\cos(\alpha+\beta) + 1]$ ①

再由 $\cos\alpha + \cos\beta = \dfrac{1}{3}$ 得

$\cos[(\alpha+\beta) - \beta] + \cos[(\alpha+\beta) - \alpha] = \dfrac{1}{3},$

即

$\cos(\alpha+\beta)(\cos\alpha + \cos\beta) + \sin(\alpha+\beta)(\sin\alpha + \sin\beta) = \dfrac{1}{3},$

即 $\dfrac{1}{3}\cos(\alpha+\beta) = \dfrac{1}{3} - \dfrac{1}{4}\sin(\alpha+\beta).$ ②

由①,②组成关于 $\sin(\alpha+\beta)$ 与 $\cos(\alpha+\beta)$ 的一次方程组,解之得:

$\begin{cases} \sin(\alpha+\beta) = \dfrac{24}{25}, \\ \cos(\alpha+\beta) = \dfrac{7}{25}. \end{cases}$

∴ $\operatorname{tg}(\alpha+\beta) = \dfrac{24}{7}.$

5. 解:设 $7\theta = 2n\pi(n = 1, 2, 3)$

∴ $4\theta = 2n\pi - 3\theta,$

$\cos 4\theta = \cos 3\theta. \ 2\cos^2 2\theta - 1 = 4\cos^3\theta - 3\cos\theta.$

$\therefore 8\cos^4\theta - 4\cos^3\theta - 8\cos^2\theta + 3\cos\theta + 1 = 0$.

易知 1，$\cos\dfrac{2}{7}\pi$，$\cos\dfrac{4}{7}\pi$，$\cos\dfrac{6}{7}\pi$ 是方程

$$8x^4 - 4x^3 - 8x^2 + 3x + 1 = 0$$

的四个根，由韦达定理得 $1 + \cos\dfrac{2\pi}{7} + \cos\dfrac{4\pi}{7} + \cos\dfrac{6\pi}{7} = \dfrac{1}{2}$.

故 $\cos\dfrac{2}{7}\pi + \cos\dfrac{4}{7}\pi + \cos\dfrac{6}{7}\pi = -\dfrac{1}{2}$.

6. 解：$\because A$，B，C 成等差数列，

$\therefore B = 60°$，$A + C = 120°$，

$\therefore \text{tg}A + \text{tg}C = \text{tg}(A+C)(1 - \text{tg}A\text{tg}C)$

$\qquad = 3 + \sqrt{3}$.

又 $\text{tg}A \cdot \text{tg}C = 2 + \sqrt{3}$，构造二次方程 $x^2 - (3+\sqrt{3})x + (2+\sqrt{3}) = 0$，则 $\text{tg}A$，$\text{tg}C$ 是该方程的两个根.

解此方程得 $x_1 = 1$，$x_2 = 2 + \sqrt{3}$ 或 $x_1 = 2 + \sqrt{3}$，$x_2 = 1$.

$\therefore \text{tg}A = 1$，$\text{tg}C = 2+\sqrt{3}$ 或 $\text{tg}A = 2+\sqrt{3}$，$\text{tg}C = 1$.

故 A，B，C 的度数为 $45°$，$60°$，$75°$ 或 $75°$，60，45.

7. 解：设 $y = \sqrt{x+5} + \sqrt{x}$，则

$$y^2 = 2x + 5 + 2\sqrt{x^2+5x}.$$

构造关于 y 的一元二次方程 $y^2 + y - 30 = 0$，解得 $y_1 = 5$，$y_2 = -6$.

$\because y = \sqrt{x+5} + \sqrt{x} > 0$，

$\therefore y = 5$，即 $\sqrt{x+5} + \sqrt{x} = 5$.

解得 $x = 4$.

经检验方程的解为 $x = 4$.

8. 解：由 $xy - z^2 = 1$ 得 $xy = z^2 + 1$.

把 z 看作已知数，构造方程

$$t^2 - 2t + (z^2 + 1) = 0, \qquad ①$$

则 x，y 为该方程的根.

$\because x$，y 为实数，

$\therefore \Delta = 4 - 4(z^2+1) \geq 0 \Rightarrow z^2 \leq 0$，$\therefore z = 0$.

代入①得 $t^2 - 2t + 1 = 0$，解之 $t_1 = t_2 = 1$.

故原方程组的解为 $\begin{cases} x = 1, \\ y = 1, \\ z = 0. \end{cases}$

9. 解：$\because x^2 + y^2 + z^2 = (x+y+z)^2 - 2(xy + yz + zx)$.

将①，②代入并化简得

$$xy + yz + zx = 71. \qquad ④$$

又 $x^3 + y^3 + z^3 - 3xyz = (x+y+z)(x^2+y^2+z^2-xy-yz-zx)$.

将①，③，④代入并化简得

$$xyz = 105. \qquad ⑤$$

于是可构造方程 $u^3 - 15u^2 + 71u - 105 = 0$.

而 x，y，z 是该方程的根.

解该三次方程得 $u_1 = 3$，$u_2 = 5$，$u_3 = 7$.

故原方程组的解为：$\{(x, y, z)\} = \{(3, 5, 7)$，$(3, 7, 5)$，$(5, 3, 7)$，$(5, 7, 3)$，$(7, 3, 5)$，$(7, 5, 3)\}$.

10. 解：构造关于 t 的方程 $t^3 + zt^2 + yt + x = 0$.

由已知 a，b，c 恰为此方程的三个根，由根与系数的关系有：

$\begin{cases} x = -abc, \\ y = ab + bc + ca, \\ z = -(a+b+c). \end{cases}$

此为原方程组的解.

11. 解：暂且把 x，y，z 看成已知数，构造方程

$\dfrac{x}{u^3} - \dfrac{y}{u^2} + \dfrac{z}{u} = 1$，即 $u^3 - zu^2 + yu - x = 0$.

由已知，a，b，c 为该方程的三个根，根据韦达定理可得：

$a + b + c = z$，$ab + bc + ca = y$，$abc = x$.

$\therefore$ 原方程组的解为 $\begin{cases} x = abc, \\ y = ab + bc + ca, \\ z = a + b + c. \end{cases}$

12. 证明：设 $\lg 4 \cdot \lg 25 = a$，又 $\lg 4 + \lg 25 = 2$.

构造方程 $x^2 - 2x + a = 0$，则 $\lg 4$、$\lg 25$ 是该方程的两个不等实根.

$\therefore \Delta = (-2)^2 - 4a > 0$.

解得 $a < 1$，即 $\lg 4 \cdot \lg 25 < 1$.

13. 证明：当 $\text{tg}\gamma - 2\text{tg}\alpha = 0$ 时，不等式显

然成立.

当 $\text{tg}\gamma - 2\text{tg}\alpha \neq 0$ 时，构造二次方程
$(\text{tg}\gamma - 2\text{tg}\alpha)x^2 - 2(\text{tg}\alpha - \text{tg}\beta)x + (2\text{tg}\beta - \text{tg}\gamma) = 0.$

$\because (\text{tg}\gamma - 2\text{tg}\alpha) + 2(\text{tg}\alpha - \text{tg}\beta)x + (2\text{tg}\beta - \text{tg}\gamma) = 0,$

$\therefore$ 方程必有一根为 1.

$\therefore \Delta = 4(\text{tg}\alpha - \text{tg}\beta)^2 - 4(\text{tg}\gamma - 2\text{tg}\alpha)(2\text{tg}\beta - \text{tg}\gamma) \geqslant 0,$

故 $(\text{tg}\alpha - \text{tg}\beta)^2 \geqslant (\text{tg}\gamma - 2\text{tg}\alpha)(2\text{tg}\beta - 2\text{tg}\gamma).$

14. 证明：由①得 $yz = x^2 - 8x + 7$.

由②得 $(y+z)^2 = yz + 6x - 6 = (x-1)^2.$

$\therefore y + z = \pm(x-1).$

于是可构造方程 $t^2 \mp (x-1)t + (x^2 - 8x + 7) = 0.$

而 y, z 是该方程的两根.

$\because t \in \mathbf{R}, \therefore \Delta = (x-1)^2 - 4(x^2 - 8x + 7) \geqslant 0.$

解得 $1 \leqslant x \leqslant 9$.

15. 证明：由已知得 $z = 2 - x - y$ 代入 $xy + yz + zx = 1$，整理得关于 y 的二次方程

$y^2 + (x-2)y + (x^2 - 2x + 1) = 0.$

$\because y$ 为实数，$\therefore \Delta \geqslant 0.$

即 $(x-2)^2 - 4(x^2 - 2x + 1) = -3x^2 + 4x \geqslant 0.$

又 x 为非负实数，解得 $x \leqslant \dfrac{4}{3}.$

同理可得，$y \leqslant \dfrac{4}{3}, z \leqslant \dfrac{4}{3}.$

16. 证明：构造以 a, b, c 为三根的方程

$t^3 + m_1 t^2 + m_2 t + m_3 = 0.$

由(1)，(2)，(3)，根据一元三次方程的韦达定理有：

$m_1 < 0, m_2 > 0, m_3 < 0.$

但当 $t \leqslant 0$ 时，$t^3 + m_1 t^2 + m_2 t + m_3 < 0$ 等式不成立.

所以 $t > 0$，即三根 a, b, c 必为正数.

故 (1)，(2)，(3) 是 a, b, c 都是正数的充分条件.

17. 证明：设 $z = \sqrt[3]{1 + \dfrac{2}{3}\sqrt{\dfrac{7}{3}}} - \sqrt[3]{1 - \dfrac{2}{3}\sqrt{\dfrac{7}{3}}},$

则 $z^3 = \left(\sqrt[3]{1 + \dfrac{2}{3}\sqrt{\dfrac{7}{3}}}\right)^3$
$+ \left(\sqrt[3]{1 - \dfrac{2}{3}\sqrt{\dfrac{7}{3}}}\right)^3$
$+ 3\sqrt[3]{\left(1 + \dfrac{2}{3}\sqrt{\dfrac{7}{3}}\right)\left(1 - \dfrac{2}{3}\sqrt{\dfrac{7}{3}}\right)}$
$\times \left(\sqrt[3]{1 + \dfrac{2}{3}\sqrt{\dfrac{7}{3}}} + \sqrt[3]{1 - \dfrac{2}{3}\sqrt{\dfrac{7}{3}}}\right)$
$= 2 + \sqrt[3]{1 - \dfrac{28}{27}} \cdot x = 2 - x.$

于是得三次方程 $x^3 + x - 2 = 0$，即 $(x-1)(x^2 + x + 2) = 0.$

但 $x^2 + x + 2 > 0 (x \in \mathbf{R}), \therefore x = 1.$

即 $\sqrt[3]{1 + \dfrac{2}{3}\sqrt{\dfrac{7}{3}}} + \sqrt[3]{1 - \dfrac{2}{3}\sqrt{\dfrac{7}{3}}} = 1.$

18. 证明：构造方程 $\text{tg}3\theta = -\text{tg}4\theta.$ ①

利用和角正切公式得

$\dfrac{x + \dfrac{2x}{1-x^2}}{1 - \dfrac{2x^2}{1-x^2}} = \dfrac{\dfrac{-4x}{1-x^2}}{1 - \left(\dfrac{2x}{1-x^2}\right)^2},$

即 $x(x^6 - 21x^4 + 35x^2 - 7) = 0.$ ②

其中 $x = \text{tg}\theta, \theta = \dfrac{\pi}{7}, \dfrac{2\pi}{7}, \cdots, \dfrac{6\pi}{7}$ 都能使①式成立.

$\therefore x = \text{tg}\dfrac{\pi}{7}, \text{tg}\dfrac{2\pi}{7}, \cdots, \text{tg}\dfrac{6\pi}{7}$ 都能满足方程②.

而 $\text{tg}\dfrac{\pi}{7}, \text{tg}\dfrac{2\pi}{7}, \cdots, \text{tg}\dfrac{6\pi}{7}$ 均不为 0.

故它们恰为 $x^6 - 21x^4 + 35x^2 - 7 = 0$ 的六个根.

由韦达定理得：

$\sum_{1 \leqslant i < j \leqslant 6} \text{tg}\dfrac{j}{7}\pi \text{tg}\dfrac{i}{7}\pi = -21,$

$\prod_{i=1}^{6} \text{tg}\dfrac{i}{7}\pi = -7.$

化简得：

(1) $\text{tg}\dfrac{\pi}{7} \text{tg}\dfrac{2\pi}{7} \text{tg}\dfrac{3\pi}{7} = \sqrt{7},$

(2) $\text{tg}^2\dfrac{\pi}{7} + \text{tg}^2\dfrac{2\pi}{7} + \text{tg}^2\dfrac{3\pi}{7} = 21.$

19. 证明：由三倍角公式化简已知等式，

得
$$4P\sin^3\alpha - (3p+q)\sin\alpha + a = 0,$$
$$4P\sin^3\beta - (3p+q)\sin\beta + a = 0,$$
$$4P\sin^3\gamma - (3p+q)\sin\gamma + a = 0.$$
构造三次方程 $4px^3 - (3p+q)x + a = 0$.

则 $\sin\alpha$,$\sin\beta$,$\sin\gamma$ 是该方程的三个根,根据韦达定理有 $\sin\alpha + \sin\beta + \sin\gamma = 0$.

20. 证明:将已知等式转化为方程
$$(1 - \cos\alpha\cos\beta)e^2 + (\cos\alpha - \cos\beta)e = 0.$$
$\because e \neq 0, 1$.
$\therefore e = \dfrac{\cos\beta - \cos\alpha}{1 - \cos\alpha\cos\beta}$,
$\therefore \dfrac{e+1}{e-1} = \dfrac{1 - \cos\alpha\cos\beta + \cos\beta - \cos\alpha}{\cos\beta - \cos\alpha + \cos\alpha\cos\beta - 1}$.
即 $\dfrac{1+e}{1-e} = \dfrac{(1+\cos\beta)(1-\cos\alpha)}{(1-\cos\beta)(1+\cos\alpha)} = \operatorname{ctg}^2\dfrac{\beta}{2}\operatorname{tg}^2\dfrac{\alpha}{2}$.

故 $\operatorname{tg}^2\dfrac{\alpha}{2} = \dfrac{1+e}{1-e}\operatorname{tg}^2\dfrac{\beta}{2}$.

21. 解:用 $\dfrac{1}{x}$ 代换原条件式中的 x,则得 $2f\left(\dfrac{1}{x}\right) - f(x) = \dfrac{1}{x} + 1$ 与条件式联立得方程组
$$\begin{cases} 2f(x) - f\left(\dfrac{1}{x}\right) = x + 1, \\ 2f\left(\dfrac{1}{x}\right) - f(x) = \dfrac{1}{x} + 1. \end{cases}$$
解之得 $f(x) = \dfrac{2}{3}x + \dfrac{1}{3x} + 1$.

22. 解:用 $\dfrac{1}{x}$ 代换条件方程中的 x 得 $f\left(\dfrac{1}{x}\right) + 2f(x) = \dfrac{1}{x}$,把它与原条件式联立得方程组
$$\begin{cases} f(x) + 2f\left(\dfrac{1}{x}\right) = x, & \text{①} \\ f\left(\dfrac{1}{x}\right) + 2f(x) = \dfrac{1}{x}. & \text{②} \end{cases}$$
②×2−①得,$f(x) = \dfrac{2 - x^2}{3x}$.

23. 解:构造方程 $\sin^2\alpha - 2\sin\beta\sin\gamma\sin\alpha + \sin^2\beta - \sin^2\gamma = 0$.

解此关于 $\sin\alpha$ 的方程得 $\sin\alpha = \sin(\beta \pm \gamma)$.
$\therefore$ 原式 $= [\sin\alpha - \sin(\beta+\gamma)][\sin\alpha - \sin(\beta-\gamma)]$
$= 4\sin\dfrac{\alpha-\beta-\gamma}{2}\sin\dfrac{\alpha-\beta+\gamma}{2}$
$\cos\dfrac{\alpha+\beta+\gamma}{2}\cos\dfrac{\alpha+\beta-\gamma}{2}$.

24. 证明:构造辅助方程
$$f(x) = \dfrac{(x+b)(x+c)}{(a-b)(a-c)} + \dfrac{(x+c)(x+a)}{(b-c)(b-a)}$$
$$+ \dfrac{(x+a)(x+b)}{(c-a)(c-b)} - 1 = 0. \qquad ①$$

显然 $-a, -b, -c$ 是方程①的根,由于 a, b, c 两两不相等,于是方程①至少有三个不同的根,但方程①的次数不能超过 2.
$\therefore f(x) \equiv 0$.
故 $\dfrac{(x+b)(x+c)}{(a-b)(a-c)} + \dfrac{(x+c)(x+a)}{(b-c)(b-a)} + \dfrac{(x+a)(x+b)}{(c-a)(c-b)} = 1$.

25. 证明:设两圆的方程分别为:
$$(x-\gamma_1)^2 + (y-\gamma_1)^2 = \gamma_1^2,$$
$$(x-\gamma_2)^2 + (y-\gamma_2)^2 = \gamma_2^2.$$
$\because$ 点 $M(x_1, y_1)$ 在这两个圆上,
$\therefore (x_1-\gamma_1)^2 + (y_1-\gamma_1)^2 = \gamma_1^2$,
$(x_1-\gamma_2)^2 + (y_1-\gamma_2)^2 = \gamma_2^2$.
于是可构造方程 $(x_1-z)^2 + (y_1-z)^2 = z^2$.
将方程展开整理得,$z^2 - 2(x_1+y_1)z + x_1^2 + y_1^2 = 0$.
$\because \gamma_1, \gamma_2$ 是该方程的两根,由韦达定理可得:$\gamma_1\gamma_2 = x_1^2 + y_1^2$.

26. 证明:设抛物线为 $y^2 = 2px (p > 0)$,顶点为 O,取对称轴上一点 $A(a, 0)(a \neq 0)$,过 A 的直线方程为 $mx - ny - ma = 0 (m \neq 0)$,即 $\dfrac{mx - ny}{ma} = 1$.

设过点 A 的直线与抛物线相交于 P, Q 两点,构造 P, Q 和原点的两条直线方程
$$y^2 - 2px \cdot \dfrac{mx - ny}{ma} = 0, \qquad ①$$
则方程①是直线 OP 与 OQ 的方程.

去分母得 $may^2 + 2npxy - 2mpx^2 = 0$.

在 $x \neq 0$ 处方程化成 $\left(\dfrac{y}{x}\right)^2 + \dfrac{2np}{ma}\left(\dfrac{y}{x}\right) - \dfrac{2p}{a} = 0$.

因为 $\dfrac{y}{x}$ 是直线 OP 与 OQ 的斜率,所以两直线斜率之积为, $k_1 k_2 = -\dfrac{2p}{a}$.

令 $k_1 k_2 = -1$,可知 $a = 2p$.

故对称轴上的点 $A(2P, 0)$ 就具有题述的性质.

27. 解:椭圆方程变形为:$2(x-1)^2 + (y+1)^2 + 4(x-1) - 16 = 0$.

直线方程变形为 $2(x-1) + (y+1) - 4 = 0$,并化为
$$\dfrac{2(x-1) + (y+1)}{4} = 1.$$

构造新方程:
$$2(x-1)^2 + (y+1)^2 + 4(x-1) \cdot \dfrac{2(x-1)+(y+1)}{4}$$
$$-16\left[\dfrac{2(x-1)+(y+1)}{4}\right]^2 = 0.$$

化简为 $(x-1)(y+1) = 0$,即 $x = 1$ 或 $y = -1$ 两条直线.

28. 解:将直线方程写成 $\dfrac{x+y}{8} = 1$.

利用已知圆及直线方程构造新方程:
$$x^2 + y^2 - 6x \cdot \dfrac{x+y}{8} - 8y \cdot \dfrac{x+y}{8} + 24\left(\dfrac{x+y}{8}\right)^2$$
$$+ \lambda\left(\dfrac{x+y}{8} - 1\right)(x + \mu y) = 0 \ (\lambda, \mu \text{ 为参数}).$$

展开合并得
$$(5+\lambda)x^2 + (-8+\lambda+\lambda\mu)xy + (3+\lambda\mu)y^2$$
$$-8\lambda x - 8\lambda\mu y = 0. \quad \textcircled{1}$$

(1) 令 $\begin{cases} 5+\lambda = 3+\lambda\mu, \\ -8+\lambda+\lambda\mu = 0 \end{cases} \Rightarrow \begin{cases} \lambda = 3, \\ \lambda\mu = 5. \end{cases}$

代入方程①得 $x^2 + y^2 - 3x - 5y = 0$ 为所求圆的方程.

(2) 令 $\begin{cases} 3+\lambda\mu = 0, \\ -8+\lambda+\lambda\mu = 0 \end{cases} \Rightarrow \begin{cases} \lambda = 11, \\ \lambda\mu = -3. \end{cases}$

代入方程①得 $y = -\dfrac{2}{3}x^2 + \dfrac{11}{3}x$ 为所求抛物线方程.

习题解答

29. 解:椭圆方程变形为:$2(x-1)^2 + (y+1)^2 + 4x - 20 = 0$.

直线方程变形为:$2(x-1) + (y+1) - 4 = 0$ 并化为 $\dfrac{2(x-1)+(y+1)}{4} = 1$.

构造新方程 $2(x-1)^2 + (y+1)^2 + 4x \cdot \dfrac{2(x-1)+(y+1)}{4} - 20\left[\dfrac{2(x-1)+(y+1)}{4}\right]^2 + \lambda\left[\dfrac{2(x-1)+(y+1)}{4} - 1\right][(x-1) + \mu(y+1)] = 0$.

展开合并得 $(-4+2\lambda)x^2 + (-16+\lambda+2\lambda\mu)xy + (-1+\lambda\mu)y^2 + (-7+2\lambda\mu)x + (18-\lambda-4\mu\lambda)y + (7+5\lambda-5\lambda\mu) = 0$. ①

令 $\begin{cases} -4+2\lambda = -(-1+\lambda\mu), \\ -16+\lambda+2\lambda\mu = 0 \end{cases} \Rightarrow$

$\begin{cases} \lambda = -2, \\ \lambda\mu = 9. \end{cases}$

代入①式得 $-x^2 + y^2 + 4x - 2y - 6 = 0$,即 $\dfrac{(x-2)^2}{3} + \dfrac{(y-1)^2}{3} = 1$ 为所求.

30. 解:设椭圆方程为 $mx^2 + ny^2 = 1$.

已知直线方程写成 $-x + y = 1$.

构造过 P, Q, O 的圆方程:
$$mx^2 + ny^2 - (-x+y)^2 + \lambda(-x+y-1)(x+\mu y) = 0.$$

展开合并得
$$(m-1-\lambda)x^2 + (2+\lambda-\lambda\mu)xy + (n-1+\lambda\mu)y^2 - \lambda x - \lambda\mu y = 0. \quad \textcircled{1}$$

令 $\begin{cases} m-1-\lambda = n-1+\lambda\mu, \\ 2+\lambda-\lambda\mu = 0 \end{cases} \Rightarrow$

$\begin{cases} \lambda = \dfrac{1}{2}m - \dfrac{1}{2}n - 1, \\ \lambda\mu = \dfrac{1}{2}m - \dfrac{1}{2}n + 1. \end{cases}$

代入①得:$x^2 + y^2 - \dfrac{m-n-2}{m+n}x - \dfrac{m-n+2}{m+n}y = 0$.

∵ 这个圆的圆心 $\left(\dfrac{m-n-2}{2(m+n)}, \dfrac{m-n+2}{2(m+n)}\right)$ 在已知直线上,且直径为 $\dfrac{1}{2}\sqrt{10}$.

189

$$\therefore \begin{cases} -\dfrac{m-n-2}{2(m+n)} + \dfrac{m-n+2}{2(m+n)} = 1, \\ \sqrt{\left(\dfrac{m-n-2}{m+2}\right)^2 + \left(\dfrac{m-n+2}{m+n}\right)^2} = \dfrac{1}{2}\sqrt{10} \end{cases}$$

$$\Rightarrow \begin{cases} m+n=2, \\ m^2+n^2+18mn-16=0 \end{cases}$$

$$\Rightarrow \begin{cases} m = \dfrac{1}{2}, \\ n = \dfrac{3}{2} \end{cases} \text{或} \begin{cases} m = \dfrac{3}{2}, \\ n = \dfrac{1}{2}. \end{cases}$$

故椭圆方程为：$\dfrac{1}{2}x^2 + \dfrac{3}{2}y^2 = 1$ 或 $\dfrac{3}{2}x^2 + \dfrac{1}{2}y^2 = 1$.

31. 解：设 $p_1(2pt_1^2, 2pt_1)$，$p_2(2pt_2^2, 2pt_2)$，

则 $k_{op_1} = \dfrac{2pt_1}{2pt_1^2} = \dfrac{1}{t_1}$，$k_{op_2} = \dfrac{2pt_2}{2pt_2^2} = \dfrac{1}{t_2}$.

$\because op_1 \perp op_2$，$\therefore \dfrac{1}{t_1} \cdot \dfrac{1}{t_2} = -1$.

$\therefore$ 以 op_1 为直径的圆的方程为 $x^2 + y^2 - 2pt_1^2 x - 2pt_1 y = 0$，

即 $2pt_1^2 x + 2pt_1 y - (x^2 + y^2) = 0$

同理可得 $2pt_2^2 x + 2pt_2 y - (x^2+y^2) = 0$.

于是可构造方程 $2pxt^2 + 2pyt - (x^2+y^2) = 0$.

而 t_1, t_2 是该方程的两根.

$\therefore t_1 \cdot t_2 = -\dfrac{x^2+y^2}{2px}$. 而 $t_1 t_2 = -1$.

$\therefore \dfrac{x^2+y^2}{2px} = 1$.

即 $x^2 + y^2 - 2px = 0$ 为所求的轨迹方程.

32. 证明：如图所示，在 $\triangle APB$ 中，$\angle APB = 45°$，由余弦定理得：

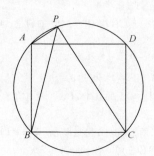

第32题图

$AB^2 = PA^2 + PB^2 - 2PA \cdot PB\cos45°$，

即 $PA^2 - \sqrt{2}PA \cdot PB + PB^2 - AB^2 = 0.$ ①

在 $\triangle PBC$ 中，$\angle BPC = 45°$，

$BC^2 = PC^2 + PB^2 - 2PC \cdot PB\cos45°$.

$\because BC = AB$,

$\therefore PC^2 - \sqrt{2}PB \cdot PC + PB^2 - AB^2 = 0$ ②

于是可构造方程 $x^2 - \sqrt{2}PBx + PB^2 - AB^2 = 0$.

由①，②知 PA，PC 是该方程的两根，由韦达定理得

$PA + PC = \sqrt{2}PB$，$PA \cdot PC = PB^2 - AB^2$.

习 题 三

1. 解：构造复数 $1+3i$，$2+i$，$3+i$，$1+2i$.

令 $\theta_1 = \arcsin\dfrac{3}{\sqrt{10}}$，$\theta_2 = \arccos\dfrac{2}{\sqrt{5}}$，$\theta_3 = \text{arctg}\dfrac{1}{3}$，$\theta_4 = \text{arctg}\dfrac{1}{2}$，则 θ_1，θ_2，θ_3，θ_4 分别是复数 $1+3i$，$2+i$，$3+i$，$1+2i$ 的幅角，且 θ_1，θ_2，θ_3，$\theta_4 \in (0, \dfrac{\pi}{2})$.

$\therefore 0 < \theta_1 + \theta_2 + \theta_3 + \theta_4 < 2\pi$，

但 $(1+3i)(2+i)(3+i)(1+2i) = -50$. 在 $(0, 2\pi)$ 内的幅角为 π，

$\therefore \theta_1 + \theta_2 + \theta_3 + \theta_4 = \pi$. 即

$\arcsin\dfrac{3}{\sqrt{10}} + \arccos\dfrac{2}{\sqrt{5}} + \text{arctg}\dfrac{1}{3} + \text{arctg}\dfrac{1}{2} = \pi$.

2. 解：构造复数 $z = \sqrt{1+\sin x} + \sqrt{1-\sin x}\,i$，则

$|z| = \sqrt{(\sqrt{1+\sin x})^2 + (\sqrt{1-\sin x})^2} = \sqrt{2}$.

又 $|z| \leqslant |Re(z)| + |Im(z)| \leqslant 2$.

$\therefore \sqrt{2} \leqslant y \leqslant 2$(当 $x = \dfrac{\pi}{2}$时取左等号，当 $x = 0$

或 $x = \pi$ 时取右等号).

故 $y_{\min} = \sqrt{2}$,$y_{\max} = 2$,

3. 解：由 $y = \dfrac{2 - \sin x}{2 - \cos x}$ 变形得 $\sin x - y\cos x = 2 - 2y$.

构造复数 $z_1 = 1 + yi$, $z_2 = \sin x + i\cos x$ 则 $z_1 z_2 = (\sin x - y\cos x) + (\cos x + y\sin x)i$.

由 $|2 - 2y| = |\sin x - y\cos x| \leqslant |z_1 z_2| = \sqrt{1 + y^2}$ 得 $(2 - 2y)^2 \leqslant 1 + y^2$,

即 $3y^2 - 8y + 3 \leqslant 0$（当 $\cos x + y\sin x = 0$ 时取等号），解得 $\dfrac{4 - \sqrt{7}}{3} \leqslant y \leqslant \dfrac{4 + \sqrt{7}}{3}$.

故 $y_{\min} = \dfrac{4 - \sqrt{7}}{3}$,$y_{\max} = \dfrac{4 + \sqrt{7}}{3}$.

4. 解：构造复数 $z_1 = x + ai$, $z_2 = (c - x) + bi$, 则 $z_1 + z_2 = c + (a + b)i$

$\because |z_1| + |z_2| \geqslant |z_1 + z_2|$（当 z_1,z_2 中至少有一个为零或同向时等号成立），

$\therefore \sqrt{x^2 + a^2} + \sqrt{(c - x)^2 + b^2} \geqslant \sqrt{c^2 + (a + b)^2}$.

故当 z_1,z_2 同向，即 $\dfrac{x}{c - x} = \dfrac{a}{b}$ 或 $x = \dfrac{ac}{a + b}$ 时，有 $y_{\min} = \sqrt{c^2 + (a + b)^2}$.

5. 解：构造复数 $z_1 = (x + 1) + 5i$, $z_2 = (x - 3) + 2i$, 则

$$y_{\max} = \sqrt{(x + 1)^2 + 5^2} - \sqrt{(x - 3)^2 + 2^2}$$
$$= |(x + 1) + 5i| - |(x - 3) + 2i|$$
$$\leqslant |[(x + 1) + 5i] - [(x - 3) + 2i]|$$
$$= |4 + 3i| = 5.$$

当且仅当 $\arg z_1 = \arg z_2$, 即 $\dfrac{5}{x + 1} = \dfrac{2}{x - 3}$, $x = \dfrac{17}{3}$ 时 $y_{\max} = 5$.

6. 解：构造复数 $z_1 = \sqrt{x_1} + \sqrt{x_2}\,i$, $z_2 = \sqrt{x_2} + \sqrt{x_3}\,i$, $\cdots$, $z_{1987} = \sqrt{x_{1987}} + \sqrt{x_{1988}}\,i$, $z_{1988} = \sqrt{x_{1988}} + \sqrt{x_1}\,i$, 则

$u = |z_1| + |z_2| + \cdots + |z_{1988}| \geqslant |z_1 + z_2 + \cdots + z_{1988}|$

$= |(\sqrt{x_1} + \sqrt{x_2} + \cdots + \sqrt{x_{1988}}) + (\sqrt{x_1} + \sqrt{x_2} + \cdots + \sqrt{x_{1988}})i|$

$= |1988 + 1988i| = 1988\sqrt{2}.$

当且仅当 $\dfrac{x_1}{x_2} = \dfrac{x_2}{x_3} = \cdots = \dfrac{x_{1987}}{x_{1988}} = \dfrac{x_{1988}}{x_1}$ 时取等号.

$\therefore u$ 的极小值为 $1988\sqrt{2}$.

7. 解：设 $N = \sin\theta - \sin(\theta + \varphi) + \cdots + (-1)^{n-1}\sin[\theta + (n - 1)\varphi]$.

构造复数 $z = \cos\theta + i\sin\theta$, $w = \cos\varphi + i\sin\varphi$, 则

$M + Ni = z - zw + zw^2 - \cdots + (-1)^{n-1}zw^{n-1}$

$= \dfrac{z[1 - (-w)^n]}{1 + w}$

$= \dfrac{(\cos\theta + i\sin\theta)[1 + (-1)^{n-1}(\cos n\varphi + i\sin n\varphi)]}{1 + \cos\varphi + i\sin\varphi}$

当 n 为奇数时，化简得 $M = \dfrac{\cos\dfrac{n\varphi}{2}}{\cos\dfrac{\varphi}{2}}\cos\left(\theta + \dfrac{n - 1}{2}\varphi\right)$.

当 n 为偶数时，化简得 $M = \dfrac{\sin\dfrac{n\varphi}{2}}{\cos\dfrac{\varphi}{2}}\sin\left(\theta + \dfrac{n - 1}{2}\varphi\right)$.

8. 解：令 $N = C_n^1\sin x + C_n^2\sin 2x + \cdots + C_n^n\sin nx$, 构造复数

$M + Ni = 1 + C_n^1(\cos x + i\sin x) + C_n^2(\cos 2x + i\sin 2x) + \cdots + C_n^n(\cos nx + i\sin nx) = (1 + \cos x + i\sin x)^n$

$= \left[2\cos\dfrac{x}{2}\left(\cos\dfrac{x}{2} + i\sin\dfrac{x}{2}\right)\right]^n = 2^n\cos^n\dfrac{x}{2}\left(\cos\dfrac{nx}{2} + i\sin\dfrac{nx}{2}\right).$

$\therefore M = 1 + C_n^1\cos x + C_n^2\cos 2x + \cdots + C_n^n\cos nx$

$= 2^n\cos^n\dfrac{x}{2}\cos\dfrac{nx}{2}.$

9. 解：构造复数 $z_1 = x + yi$, $z_2 = y + xi$, $x, y \in \mathbf{R}$.

$\because |z_1 + z_2| \leqslant |z_1| + |z_2|$,

$\therefore \sqrt{(x + y)^2 + (y + x)^2} \leqslant \sqrt{x^2 + y^2} +$

$\sqrt{y^2 + x^2}$,

即 $\sqrt{2(x+y)^2} \leq 2\sqrt{x^2+y^2}$. ④

由①，②得

$$x + y = 1 - z, \quad ⑤$$

$$x^2 + y^2 = \frac{1}{3} - z^2. \quad ⑥$$

将⑤，⑥代入④得 $\sqrt{2(1-z)^2} \leq 2\sqrt{\frac{1}{3} - z^2}$.

即 $(3z-1)^2 \leq 0$. $\therefore z = \frac{1}{3}$.

同理可得，$x = \frac{1}{3}$，$y = \frac{1}{3}$.

故方程的唯一解为 $x = y = z = \frac{1}{3}$.

10. 证明：构造如下 $n+1$ 个正数

$$1 + \frac{1}{n}, \ 1 + \frac{1}{n}, \ \cdots, \ 1 + \frac{1}{n}, 1,$$

它的算术平均值为 $1 + \frac{1}{n+1}$，几何平均值为 $\left(1 + \frac{1}{n}\right)^{\frac{n}{n+1}}$ 由均值不等式可得

$$\left(1 + \frac{1}{n}\right)^{\frac{n}{n+1}} \leq 1 + \frac{1}{n+1},$$

即 $\left(1 + \frac{1}{n}\right)^n \leq \left(1 + \frac{1}{n+1}\right)^{n+1}$.

11. 证明：构造复数 $z = a + bi$，则 $z^2 = a^2 - b^2 + 2abi$.

$\therefore Re(z^2) = a^2 - b^2$，$Im(z^2) = 2ab$.

由题设条件可得 $|Re(z^2)| + |Im(z^2)| = 1$.

而 $|z|^2 = |z^2| \leq |Re(z^2)| + |Im(z^2)| = 1$，

即 $|z| \leq 1$.

故 $|a| + |b| = |Rez| + |Imz| \leq \sqrt{2}|z| \leq \sqrt{2}$.

12. 证明：构造复数 $z = \sqrt{x} + \sqrt{y}i$，则 $z^2 = (x - y) + 2\sqrt{xy}i$.

由 $|Re(z)^2| + |Im(z^2)| \geq |z^2| = |z|^2$ 得

$\frac{1}{2}a^2 = |x - y| + 2\sqrt{xy} \geq |z|^2$，即 $|z| \leq \frac{a}{\sqrt{2}}$.

$\therefore \sqrt{x} + \sqrt{y} \leq \sqrt{2}|z| \leq \sqrt{2} \cdot \frac{a}{\sqrt{2}} = a$.

13. 证明：构造复数 $z_1 = a + bi$，$z_2 = b + ci$，$z_3 = c + ai$，则 $a + b = |Rez_1| + |Imz_1| \leq \sqrt{2}|z_1|$，

$\therefore \sqrt{a^2 + b^2} \geq \frac{1}{\sqrt{2}}(a+b)$.

同理可得 $\sqrt{b^2 + c^2} \geq \frac{1}{\sqrt{2}}(b+c)$，$\sqrt{c^2 + a^2} \geq \frac{1}{\sqrt{2}}(c+a)$.

以上三式相加得

$\sqrt{a^2+b^2} + \sqrt{b^2+c^2} + \sqrt{c^2+a^2} \geq \frac{1}{\sqrt{2}} \times 2(a+b+c) = \sqrt{2}(a+b+c)$.

14. 证明：构造复数 $z = \cos\theta + i\sin\theta$ 则 $|z| = 1$.

$\because \theta \in \left(0, \frac{\pi}{2}\right)$，$\therefore \sin\theta > 0$，$\cos\theta > 0$.

$\therefore 1 = |z| < \sin\theta + \cos\theta \leq \sqrt{2}|z| = \sqrt{2}$.

15. 证明：构造复数 $z_1 = x + yi$，$z_2 = 1 - ai$，则

$$z_1 z_2 = (x + ay) + (y - ax)i$$

由 $|I_m(z)| \leq |z|$ 得

$|y - ax| \leq |z_1 z_2| = |z_1| \cdot |z_2|$
$= \sqrt{x^2 + y^2} \cdot \sqrt{1 + a^2} = \sqrt{1 + a^2}$.

$\therefore -\sqrt{1+a^2} \leq y - ax \leq \sqrt{1+a^2}$.

16. 证明：构造复数 $z_1 = (a^2 - b^2) + 2abi$，$z_2 = m - ni$，则

$$Re(z_1 z_2) = ma^2 + 2nab - mb^2,$$

$\therefore |ma^2 + 2nab - mb^2| \leq |z_1 z_2| = |z_1| \cdot |z_2|$

$= \sqrt{(a^2-b^2)^2 + 4a^2b^2} \cdot \sqrt{m^2+n^2}$
$= (a^2+b^2)\sqrt{m^2+n^2} \leq \sqrt{m^2+n^2}$.

17. 证明：构造复数 $x + yi$ 与 $a + bi$，(a, b, x, $y \in \mathbb{R}$).

$\therefore \left|\frac{x+yi}{a+bi}\right| = \left|\frac{ax+by}{a^2+b^2}\right| + \left|\frac{ay-bx}{a^2+b^2}\right| \geq \frac{|ay-bx|}{a^2+b^b}$,

$\therefore \frac{\sqrt{x^2+y^2}}{\sqrt{a^2+b^2}} \geq \frac{|bx-ay|}{a^2+b^2}$.

故 $|bx - ay| \leq \sqrt{x^2+y^2} \cdot \sqrt{a^2+b^2} = 6$.

18. 证明： 构造复数 $a+bi$, $c+di$, $\sqrt{ax}+\sqrt{by}\,i$, $\sqrt{cx}+\sqrt{dy}\,i$, (a, b, c, d, x, $y \in \mathbf{R}^+$),

$\because \dfrac{a+bi}{\sqrt{ax}+\sqrt{by}\,i} = \dfrac{a^{\frac{3}{2}}x+b^{\frac{3}{2}}y}{ax+by} + \dfrac{b\sqrt{ax}-a\sqrt{by}}{ax+by}i$,

$\therefore \dfrac{\sqrt{a^2+b^2}}{\sqrt{ax+by}} \geqslant \dfrac{a^{\frac{3}{2}}x+b^{\frac{3}{2}}y}{ax+by}$,

即 $\sqrt{(a^2+b^2)(ax+by)} \geqslant a^{\frac{3}{2}}x+b^{\frac{3}{2}}y$. ①

类似地有 $\sqrt{(c^2+d^2)(cx+dy)} \geqslant c^{\frac{3}{2}}x+d^{\frac{3}{2}}y$. ②

①+② 得

$\sqrt{(a^2+b^2)(ax+by)} + \sqrt{(c^2+d^2)(cx+dy)}$

$\geqslant (a^{\frac{3}{2}}+c^{\frac{3}{2}})x + (b^{\frac{3}{2}}+d^{\frac{3}{2}})y = x+y$.

19. 证明： 构造复数 $x+yi$ 与 $a+bi$ (x, y, a, $b \in \mathbf{R}^+$)

$\because \dfrac{x+yi}{a+bi} = \dfrac{ax+by}{a^2+b^2} + \dfrac{ay-bx}{a^2+b^2}i = \dfrac{c}{a^2+b^2} + \dfrac{ay-bx}{a^2+b^2}i$,

$\therefore \dfrac{\sqrt{x^2+y^2}}{\sqrt{a^2+b^2}} \geqslant \dfrac{|c|}{a^2+b^2}$.

故 $x^2+y^2 \geqslant \dfrac{c^2}{a^2+b^2}$, 当且仅当 $ay=bx$, 即 $x=\dfrac{c}{2b}$, $y=\dfrac{c}{2a}$ 时等号成立.

20. 证明： 如图所示建立复平面, 设 B_1 对应的复数为 $(1+t)+\sqrt{1-t^2}\,i$ (t 为定值), 则 B_2 对应的复数为 $(1+t)-\sqrt{1-t^2}\,i$, 点 A 为 $\cos\theta + i\sin\theta$ ($0 \leqslant \theta \leqslant 2\pi$), 则

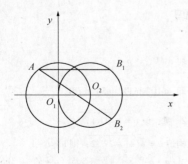

第 20 题图

$AB_1^2 + AB_2^2 = [\cos\theta - (1+t)]^2$
$\quad + (\sin\theta - \sqrt{1-t^2})^2$
$\quad + [\cos\theta - (1+t)]^2$
$\quad + (\sin\theta + \sqrt{1-t^2})^2$
$= 6 + 4t - 4(1+t)\cos\theta$
$\geqslant 6 + 4t - 4(1+t) = 2$.

21. 证明： 构造复数 $z_1 = \cos\alpha + i\sin\alpha$, $z_2 = \cos 2\beta + i\sin 2\beta$.

$\because \alpha$, β 为锐角, $\therefore \arg(z_1 z_2) = \alpha + 2\beta$.

又由已知有 $\sin\alpha = \dfrac{1}{7}\cos\alpha$, $\cos\beta = \dfrac{3}{\sqrt{10}}$.

$\therefore z_1 \cdot z_2 = \cos\alpha \left(1 + \dfrac{1}{7}i\right) \cdot \left(\dfrac{3}{\sqrt{10}} + \dfrac{1}{\sqrt{10}}i\right)^2 = \dfrac{5}{7}(1+i)\cos\alpha$.

$\therefore \alpha + 2\beta = \arg(z_1 z_2) = \dfrac{\pi}{4}$.

22. 证明： 设 $M = \cos\dfrac{\pi}{999} + \cos\dfrac{3\pi}{999} + \cdots + \cos\dfrac{997\pi}{999}$.

$N = \sin\dfrac{\pi}{999} + \sin\dfrac{3\pi}{999} + \cdots + \sin\dfrac{997\pi}{999}$.

构造复数 $z = \cos\dfrac{\pi}{999} + i\sin\dfrac{\pi}{999}$, 则 $z^{999} = -1$.

$M + iN = z + z^3 + z^5 + \cdots + z^{997} = \dfrac{z[1-(z^2)^{499}]}{1-z^2}$

$= \dfrac{z - z^{999}}{1-z^2} = \dfrac{z+1}{1-z^2} = \dfrac{1}{1-z}$

$= \dfrac{1}{1 - \cos\dfrac{\pi}{999} - i\sin\dfrac{\pi}{999}}$

$= \dfrac{1 - \cos\dfrac{\pi}{999} + i\sin\dfrac{\pi}{999}}{(1-\cos\dfrac{\pi}{999})^2 + \sin^2\dfrac{\pi}{999}}$

$= \dfrac{1 - \cos\dfrac{\pi}{999} + i\sin\dfrac{\pi}{999}}{2 - 2\cos\dfrac{\pi}{999}}$

$= \dfrac{1}{2} + i \cdot \dfrac{1}{2}\mathrm{ctg}\dfrac{\pi}{1998}$.

$\therefore M = \cos\dfrac{\pi}{999} + \cos\dfrac{3\pi}{999} + \cdots + \cos\dfrac{997\pi}{999} =$

$\frac{1}{2}$.

23. 证明： 构造复数 $z = (C_n^0 - C_n^2 + C_n^4 - \cdots) + (C_n^1 - C_n^3 + C_n^5 - \cdots)i$

则 $z = C_n^0 + C_n^1 i + C_n^2 i^2 + C_n^3 i^3 + C_n^4 i^4 + \cdots + C_n^n i^n$

$= (1+i)^n = 2^{\frac{n}{2}} \left(\cos\frac{n\pi}{4} + i\sin\frac{n\pi}{4} \right)$,

$\therefore |z|^2 = 2^n$, 即 $(C_n^0 - C_n^2 + C_n^4 - \cdots)^2 + (C_n^1 - C_n^3 + C_n^5 - \cdots)^2 = 2^n$.

24. 证明：（1）构造复数 $z_A = \cos A + i\sin A$, $z_B = \cos B + i\sin B$, $z_C = \cos C + i\sin C$. 则 $z_A + z_B + z_C = 0$, $\overline{Z}_A + \overline{Z}_B + \overline{Z}_C = 0$.

又 $Z_A \overline{Z}_A = Z_B \overline{Z}_B = Z_C \overline{Z}_C = 1$,

$Z_A^2 + Z_B^2 + Z_C^2 = (Z_A + Z_B + Z_C)^2 - 2(Z_A Z_B + Z_B Z_C + Z_C Z_A)$

$= 0 - 2\left(\frac{1}{Z_A Z_B} + \frac{1}{Z_B Z_C} + \frac{1}{Z_C Z_A} \right) = -2 \cdot \frac{\overline{Z}_A + \overline{Z}_B + \overline{Z}_C}{(\overline{Z}_A \overline{Z}_B \overline{Z}_C)} = 0$,

$\therefore \cos 2A + \cos 2B + \cos 2C = \sin 2A + \sin 2B + \sin 2C = 0$.

（2）由 $\cos 2A + \cos 2B + \cos 2C = 0$ 可得 $2\cos^2 A - 1 + 2\cos^2 B - 1 + 2\cos^2 C - 1 = 0$,

$\therefore \cos^2 A + \cos^2 B + \cos^2 C = \frac{3}{2}$.

同理可得 $\sin^2 A + \sin^2 B + \sin^2 C = \frac{3}{2}$.

故 $\cos^2 A + \cos^2 B + \cos^2 C = \sin^2 A + \sin^2 B + \sin^2 C = \frac{3}{2}$.

（3）由 $Z_A + Z_B = -Z_C$ 可得 $(Z_A + Z_B)^3 = -Z_C^3$, 即

$Z_A^3 + Z_B^3 + Z_C^3 + 3Z_A Z_B (Z_A + Z_B) = 0$,

亦即 $Z_A^3 + Z_B^3 + Z_C^3 = 3Z_A Z_B Z_C$

于是有

$(\cos A + i\sin A)^3 + (\cos B + i\sin B)^3 + (\cos C + i\sin C)^3$

$= 3(\cos A + i\sin A)(\cos B + i\sin B)(\cos C + i\sin C)$,

即

$(\cos 3A + \cos 3B + \cos 3C) + (\sin 3A + \sin 3B + \sin 3C)i$

$= 3[\cos(A+B+C) + i\sin(A+B+C)]$.

故 $\cos 3A + \cos 3B + \cos 3C = 3\cos(A+B+C)$,

$\sin 3A + \sin 3B + \sin 3C = 3\sin(A+B+C)$.

25. 证明： 构造复数 $z = \left(\sum_{k=0}^{n-1} \cos\frac{2k\pi + \alpha}{n} \right) + i\left(\sum_{k=0}^{n-1} \sin\frac{2k\pi + \alpha}{n} \right)$, 则

$z = \sum_{k=0}^{n-1} \left(\cos\frac{2k\pi + \alpha}{n} + i\sin\frac{2k\pi + \alpha}{n} \right)$.

而 $x_k = \cos\frac{2k\pi + \alpha}{n} + i\sin\frac{2k\pi + \alpha}{n}$ ($k = 0, 1, 2, \cdots, n-1$) 是 $x^n = \cos\alpha + i\sin\alpha$ 的 n 个根, 由韦达定理有：$z = \sum_{k=0}^{n-1} x_k = 0$,

$\therefore \sum_{k=0}^{n-1} \cos\frac{2k\pi + \alpha}{n} = \sum_{k=0}^{n-1} \sin\frac{2k\pi + \alpha}{n} = 0$.

26. 证明： 构造数 $a = \sqrt{2}$, $b = \log_2 9$, 则 a 和 b 均为无理数.

但 $a^b = (\sqrt{2})^{\log_2 9} = 3$, 故命题得证.

习 题 四

1. 解： 设 $p = \sin 10° \sin 30° \sin 50° \sin 70°$ 构造对偶式 $q = \cos 10° \cos 30° \cos 50° \cos 70°$,

则 $pq = (\sin 10° \cos 10°)(\sin 30° \cos 30°)(\sin 50° \cos 50°)(\sin 70° \cos 70°)$

$= \frac{1}{16} \sin 20° \sin 60° \sin 100° \sin 140°$

$= \frac{1}{16} \cos 70° \cos 30° \cos 10° \cos 50° = \frac{1}{16} q$.

而 $q \neq 0$, $\therefore p = \frac{1}{16}$.

即 $\sin 10° \sin 30° \sin 50° \sin 70° = \frac{1}{16}$.

2. 解： 设 $a = \sqrt[5]{41 + 29\sqrt{2}}$.

构造 $b = \sqrt[5]{41 - 29\sqrt{2}}$, 则 $ab = -1$.

又 $(a+b)^5 = a^5 + b^5 + 5ab[(a+b)^3 - 3ab(a+b)] + 10(ab)^2(a+b)$.

将 $ab = -1$ 代入并令 $a + b = x$ 就有 $x^5 + 5x^3 + 5x - 82 = 0$,

即 $(x-2)(x^4 + 2x^3 + 9x^2 + 18x + 41) = 0$.

$\because x > 0, \therefore x = 2$, 即 $a + b = 2$.

由 $\begin{cases} a + b = 2, \\ ab = -1 \end{cases}$ 解得 $\begin{cases} a = 1 + \sqrt{2}, \\ b = 1 - \sqrt{2}. \end{cases}$

故 $\sqrt[5]{41 + 29\sqrt{2}} = 1 + \sqrt{2}$.

3. 解:设 $x = \sin^2 10° + \cos^2 40° + \sin 10° \cos 40°$,

构造 $y = \cos^2 10° + \sin^2 40° + \cos 10° \sin 40°$.

则 $x + y = 2 + \sin 50°$, ①

$x - y = \cos 80° - \cos 20° - \sin 30°$
$= -2\sin 50° \sin 30° - \dfrac{1}{2}$
$= -\sin 50° - \dfrac{1}{2}$. ②

①+②得 $x = \dfrac{3}{4}$.

即 $\sin^2 10° + \cos^2 40° + \sin 10° \cos 40° = \dfrac{3}{4}$.

4. 解:设 $\dfrac{3}{2}\beta = m(\alpha - \dfrac{\beta}{2}) + n(\dfrac{\alpha}{2} - \beta)$
$= (m + \dfrac{n}{2})\alpha + (-\dfrac{m}{2} - n)\beta$.

$\therefore \begin{cases} m + \dfrac{n}{2} = 0, \\ -\dfrac{m}{2} - n = \dfrac{3}{2}, \end{cases}$ 解之得 $\begin{cases} m = 1, \\ n = -2. \end{cases}$

即 $\cos \dfrac{3}{2}\beta = \cos\left[(\alpha - \dfrac{\beta}{2}) - 2(\dfrac{\alpha}{2} - \beta)\right]$
$= \cos(\alpha - \dfrac{\beta}{2}) \cos 2(\dfrac{\alpha}{2} - \beta)$
$+ \sin(\alpha - \dfrac{\beta}{2}) \sin 2(\dfrac{\alpha}{2} - \beta)$.

由 $\dfrac{3}{4}\pi < \alpha - \dfrac{\beta}{2} < \pi$, $\cos(\alpha - \dfrac{\beta}{2}) = -\dfrac{5}{13}$

得 $\sin(\alpha - \dfrac{\beta}{2}) = \dfrac{12}{13}$.

由 $\dfrac{\pi}{4} < \dfrac{\pi}{2} - \beta < \dfrac{\pi}{2}$, $\sin(\dfrac{\alpha}{2} - \beta) = \dfrac{4}{5}$ 得

$\cos(\dfrac{\alpha}{2} - \beta) = \dfrac{3}{5}$.

$\therefore \cos 2(\dfrac{\alpha}{2} - \beta) = 1 - 2\sin^2(\dfrac{\alpha}{2} - \beta) = -\dfrac{7}{25}$,

$\sin 2(\dfrac{\alpha}{2} - \beta) = 2\sin(\dfrac{\alpha}{2} - \beta)\cos(\dfrac{\alpha}{2} - \beta) = \dfrac{24}{25}$.

故 $\cos \dfrac{3}{2}\beta = -\dfrac{5}{13} \times \dfrac{-7}{25} + \dfrac{12}{13} \times \dfrac{24}{25} = \dfrac{323}{325}$.

5. 解:由韦达定理得

$\begin{cases} \alpha + \beta + \gamma = 0, & ① \\ \alpha\beta + \beta\gamma + \gamma\alpha = -1, & ② \\ \alpha\beta\gamma = -1. & ③ \end{cases}$

①,② $\Rightarrow \alpha^2 + \beta^2 + \gamma^2 = 2$.

①,③ $\Rightarrow \alpha^3 + \beta^3 + \gamma^3 = 3\alpha\beta\gamma = -3$.

设 $a_n = \alpha^n + \beta^n + \gamma^n$,其递推式为

$\begin{cases} a_{n+3} = a_{n+1} - a_n, \\ a_1 = 0, a_2 = 2, a_3 = -3. \end{cases}$

由递推关系式可得:$a_4 = 2$, $a_5 = -5$, …, $a_{16} = 90$.

故 $\alpha^{16} + \beta^{16} + \gamma^{16} = 90$.

6. 解:令 $\sqrt{x^2 + 4} = t$,则 $t \geq 2$, $y = t + \dfrac{1}{t}$.

易证 $y = t + \dfrac{1}{t}$ 在 $[2, +\infty)$ 上单调递增.

$\therefore$ 当 $t = 2$,即 $x = 0$ 时,$y_{\min} = 2 + \dfrac{1}{2} = \dfrac{5}{2}$.

7. 解:令 $x^2 - 3 = t$,则 $x^2 = t + 3$.

$\because \dfrac{x^2}{x^2 - 4} > 0, \therefore x < -2$ 或 $x > 2$.

由抛物线的性质知 $t > 1$.

$\therefore f(t) = \lg \dfrac{t+3}{t-1}$,即 $f(x) = \lg \dfrac{x+3}{x-1}$.

此时 $f(x)$ 的定义域就是 t 的取值范围.

故 $f(x)$ 的定义域为 $\{x \mid x > 1\}$.

8. 解:设 $a - 3b + 2c = \alpha(a + b - c) + \beta(b + c - a) + \gamma(c + a - b) = (\alpha - \beta + \gamma)a + (\alpha + \beta - \gamma)b + (-\alpha + \beta + \gamma)c$,

$\therefore \begin{cases} \alpha - \beta + \gamma = 1, \\ \alpha + \beta - \gamma = -3, \\ -\alpha + \beta + \gamma = 2, \end{cases}$ 解之得 $\begin{cases} \alpha = -1, \\ \beta = -\dfrac{1}{2}, \\ \gamma = \dfrac{3}{2}. \end{cases}$

195

$\therefore a-3b+2c = -(a+b-c) - \frac{1}{2}(b+c-a) + \frac{3}{2}(c+a-b).$

又 $\because 0 \leqslant a+b-c \leqslant 1$, $1 \leqslant b+c-a \leqslant 2$, $2 \leqslant c+a-b \leqslant 3$,

$\therefore -1 \leqslant -(a+b+c) \leqslant 0$, $-1 \leqslant -\frac{1}{2}(b+c-a) \leqslant -\frac{1}{2}$, $3 \leqslant \frac{3}{2}(c+a-b) \leqslant \frac{9}{2}$.

故 $1 \leqslant a-2b+2c \leqslant 4$.

9. 解：由 $\sqrt{x-2} + \sqrt{x-7} = 5$, ①

构造原方程的对偶式 $\sqrt{x-2} - \sqrt{x-7} = m$. ②

① × ② 得 $(x-2)-(x-7)=5m$,

$\therefore m=1$,

于是 $\sqrt{x-2} - \sqrt{x-7} = 1$. ③

① + ③ 得 $2\sqrt{x-2} = 6$.

$\therefore x = 11$.

经检验 $x = 11$ 为原方程的解.

10. 解：原方程移项得

$\sqrt{x^2-7x+6} - \sqrt{x^2-9x+7} = \sqrt{2x^2-3x+1} - \sqrt{2x^2-5x+2}.$ ①

据此方程构造出恒等式

$(x^2-7x+6)-(x^2-9x+7) = (2x^2-3x+1)-(2x^2-5x+2).$ ②

② ÷ ① 得 $\sqrt{x^2-7x+6} + \sqrt{x^2-9x+7} = \sqrt{2x^2-3x+1} + \sqrt{2x^2-5x+2}.$ ③

$\frac{①+③}{2}$ 得 $\sqrt{x^2-7x+6} = \sqrt{2x^2-3x+1}.$

解之得 $x = -5$, $x = 1$（增根）

用此方法可能失根，因为我们用①作除式是在①两边不为 0 的前提下进行的，若有 x 值使①式的两边同时为 0，那么这个值就是丢失的根，应该找回来.

令 $\begin{cases} \sqrt{x^2-7x+6} - \sqrt{x^2-9x+7} = 0, \\ \sqrt{2x^2-3x+1} - \sqrt{2x^2-5x+2} = 0, \end{cases}$

解之得 $x = \frac{1}{2}$.

故原方程的根为：$x_1 = -5$, $x_2 = \frac{1}{2}$.

11. 解：$\sqrt{x^2+5} - \sqrt{x^2-3x+3} = 2.$ ①

由原方程构造恒等式 $(x^2+5)-(x^2-3x+3) = 3x+2.$ ②

② ÷ ① 得 $\sqrt{x^2+5} + \sqrt{x^2-3x+3} = \frac{3x+2}{2}.$ ③

$\frac{①+③}{2}$ 得 $\sqrt{x^2+5} = \frac{3x+6}{4}.$

解之得 $x_1 = 2$, $x_2 = \frac{22}{7}$.

经检验知它们都是原方程的根.

显然不存在使方程两边为 0 的 x，所以用此法不致失根.

故原方程的解为：$x_1 = 2$, $x_2 = \frac{22}{7}$.

12. 解：构造 $x = ky^3$，方程组化为

$\begin{cases} y^6(k^2-3k+1) = 1, & ① \\ y^6(k+k^2) = 33. & ② \end{cases}$

① ÷ ② 得 $\frac{k^2-3k+1}{k^2+k} = \frac{1}{33}$, 解得 $k_1 = \frac{11}{4}$, $k_2 = \frac{3}{8}$.

分别代入②及 $x = ky^3$ 即可得原方程的解为：

$\begin{cases} x_1 = 3, \\ y_1 = 2; \end{cases}$ $\begin{cases} x_2 = -3, \\ y_2 = -2; \end{cases}$

$\begin{cases} x_3 = \frac{11\sqrt{5}}{5}, \\ y_3 = \frac{1}{5}\sqrt[6]{50000}; \end{cases}$ $\begin{cases} x_4 = -\frac{11\sqrt{5}}{5}, \\ y_4 = -\frac{1}{5}\sqrt[6]{50000}. \end{cases}$

13. 解：构造 $y = kx$. 方程组化为

$\begin{cases} k^2x^2 = x^2 \cdot \frac{a+x}{a-x}, & ① \\ (1+k^2)x^2 - a(1+k)x = 0. & ② \end{cases}$

解①得 $x_1 = 0$, $x_2 = \frac{a(k^2-1)}{1+k^2}.$

解②得 $x_3 = 0$, $x_4 = \frac{a(1+k)}{1+k^2}.$

这里 x_2 和 x_4 是同一解，

$\therefore \frac{a(k^2-1)}{1+k^2} = \frac{a(1+k)}{1+k^2},$

解得 $k_1 = 2$, $k_2 = -1$.

196

当 $k_1 = 2$ 时，$x_1 = \frac{3}{5}a$，$y_1 = \frac{6}{5}a$.

当 $k_2 = -1$ 时，$x_2 = 0$，$y_2 = 0$.

故原方程组的解为：$\begin{cases} x_1 = \frac{3}{5}a, \\ y_1 = \frac{6}{5}a; \end{cases}$ $\begin{cases} x_2 = 0, \\ y_2 = 0. \end{cases}$

14. **解**：由原方程左边三个式子可构造恒等式

$(x+y+z)^2 - (x^2+y^2+z^2) = 2(xy+yz+zx)$, ④

$x^3+y^3+z^3 - 3xyz = (x+y+z)$
$(x^2+y^2+z^2-xy-yz-zx).$ ⑤

把①，②代入④得 $xy+yz+zx = 11$ ⑥

把①，②，③，⑥代入⑤得 $xyz = 6$.

由此可知 x，y，z 为 $t^3 - 6t^2 + 11t - 6 = 0$ 的三个根.

解之得 $t_1 = 1$，$t_2 = 2$，$t_3 = 3$.

根据原方程组中未知数的轮换对称性，可得原方程组的六组解为：

$\begin{cases} x = 1, 1, 2, 2, 3, 3, \\ y = 2, 3, 1, 3, 1, 2, \\ z = 3, 2, 3, 1, 2, 1. \end{cases}$

15. **解**：显然 x，y，z 均为非负数.

由 $\frac{①^2 - ②}{2}$ 得 $\sqrt{xy} + \sqrt{yz} + \sqrt{zx} = 6$，则

$x+y+z = \sqrt{xy} + \sqrt{yz} + \sqrt{zx}.$ ④

$\because x+y \geq 2\sqrt{xy}$，$y+z \geq 2\sqrt{yz}$，$z+x \geq 2\sqrt{zx}$，

$\therefore x+y+z \geq \sqrt{xy} + \sqrt{yz} + \sqrt{zx}.$

此式当且仅当 $x = y = z$ 时取等号，即满足④.

以此式 $(x = y = z)$ 代入②得 $x = y = z = 2$，它们满足方程③.

故原方程组的解为：$\begin{cases} x = 2, \\ y = 2, \\ z = 2. \end{cases}$

16. **证明**：设 $a \geq b > 0$，构造 $a = x+y$，$b = x-y$，则

$x = \frac{a+b}{2} > 0$，$y = \frac{a-b}{2} \geq 0$.

$\therefore \frac{1}{2}(a^n + b^n) = \frac{1}{2}[(x+y)^n + (x-y)^n]$
$= x^n + C_n^2 x^{n-2} y^2 + \cdots + y^n$
$\geq x^n = \left(\frac{a+b}{2}\right)^n.$

17. **证明**：设 $A = \frac{1}{2} \cdot \frac{3}{4} \cdot \frac{5}{6} \cdots \frac{99}{100}$.

构造 $B = \frac{2}{3} \cdot \frac{4}{5} \cdot \frac{6}{7} \cdots \frac{100}{101}$，则 $AB = \frac{1}{101}$.

又 $\because A < B$，

$\therefore A^2 < \frac{1}{101} < \frac{1}{100}$,

故 $A < \frac{1}{10}$.

18. **证明**：构造对偶式 $(a-b)^2$，则
$(a+b)^2 \leq (a+b)^2 + (a-b)^2$
$= 2(a^2 + b^2).$

19. **证明**：$\because a \in \mathbf{R}$，再结合原式的形式特点可设 $a = \text{tg}\theta\left(-\frac{\pi}{2} < \theta < \frac{\pi}{2}\right)$，从而构造三角式

$y = \frac{\sqrt{3}a + 1}{\sqrt{a^2+1}} = \frac{\sqrt{3}\text{tg}\theta + 1}{\sec\theta} = \sqrt{3}\sin\theta + \cos\theta$

$= 2\sin\left(\theta + \frac{\pi}{6}\right).$

$\because -\frac{\pi}{2} < \theta < \frac{\pi}{2}$，$-\frac{\pi}{3} < \theta + \frac{\pi}{6} < \frac{2}{3}\pi$,

$\therefore -\frac{\sqrt{3}}{2} < \sin\left(\theta + \frac{\pi}{6}\right) \leq 1.$

故 $-\sqrt{3} < \frac{\sqrt{3}a + 1}{\sqrt{a^2+1}} \leq 2.$

20. **证明**：令原式左 $= x_n$，并令 $y_n = 1 + a^2 + \cdots + a^{2n}$.

构造辅助递推式

$y_n = a^2 y_{n-1} + 1.$ ①

由 $x_n = y_n/(ay_{n-1}) = (1+a^2 y_{n-1})/(ay_{n-1})$

$\Rightarrow y_{n-1} = \frac{1}{a(x_n - a)}$ 代入辅助递推式①

$\Rightarrow \frac{1}{a(x_{n+1} - a)} = \frac{a^2}{a(x_n - a)} + 1,$

$$\therefore \begin{cases} x_{n+1} = a + \dfrac{1}{a} - \dfrac{1}{x_n}, \\ x_1 = a + \dfrac{1}{a}. \end{cases}$$

当 $n=1$ 时 $x_1 = a + \dfrac{1}{a} > 2 =$ 右边.

假设当 $n=k$ 时,有 $x_k > 1 + \dfrac{1}{k}$.

则当 $n=k+1$ 时,

$$x_{k+1} = a + \dfrac{1}{a} - \dfrac{1}{x_k}$$

$$> 2 - \dfrac{k}{k+1} = 1 + \dfrac{1}{k+1},$$

即 $x_{k+1} > 1 + \dfrac{1}{k+1}$.

综上所述有 $x_n > 1 + \dfrac{1}{n}$.

故本题结论成立.

21. 证明:$\because a_1 + a_2 + \cdots + a_n = 1$,构造表达式

$\lambda(a_1 + a_2 + \cdots + a_n - 1) = 0$ (λ 为任意实常数).

则 $a_1^2 + a_2^2 + \cdots + a_n^2 = a_1^2 + a_2^2 + \cdots + a_n^2 + \lambda(a_1 + a_2 + \cdots + a_n - 1)$

$$= \left(a_1 + \dfrac{\lambda}{2}\right)^2 + \left(a_2 + \dfrac{\lambda}{2}\right)^2 + \cdots + \left(a_n + \dfrac{\lambda}{2}\right)^2 + \left(-\lambda - \dfrac{\lambda^2}{4} \cdot n\right)$$

$$\geq -\lambda - \dfrac{\lambda^2}{4} \cdot n.$$

当 $a_1 + \dfrac{\lambda}{2} = a_2 + \dfrac{\lambda}{2} = \cdots = a_n + \dfrac{\lambda}{2}$ 时 $a_1^2 + a_2^2 + \cdots + a_n^2$ 的最小值为 $-\lambda - \dfrac{\lambda^2}{4} \cdot n$.

将 $a_1 = a_2 = \cdots = a_n = -\dfrac{\lambda}{2}$ 代入 $a_1 + a_2 + \cdots + a_n = 1$ 中得 $\lambda = -\dfrac{2}{n}$,于是

$$-\lambda - \dfrac{\lambda^2}{4} \cdot n = \dfrac{2}{n} - \dfrac{1}{n} = \dfrac{1}{n}.$$

故 $a_1^2 + a_2^2 + \cdots + a_n^2 \geq \dfrac{1}{n}$.

22. 证明:令 $A = \text{tg}\alpha + 2\text{tg}2\alpha + 4\text{tg}4\alpha$.

构造 $B = \text{ctg}\alpha + 2\text{ctg}2\alpha + 4\text{ctg}4\alpha$.

由 $\text{tg}\alpha - \text{ctg}\alpha = -2\text{ctg}2\alpha$ 可得

$A - B = -2\text{ctg}2\alpha - 4\text{ctg}4\alpha - 8\text{ctg}8\alpha$.

$\therefore A = (A - B) + B = \text{ctg}\alpha - 8\text{ctg}8\alpha$.

23. 证明:构造多项式 $(1+x)^{2n}$.

$\because (1+x)^{2n} = (1+2x+x^2)^n$ 是关于 x 的恒等式,比较等式两边 x^n 的系数,左边展开后 x^n 的系数为 C_{2n}^n,右边展开后 x^n 的系数为 $\sum\limits_{k=0}^{(\frac{n}{2})} C_n^k C_{n-k}^{n-2k} \cdot 2^{n-2k}$,从而命题得证.

24. 证明:观察等式两边的形式类似于某些二项式的展开式的系数,于是构造恒等式

$$(1+x)^{m+n} = (1+x)^m (1+x)^n.$$

等式两端展开式中,x^k 的系数应相等,

$\therefore C_{m+n}^k = C_m^0 C_n^k + C_m^1 C_n^{k-1} + C_m^2 C_n^{k-2} + \cdots + C_m^k C_n^0$.

25. 证明:由已知有 $x_n + \sqrt{2} y_n = (3 + 2\sqrt{2})^n$. ①

构造对偶递推式 $x_n - \sqrt{2} y_n = (3 - 2\sqrt{2})^n$. ②

下面用数学归纳法证明②式成立.

当 $n=1$ 时,由 ①$\Rightarrow x_1 = 3$,$y_1 = 2$,此时②式显然成立.

假设 $n=k$ 时有 $x_k - \sqrt{2} y_k = (3 - 2\sqrt{2})^k$.

则当 $n=k+1$ 时,由 ①有

$$x_{k+1} + \sqrt{2} y_{k+1} = (3 + 2\sqrt{2})(3 + 2\sqrt{2})^k$$

$$= (3 + 2\sqrt{2})(x_k + \sqrt{2} y_k) = 3x_k + 4y_k + \sqrt{2}(2x_k + 3y_k)$$

$$\Rightarrow \begin{cases} x_{k+1} = 3x_k + 4y_k, \\ y_{k+1} = 2x_k + 3y_k. \end{cases}$$

$\therefore x_{k+1} - \sqrt{2} y_{k+1} = 3x_k + 4y_k - \sqrt{2}(2x_k + 3y_k)$

$$= (3 - 2\sqrt{2}) x_k - \sqrt{2}(3 - 2\sqrt{2}) y_k$$

$$= (3 - 2\sqrt{2})(x_k - \sqrt{2} y_k).$$

由假设 $x_k - \sqrt{2} y_k = (3 - 2\sqrt{2})^k$,

$\therefore x_{k+1} - \sqrt{2} y_{k+1} = (3 - 2\sqrt{2})^{k+1}$.

综上所述,②式成立.

故 ①×② 得 $x_n^2 - 2y_n^2 = 1$.

26. 解:设 $a_n = \underbrace{19911991\cdots1991}_{n \text{ 个 } 1991}$,$a_1 = 1991$.

构造 $a_n = 10000a_{n-1} + 1991.$ ①

两边同乘以 10000^{-n} 得

$$\frac{a_n}{10000^n} = \frac{a_{n-1}}{10000^{n-1}} + \frac{1991}{10000^n}.$$ ②

在②中令 $n = 2, 3, \cdots, n$ 并把所得的 $(n-1)$ 个式子累加得：

$$\frac{a_n}{10000^n} = \frac{a_1}{10000} + 1991\left[\left(\frac{1}{10000}\right)^2 + \left(\frac{1}{10000}\right)^3 + \cdots + \left(\frac{1}{10000}\right)^n\right]$$

$$= 1991 \times \frac{\frac{1}{10^4} - \frac{1}{10^{4n}} \cdot \frac{1}{10^4}}{1 - \frac{1}{10^4}}$$

$$= 1991 \times \frac{10^{4n} - 1}{10^{4n} \times 9999}.$$

故 $a_n = \frac{1991(10^{4n} - 1)}{9999}.$

27. 解：设 $x_k = 2^k \text{tg} 2^k \theta.$ 构造对偶式

$y_k = 2^k \text{ctg} 2^k \theta \ (k = 0, 1, 2, \cdots, n),$

$\therefore x_k - y_k = 2^k \times \frac{\sin^2 2^k \theta - \cos^2 2^k \theta}{\sin 2^k \theta \cos 2^k \theta}$

$= 2^k (\text{tg} 2^k \theta - \text{ctg} 2^k \theta) = 2^k \times \frac{\text{tg}^2 2^k \theta - 1}{\text{tg} 2^k \theta}$

$= -2^k \times 2 \times \frac{1 - \text{tg}^2 2^k \theta}{2\text{tg} 2^k \theta} = -2^{k+1} \text{ctg} 2^{k+1} \theta,$

$\therefore x_k = y_k - y_{k+1}.$

故

$\text{tg}\theta + 2\text{tg}2\theta + \cdots + 2^n \text{tg} 2^n \theta = x_0 + x_1 + \cdots + x_n$

$= y_0 - y_{n+1} = \text{ctg}\theta - 2^{n+1}\text{ctg} 2^{n+1}\theta.$

28. 证明：因为自然数 n 可以写成 $2^k(2\gamma+1)$（其中整数 $k \geq 0, \gamma \geq 1$），其含义是 $2\gamma+1$ 个 2^k 之和，或者是 $2\gamma+1$ 个平均值为 2^k 的自然数之和，若要求是连续自然数，则应该以 2^k 为中间值，由此，构造 $n = 2^k(2\gamma+1)(k \geq 0, \gamma \geq 1).$

当 $\gamma < 2^k$ 时，则有

$n = (2^k - \gamma) + (2^k - \gamma + 1) + \cdots + (2^k - 1)$
$\quad + 2^k + (2^k + 1) + \cdots + (2^k + \gamma).$

当 $\gamma \geq 2^k$ 时，则有

$n = (\gamma - 2^k + 1) + (\gamma - 2^k + 2) + \cdots$
$\quad + (\gamma - 2^k + 2^{k+1}).$

29. 解：构造对偶式 $\sqrt{7} - \sqrt{3}.$

则 $\because (\sqrt{7} + \sqrt{3})^6 + (\sqrt{7} - \sqrt{3})^6$
$= 2(7^3 + C_6^2 \times 7^2 \times 3 + C_6^4 \times 7 \times 3^2 + 3^3)$
$= 7040,$

而 $\sqrt{7} - \sqrt{3} = \frac{4}{\sqrt{7}+\sqrt{3}} < \frac{4}{2.5+1.5} = 1,$

$\therefore 0 < (\sqrt{7} - \sqrt{3})^6 < 1.$

故所求的最大整数是 7039.

30. 证明：对于任意奇数，恒有（构造）

$$n = \left(\frac{n+1}{2}\right)^2 - \left(\frac{n-1}{2}\right)^2.$$

把 n 换成奇质数 p，便有

$$\left(\frac{p+1}{2}\right)^2 = p + \left(\frac{p-1}{2}\right)^2.$$

因为奇质数有无穷多个，于是问题得证.

31. 证明：构造对偶式 $\beta = k + \frac{1}{2} - \sqrt{k^2 + \frac{1}{4}},$

则 $0 < \beta < 1,$ 且 $\alpha、\beta$ 是方程 $x^2 - (2k+1)x - k = 0$ 的两根.

$\therefore \alpha^{n+2} - (2k+1)\alpha^{n+1} - k\alpha^n = 0,$
$\beta^{n+2} - (2k+1)\beta^{n+1} - k\beta^n = 0.$

令 $u_n = \alpha^n + \beta^n,$ 将以上两式相加有

$u_{n+2} - (2k+1)u_{n+1} - ku_n = 0,$

即 $u_{n+2} = k(2u_{n+1} - u_n) + u_{n+1}.$

又 $u_1 = 2k+1, u_2 = 2k^2 + k + 1.$

用数学归纳可证明 $u_n \in \mathbb{Z}$ 且 u 被 k 除余 1.

又 $0 < \beta^n < 1, \therefore [\alpha^n] = u_n - 1.$

故 $[\alpha^n]$ 能被 k 整除.

32. 解：将 $\sin\theta \cdot x + \cos\theta \cdot y = \sqrt{x^2 + y^2}$ 化为

$$\sin\theta \cdot \frac{x}{\sqrt{x^2+y^2}} + \cos\theta \cdot \frac{y}{\sqrt{x^2+y^2}} = 1.$$

构造三角函数式 $\cos\varphi = \frac{x}{\sqrt{x^2+y^2}},$ $\sin\varphi = \frac{y}{\sqrt{x^2+y^2}}.$

由此可得 $\sin(\theta + \varphi) = 1.$

解之得 $\theta = 2k\pi + \dfrac{\pi}{2} - \varphi$ $(k \in J)$.

代入 $\dfrac{\sin^2\theta}{a^2} - \dfrac{\cos^2\theta}{b^2} = \dfrac{1}{x^2+y^2}$ 得 $\dfrac{\cos^2\varphi}{a^2} - \dfrac{\sin^2\varphi}{b^2} = \dfrac{1}{x^2+y^2}$,

即 $\dfrac{x^2}{a^2(x^2+y^2)} - \dfrac{y^2}{b^2(x^2+y^2)} = \dfrac{1}{x^2+y^2}$

故所求轨迹方程为: $\dfrac{x^2}{a^2} - \dfrac{y^2}{b^2} = 1$.

习 题 五

1. 解: 由 $S_n = \dfrac{S_{n-1}}{2S_{n-1}+1}$ $(n \geq 2)$ 得

$\dfrac{1}{S_n} = \dfrac{2S_{n-1}+1}{S_{n-1}} = \dfrac{1}{S_{n-1}} + 2$.

于是得 $\dfrac{1}{S_n} - \dfrac{1}{S_{n-1}} = 2$, 即 $\left\{\dfrac{1}{S_n}\right\}$ 是公差为 2 的等差数列, 其首项 $\dfrac{1}{S_1} = 1$.

$\therefore \dfrac{1}{S_n} = 1 + 2(n-1) = 2n-1$, $S_n = \dfrac{1}{2n-1}$.

当 $n \geq 2$ 时, $a_n = S_n - S_{n-1} = \dfrac{1}{2n-1} - \dfrac{1}{2(n-1)-1} = \dfrac{-2}{(2n-1)(2n-3)}$,

故 $a_n = \begin{cases} 1 & (n=1), \\ -\dfrac{2}{(2n-1)(2n-3)} & (n \geq 2). \end{cases}$

2. 解: $\because a_{n+2} = 2a_{n+1} - a_n + 1$,

$\therefore a_{n+2} - a_{n+1} = (a_{n+1} - a_n) + 1$.

构造数列 $\{b_n\} = \{a_{n+1} - a_n\}$ 则 $b_{n+1} = b_n + 1$.

又 $b_1 = a_2 - a_1 = 2 - 1 = 1$,

$\therefore \{b_n\}$ 是以 1 为首项, 1 为公差的等差数列.

$\therefore b_n = n$, 即 $a_{n+1} - a_n = n$.

取 $n = 1, 2, \cdots, (n-1)$, 并把各式相加得 $a_n - a_1 = \dfrac{n(n-1)}{2}$.

故 $a_n = \dfrac{n^2 - n + 2}{2}$.

3. 解:

设 $a_n + A \cdot 5^{n-1} = 3a_{n-1} + A \cdot 5^{n-1} + 7 \cdot 5^{n-2} + 2 \cdot 3^{n-1}$

$= 3\left[a_{n-1} + \dfrac{5A+7}{3} \cdot 5^{n-2}\right] + 2 \cdot 3^{n-1}$.

令 $A = \dfrac{5A+7}{3}$, 解得 $A = -\dfrac{7}{2}$ 代入上式得

$a_n - \dfrac{7}{2} \cdot 5^{n-1} = 3\left(a_{n-1} - \dfrac{7}{2} \times 5^{n-2}\right) + 2 \cdot 3^{n-1}$.

变形为: $\dfrac{a_n - \dfrac{7}{2} \times 5^{n-1}}{3^{n-1}} = \dfrac{a_{n-1} - \dfrac{7}{2} \times 5^{n-2}}{3^{n-2}} + 2$.

于是构造了一个以 $\dfrac{5}{2}$ 为首项, 公差为 2 的

等差数列 $\left\{\dfrac{a_n - \dfrac{7}{2} \times 5^{n-1}}{3^{n-1}}\right\}$

$\therefore \dfrac{a_n - \dfrac{7}{2} \times 5^{n-1}}{3^{n-1}} = \dfrac{5}{2} + (n-1) \times 2 = 2n + \dfrac{1}{2}$.

故 $a_n = \dfrac{7}{2} \times 5^{n-1} + \left(2n + \dfrac{1}{2}\right) \times 3^{n-1}$.

4. 解: 由已知有 $\sqrt{2x+8} + \sqrt{4x+20} = 2 \times 1$.

于是可构造等差数列 $\sqrt{2x+8}$, 1, $\sqrt{4x+20}$.

令 $\begin{cases} \sqrt{2x+8} = 1 - d, & \text{①} \\ \sqrt{4x+20} = 1 + d. & \text{②} \end{cases}$

②² - ①² × 2 得

$4 = (1+d)^2 - 2(1-d)^2$.

解之得 $d_1 = 1$, $d_2 = 5$ (由①知应舍去).

把 $d = 1$ 代入①解得 $x = -4$.

经检验原方程的解为 $x = -4$.

5. 解: 由已知有 $\sqrt[3]{x-5} + \sqrt{6-x} = 2 \times \dfrac{1}{2}$.

于是可构造等差数列 $\sqrt[3]{x-5}$, $\frac{1}{2}$, $\sqrt{6-x}$.

令 $\begin{cases} \sqrt[3]{x-5} = \frac{1}{2} - d, & ① \\ \sqrt{6-x} = \frac{1}{2} + d. & ② \end{cases}$

①³ + ②² 得 $\left(\frac{1}{2} - d\right)^3 + (1+d)^2 = 1$.

整理得 $(2d-5)(2d-1)(2d+1) = 0$,

∴ $d_1 = \frac{5}{2}$, $d_2 = \frac{1}{2}$, $d_3 = -\frac{1}{2}$.

分别把 d_1, d_2, d_3 代入①解得 $x_1 = -3$, $x_2 = 5$, $x_3 = 6$.

经检验, 原方程的解为 $x_1 = -3$, $x_2 = 5$, $x_3 = 6$.

6. 解: 由已知 $\sqrt{x^2 - 3x + 4} + (-\sqrt{x^2 - 5x + 7}) = 2 \times \frac{1}{2}$.

于是可构造等差数列 $\sqrt{x^2 - 3x + 4}$, $\frac{1}{2}$, $-\sqrt{x^2 - 5x + 7}$.

令 $\begin{cases} \sqrt{x^2 - 3x + 4} = \frac{1}{2} - d, & ① \\ -\sqrt{x^2 - 5x + 7} = \frac{1}{2} + d. & ② \end{cases}$

①² + ②² 得 $2x^2 - 8x + 11 = \frac{1}{2} + 2d^2$. ③

①² - ②² 得 $2x - 3 = -2d$. ④

联立③和④消去 d 得 $x = 3$.

经检验, 原方程的解为 $x = 3$.

7. 解: (1) 由①得 $x + y = 6 = 2 \times 3$.

于是可构造等差数列 x, 3, y.

令 $x = 3 - d$, $y = 3 + d$.

代入②得 $z^2 = (3-d)(3+d) - 9 = -d^2$.

∴ $z^2 + d^2 = 0$, 即 $z = 0$, $d = 0$.

故 $\begin{cases} x = 3, \\ y = 3, \\ z = 0. \end{cases}$

(2) 由③有 $\sqrt{x} + \sqrt{y-1} = 2 \times \frac{5}{2}$.

于是可构造等差数列 $\sqrt{x}$, $\frac{5}{2}$, $\sqrt{y-1}$.

令 $\sqrt{x} = \frac{5}{2} - d$, $\sqrt{y-1} = \frac{5}{2} + d$, 则

$x = \left(\frac{5}{2} - d\right)^2$, $y - 1 = \left(\frac{5}{2} + d\right)^2$.

代入④得 $\left(\frac{5}{2} - d\right)^2 \left(\frac{5}{2} + d\right)^2 = 36$.

由 $\sqrt{x} = \frac{5}{2} - d > 0$, $\sqrt{y-1} = \frac{5}{2} + d > 0$ 得 $-\frac{5}{2} < d < \frac{5}{2}$.

解上述方程得 $d = \pm \frac{1}{2}$.

若 $d = \frac{1}{2}$, 则 $x = 4$, $y = 10$.

若 $d = -\frac{1}{2}$, 则 $x = 9$, $y = 5$.

故方程组(2)的解为 $\begin{cases} x = 4, \\ y = 10 \end{cases}$ 或 $\begin{cases} x = 9, \\ y = 5. \end{cases}$

8. 证明: 由 $\sin^2 \theta + \cos^2 \theta = 1 = 2 \times \frac{1}{2}$.

于是可构造等差数列 $\sin^2 \theta$, $\frac{1}{2}$, $\cos^2 \theta$.

令 $\sin^2 \theta = \frac{1}{2} - d$, $\cos^2 \theta = \frac{1}{2} + d$, $\left(-\frac{1}{2} \leq d \leq \frac{1}{2}\right)$.

∴ $\sin^{10} \theta + \cos^{10} \theta = \left(\frac{1}{2} - d\right)^5 + \left(\frac{1}{2} + d\right)^5$

$= 2\left[\left(\frac{1}{2}\right)^5 + C_5^2 \left(\frac{1}{2}\right)^3 d^2 + C_5^4 \cdot \frac{1}{2} d^4\right]$

$\geq 2\left(\frac{1}{2}\right)^5 = \frac{1}{16}$.

9. 解: 由 $a_{n+1} = 2a_n + 3$, 得 $a_{n+1} + 3 = 2(a_n + 3)$.

于是可构造数列 $\{b_n\}$, $b_n = a_n + 3$ ($n = 1, 2, \cdots$), 它是一个首项为 8、公比为 2 的等比数列.

∴ $b_n = 8 \times 2^{n-1} = 2^{n+2}$. 故 $a_n = 2^{n+2} - 3$.

10. 解: 由已知递推式得 $a_{n+1} = 3a_n + 2$, $a_n = 3a_{n-1} + 2$.

两式相减得 $a_{n+1} - a_n = 3(a_n - a_{n-1})$, 即数列 $\{a_{n+1} - a_n\}$ 是公比为 3 的等比数列, 其首项 $a_2 - a_1 = (3 \times 1 + 2) - 1 = 4$.

∴ $a_{n+1} - a_n = 4 \times 3^{n-1}$.

201

又 $\because a_{n+1} = 3a_n + 2$, $\therefore 3a_n + 2 - a_n = 4 \times 3^{n-1}$.

故 $a_n = 2 \cdot 3^{n-1} - 1$.

11. 解： 设 $a_{n+2} + Aa_{n+1} = a_{n+1} + Aa_{n+1} + 6a_n$
$= (A+1)a_{n+1} + 6a_n$
$= (A+1)\left(a_{n+1} + \dfrac{6}{A+1}a_n\right)$.

令 $A = \dfrac{6}{A+1}$ 则有 $A^2 + A - 6 = 0$.

解之 $A_1 = 2$, $A_2 = -3$.

若 $A = 2$，则有 $a_{n+2} + 2a_{n+1} = 3(a_{n+1} + 2a_n)$.

于是构造了一个以 $a_2 + 2a_1 = 8$ 为首项、以 3 为公比的等比数列 $\{a_{n+1} + 2a_n\}$.

$\therefore a_{n+1} + 2a_n = 8 \times 3^{n-1}$ ①

若 $A = -3$，则 $a_{n+2} - 3a_{n+1} = -2(a_{n+1} - 3a_n)$.

于是构造了一个以 $a_2 - 3a_1 = 3$ 为首项、公比为 -2 的等比数列 $\{a_{n+1} - 3a_n\}$.

$\therefore a_{n+1} - 3a_n = 3 \times (-2)^{n-1}$. ②

① $-$ ② 得 $5a_n = 8 \times 3^{n-1} - 3(-2)^{n-1}$.

故 $a_n = \dfrac{8}{5} \cdot 3^{n-1} - \dfrac{3}{5}(-2)^{n-1}$.

12. 解： 由 $a_{n+1} = 3a_n + 2^n$ 可得 $\dfrac{1}{2^n}a_{n+1} = \dfrac{3}{2} \cdot \dfrac{a_n}{2^{n-1}} + 1$.

令 $b_n = \dfrac{1}{2^{n-1}}a_n$ 则上式变为 $b_{n+1} = \dfrac{3}{2}b_n + 1$, $b_1 = \dfrac{1}{2^{1-1}}a_1 = 1$.

设 $b_{n+1} + r = \dfrac{3}{2}(b_n + r)$，则 $b_{n+1} = \dfrac{3}{2}b_n + \dfrac{r}{2}$，为使其与 $b_{n+1} = \dfrac{3}{2}b_n + 1$ 保持恒等，必有 $\dfrac{r}{2} = 1$，$r = 2$. $\therefore b_{n+1} + 2 = \dfrac{3}{2}(b_n + 2)$

于是可构造一个以 $b_1 + 2 = 3$ 为首项、公比为 $\dfrac{3}{2}$ 的等比数列 $\{b_n + 2\}$.

$\therefore b_n + 2 = 3\left(\dfrac{3}{2}\right)^{n-1}$, $b_n = 3\left(\dfrac{3}{2}\right)^{n-1} - 2$.

故 $a_n = 2^{n-1} \cdot b_n = 3^n - 2^n$.

13. 解： 由 $2a_n = 3a_{n-1} + 1$ 得 $a_n = \dfrac{3}{2}a_{n-1} + \dfrac{1}{2}$.

设 $a_n + r = \dfrac{3}{2}(a_{n-1} + r)$ 则 $a_n = \dfrac{3}{2}a_{n-1} + \dfrac{r}{2}$，为和原递推公式保持恒等，必须有 $\dfrac{r}{2} = \dfrac{1}{2}$，$r = 1$.

$\therefore a_n + 1 = \dfrac{3}{2}(a_{n-1} + 1)$.

于是构造了一个数列 $\{a_n + 1\}$，这个数列是以 $a_1 + 1 = \dfrac{3}{2}$ 为首项、公比为 $\dfrac{3}{2}$ 的等比数列.

$\therefore a_n + 1 = \dfrac{3}{2}\left(\dfrac{3}{2}\right)^{n-1} = \left(\dfrac{3}{2}\right)^n$.

故 $a_n = \left(\dfrac{3}{2}\right)^n - 1$.

14. 解： $\because a_{n+1} = ca_n + d$,

$\therefore a_{n+1} + x = ca_n + x + d = c\left(a_n + \dfrac{x+d}{c}\right)$.

令 $x = \dfrac{d+x}{c}$ 得 $x = \dfrac{d}{c-1}$,

$\therefore a_{n+1} + \dfrac{d}{c-1} = c\left(a_n + \dfrac{d}{c-1}\right)$.

于是得到数列 $\left\{a_n + \dfrac{d}{c-1}\right\}$ 是首项为 $a_1 + \dfrac{d}{c-1} = b + \dfrac{d}{c-1}$、公比为 c 的等比数列.

$\therefore a_n + \dfrac{d}{c-1} = \left(b + \dfrac{d}{c-1}\right) \cdot c^{n-1}$.

整理得：
$$a_n = \dfrac{bc^n + (d-b)c^{n-1} - d}{c-1}.$$

15. 解： 在 $a_{n+1} = \dfrac{1}{3}a_n + \left(\dfrac{1}{2}\right)^{n+1}$ 的两边乘以 2^{n+1}，得：

$2^{n+1}a_{n+1} = \dfrac{2}{3}(2^n a_n) + 1$，令 $b_n = 2^n a_n$.

则 $b_{n+1} = \dfrac{2}{3}b_n + 1$，于是可得数列 $b_{n+1} - b_n = \dfrac{2}{3}(b_n - b_{n-1})$.

即数列 $\{b_{n+1} - b_n\}$ 是以公比为 $\dfrac{2}{3}$ 的等比数

· 202 ·

列,其首项 $b_2 - b_1 = 2^2 \cdot a_2 - 2 \cdot a_1 = 4\left(\frac{1}{3} \times \frac{5}{6} + \frac{1}{4}\right) - 2 \times \frac{5}{6} = \frac{10}{9} + 1 - \frac{5}{3} = \left(\frac{2}{3}\right)^2$.

$\therefore b_{n+1} - b_n = \left(\frac{2}{3}\right)^2 \cdot \left(\frac{2}{3}\right)^{n-1}$.

又 $\because b_{n+1} = \frac{2}{3}b_n + 1$,

$\therefore b_n = 3 - 2\left(\frac{2}{3}\right)^n$.

故 $a_n = \frac{b_n}{2^n} = 3\left(\frac{1}{2}\right)^n - 2\left(\frac{1}{3}\right)^n$.

16. 证明:由题设关系式得

$x_n - x_{n-1} - x_{n-2} = 3(x_{n-1} - x_{n-2} - x_{n-3})$.

于是构造了一个以 3 为公比、首项为 $x_2 - x_1 - x_0 = 1$ 的等比数列 $\{x_n - x_{n-1} - x_{n-2}\}$.

$\therefore x_n - x_{n-1} - x_{n-2} = 3^{n-1}$.

$\therefore \sum_{k=3}^{n}(x_k - x_{k-1} - x_{k-2}) = \sum_{k=3}^{n} 3^{k-1}$,

即 $\sum_{k=3}^{n}(x_k - x_{k-1}) - \sum_{k=3}^{n} x_{k-2} = \sum_{k=3}^{n} 3^{k-1}$,

$\therefore x_n - x_2 - (x_1 + x_2 + \cdots + x_{n-2})$

$= \frac{3(1 - 3^{n-2})}{1 - 3} = -\frac{3}{2} + \frac{1}{2} \cdot 3^{n-1}$,

$\therefore x_n = (x_1 + x_2 + \cdots + x_{n-2}) + \frac{3}{2} + \frac{1}{2} \cdot 3^{n-1}$.

由 $x_n - x_{n-1} - x_{n-2} = 3^{n-1}$ 用数学归纳法不难证得 $0 < x_{n-1} \leqslant x_n$,

$\therefore x_1 + x_2 + \cdots + x_{n-2} > 0$.

故 $x_n > \frac{3}{2} + \frac{1}{2} \cdot 3^{n-1}$,即 $x_n > \frac{3}{2}(1 + 3^{n-2})$ $(n \geqslant 3, n \in \mathbf{N})$.

17. 解:(1)如图所示 $A_n B_n C_n D_n$ 是第 n 个内接正四面体,M_n 是 $C_n D_n$ 的中点,则 A_{n+1},B_{n+1} 分别是 $B_n M_n$,$A_n M_n$ 的三等分点.

设 $A_1 B_1 = a$,$A_n B_n = a_n$,则有

$A_{n+1} B_{n+1} = \frac{1}{3} A_n B_n$,

即 $\frac{a_{n+1}}{a_n} = \frac{1}{3}$,$\frac{a_{n+1}^2}{a_n^2} = \frac{1}{9}$,

$\therefore \{a_n^2\}$ 构成首项为 $a_1^2 = a^2$、公比 $q = \frac{1}{9}$ 的

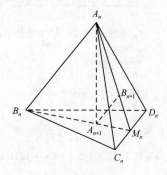

第 17 题图

无穷递缩等比数列.

而 $S_n = \frac{\sqrt{3}}{4} a_n^2 \times 4 = \sqrt{3} a_n^2$.

$\{S_n\}$ 也是一个无穷递缩等比数列.

故 $S = \frac{S_1}{1-q} = \frac{9\sqrt{3}}{8} a^2$.

(2) 类似(1)的思想可求得

棱长 a_n 的正四面体内切球半径 $r_n = \frac{\sqrt{6}}{12} a_n$,

$\frac{r_{n+1}}{r_n} = \frac{a_{n+1}}{a_n} = \frac{1}{3}$.

$\{4\pi r_n^2\}$ 构成首项为 $4\pi r_1^2 = \frac{\pi}{6} a^2$、公比为 $\frac{1}{9}$ 的无穷等比数列,故 $S = \frac{S_1}{1-q} = \frac{3\pi}{16} a^2$.

即所有正四面体的内切球的球面面积之和为 $\frac{3\pi}{16} a^2$.

18. 解:构造复数数列 $\{z_n\}$,$z_n = a_n + b_n \mathrm{i}$.

由已知得

$a_{n+1} + b_{n+1} \mathrm{i} = a_n(\cos\theta + \mathrm{i}\sin\theta) - b_n(\sin\theta - \mathrm{i}\cos\theta)$
$= (a_n + b_n \mathrm{i})(\cos\theta + \mathrm{i}\sin\theta)$

即 $z_{n+1} = z_n(\cos\theta + \mathrm{i}\sin\theta)$.

$\therefore$ 数列 $\{z_n\}$ 是以 $1 + \mathrm{itg}\theta$ 为首项、$q = \cos\theta + \mathrm{i}\sin\theta$ 为公比的等比数列.

$\therefore z_n = a_n + b_n \mathrm{i} = (1 + \mathrm{itg}\theta)(\cos\theta + \mathrm{i}\sin\theta)^{n-1}$
$= (1 + \mathrm{itg}\theta)[\cos(n-1)\theta + \mathrm{i}\sin(n-1)\theta]$
$= [\cos(n-1)\theta - \mathrm{tg}\theta\sin(n-1)\theta]$
$+ \mathrm{i}[\mathrm{tg}\theta\cos(n-1)\theta + \sin(n-1)\theta]$

$$= \frac{\cos(n-1)\theta\cos\theta - \sin(n-1)\theta\sin\theta}{\cos\theta}$$
$$+ i\frac{\sin\theta\cos(n-1)\theta + \cos\theta\sin(n-1)\theta}{\cos\theta}$$
$$= \frac{\cos n\theta}{\cos\theta} + \frac{\sin n\theta}{\cos\theta}i.$$

故 $a_n = \frac{\cos n\theta}{\cos\theta}$, $b_n = \frac{\sin n\theta}{\cos\theta}$.

19. 解：设 $d = a_2 - a_1$, $q = \frac{b_2}{b_1}$, 则

$$S_n = a_1 b_1 + (a_1 + d)b_1 q + (a_1 + 2d)b_1 q^2$$
$$+ \cdots + [a_1 + (n-1)d]b_1 q^{n-1}.$$

构造辅助数列

$$qS_n = a_1 b_1 q + (a_1 + d)b_1 q^2 + (a_1 + 2d)b_1 q^3$$
$$+ \cdots + [a_1 + (n-1)d]b_1 q^n,$$
$$S_n - qS_n = a_1 b_1 + db_1(q + q^2 + \cdots + q^{n-1})$$
$$- [a_1 + (n-1)d]b_1 q^n$$
$$= a_1 b_1 (1 - q^n) + db_1 \frac{q(1-q^{n-1})}{1-q}$$
$$- (n-1)db_1 q^n,$$
$$\therefore S_n = a_1 b_1 \frac{1-q^n}{1-q} + db_1 \left[\frac{q(1-q^{n-1})}{(1-q)^2} - \frac{(n-1)q^n}{1-q} \right].$$

20. 证明：构造数列

$$a_n = 1^2 + 2^2 + \cdots + n^2 - \frac{1}{6}n(n+1)(2n+1) \quad (n \in \mathbf{N}),$$

则问题转化为证 $a_n = 0$ ($n \in \mathbf{N}$).

(1) $a_1 = 1^2 - \frac{1}{6} \times 1 \times 2 \times 3 = 0.$

(2) 假设 $a_k = 0$, 则

$$a_{k+1} = a_{k+1} - a_k = (k+1)^2 - \frac{1}{6}(k+1)$$
$$(k+2)(2k+3) + \frac{1}{6}k(k+1)(2k+1)$$
$$= (k+1)^2 - \frac{1}{6}(k+1)(2k^2 + 7k + 6$$
$$- 2k^2 - k)$$
$$= (k+1)^2 - \frac{1}{6}(k+1)(6k+6) = 0.$$

综合(1), (2)知, 对一切 $n \in \mathbf{N}$, $a_n = 0$.
故原式对一切 $n \in \mathbf{N}$ 成立

21. 证明：构造数列 $\{a_n\}$

$$a_n = (1+\sec\theta)\left(1+\sec\frac{\theta}{2}\right)\cdots\left(1+\sec\frac{\theta}{2^{n-1}}\right)/$$

$$\text{tg}\theta\text{ctg}\frac{\theta}{2^n},$$

则 $\frac{a_{n+1}}{a_n} = \frac{\left(1+\sec\frac{\theta}{2^n}\right)\text{ctg}\frac{\theta}{2^n}}{\text{ctg}\frac{\theta}{2^{n+1}}} = \frac{1+\cos\frac{\theta}{2^n}}{\cos\frac{\theta}{2^n}} \cdot$

$$\frac{\cos\frac{\theta}{2^n}}{\sin\frac{\theta}{2^n}} \cdot \frac{\sin\frac{\theta}{2^n}}{1+\cos\frac{\theta}{2^n}} = 1,$$

又 $a_1 = \frac{1+\sec\theta}{\text{tg}\theta\text{ctg}\frac{\theta}{2^n}} = \text{tg}\frac{\theta}{2} \cdot \frac{1+\cos\theta}{\sin\theta} = 1,$

$\therefore a_n = a_{n-1} = \cdots = a_1 = 1.$

故 $(1 + \sec\theta)\left(1 + \sec\frac{\theta}{2}\right) \cdots \cdot$

$$\left(1 + \sec\frac{\theta}{2^{n-1}}\right) = \text{tg}\theta\text{ctg}\frac{\theta}{2^n}.$$

22. 证明：构造数列

$$a_n = \frac{1}{2}\text{tg}\frac{x}{2} + \frac{1}{2^2}\text{tg}\frac{x}{2^2} + \cdots + \frac{1}{2^n}\text{tg}\frac{x}{2^n}$$
$$- \left(\frac{1}{2^n}\text{ctg}\frac{x}{2^n} - \text{ctg}x\right),$$

则 $a_{n+1} - a_n = \frac{1}{2^{n+1}}\text{tg}\frac{x}{2^{n+1}} - \frac{1}{2^{n+1}}\text{ctg}\frac{x}{2^{n+1}}$

$$+ \frac{1}{2^n}\text{ctg}\frac{x}{2^n}$$
$$= -\frac{1}{2^n}\left[\frac{1-\text{tg}^2\frac{x}{2^{n+1}}}{2\text{tg}\frac{x}{2^{n+1}}}\right] + \frac{1}{2^n}\text{ctg}\frac{x}{2^n}$$
$$= -\frac{1}{2^n}\text{ctg}\frac{x}{2^n} + \frac{1}{2^n}\text{ctg}\frac{1}{2^n} = 0.$$

又 $a_1 = \frac{1}{2}\text{tg}\frac{x}{2} - \frac{1}{2}\text{ctg}\frac{x}{2} + \text{ctg}x$

$$= \frac{\text{tg}^2\frac{x}{2} - 1}{2\text{tg}\frac{x}{2}} + \text{ctg}x = -\text{ctg}x + \text{ctg}x = 0.$$

$\therefore a_n = a_{n-1} = \cdots = a_1 = 0.$

故 $\frac{1}{2}\text{tg}\frac{x}{2} + \frac{1}{2^2}\text{tg}\frac{x}{2^2} + \cdots + \frac{1}{2^n}\text{tg}\frac{x}{2^n} = \frac{1}{2^n}$

$$\text{ctg}\frac{x}{2^n} - \text{ctg}x.$$

23. 证明：构造自然数列 $1, 2, 3, \cdots, n,$
则

$$\frac{1+2+3+\cdots+n}{n} > \sqrt[n]{1\cdot 2\cdot 3\cdot\cdots\cdot n},$$

即 $\dfrac{\dfrac{n(n+1)}{2}}{n} > \sqrt[n]{n!}$，$\dfrac{n+1}{2} > \sqrt[n]{n!}$，

$\therefore \left(\dfrac{n+1}{2}\right)^n > n!$

24. 证明：构造数列

$a_n = (1+x)^n - (1+nx)$，$n=2$，3，$\cdots$，

即证 $a_n > 0$ $n=2$，3，$\cdots$．

（1）$a_2 = (1+x)^2 - (1+2x) = x^2 > 0$．

（2）假设 $a_k > 0$，$(k \geq 2, k \in \mathbf{N})$ 则

$a_{k+1} = a_k + (a_{k+1} - a_k)$

$\quad = a_k + x[(1+x)^k - 1] > x[(1+x)^k - 1]$．

若 $-1 < x < 0$，则 $0 < (1+x)^k < 1$，

$\therefore x[(1+x)^k - 1] > 0$；

若 $x > 0$，则 $(1+x)^k > 1$，

$\therefore x[(1+x)^k - 1] > 0$．

由上可知，$a_{k+1} > 0$．

综上所述，原不等式对 $n > 2$ 且 $n \in \mathbf{N}$ 成立．

25. 证明：构造数列 $\{a_n\}$

$a_n = \dfrac{1}{n+1} + \dfrac{1}{n+2} + \cdots + \dfrac{1}{n+(2n+1)}$，

则 $a_1 = \dfrac{1}{2} + \dfrac{1}{3} + \dfrac{1}{4} > 1$．

$\therefore a_{n+1} - a_n$

$= \dfrac{1}{n+2} + \dfrac{1}{n+3} + \cdots + \dfrac{1}{(n+1)+2(n+1)+1}$

$\quad - \left[\dfrac{1}{n+1} + \dfrac{1}{n+2} + \cdots + \dfrac{1}{n+(2n+1)}\right]$

$= \dfrac{1}{n+(2n+2)} + \dfrac{1}{n+(2n+3)} + \dfrac{1}{n+(2n+4)} - \dfrac{1}{n+1}$

$= \dfrac{1}{3n+2} + \dfrac{1}{3n+3} + \dfrac{1}{3n+4} - \dfrac{1}{n+1}$

$= \dfrac{2}{(3n+2)(3n+3)(3n+4)} > 0$，

$\therefore \{a_n\}$ 是递增数列，

$\therefore a_n > a_{n-1} > a_{n-2} > \cdots > a_1 > 1$．

故 $a_n > 1$．

即 $\dfrac{1}{n+1} + \dfrac{1}{n+2} + \dfrac{1}{n+3} + \cdots + \dfrac{1}{n+(2n+1)} > 1$．

26. 证明：构造数列 $\{a_n\}$

$a_n = 11^{n+2} + 12^{2n+1} = 121\cdot 11^n + 12\cdot 144^n$．

$\because 11$ 和 144 是方程 $x^2 - 155x + 1584 = 0$ 即 $x^n = 155 x^{n-1} - 1584 x^{n-2}$ 的根，将 $x = 11$ 和 144 代入并分别乘以 121 和 12，然后将所得二式相加得 $a_n = 155 a_{n-1} - 1584 a_{n-2}$ $(n \geq 2)$．

又 $\because a_0 = 133$，$a_1 = 3059 = 133 \times 23$ 均能被 133 整除，

递推可知 $a_n = 11^{n+2} + 12^{2n+1}$ 能被 133 整除，（后可用数学归纳法证明）

27. 证明：因为 $3 \mid 3^\alpha \cdot 5^\beta$，$5 \mid 3^\alpha \cdot 5^\beta$，所以，我们只要证明：如果存在 n，使得 $3 \mid V_n$，则一定有 $5 \nmid V_n$，但后者较难入手，为此，我们证明：$3 \mid V_n \Leftrightarrow 7 \mid V_m (n, m \in \mathbf{N})$．

$\{V_n\}$ 各项被 3 除时余数构成的数列为：0，1，-1，0，1，-1，$\cdots$，

则该数列是一个以 3 为周期的周期数列，且 $3 \mid V_n \Leftrightarrow 3 \mid n (n \geq 0)$．

$\{V_n\}$ 各项被 7 除时余数构成的数列为：0，1，1，0，-1，-1，0，1，1，0，-1，-1，$\cdots$，

则该数列是一个以 6 为周期的周期数列，且 $3 \mid n \Leftrightarrow 7 \mid V_n (n \geq 0)$．

因此，有 $3 \mid V_n \Leftrightarrow 7 \mid V_n$，即 $\{V_n\}$ 中含有因子 3 的项一定含有因子 7，但 $3^\alpha \cdot 5^\beta$ 含有因子 3 而不含有因子 7．

故命题得证．

28. 证明：设 $a_n = \sin^n\theta + \cos^n\theta$ $(n \in \mathbf{N})$ 则有：

（1）$a_1 = \sin\theta + \cos\theta$ 是有理数，$a_2 = \sin^2\theta + \cos^2\theta = 1$ 是有理数；

（2）假设 a_{k-1}，a_k 是有理数，则

$a_{k+1} = \sin^{k+1}\theta + \cos^{k+1}\theta$

$\quad = \sin\theta(a_k - \cos^k\theta) + \cos\theta(a_k - \sin^k\theta)$

$\quad = (\sin\theta + \cos\theta)a_k - \sin\theta\cos\theta\, a_{k-1}$．

又 $\sin\theta\cos\theta = \dfrac{1}{2}(\sin\theta + \cos\theta)^2 - \dfrac{1}{2}$ 是有理数，

$\therefore a_{k+1}$ 也是有理数．

综合（1），（2）知，$\sin^n\theta + \cos^n\theta (n \in \mathbf{N})$ 均为有理数．

29. 证明：设 $a_n = (3+\sqrt{5})^n + (3-\sqrt{5})^n$ $(n \in \mathbf{N})$，则 a_n 能被 2^n 整除，这是因为：

· 205 ·

(1) $a_1 = (3+\sqrt{5}) + (3-\sqrt{5}) = 6$ 能被 2 整除，

$a_2 = (3+\sqrt{5})^2 + (3-\sqrt{5})^2 = 28$ 能被 2^2 整除.

(2) 假设 a_{k-1}，a_k 能被 2^{k-1}、2^k 整除，则

$$\begin{aligned}a_{k+1} &= (3+\sqrt{5})^{k+1} + (3-\sqrt{5})^{k+1}\\&= [(3+\sqrt{5})^k + (3-\sqrt{5})^k][(3+\sqrt{5})\\&\quad + (3-\sqrt{5})] - [(3+\sqrt{5})^{k-1}\\&\quad + (3-\sqrt{5})^{k-1}](3+\sqrt{5})(3-\sqrt{5})\\&= 6a_k + 4a_{k-1} = 3\times 2a_k + 2^2 a_{k-1}.\end{aligned}$$

由归纳假设 $2^{k+1} \mid 2a_k$，$2^{k+1} \mid 2^2 a_{k-1}$.

$\therefore 2^{k+1} \mid a_{k+1}$.

综合(1)，(2)知 $2^n \mid a_n (n\in \mathbf{N})$

又 $0 < 3-\sqrt{5} < 1$，$\therefore 0 < (3-\sqrt{5})^n < 1$.

$\therefore a_n = (3+\sqrt{5})^n + (3-\sqrt{5})^n$ 是大于 $(3+\sqrt{5})^n$ 的最小正整数，至此，命题得证.

习 题 六

1. 证明：如图所示，过 P 作 $PK \parallel AB$ 交 BC 于 K，则 $\dfrac{PR}{QR} = \dfrac{KB}{BQ} = \dfrac{KB}{AP}$.

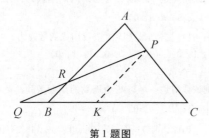

第 1 题图

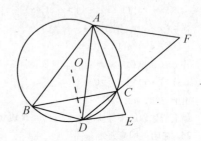

第 2 题图

又 $\dfrac{CP}{PA} = \dfrac{CK}{KB}$，

$\therefore \dfrac{CP+PA}{PA} = \dfrac{CK+KB}{KB}$，即 $\dfrac{AC}{AP} = \dfrac{BC}{KB}$，

亦即 $\dfrac{KB}{AP} = \dfrac{BC}{AC}$.

故 $\dfrac{PR}{RQ} = \dfrac{BC}{AC}$.

2. 证明：(1) 如图所示，连接 OD.

$\because DE$ 是 $\odot O$ 的切线，

$\therefore OD \perp DE$.

又 $\because DE \parallel BC$，$\therefore OD \perp BC$.

$\therefore \overset{\frown}{BD} = \overset{\frown}{CD}$，$\therefore \angle BAD = \angle EAD$.

$\because \angle BDA = \angle BCA$，$DE \parallel BC$，

$\therefore \angle BDA = \angle DEA$.

又 $\angle BAD = \angle EAD$，

故 $\triangle ABD \backsim \triangle ADE$.

(2) 由(1)得 $\dfrac{AB}{AD} = \dfrac{AD}{AE}$，即 $AD^2 = AB \cdot AE$.

设 $\triangle ABE$ 中，AE 边上的高为 h，则

$S_{\triangle ABE} = \dfrac{1}{2} h \cdot AE$，且 $h < AB$.

由 $\angle ABC = 45°$，$AD \perp AF$ 可推得 $\triangle ADF$ 为等腰直角三角形.

$\therefore S_{\triangle DAF} = \dfrac{1}{2} AD^2 = \dfrac{1}{2} AB \cdot AE$.

$\therefore S_{\triangle DAF} > S_{\triangle BAE}$.

3. 解：(1) $\because DE$ 垂直平分 AC，

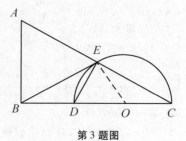

第 3 题图

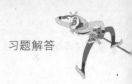

∴ ∠DEC = 90°.

∴ DC 为 △DEC 外接圆直径.

∴ DC 的中点 O 即为圆心.

连接 OE, 又知 BE 是圆 O 的切线.

∴ ∠EBO + ∠BOE = 90°.

在 Rt△ABC 中, E 是斜边 AC 的中点, ∴ BE = EC.

∴ ∠EBC = ∠C.

又∵ ∠BOE = 2∠C.

∴ ∠C + 2∠C = 90°, 故 ∠C = 30°.

(2)在 Rt△ABC 中, $AC = \sqrt{AB^2 + BC^2} = \sqrt{5}$,

∴ $EC = \frac{1}{2}AC = \frac{\sqrt{5}}{2}$.

∵ ∠ABC = ∠DEC = 90°, ∠ACB = ∠DCE,

∴ △ABC∽△DEC, ∴ $\frac{AC}{DC} = \frac{BC}{EC}$, ∴ $DC = \frac{5}{4}$.

故 △DEC 的外接圆半径为 $\frac{5}{8}$.

4. (1)和(2)证明(略).

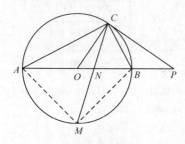

第 4 题图

(3)解: 连接 MA, MB.

∵ 点 M 是弧 AB 的中点,

∴ $\overset{\frown}{AM} = \overset{\frown}{BM}$, ∴ ∠ACM = ∠BCM.

又∵ ∠ACM = ∠ABM,

∴ ∠BCM = ∠ABM.

∴ ∠BMC = ∠BMN, ∴ △MBN∽△MCB.

∴ $\frac{BM}{MC} = \frac{MN}{BM}$ 即 $BM^2 = MC \cdot MN$.

∵ AB 是 ⊙O 的直径, $\overset{\frown}{AM} = \overset{\frown}{BM}$, ∠AMB = 90°.

AM = BM, 又 AB = 4, ∴ $BM = 2\sqrt{2}$.

故 $MC \cdot MN = BM^2 = 8$.

5. (1)证明: 如图所示, 连接 AD, 因为 AB 为直径, 所以 ∠ADB = 90°, 即 AD⊥BC.

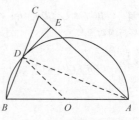

第 5 题图

又因为在 △ABC 中 AB = AC, ∴ BD = CD. 即点 D 为 BC 的中点.

(2)证明: DE 是 ⊙O 的切线.

连接 OD.

∵ OD = OA, ∴ ∠ODA = ∠OAD.

又∵ △ABC 是等腰△, AB = AC, AD⊥BC,

∴ ∠OAD = ∠CAD.

∴ ∠ODA = ∠CAD.

又∵ DE⊥AC,

∴ ∠EDA + ∠CAD = 90°, ∴ ∠EDA + ∠ODA = 90°.

即 OD⊥DE, 根据圆的切线的定义知 DE 是 ⊙O 的切线.

(3)解: (略) $DE = 2\sqrt{2}$.

6. (1)直线 CD 与 ⊙O 相切.

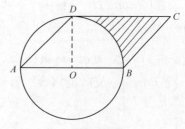

第 6 题图

证明: 连接 OD.

∵ OA = OD, ∠DAB = 45°,

∴ ∠ODA = 45°,

∴ ∠AOD = 90°.

而 CD∥AB, ∴ ∠ODC = ∠AOD = 90°, 即

$OD \perp CD$.

又∵ 点 D 在 ⊙O 上，故直线 CD 与 ⊙O 相切.

(2) 解：∵ BC // AD，CD // AB　∴ 四边形 $ABCD$ 为平行四边形.

∴ $CD = AB = 2$.

$$S_{梯形BCDO} = \frac{(OB+CD) \times OD}{2} = \frac{(1+2) \times 1}{2} = \frac{3}{2}.$$

∴ 图中阴影部分的面积等于

$$S_{梯形BCDO} - S_{扇形OBD} = \frac{3}{2} - \frac{1}{4} \times \pi \times 1^2$$
$$= \frac{3}{2} - \frac{\pi}{4}.$$

7. 解：(1) ∵ CD // AB，$OA = 3$，$AC = 2$，

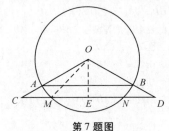

第 7 题图

∴ △OAB ∽ △OCD,

∴ $\dfrac{OA}{OA+AC} = \dfrac{OB}{OD}$，即 $\dfrac{3}{3+2} = \dfrac{3}{OD}$,

∴ $OD = 5$.

(2) 过 O 作 $OE \perp CD$，连接 OM，则 $ME = \dfrac{1}{2}MN$.

又∵ $\text{tg}\angle C = \dfrac{1}{2}$，设 $OE = x$，则 $CE = 2x$.

在 Rt△OEC 中，$OC^2 = OE^2 + CE^2$，即 $5^2 = x^2 + (2x)^2$.

解得 $x = \sqrt{5}$.

在 Rt△OME 中，$OM^2 = OE^2 + ME^2$.

即 $3^2 = (\sqrt{5})^2 + ME^2$，解得 $ME = 2$.

∴ $MN = 4$.

8. 证明：连接 AO_1，并延长分别交两圆于点 E 和 D，连接 BD，CE.

因为圆 O_1 与圆 O_2 内切于点 A，所以点 O_2

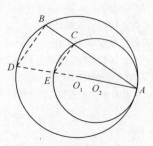

第 8 题图

在 AD 上，故 AD、AE 分别为圆 O_1、圆 O_2 的直径，从而 $\angle ABD = \angle ACE = \dfrac{\pi}{2}$.

∴ BD // CE，于是 $\dfrac{AB}{AC} = \dfrac{AD}{AE} = \dfrac{\gamma_1}{\gamma_2}$.

故 $AB:AC$ 为定值.

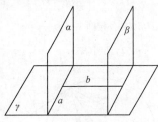

第 9 题图

9. 证明：在 γ 内过 α 与 γ 的交线 a 上一点 A 作 a 的垂线 b（如图所示）.

∵ $\alpha \perp \gamma$，∴ $b \perp \alpha$.

又∵ β // α，∴ $b \perp \beta$.

∵ $b \subset \gamma$，∴ $\gamma \perp \beta$.

10. (1) 证明：如图所示，∵ $P-ABCD$ 是正四棱锥，∴ $ABCD$ 是正方形.

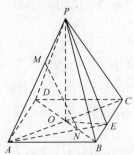

第 10 题图

208

连接 AN 并延长交 BC 于 E, 连 PE.

∵ AD∥BC, ∴ EN:AN = BN:ND.

又 BN:ND = PM:MA, ∴ EN:NA = PM:MA,

∴ MN∥PE.

而 PE⊂平面 PBC.

故 MN∥平面 PBC.

(2)解: 由(1)知 MN∥PE, 则 MN 与平面 ABCD 所成的角就是 PE 与平面 ABCD 所成的角.

设点 P 在底面 ABCD 上的射影为 O, 连 OE, OB.

则 ∠PEO 为 PE 与平面 ABCD 所成的角.

根据正棱锥的性质得 $PO = \sqrt{PB^2 - OB^2} = \frac{13\sqrt{2}}{2}$.

又根据(1)知 BE:AD = BN:ND = 5:8, ∴ $BE = \frac{65}{8}$.

在 △PBE 中, ∠PBE = 60°, PB = 13, $BE = \frac{65}{8}$.

根据余弦定理得 $PE = \frac{91}{8}$.

在 Rt△PDE 中, $PO = \frac{13\sqrt{2}}{2}$, $PE = \frac{91}{8}$,

∴ $\sin \angle PEO = \frac{PO}{PE} = \frac{4\sqrt{2}}{7}$.

又 ∠PEO 为锐角.

故 MN 与平面 ABCD 所成的角为 $\arcsin \frac{4\sqrt{2}}{7}$.

11. 证明: (1)略.

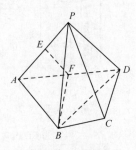

第 11 题图

(2)连接 BD, ∵ AB = AD, ∠BAD = 60°,

∴ △ABD 为正三角形.

又∵ F 是 AD 的中点, ∴ BF⊥AD.

而平面 PAD⊥平面 ABCD, BF⊂平面 ABCD.

平面 PAD∩平面 ABCD = AD.

∴ BF⊥平面 PAD.

又∵ BF⊂平面 BEF,

故平面 BEF⊥平面 PAD.

12. 证明: 如图所示, 过点 A 作 PQ∥AD, 连接 DQ, CQ, 于是构造了 ∠DPQ, ∠DCQ, ∠CPQ, ∠CDQ.

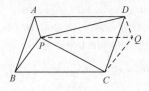

第 12 题图

∵ PQ∥AD,

∴ 四边形 APQD 为平行四边形.

又∵ BC∥AD, ∴ PQ∥BC, ∴ 四边形 PBCQ 为平行四边形.

∠BCP = ∠CPQ.

∵ AB∥DC, AP∥DQ, ∴ ∠BAP = ∠CDQ.

但 ∠BAP = ∠BCP, ∴ ∠CPQ = ∠CDQ.

∴ P, C, Q, D 四点共圆,

∴ ∠DPQ = ∠DCQ.

而 ∠ADP = ∠DPQ, ∠ABP = ∠DCQ.

故 ∠ABP = ∠ADP.

13. 解: 设 BC 的中点为 H, 过 H 作 HM⊥CD, 连 AM, AH, AD, MD, 构造 ∠AHM(如图所示).

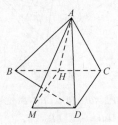

第 13 题图

∵ $AB = AC$, $\angle BAC = 90°$,

∴ △BAC 为等腰直角三角形.

又 H 为 BC 的中点,∴ $AH \perp BC$.

∵ $HM \underline{\underline{}} CD$,$\angle BCD = 90°$,

∴ 四边形 $MDCH$ 为矩形.

∴ $MH \perp HC$,即 $MH \perp BC$.

由此可知 $\angle AHM$ 为二面角 $A - BC - D$ 的平面角,

即 $\angle AHM = \theta$.

∵ 由 $CH \perp AH$,$CH \perp MH$,∴ $CH \perp$ 平面 AHM.

但 $MD // HC$,∴ $MD \perp$ 平面 AHM.

而 $AM \subset$ 平面 AHM,∴ $MD \perp AM$.

在 Rt△AMD 和 △AHM 中有

$AD^2 = MD^2 + AM^2 = HC^2 + AM^2 = \left(\dfrac{\sqrt{6}}{2}\right)^2 + AM^2$,

$AM^2 = AH^2 + MH^2 - 2AH \cdot MH\cos\theta$, $AH = HC = \dfrac{\sqrt{6}}{2}$,

$MH = DC = BC\mathrm{tg}\angle CBD = \sqrt{6}\mathrm{tg}30° = \sqrt{2}$,

∴ $AM^2 = \left(\dfrac{\sqrt{6}}{2}\right)^2 + (\sqrt{2})^2 - 2 \times \dfrac{\sqrt{6}}{2} \times \sqrt{2}\cos\theta$.

故 $AD = \sqrt{\left(\dfrac{\sqrt{6}}{2}\right)^2 + \left(\dfrac{\sqrt{6}}{2}\right)^2 + (\sqrt{2})^2 - 2 \times \dfrac{\sqrt{6}}{2} \times \sqrt{2}\cos\theta}$

$= \sqrt{5 - 2\sqrt{3}\cos\theta}$.

14. 解:设 AE 与 MN 交于 F,连接 CF,CM,CN,构造 $\angle AFC$(如图所示).

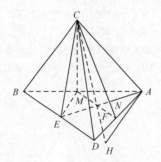

第 14 题图

由已知 △ABD 和 △CBD 都是正三角形,$\angle ABD = \angle ADB = 60°$,$BE = DE$.

又∵ $EM \perp AB$,$EN \perp AD$,

∴ △BME 和 △DNE 都是直角三角形,

∴ Rt△$BME \cong$ Rt△DNE,$BM = DN$,

∴ $MN // BD$.

但 $AE \perp BD$,∴ $AF \perp MN$.

又∵ 平面 $CBD \perp$ 平面 ABD,$CE \perp BD$,

∴ $CE \perp$ 平面 ABD.

由三垂线定理得 $CF \perp MN$,而 $MN \subset$ 平面 CMN.

∴ 平面 $CMN \perp$ 平面 ACF.

故 △ACF 的边 CF 上的高 AH 即为 A 到平面 CMN 的距离.

$AE = CE = \dfrac{\sqrt{3}}{2}a$, $EF = EM \cdot \cos60°$

$= EB\sin60°\cos60° = \dfrac{\sqrt{3}}{8}a$.

$CF = \sqrt{CE^2 + EF^2} = \dfrac{\sqrt{51}}{8}a$, $\sin\angle CFE = \dfrac{CE}{CF}$

$= \dfrac{4}{\sqrt{17}}$.

∴ $AH = AF \cdot \sin\angle AFH = (AE - EF)\sin\angle CFE = \dfrac{3\sqrt{51}}{34}a$.

15. 解:$OO' \perp OA$,$OO' \perp O'B$,过 O' 作 $O'A' \underline{\underline{}} OA$,连 AA' 构造 $\angle A'O'B$,又过 O' 作 $O'C \perp A'B$ 交 $A'B$ 于 C,取 AB 的中点 M,OO' 的中点 N,连接 MN,MC(如图所示).

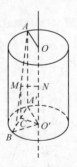

第 15 题图

∵ $AA' \perp A'B$,∴ △$AA'B$ 为 Rt△.

$A'B = \sqrt{AB^2 - AA'^2} = \sqrt{5^2 - 4^2} = 3 = O'B$.

∴ △$O'A'B$ 为正三角形,C 为 $A'B$ 的中点.

又∵ M 为 AB 的中点,

∴ 于是 $MC \underline{\underline{\parallel}} \frac{1}{2} AA' \underline{\underline{\parallel}} NO'$.

∴ 四边形 $MCO'N$ 为平行四边形.

但 ∵ $MC \perp CO'$,

∴ 四边形 $MCO'N$ 为矩形.

由此可知 MN 是 AB 与 OO' 的公垂线,且 $MN = O'C$.

而 $O'C = O'B\sin 60° = \frac{3}{2}\sqrt{3}$.

故 $MN = \frac{3}{2}\sqrt{3}$.

即 AB 与轴 OO' 之间的距离等于 $\frac{3}{2}\sqrt{3}$.

16.(1)证明:连 OC.

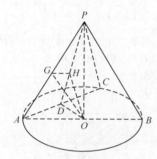

第 16 题图

∵ $OA = OC$,D 是 AC 的中点,

∴ $AC \perp OD$.

又 ∵ $PO \perp$ 底面 $\odot O$,$AC \subset$ 底面 $\odot O$,

∴ $AC \perp PO$,而 OD,PO 是平面 POD 内的两条相交直线,

∴ $AC \perp$ 平面 POD.

又 $AC \subset$ 平面 PAC,故平面 $POD \perp$ 平面 PAC.

(2)解:在平面 POD 中,过 O 作 $OH \perp PD$ 于 H.

由(1)知平面 $POD \perp$ 平面 PAC,

∴ $OH \perp$ 平面 PAC.

又 $PA \subset$ 平面 PAC,∴ $PA \perp OH$.

在平面 PAO 中,过 O 作 $OG \perp PA$ 于 G,连接 HG.

则有 $PA \perp$ 平面 OGH,从而 $PA \perp HG$.

故 $\angle OGH$ 为二面角 $E-PA-C$ 的平面角.

在 Rt$\triangle ODA$ 中,$OD = OA\sin 45° = \frac{\sqrt{2}}{2}$.

在 Rt $\triangle POA$ 中,$OG = \frac{PO \cdot OA}{\sqrt{PO^2 + OA^2}} = \frac{\sqrt{2} \times 1}{\sqrt{2+1}} = \frac{\sqrt{6}}{3}$.

在 Rt $\triangle POD$ 中,$OH = \frac{PO \cdot OD}{\sqrt{PO^2 + OD^2}} = \frac{\sqrt{2} \times \frac{\sqrt{2}}{2}}{\sqrt{2+\frac{1}{2}}} = \frac{\sqrt{10}}{5}$.

在 Rt $\triangle OHG$ 中,$\sin \angle OGH = \frac{OH}{OG} = \frac{\frac{\sqrt{10}}{5}}{\frac{\sqrt{6}}{3}} = \frac{\sqrt{15}}{5}$.

∴ $\cos \angle OGH = \sqrt{1 - \sin^2 \angle OGH} = \sqrt{1 - \frac{15}{25}} = \frac{\sqrt{10}}{5}$.

故二面角 $B-PA-C$ 的余弦值为 $\frac{\sqrt{10}}{5}$.

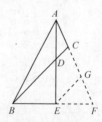

第 17 题图

17.证明:如图所示,构造等腰 $\triangle ABF$,即 $AB = AF$,$BE = EF$.

又 $AB = 3AC$,∴ $AF = 3AC$.

过 E 作 $EG \parallel BC$ 交 AF 于 G.

∵ $BE = EF$,$EG \parallel BC$.

∴ $FG = GC$.

又 ∵ $AF = 3AC$,

∴ $AC = CG$,故 $AD = DE$.

18.证明:如图所示,构造 $\triangle BCE$.

则 ∵ $\angle B + \angle C = 90°$,

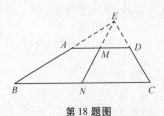

第18题图

∴ $\angle BEC = 90°$,

∴ $\triangle BEC$ 和 $\triangle AED$ 都是直角三角形.

连接 ME, NE.

在 Rt$\triangle BEC$ 中, N 为 BC 的中点,

∴ $NE = NB$.

∴ $\angle BEN = \angle EBN$, 同理 $\angle AEM = \angle EAM$.

但 $AD /\!/ BC$, ∴ $\angle EAM = \angle EBN$.

∴ $\angle BEN = \angle AEM$, ∴ E, M, N 三点共线.

故 $MN = EN - EM = \frac{1}{2}BC - \frac{1}{2}AD = \frac{1}{2}(BC - AD)$.

19. 解: 由已知 $\angle B = 90°$, 得 $\angle CDA = 90°$, 延长 BC, AD 交于 E, 构造 Rt$\triangle ABE$ (如图所示), 则

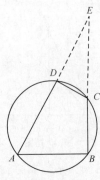

第19题图

$\angle E = 30°$, $AE = 2AB = 4$.

又 $\angle EDC = 90°$,

∴ $EC = 2CD = 2$.

在 Rt$\triangle ABE$ 中, $BE = \sqrt{AE^2 - AB^2} = 2\sqrt{3}$,

∴ $BC = BE - EC = 2(\sqrt{3} - 1)$.

在 Rt$\triangle CDE$ 中, $DE = \sqrt{CE^2 - CD^2} = \sqrt{3}$,

∴ $AD = AE - DE = 4 - \sqrt{3}$.

20. 证明: 如图所示, 空间四边形 $ABCD$, E 为 AD 的中点, F 为 AD 的对边 BC 的中点, 连接对角线 BD 取其中点 M. 连接 EM, MF, EF, 构造 $\triangle EMF$.

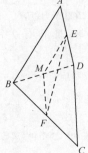

第20题图

∵ $EF < EM + FM$, ∴ $EF < \frac{1}{2}(AB + CD)$.

21. 证明: 如图所示, 以 AE 为对角线构造正方形 $AHEF$, 延长 DC 交 HE 于 Q, 连 BM, 并延长交 DE 于 P.

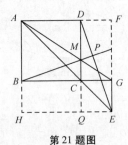

第21题图

∵ $CM /\!/ EG$,

∴ $\frac{CM}{EG} = \frac{AC}{AE} = \frac{AD}{AF} = \frac{BC}{BG}$,

∴ $\frac{CM}{BC} = \frac{EG}{BG}$.

∵ $EG = QE$, $BG = AF = DQ$,

∴ $\frac{CM}{BC} = \frac{QE}{DQ}$.

又 $\angle BCM = \angle DQE = 90°$,

∴ $\triangle BCM \sim \triangle DQE$,

∴ $\angle MDP = \angle MBC$, 而 $\angle BMC = \angle PMD$,

∴ $\angle DPB = \angle DCB = 90°$,

故 $BM \perp DE$.

212

22. 解：如图所示，以 AC 为对角线构造正方形 ABCD，延长 BM 交 AD 于 F.

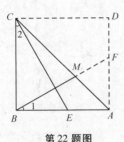

第 22 题图

$\because \angle EBC = 90°$，$BM \perp CE$，
$\therefore \angle 1 = \angle 2$.
又 $AB = BC$，
$\angle BAF = \angle CBE = 90°$，
$\therefore \triangle BAF \cong \triangle CBE$，
$\therefore AF = BE$.
$\because AF \parallel BC$，
$\therefore \dfrac{AM}{MC} = \dfrac{AF}{BC} = \dfrac{BE}{AB} = \dfrac{AB-AE}{AB} = 1 - \dfrac{999}{2991} = \dfrac{1992}{2991}$

故 $AM : MC = 1992 : 2991$.

23. 证明：如图所示，梯形 ABCD，中线 $MN = d$，$AD = 2c$，$AN = a$，$DN = b$，延长 AN 交 DC 的延长线于 F，延长 DN 交 AB 的延长线于 E，连接 FE，延长 MN 交 FE 于 L，构造四边形 AEFG.

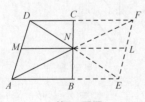

第 23 题图

$\because AE \underline{\parallel} 2MN$，$DF \underline{\parallel} 2MN$，
$\therefore AE \underline{\parallel} DF$.
$\therefore$ 四边形 AEFD 为平行四边形.
$\therefore AF^2 + ED^2 = AE^2 + EF^2 + FD^2 + DA^2 = 2AD^2 + 2AE^2$，

即 $(2a)^2 + (2b)^2 = 2(2c)^2 + 2(2d)^2$.
故 $a^2 + b^2 = 2(c^2 + d^2)$.

24. 证明：如图所示，$\because \angle BEC = \angle BDC = 90°$，

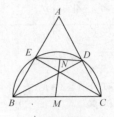

第 24 题图

$\therefore B$，C，D，E 四点共圆，且 BC 为此圆的直径，M 为圆心.
又 ED 为该圆的弦，N 为 ED 的中点，由垂径定理推论知 $MN \perp ED$.

25. 证明：如图所示，设 $\triangle ABC$ 三边高为 AD，BE，CF 交于 H.

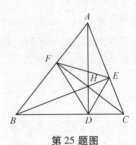

第 25 题图

$\because \angle ADB = \angle AEB = 90°$，
$\therefore D$，B，A，E 四点共圆，作此辅助圆.
于是有 $\angle EDA = \angle EBA$.
又 $\because \angle BFH = \angle BDH = 90°$，
$\therefore B$，D，H，F 四点共圆，作此辅助圆，
于是有 $\angle HBA = \angle HDF$，即 $\angle EBA = \angle HDF$，
$\therefore \angle EDA = \angle ADF$，AD 平分 $\angle EDF$.
同理可证 BE 平分 $\angle DEF$，CF 平分 $\angle DFE$.
即 AD，BE，CF 为垂足 $\triangle DEF$ 的内角平分线.

故交点 H 为 $\triangle DEF$ 的内心.

26. 证明：如图所示，构造 $\triangle ABC$ 的外接圆，连接 AT.

213

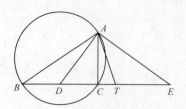

第26题图

∵ AD, AT 分别是 $\angle A$ 的内、外角平分线,

∴ $\angle DAE = 90°$.

又 T 为 DE 的中点.

在 Rt $\triangle DAE$ 中, $DT = AT = TE$, $\angle TDA = \angle TAD$,

∴ $\angle TAC = \angle DAT - \dfrac{1}{2}\angle A = \angle TAD - \dfrac{1}{2}\angle A = \angle ABC$,

∴ AT 为 $\triangle ABC$ 外接圆的切线,

∴ $AT^2 = BT \cdot CT$, 而 $AT = TE$.

故 $TE^2 = BT \cdot CT$.

27. 证明: 设 $a \leqslant b$, 如图所示作以 B 为圆心、$\sqrt{2}a$ 为半径的圆, 交 AC 于 M, 交 AB 于 S, 延长 AC 交圆于 N, 延长 AB 交圆于 R.

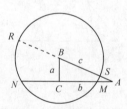

第27题图

则 $AM = b - a$, $AN = b + a$

$AS = c - \sqrt{2}a$, $AR = c + \sqrt{2}a$.

∵ $AM \cdot AN = AS \cdot AR$.

∴ $(b-a)(b+a) = (c-\sqrt{2}a)(c+\sqrt{2}a)$

即 $b^2 - a^2 = c^2 - 2a^2$, 故 $a^2 + b^2 = c^2$.

28. 证明: 连接 BE、AB, 作 $\triangle BEF$ 的外接圆 M(如图所示), 用反证法易得 AB 是圆 M 的切线, B 是切点(假设 AB 不是圆 M 的切线.

∵ AB 与圆 M 有交点 B,

∴ AB 必是圆 M 的割线,

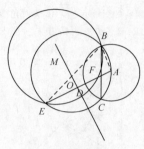

第28题图

∴ $\angle E \neq \angle ABF$, 但 A 是圆 O 的劣弧 BC 上的中点,

∴ $\angle E = \angle ABF$, 从而得到矛盾, 假设不真).

又 AE 交圆 M 于 F, $AD = AB$,

∴ $AD^2 = AB^2 = AE \cdot AF$.

29. 证明: 如果 a, b, c 三条直线在同一平面内, 则在平面几何中已证. 如果 a, b, c 三条直线不在同一平面内, 则在直线 b 上任取一点 A, 过直线 a 与点 A 作平面 α, 过直线 c 与点 A 作平面 β. 平面 α 和 β 有公共点 A, 它们必相交于过 A 点的直线, 设此直线为 AB. (如图所示)

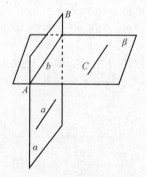

第29题图

∵ $c // a$. ∴ $c //$ 平面 α. $c // AB$, 又 $b // c$ 而且 AB, b, c 在同一平面 β 内, 过 A 点的两条直线 b 与 AB 同时平行 c, 所以 AB 重合于 b.

∴ $a // c$, ∴ $a //$ 平面 β. $a // AB$ 即 $a // b$.

30. 证明: 如图所示, 取对角线 BD 中点 E, 连 AE, CE, 构造平面 AEC.

∵ $AB = AD$, $CB = CD$, E 为 BD 的中点, ∴

· 214 ·

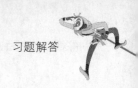

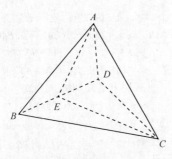

第 30 题图

$AE \perp BD$, $CE \perp BD$, $\therefore BD \perp$ 平面 AEC.
故 $BD \perp AC$.

31. 解：A，B，C 选项都含有空间四边形（四个点不在同一平面内）的情况，所以是错的，故 D 选项正确. 证明如下：

如图所示，$\because AC \cap BD = O$，

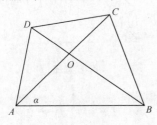

第 31 题图

$\therefore$ 由 AC，BD 可构造一个平面 α.
$\because A \in \alpha$，$B \in \alpha$，$C \in \alpha$，$D \in \alpha$，
$\therefore AB \subset \alpha$，$BC \subset \alpha$，$CD \subset \alpha$，$DA \subset \alpha$.
故四边形 $ABCD$ 是平面图形.

32. 证明：如图所示，在平面 β 内取一点 B，因为 $a /\!/ \beta$，所以 $B \notin a$，由此 a 与 B 确定一个平面，构造此平面设为 γ.

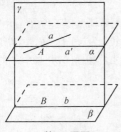

第 32 题图

$\because B$ 为 β 与 γ 的公共点，
$\therefore \beta$ 与 γ 相交.
设 $\beta \cap \gamma = b$.
又 $\because A$ 为平面 α 与 γ 的公共点，
$\therefore \alpha$ 与 γ 相交，设 $\alpha \cap \gamma = a'$.
$\because \alpha /\!/ \beta$，$\therefore a' /\!/ b$，
又 $a /\!/ \beta$，$a \subset \gamma$，$\therefore a /\!/ b$.
而 a 与 a' 都过 A 点，
$\therefore a$ 与 a' 重合.
但 $a' \subset \alpha$,
故 $a \subset \alpha$.

33. 解：在侧面上作出母线 BB_1 和 AA_1，则 $AA_1 /\!/ BB_1$ $/\!/ OO_1$，构造截面 AA_1B_1B（如图所示），显然只需求出 OO_1 到所构造的截面 AA_1B_1B 的距离.

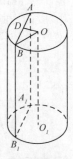

第 33 题图

由题意：$\angle AB_1A_1 = \alpha$,
$BB_1 = 2R$,
$\therefore AB = 2R\text{ctg}\alpha$.
作 $OD \perp AB$，连 OB，则
$BD = R\text{ctg}\alpha$,
$\therefore OD = \sqrt{R^2 - R^2\text{ctg}^2\alpha} = R\sqrt{1 - \text{ctg}^2\alpha}$ 即为 AB_1 与 OO_1 之间的距离.

34. 证明：如图所示，连接对角线 AC，BD，构造三棱锥 $A-BCD$，过 A 作底面 BCD 的垂线，垂足为 G，连 BG，CG，DG 分别延长与 CD，BD，BC 相交于 E，F，H.

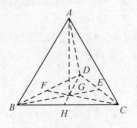

第 34 题图

$\because AB \perp CD$，$AG \perp CD$,
$\therefore CD \perp$ 平面 ABE,
$\therefore CD \perp BE$.

215

同理可得 $BC \perp DH$,∴ B, H, E, D 四点共圆,H, C, E, G 四点共圆,因而有 $\angle BDH = \angle BEH$,$\angle GEH = \angle GCH$.

∴ $\angle BDH = \angle GCH = \angle BCF$.

但 $\angle DBH + \angle BDH = 90°$.

∴ $\angle DBH + \angle BCF = 90°$,即 $\angle FBC + \angle BCF = 90°$.

∴ $\angle BFC = 90°$,即 $BD \perp CF$.

然而 CF 是 AC 在平面 BCD 的射影,由三垂线定理的逆定理可知,$BD \perp AC$.

35. 证明:如图所示,假设 A, B, C, D 不在同一平面内,可得四面体 $ABCD$,过各棱作对棱的平行平面,构造一个平行六面体 $AECF-GBHD$,连接 EF.

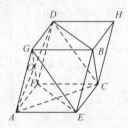

第 35 题图

∵ $BD \perp AD$,而 $BD // EF$,

∴ $EF \perp AD$.

又∵ $AC \perp AD$,故 $AD \perp$ 平面 $AECF$.

同理 $BC \perp$ 平面 $AECF$,但 $FG // BC$.

∴ $FG \perp$ 平面 $AECF$,令 AD 与 FG 交于 O 点,过 O 的两条直线与平面 $AECF$ 垂直,这是不可能的.

故 A, B, C, D 四点共面.

36. 解:∵ 三棱锥 $P-ABC$ 三个侧面两两垂直,

∴ 它们的交线 PA, PB, PC 两两垂直.

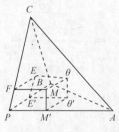

第 36 题图

过底面 ABC 上一点 θ 分别作 $\theta\theta' \perp$ 平面 PAB,$E\theta \perp$ 平面 PBC,$M\theta \perp$ 平面 PAC,则 $E\theta // AP$,$\theta M // PB$,$\theta\theta' // PC$.

将它构造为长方体 $\theta EFM-\theta'E'PM'$(如图所示).则 θP 就是长方体的对角线.

∵ θ 到三个面的距离为 1,2,3,

∴ $|\theta P| = \sqrt{1^2 + 2^2 + 3^2} = \sqrt{14}$.

37. 解:作 $PR \perp MQ$,则 $PR \perp$ 平面 BD,作 $PN \perp BC$,连接 NR,则 $\angle PNR = 45°$,且 $\triangle PRN$ 为等腰直角三角形,将四面体 $M-NPR$ 构造为一个长方体(如图所示).

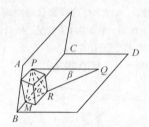

第 37 题图

由题设知:
$a^2 = PM^2 = PR^2 + NR^2 + MN^2$
$= PR^2 + NR^2 + NR^2 \operatorname{ctg}^2\theta$
$= PR^2(2 + \operatorname{ctg}^2\theta)$,

∴ $PR = \dfrac{a}{\sqrt{2 + \operatorname{ctg}^2\theta}}$,

故在 Rt $\triangle PRQ$ 中可得 $PQ = \dfrac{PR}{\sin\beta} = \dfrac{a}{\sin\beta \sqrt{2 + \operatorname{ctg}^2\theta}}$.

38. 解:异面直线段 A_1B 与 B_1C 的四个端点可以确定一个三棱锥 B_1-A_1BC(如图所示),把它构造成三棱柱 A_1DB-B_1CE,求 A_1B 与 B_1C 间的距离就转化为求平行平面 A_1DB 与 B_1CE 间的距离,即求三棱柱 A_1DB-B_1CE 的高,设高为 h.

$V_{三棱柱} = S_{\triangle A_1DB} \times h = \dfrac{\sqrt{3}}{2}h$.

又 $V_{三棱柱} = \dfrac{1}{2}S_{\square DBEC} \times BB_1 = \dfrac{1}{2} \times 1 \times 1$,

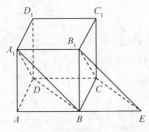

第 38 题图

$\therefore \frac{\sqrt{3}}{2}h = \frac{1}{2}$, $h = \frac{\sqrt{3}}{3}$.

故异面直线段 A_1B 与 B_1C 间的距离为 $\frac{\sqrt{3}}{3}$.

39. 解：作一个辅助平行六面体，过 A 作一平面垂直于棱 a，作另一平面平行于平面 β，过 B 作一平面垂直于棱 a，作另一平面平行平面 α，使得平行六面体 $AECD - GFBH$ 中，$BH = 4$，$AG = DH = 2$，$\angle DHB = 120°$（如图所示）.

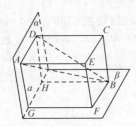

第 39 题图

于是由余弦定理有

$BD = \sqrt{2^2 + 4^2 - 2 \times 2 \times 4 \cos 120°} = 2\sqrt{7}$.

$\because a \perp$ 平面 $BCDH$，且 $AD // a$,

$\therefore AD \perp$ 平面 $BCDH$，$\therefore AD \perp BD$.

$\sin \angle BAD = \frac{BD}{AB} = \frac{\sqrt{7}}{5}$.

故直线 AB 和棱 a 所成的角为 $\arcsin \frac{\sqrt{7}}{5}$.

40. 解：用两个与已知条件相同的三棱柱构造正方体 $ABCD - A_1B_1C_1D_1$（如图所示）.

(1) 显然 BD 经过 AC 的中点 O，连 C_1D，则 $\triangle C_1DB$ 为正三角形.

$\therefore \angle DBC_1 = 60°$，即 $\angle OBC_1 = 60°$.

(2) $\because O$ 在平面 C_1DB 内，故二面角 $D - $

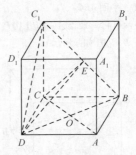

第 40 题图

C_1BC 为所求二面角，在面 C_1DB 内作 $DE \perp C_1B$，垂足为 E，连 CE，由三垂线定理的逆定理可知 $CE \perp C_1B$，设正方体棱长为 a，则 $CE = \frac{\sqrt{2}}{2}a$，$CD = a$,

$\therefore \text{tg} \angle CED = \sqrt{2}$.

$\angle CED = \arctan \sqrt{2}$，即二面角 $O - C_1B - C$ 为 $\arctan \sqrt{2}$.

41. 解：将三棱锥 $C_1 - A_1BD$ 构造成正方体 $ABCD - A_1B_1C_1D_1$ 使三棱锥所表示的正四面体的各条棱恰为正方体各个面的一条对角线.（如图所示）

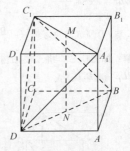

第 41 题图

则 M，N 为正方体相对两个面的中点，易知 $MN // DD_1$,

$\therefore \angle C_1DD_1$ 为 MN 与 C_1D 所成的角.

$\because \angle C_1DD_1 = 45°$,

$\therefore$ 异面直线 MN 与 C_1D 所成的角为 $45°$.

42. 解：$\because AC = AB$，$BA \perp CA$，$\therefore \triangle ABC$ 为等腰直角三角形.

又 $\because$ 平面 $ABC \perp$ 平面 DBC,

∴ $CD \perp$ 平面 ABC.

∵ 因此可将三棱锥 $A-CBD$ 构造成长方体 $ABEC-A_1B_1E_1D$(如图所示),

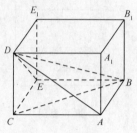

第 42 题图

∵ $BE // AC$,

∴ $\angle DBE$ 为 AC 与 BD 所成的角.

在 Rt△DCB 中, $\cos\angle DBC = \dfrac{BC}{BD}$, 而$\angle DBC = 30°$.

∴ $BD = \dfrac{BC}{\cos 30°} = 4\sqrt{3}$.

又∵ △ABC 为等腰直角三角形,

∴ $AC = BC\cos 45° = 3\sqrt{2}$. $BE = AC = 3\sqrt{2}$.

∴ $\cos\angle DBE = \dfrac{BE}{BD} = \dfrac{3\sqrt{2}}{4\sqrt{3}} = \dfrac{\sqrt{6}}{4}$.

∴ $\angle DBE = \arccos\dfrac{\sqrt{6}}{4}$.

即 AC 与 BD 所成的角为 $\arccos\dfrac{\sqrt{6}}{4}$.

43. 解:如图所示,将三棱柱构造成平行六面体 $ABDC-A_1B_1D_1C_1$.

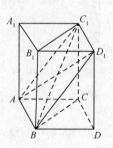

第 43 题图

∵ $V_{三棱柱ABC-A_1B_1C_1} = V_{三棱柱BCD-B_1C_1D_1}$,

∴ $V_{三棱柱ABC-A_1B_1C_1} = \dfrac{1}{2}V_{棱柱ABB_1A_1-CDD_1C_1} = $

$\dfrac{1}{2}sa$.

44. 证明:如图所示,以 △ABC 为底面以 PA 为侧棱构造三棱柱 PB_1C_1-ABC.

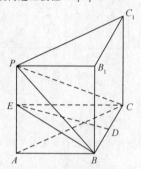

第 44 题图

∵ $V_{三棱柱} = l \cdot S_{\triangle EBC} = \dfrac{1}{2}l^2h$,

∴ $V_{三棱锥} = \dfrac{1}{3}V_{三棱柱} = \dfrac{1}{6}l^2h$.

45. 证明:在平面 ABD 内过 B 作 $BE // AD$, 过 D 作 $DE // AB$, BE 与 DE 交于 E, 连接 CE 将四面体补形构造四棱锥 $C-ADEB$(如图所示).

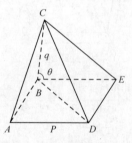

第 45 题图

显然 $\angle CBE = \theta$ 或 $\angle CBE = \pi - \theta$.

∴ $V_{DACB} = V_{DECB}$

$= \dfrac{1}{3}S_{\triangle BEC} \cdot h$

$= \dfrac{1}{6}pqh\sin\theta$.

习 题 七

1. 解：将原式变形，构造它的等价命题：求函数 $y = (1-y)\sin x + (3-2y)\cos x$ 的值域.

由柯西不等式有
$$y^2 \leq [(1-y)^2 + (3-2y)^2](\sin^2 x + \cos^2 x),$$
得 $2y^2 - 7y + 5 \geq 0$，解之得 $y \leq 1$ 或 $y \geq \dfrac{5}{2}$.

故函数的值域为 $\left\{ y \mid y \leq 1 \text{ 或 } y \geq \dfrac{5}{2} \right\}$.

2. 证明：构造等价命题：求单位圆内接 n 边形各边平方和的最大值（这里 n 边形各边所对圆心角为 $2\theta_i$）

事实上，若 $n \geq 3$，则 n 边形至少有一个内角不小于 $90°$. 令 A，B，C 为多边形三个连续的顶点，且 $B \geq 90°$，则由余弦定理有 $AB^2 + BC^2 \leq AC^2$. 显然，当 B 与 A 或 C 重合时，S 的值或者增大或者不变，重复这一过程，可见 $n \leq 3$ 时，S 达到最大.

当 $n = 1$ 时，$S = \sin^2 \theta_1 = \sin^2 \pi = 0$.

当 $n = 2$ 时，$S = \sin^2 \theta_1 + \sin^2 \theta_2 = 2\sin^2 \theta_1 \leq 2$.

当 $n = 3$ 时，$S = \sin^2 \theta_1 + \sin^2 \theta_2 + \sin^2 \theta_3 = 2 + 2\sin\theta_1 \sin\theta_2 \sin\theta_3 \leq 2 + 2 \times \dfrac{1}{8} = \dfrac{9}{4}$.

故当 $\theta_1 = \theta_2 = \theta_3 = \dfrac{\pi}{3}$，且 $\theta_4 = \theta_5 = \cdots = \theta_n = 0$ 时，
$$S_{\max} = \dfrac{9}{4}.$$

3. 解：原方程可化为（命题等价转换）
$$\dfrac{\operatorname{ctg} x + 1}{\operatorname{ctg} x - 1} = \dfrac{\operatorname{ctg}^2 x - 1}{\operatorname{ctg}^2 x + 1},$$
即 $\operatorname{ctg} x (\operatorname{ctg} x + 1) = 0$.

$\therefore$ 原方程的解为 $\left\{ x \mid x = k\pi - \dfrac{\pi}{4}, k \in \mathbf{Z} \right\} \cup \left\{ x \mid x = \dfrac{2k+1}{2}\pi, k \in \mathbf{Z} \right\}$.

4. 证明：将所证的等式转化为它的等价命题
$$\operatorname{tg} 3A - \operatorname{tg} 3A \operatorname{tg} 2A \operatorname{tg} A = \operatorname{tg} 2A + \operatorname{tg} A,$$

$\because \operatorname{tg} 3A = \dfrac{\operatorname{tg} 2A + \operatorname{tg} A}{1 - \operatorname{tg} 2A \operatorname{tg} A}$,

$\therefore \operatorname{tg} 3A (1 - \operatorname{tg} 2A \operatorname{tg} A) = \operatorname{tg} 2A + \operatorname{tg} A$,

即 $\operatorname{tg} 3A - \operatorname{tg} 3A \operatorname{tg} 2A \operatorname{tg} A = \operatorname{tg} 2A + \operatorname{tg} A$,

故 $\operatorname{tg} 3A - \operatorname{tg} 2A - \operatorname{tg} A = \operatorname{tg} 3A \operatorname{tg} 2A \operatorname{tg} A$.

5. 证明：$\because$ 在三角形内有 $\operatorname{tg}\dfrac{A}{2}\operatorname{tg}\dfrac{B}{2} + \operatorname{tg}\dfrac{B}{2}\operatorname{tg}\dfrac{C}{2} + \operatorname{tg}\dfrac{C}{2}\operatorname{tg}\dfrac{A}{2} = 1$,

$\therefore$ 将原题结论改变为求证
$$\operatorname{tg}^2\dfrac{A}{2} + \operatorname{tg}^2\dfrac{B}{2} + \operatorname{tg}^2\dfrac{C}{2} \geq \operatorname{tg}\dfrac{A}{2}\operatorname{tg}\dfrac{B}{2} + \operatorname{tg}\dfrac{B}{2}\operatorname{tg}\dfrac{C}{2} + \operatorname{tg}\dfrac{C}{2}\operatorname{tg}\dfrac{A}{2}.$$

对于任意实数 a，b，有 $a^2 + b^2 \geq 2ab$,

$\therefore \operatorname{tg}^2\dfrac{A}{2} + \operatorname{tg}^2\dfrac{B}{2} \geq 2\operatorname{tg}\dfrac{A}{2}\operatorname{tg}\dfrac{B}{2}$, ①

$\operatorname{tg}^2\dfrac{B}{2} + \operatorname{tg}^2\dfrac{C}{2} \geq 2\operatorname{tg}\dfrac{B}{2}\operatorname{tg}\dfrac{C}{2}$, ②

$\operatorname{tg}^2\dfrac{C}{2} + \operatorname{tg}^2\dfrac{A}{2} \geq 2\operatorname{tg}\dfrac{C}{2}\operatorname{tg}\dfrac{A}{2}$. ③

①+②+③得
$$\operatorname{tg}^2\dfrac{A}{2} + \operatorname{tg}^2\dfrac{B}{2} + \operatorname{tg}^2\dfrac{C}{2} \geq \operatorname{tg}\dfrac{A}{2}\operatorname{tg}\dfrac{B}{2} + \operatorname{tg}\dfrac{B}{2}\operatorname{tg}\dfrac{C}{2} + \operatorname{tg}\dfrac{C}{2}\operatorname{tg}\dfrac{A}{2} = 1.$$

6. 证明：原不等式等价于
$$\sqrt[n]{1 + \dfrac{\sqrt[n]{n}}{n}} + \sqrt[n]{1 - \dfrac{\sqrt[n]{n}}{n}} \leq 2. ①$$

当 $n = 1$ 时，①式中的等号成立.

当 $n \neq 1$ 时，
$$\left(\sqrt[n]{1 + \dfrac{\sqrt[n]{n}}{n}} \right)^n + (n-1) \cdot 1^n > n\sqrt[n]{1 + \dfrac{\sqrt[n]{n}}{n}},$$

$$\left(\sqrt[n]{1 - \dfrac{\sqrt[n]{n}}{n}} \right)^n + (n-1) \cdot 1^n > n\sqrt[n]{1 - \dfrac{\sqrt[n]{n}}{n}}.$$

两边相加得
$$2 + 2(n-1) > n \left(\sqrt[n]{1 + \dfrac{\sqrt[n]{n}}{n}} + \sqrt[n]{1 - \dfrac{\sqrt[n]{n}}{n}} \right),$$

$\therefore \sqrt[n]{1 + \dfrac{\sqrt[n]{n}}{n}} + \sqrt[n]{1 - \dfrac{\sqrt[n]{n}}{n}} < 2.$

综上知,对一切 $n \in \mathbf{N}$,都有
$$\sqrt[n]{1+\frac{\sqrt[n]{n}}{n}}+\sqrt[n]{1-\frac{\sqrt[n]{n}}{n}} \leq 2.$$
故原不等式成立.

7. 证明：$\because x > -1$,
$\therefore x+1 > 0$, 即 $1+x > 0$.

于是可构造原命题的等价命题：已知 $x > -1$, 且 $x \neq 0$, $n \in \mathbf{N}$, $n \geq 2$, 求证 $\frac{1+nx}{(1+x)^n} < 1$.

令 $a_n = \frac{1+nx}{(1+x)^n}$ ($n \in \mathbf{N}$).

且 $a_1 = 1$.

$$\begin{aligned}\therefore a_{n+1} - a_n &= \frac{1+(n+1)x}{(1+x)^{n+1}} - \frac{1+nx}{(1+x)^n} \\ &= \frac{1+nx+x-1-nx-x-nx^2}{(1+x)^{n+1}} \\ &= -\frac{nx^2}{(1+x)^{n+1}} < 0,\end{aligned}$$

即 $a_{n+1} < a_n$, $\therefore \{a_n\}$ 是一个单调递减数列.

当 $n \geq 2$ 时 $\frac{1+nx}{(1+x)^n} = a_n < a_{n-1} < \cdots < a_2 = \frac{1+2x}{(1+x)^2} < 1$.

故原命题得证.

8. 证明：原命题可以等价地转化为代数形式、三角形式、指数形式和向量形式, 因此, 我们构造如下等价命题:

已知 $\begin{cases}\cos\alpha + \cos\beta + \cos\gamma = 0, \\ \sin\alpha + \sin\beta + \sin\gamma = 0,\end{cases}$ 求证：$\beta - \alpha = \pm 120°$, $\gamma - \alpha = \mp 120°$ (α, β, γ 是三个复数的幅角).

事实上, $-\cos\gamma = \cos\alpha + \cos\beta$, ①
$-\sin\gamma = \sin\alpha + \sin\beta$. ②

①²+②² 得 $\cos(\alpha-\beta) = -\frac{1}{2}$, 解之得 $\beta - \alpha = \pm 120°$.

同理可得 $\gamma - \alpha = \mp 120°$.

故原命题成立.

9. 证明：从题目的"连续"和"$2n+1$"的条件发现这 $2n+1$ 个数中,中间的那个数（即第 $n+1$ 个数）是关键,设这个数为 m,则第一个数为 $m-n$,第 $2n+1$ 个数为 $m+n$,于是构造原命题的等价命题：求以 m 为未知数的方程

$$\sum_{k=1}^{n}(m-k)^2 + m^2 = \sum_{k=1}^{n}(m+k)^2$$

的自然数解.

将方程变形为

$$\sum_{k=1}^{n}\left[(m-k)^2 - (m+k)^2\right] + m^2 = 0,$$

即 $\sum_{k=1}^{n}(-4mk) + m^2 = 0$

整理得 $m^2 - 2n(n+1)m = 0$.

解之得 $m = 0$（舍）, $m = 2n(n+1)$ ($n \in \mathbf{N}$)

即确实存在第一个数为 $n(2n+1)$, 第 $n+1$ 个数为 $2n(n+1)$, 最后一个数为 $n(2n+3)$ 的 $2n+1$ 个连续自然数符合题目的条件, 问题得证.

10. 解：以 a, b, c 分别记 BC, CA, AB 的长度, 以 p, q, r 分别记 PD, PE, PF 的长度, 则 $\frac{BC}{PD} + \frac{CA}{PE} + \frac{AD}{PF} = \frac{a}{p} + \frac{b}{q} + \frac{c}{r}$.

$$\begin{aligned}\because S_{\triangle ABC} &= S_{\triangle BCP} + S_{\triangle CAP} + S_{\triangle ABP} \\ &= \frac{1}{2}ap + \frac{1}{2}bq + \frac{1}{2}cr \\ &= \frac{1}{2}(ap + bq + cr),\end{aligned}$$

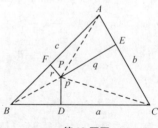

第10题图

而 $S_{\triangle ABC}$ 为定值,

$\therefore (ap + bq + cr)$ 为定值.

于是, 我们可以构造一个新命题:

在原已知条件下, 求：$(ap + bq + cr)\left(\frac{a}{p} + \frac{b}{q} + \frac{c}{r}\right)$ 取最小值时 p 的位置.

$(ap + bq + cr)\left(\frac{a}{p} + \frac{b}{q} + \frac{c}{r}\right) = a^2 + b^2 + c^2$

$+ab\left(\dfrac{p}{q}+\dfrac{q}{p}\right)+bc\left(\dfrac{q}{r}+\dfrac{r}{q}\right)+ac\left(\dfrac{p}{r}+\dfrac{r}{p}\right) \geqslant a^2+b^2+c^2+2ab+2bc+2ca=(a+b+c)^2.$

而$(ap+bq+cr)\left(\dfrac{a}{p}+\dfrac{b}{q}+\dfrac{c}{r}\right)$取它的最小值$(a+b+c)^2$的充要条件是$p=q=r.$

故$\dfrac{a}{p}+\dfrac{b}{q}+\dfrac{c}{r}$当$p$位于三角形的内心时,取它的最小值.

11. **解**:构造等价命题:求分式$\dfrac{n^4+n^2}{2n+1}$何时为整式.

$\because \dfrac{n^4+n^2}{2n+1}=n^2\cdot\dfrac{n^2+1}{2n+1}$,而$n$与$2n+1$互质,

$\therefore n^2$与$2n+1$也互质,

$\therefore$求$\dfrac{n^4+n^2}{2n+1}$为整式的条件变成$\dfrac{n^2+1}{2n+1}$为整式的条件.

下面分两种情况讨论:

(1)n为正偶数$2k$时,

$\dfrac{n^2+1}{2n+1}=\dfrac{4k^2+1}{4k+1}=k+\dfrac{1-k}{4k+1}.$

因k为正整数,$k-1<4k+1$,若使上面分式为整式,只有$k-1=0$时才成立,这时$n=2$,即当$n=2$时$\dfrac{n^4+n^2}{2n+1}$为整数.

(2)n为正奇数$2k-1$时,

$\dfrac{n^2+1}{2n+1}=\dfrac{4k^2-4k+2}{4k-1}=k-1+\dfrac{k+1}{4k-1}.$

因为k为正整数,$k+1<4k-1$,所以$\dfrac{k+1}{4k-1}<1$,所以n为正奇数时,$\dfrac{n^4+n^2}{2n+1}$不可能为整数.

故只有$n=2$时,$\dfrac{n^4+n^2}{2n+1}$才为整数,其值为4,这时n^4+n^2可被$2n+1$整除.

12. **解**:$A\cap B\neq\Phi$意味着存在实数n,使得$na+b=n^2+6(a,b)\in \mathbf{C}$,意味着$9a^2+22b^2\leqslant 198$,即$\dfrac{a^2}{22}+\dfrac{b^2}{9}\leqslant 1.$于是可构造与原命题的

等价命题:

讨论关于a,b的方程组
$$\begin{cases}na+b=n^2+6, & ① \\ \dfrac{a^2}{22}+\dfrac{b^2}{9}\leqslant 1. & ②\end{cases} \quad (n\in\mathbf{R})$$

是否有实数解?

假设存在a,b同时满足①,②,则由柯西不等式$(a^2+b^2)(c^2+d^2)\geqslant(ac+bd)^2$当且仅当$ad=bc$时等号成立,于是有

$(n^2+6)^2=(na+b)^2=\left(\sqrt{22}n\cdot\dfrac{a}{\sqrt{22}}+3\cdot\dfrac{b}{3}\right)^2$

$\leqslant(22n^2+9)\left(\dfrac{a^2}{22}+\dfrac{b^2}{9}\right)\leqslant 22n^2+9,$

即$(n^2+6)^2\leqslant 22n^2+9.$

$\therefore n^4-10n^2+27\leqslant 0.$

但$n^4-10n^2+27=(n^2-5)^2+2>0$,与$n^4-10n^2+27\leqslant 0$矛盾,假设不成立.

故不存在a,b同时满足(1),(2).

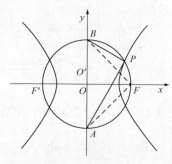

第13题图

13. **证明**:如图所示双曲线上任一点P的切线和法线与虚轴的交点A和B所构成的$\triangle PAB$,其外接圆O',若证圆O'必过焦点F,F',可证其等价命题:$AF\perp BF$或$|OF|^2=|OA|\cdot|OB|.$

设双曲线的方程为$\dfrac{x^2}{a^2}-\dfrac{y^2}{b^2}=1(a>0,b>0).$则$c^2=a^2+b^2$,又设$P$点的坐标为$P(x_0,y_0)$,则过$P$点双曲线的切线方程为

$\dfrac{x_0x}{a^2}-\dfrac{y_0y}{b^2}=1,$

即 $y = \frac{b^2 x_0}{a^2 y_0} x - \frac{b^2}{y_0}$.

∴ A 点的坐标为 $\left(0, -\frac{b^2}{y_0}\right)$, $|OA| = \left|\frac{b^2}{y_0}\right|$.

过 P 点双曲线的法线方程为

$$y - y_0 = -\frac{a^2 y_0}{b^2 x_0}(x - x_0),$$

即 $y = -\frac{a^2 y_0}{b^2 x_0} x + \frac{c^2 y_0}{b^2}$.

∴ B 点的坐标为 $\left(0, \frac{c^2 y_0}{b^2}\right)$, $|OB| = \left|\frac{c^2 y_0}{b^2}\right|$.

∵ $|OA| \cdot |OB| = \left|\frac{b^2}{y_0}\right| \cdot \left|\frac{c^2 y_0}{b^2}\right| = C^2 = |OF|^2$,

∴ 等价命题得证.

故原命题得证.

14. 证明：构造一个倍角递推公式（强命题）

$$\operatorname{ctg}\alpha - \operatorname{tg}\alpha = 2\operatorname{ctg}2\alpha,$$
$$2\operatorname{ctg}2\alpha - 2\operatorname{tg}2\alpha = 4\operatorname{ctg}4\alpha,$$
$$4\operatorname{ctg}2\alpha - 4\operatorname{tg}4\alpha = 8\operatorname{ctg}8\alpha.$$

事实上，$2\operatorname{ctg}2\alpha = \frac{2}{\operatorname{tg}2\alpha} = \frac{2(1-\operatorname{tg}^2\alpha)}{2\operatorname{tg}\alpha} = \operatorname{ctg}\alpha - \operatorname{tg}\alpha$.

同理可证其他两式，令 $\alpha = 20°$ 代入上述三式，则有：

$$\operatorname{ctg}20° - \operatorname{tg}20° = 2\operatorname{ctg}40°, \quad ①$$
$$2\operatorname{ctg}40° - 2\operatorname{tg}40° = 4\operatorname{ctg}80°, \quad ②$$
$$4\operatorname{ctg}80° - 4\operatorname{tg}80° = 8\operatorname{ctg}160°. \quad ③$$

①＋②＋③得

$\operatorname{ctg}20° = \operatorname{tg}20° + 2\operatorname{tg}40° + 4\operatorname{tg}80° + 8\operatorname{ctg}160°$,

即 $\operatorname{tg}70° = \operatorname{tg}20° + 2\operatorname{tg}40° + 4(\operatorname{ctg}10° - 2\operatorname{ctg}20°)$

$= \operatorname{tg}20° + 2\operatorname{tg}40° + 4\left[\operatorname{ctg}10° - \frac{2(1-\operatorname{tg}^2 10°)}{2\operatorname{tg}10°}\right]$

$= \operatorname{tg}20° + 2\operatorname{tg}40° + 4\operatorname{tg}10°$.

15. 证明：∵ $37^{73} = \left(\frac{73+1}{2}\right)^{73}$, 于是可构造强命题．

求证：$\left(\frac{n+1}{2}\right)^n > n!$

事实上，∵ $\frac{n+1}{2} = \frac{1+2+\cdots+n}{n} > \sqrt[n]{1 \cdot 2 \cdots n} = \sqrt[n]{n!}$,

∴ $\left(\frac{n+1}{2}\right)^n > n!$.

令 $n = 73$, 则原命题得证.

16. 证明：构造强命题：若 $a, b \in \mathbf{R}^+$, $\alpha > 0, \beta > 0$, 则有：$\frac{a^\alpha}{b^\alpha}(a^\beta - b^\beta) \geq a^\beta - b^\beta$.

事实上，

∵ $a, b \in \mathbf{R}^+$, $\alpha > 0, \beta > 0$,

$\frac{a^\alpha}{b^\alpha}(a^\beta - b^\beta) - (a^\beta - b^\beta) = (a^\beta - b^\beta)\left(\frac{a^\alpha}{b^\alpha} - 1\right)$

$= \frac{(a^\beta - b^\beta)(a^\alpha - b^\alpha)}{b^\alpha}$,

若 $a \geq b$, 则 $a^\beta \geq b^\beta$, $a^\alpha \geq b^\alpha$, ∴ $(a^\beta - b^\beta)(a^\alpha - b^\alpha) \geq 0$.

若 $a < b$, 则 $a^\beta < b^\beta$, $a^\alpha < b^\alpha$, ∴ $(a^\beta - b^\beta)(a^\alpha - b^\alpha) > 0$.

又 $b^\alpha > 0$, ∴ $\frac{a^\alpha}{b^\alpha}(a^\beta - b^\beta) \geq a^\beta - b^\beta$.

令 $\alpha = 2, \beta = 1$, 则有

$\frac{a^2}{b^2}(a-b) \geq a-b$,

$\frac{b^2}{c^2}(b-c) \geq b-c$,

$\frac{c^2}{a^2}(c-a) \geq c-a$.

上述三式相加即得

$\frac{a^2}{b^2} + \frac{b^2}{c^2} + \frac{c^2}{a^2} \geq \frac{a^2}{b} + \frac{b^2}{c} + \frac{c^2}{a}$.

17. 证明：构造它的强命题：$\frac{1}{1^2} + \frac{1}{2^2} + \cdots + \frac{1}{n^2} \leq 2 - \frac{1}{n}$. (1)

(1) 当 $n = 1$ 时，左边 $= 1 \leq 1 =$ 右边, 不等式 (1) 成立.

(2) 假设 $n = k(k \geq 1)$ 时，不等式 (1) 成立, 即

$\frac{1}{1^2} + \frac{1}{2^2} + \cdots + \frac{1}{k^2} \leq 2 - \frac{1}{k}$,

则 $n = k+1$ 时，

$\frac{1}{1^2}+\frac{1}{2^2}+\cdots+\frac{1}{k^2}+\frac{1}{(k+1)^2}<2-\frac{1}{k}+$
$\frac{1}{(k+1)^2}\leqslant 2-\frac{1}{k}+\frac{1}{(k+1)k}=2-\frac{1}{k+1}$,

即 $n=k+1$ 时,不等式(1)成立.

由(1),(2)知,对于一切自然数 $n(n\geqslant 1)$,强命题成立.

故原命题成立.

18. 证明: $\because a_1=1+a=\frac{1-a^2}{1-a}<\frac{1}{1-a}$,

$\therefore$ 构造强命题: 对于一切正整数 n, 有 $1<a_n<\frac{1}{1-a}$ (1)

(1)当 $n=1$ 时,不等式成立.

(2)假设 $n=k$ 时,不等式成立,即 $1<a_k<\frac{1}{1-a}(0<a<1)$,则 $n=k+1$ 时,

$a_{k+1}=\frac{1}{a_k}+a>\frac{1}{\frac{1}{1-a}}+a=1.$

同时 $a_{k+1}=\frac{1}{a_k}+a<\frac{1}{1}+a<\frac{1}{1-a}$ 成立.

由(1),(2)知对于一切正整数 n 有 $1<a_n<\frac{1}{1-a}$ 成立.

故原不等式成立.

19. 证明: 构造比原命题更一般的命题(强命题),当 $0<\alpha<\frac{\pi}{4(n-1)}(n\geqslant 2)$ 时, 有 tg$n\alpha>n$tgα 成立.

(1)当 $n=2$ 时, $0<\alpha<\frac{\pi}{4}$, tg$2\alpha=\frac{2\text{tg}\alpha}{1-\text{tg}^2\alpha}$ $>2\text{tg}\alpha$, 强命题成立.

(2)假设 $n=k(k>2)$ 时,强命题成立,即 tg$k\alpha>k$tgα.

则当 $n=k+1$ 时

$\text{tg}(k+1)\alpha=\frac{\text{tg}k\alpha+\text{tg}\alpha}{1-\text{tg}k\alpha\text{tg}\alpha}>k\text{tg}\alpha+\text{tg}\alpha$
$=(k+1)\text{tg}\alpha,$

即 $n=k+1$ 时,强命题成立.

由(1),(2)可知,当 $0<\alpha<\frac{\pi}{4(n-1)}(n\geqslant 2)$ 时, tg$n\alpha>n$tgα 成立,当 $n=9$ 时为原命题.

故原命题成立.

20. 证明: 构造强命题: 证 $\underbrace{11\cdots1}_{n\text{个}}\underbrace{22\cdots2}_{n\text{个}}$ 是两个连续自然数的积.

$\because \underbrace{11\cdots1}_{n\text{个}1}\underbrace{22\cdots2}_{n\text{个}2}=\underbrace{11\cdots1}_{n\text{个}1}\times\underbrace{100\cdots02}_{n-1\text{个}0}=\underbrace{11\cdots1}_{n\text{个}1}$

$\times(\underbrace{99\cdots9}_{n\text{个}9}+3),$

$=\underbrace{11\cdots1}_{n\text{个}1}\times 3\times(\underbrace{33\cdots3}_{n\text{个}3}+1)=\underbrace{33\cdots3}_{n\text{个}3}\times$

$\underbrace{33\cdots3}_{n-1\text{个}3}4,$

$\therefore$ 强命题得证;

故 $n=1993$ 时,

$\underbrace{11\cdots1}_{1993\text{个}}\underbrace{22\cdots2}_{1993\text{个}}=\underbrace{33\cdots3}_{1993\text{个}}\times\underbrace{33\cdots3}_{1992\text{个}}4.$

21. 解: 构造辅助命题:

设 a, b 都是正数, 变量 $u\geqslant 0$, $v\geqslant 0$, 且 $u^2+v^2=m(定值)$, 则函数 $y=au+bv$ 的最大值为 $y_{\max}=\sqrt{(a^2+b^2)m}.$

先证这个命题.

将 $y=au+bv$ 两边平方, 经过配方, 可得
$y^2=(a^2+b^2)(u^2+v^2)-(bu-av)^2$
$=(a^2+b^2)m-(bu-av)^2$

$\therefore$ 当 $bu-av=0$ 时, y^2 取最大值 $(y^2)_{\max}=(a^2+b^2)m.$

$\because a$, b 都是正数, $u\geqslant 0$, $v\geqslant 0$, $\therefore y\geqslant 0$,

$\therefore y_{\max}=\sqrt{(a^2+b^2)m}.$

根据这个命题, 令 $y_{\max}=10\sqrt{2}$, $b=3$, $m=8$ 代入上式得 $\sqrt{(a^2+3^2)\times 8}=10\sqrt{2}$, 解之得 $a_1=4$, $a_2=-4(舍).$

22. 解: 构造辅助命题:

设方程 $|f(x)|=\varphi(x)$ 的定义域为 A, 如果对于任何 $x\in A$ 恒有 $f(x)+\varphi(x)>0$, 那么方程 $|f(x)|=\varphi(x)$ 与方程 $f(x)=\varphi(x)$ 同解.

先证这个辅助命题.

设 x_1 是方程 $|f(x)|=\varphi(x)$ 的任一解, 则有 $|f(x_1)|=\varphi(x_1)$ 两边平方, 移项得 $[f(x_1)-\varphi(x_1)][f(x_1)+\varphi(x_1)]=0.$

$\because f(x_1)+\varphi(x_1)>0$, $\therefore f(x_1)-\varphi(x_1)=0$, 即 $f(x_1)=\varphi(x_1).$

也就是说方程 $|f(x)|=\varphi(x)$ 的解必为 $f(x)=\varphi(x)$ 的解.

再设 x_2 是 $f(x)=\varphi(x)$ 的解,则 $f(x_2)=\varphi(x_2)$.

依题设条件 $f(x_2)+\varphi(x_2)>0$,上式可改写成
$$|f(x_2)|=\varphi(x_2).$$

这表明方程 $f(x)=\varphi(x)$ 的解也是方程 $|f(x)|=\varphi(x)$ 的解.

故辅助命题成立.

$\because |x^2-3x-2|=3x+5$ 的定义域为 **R**,对于任一实数 $(x^2-3x+2)+(3x+5)=x^2+7>0$,由辅助命题可得 $x^2-3x+2=3x+5$ 解之得 $x_1=7,x_2=-1$.

故原方程的解为 $x_1=7,x_2=-1$.

23. 证明:构造辅助命题:若 $k\in\mathbf{N}$,则 $\dfrac{1}{\sqrt{k}}\leq 2(\sqrt{k}-\sqrt{k-1})$.

事实上,$\because \sqrt{k}-\sqrt{k-1}=\dfrac{1}{\sqrt{k}+\sqrt{k-1}}$

又 $\because \sqrt{k-1}<\sqrt{k}$,

$\therefore \sqrt{k}-\sqrt{k-1}=\dfrac{1}{\sqrt{k}+\sqrt{k-1}}>\dfrac{1}{\sqrt{k}+\sqrt{k}}=\dfrac{1}{2\sqrt{k}}$,

$\therefore \dfrac{1}{\sqrt{k}}<2(\sqrt{k}-\sqrt{k-1})$.

由辅助命题有:
$1<2(\sqrt{1}-0)$, $\dfrac{1}{\sqrt{2}}<(2\sqrt{2}-\sqrt{1})$, $\dfrac{1}{\sqrt{3}}<2(\sqrt{3}-\sqrt{2})$,$\cdots$,$\dfrac{1}{\sqrt{n}}<2(\sqrt{n}-\sqrt{n-1})$

将上述各式两边分别相加得
$$1+\dfrac{1}{\sqrt{2}}+\dfrac{1}{\sqrt{3}}+\cdots+\dfrac{1}{\sqrt{n}}<2\sqrt{n}.$$

24. 证明:构造一个与原命题结论正好相反的命题.

假定 $2^k=n+(n+1)+\cdots+(n+m)$, ①

其中 m,n 都是正整数,即 $(m+1)(2n+m)=2^{k+1}$,则
$$m+1=2^l,\qquad ②$$

$$2n+m=2^{k+1-l},\qquad ③$$

其中 l 是正整数,且 $1<l<k+1$.

由②知 m 是奇数,从而 $2n+m$ 也是奇数,这和③矛盾.

$\therefore$ ①不成立,即构造的新命题不成立.

故本题结论正确.

25. 证明:构造与原命题结论相反的命题:

设 t 是原方程的任一根,若 $|t|\leq\dfrac{1}{2}$,则

$|t|^n+|t|^{n-1}+\cdots+|t|\leq\left(\dfrac{1}{2}\right)^n+\left(\dfrac{1}{2}\right)^{n-1}+\cdots+\dfrac{1}{2}=1-\left(\dfrac{1}{2}\right)^n<1.$ ①

由已知有 $|t|^n+|t|^{n-1}+|t|^{n-2}+\cdots+|t|+1$
$\geq |t|^n|\cos\theta_n|+|t|^{n-1}|\cos\theta_{n-1}|+|t|^{n-2}|\cos\theta_{n-2}|+\cdots+|t||\cos\theta_1|+|\cos\theta_0|$
$\geq |t^n\cos\theta_n+t^{n-1}\cos\theta_{n-1}+t^{n-2}\cos\theta_{n-2}+\cdots+t\cos\theta_1+\cos\theta_0|=2$

即 $|t|^n+|t|^{n-1}+\cdots+|t|\geq 1$ ②

②与①矛盾,$\therefore$ 构造的命题不成立.

故 $|t|>\dfrac{1}{2}$.

26. 解:设函数 $y=\left(\dfrac{1}{2}\right)^u$ $u=x^2-2x-1$

由
$$u\in\mathbf{R},$$
$$u=x^2-2x-1,$$

解得复合函数的定义域为 $x\in\mathbf{R}$.

因为 $y=\left(\dfrac{1}{2}\right)^u$ 在定义域 R 内为减函数,所以由复合函数单调性引理知,二次函数 $u=x^2-2x-1$ 的单调性与复合函数的单调性相反.

易知 $u=x^2-2x-1=(x-1)^2-2$ 在 $x\leq 1$ 时单调减.

由 $x\in\mathbf{R}$(复合函数定义域),$x\leq 1$(u 减),解得 $x\leq 1$,

$\therefore (-\infty,1]$ 是复合函数的单调增区间.

同理 $[1,+\infty)$ 是复合函数的单调减区间.

27. 解:构造引理:任何一个自然数的立方可以表示成另外两个自然数的平方差.

设 n 为任意一个自然数，则
$$n^3 = \frac{n^2 \cdot 4n}{4} = \frac{n^2[(n+1)^2 - (n-1)^2]}{4}$$
$$= \left[\frac{n(n+1)}{2}\right]^2 - \left[\frac{n(n-1)}{2}\right]^2.$$

故引理得证.

由引理有：
$$1^3 = 1^2 - 0^2,$$
$$2^3 = 3^2 - 1^2,$$
$$3^3 = 6^2 - 3^2,$$
……

$$n^3 = \left[\frac{n(n+1)}{2}\right]^2 - \left[\frac{n(n-1)}{2}\right]^2.$$

把上面各个等式两边相加，得
$$1^3 + 2^3 + 3^3 + \cdots + n^3 = \left[\frac{n(n+1)}{2}\right]^2.$$

习 题 八

1. 解：设耕地平均每年只能减少 x 公顷，又设该地区现有人口为 P 人，粮食单产为 M 吨/公顷.

依题意得不等式
$$\frac{M \times (1 + 22\%) \times (10^4 - 10x)}{P \times (1 + 1\%)^{10}} \geqslant \frac{M \times 10^4}{P} \times (1 + 10\%),$$

化简得 $x \leqslant 10^3 \times \left[1 - \frac{1.1 \times (1 + 0.01)^{10}}{1.22}\right].$

$\because 10^3 \left[1 - \frac{1.1 \times (1 + 0.01)^{10}}{1.22}\right]$

$= 10^3 \times \left[1 - \frac{1.1}{1.22}(1 + C_{10}^1 \times 0.01 + C_{10}^2 \times 0.01^2 + \cdots)\right]$

$\approx 10^3 \times \left[1 - \frac{1.1}{1.22} \times (1.1045)\right]$

$\approx 4.1,$

$\therefore x \leqslant 4.1$（公顷）.

答：按规划该地区耕地每年至多只能减少 4 公顷.

2. 解：(1) 依题意知汽车从甲地匀速行驶到乙地所用时间为 S/V，全程运输成本为
$$y = a \times \frac{S}{V} + bV^2 \times \frac{S}{V} = S\left(\frac{a}{V} + bV\right),$$

故所求函数及其定义域为
$$y = S\left(\frac{a}{V} + bV\right), V \in (0, c].$$

(2) 依题意，S, a, b, V 都是正数，故有
$$S\left(\frac{a}{V} + bV\right) \geqslant 2S\sqrt{ab},$$

$$S\left(\frac{a}{V} + bV\right) - S\left(\frac{a}{c} + bc\right) = S\left[\left(\frac{a}{V} - \frac{a}{c}\right) + (bV - bc)\right]$$
$$= \frac{S}{vc}(c - v)(a - bcv).$$

因为 $c - V \geqslant 0$，且 $a > bc^2$，故有
$$a - bcV \geqslant a - bc^2 > 0.$$

也即当 $V = c$ 时，全程运输成本最小.

3. 解：设 2001 年汽车保有量为 b_1 万辆，以后每年末汽车保有量为 b_2 万辆，b_3 万辆……每年新增汽车 x 万辆，则 $b_1 = 30, b_2 = b_1 \times 0.94 + x, \cdots b_{n+1} = b_n \times 0.94 + x.$

对于 $n > 1$，有
$$b_{n+1} = b_n \times 0.94 + x$$
$$= b_{n-1} \times 0.94^2 + (1 + 0.94)x,$$
……

$\therefore b_{n+1} = b_1 \times 0.94^n + x(1 + 0.94^2 + \cdots + 0.94^n) = b_1 \times 0.94^n + \frac{1 - 0.94^n}{0.06}x = \frac{x}{0.06} + (30 - \frac{x}{0.06}) \times 0.94^n.$

当 $30 - \frac{x}{0.06} \geqslant 0$ 即 $x \leqslant 1.8$ 时，$b_{n+1} \leqslant b_n \leqslant \cdots \leqslant b_1 = 30$.

当 $30 - \frac{x}{0.06} < 0$ 即 $x > 1.8$ 时，数列 $\{b_n\}$ 逐项增加，可以任意靠近 $\frac{x}{0.06}$，

$\lim_{n \to \infty} b_n = \lim_{n \to \infty}\left[\frac{x}{0.06} + (30 - \frac{x}{0.06}) \times 0.94^{n-1}\right] = \frac{x}{0.06}.$

因此,如果汽车保有量要求不超过 60 万辆,即 $b_n \leq 60 (n=1, 2, 3, \cdots)$,则 $\dfrac{x}{0.06} \leq 60$,即 $x \leq 3.6$ 万辆.

综上,每年新增汽车不应超过 3.6 万辆.

4. 解:从特殊情形开始分析:对 n 取 1,2,3,4 可求得结果分别为 1,2,4,8 故推测数 n 写成 1 个或多个自然数的和的表示法为 2^{n-1} 种. 证明这个推测的关键是应用组合恒等式 $C_{n-1}^0 + C_{n-1}^1 + C_{n-1}^2 + \cdots + C_{n-1}^{n-1} = 2^{n-1}$,也就是试图把符合条件的表示法分成几类,而每一类的表示法有 C_{n-1}^k 种 $(k=0, 1, 2, \cdots, n-1)$. 为此只要证明数 n 写成 $k+1$ 个自然数的和的表示法有 C_{n-1}^k 种 $(k=0, 1, 2, \cdots, n-1)$.

于是作如下构造:设有 n 个球排成一排,其间共有 $n-1$ 个空隙,在这 $n-1$ 个空隙中取 k 个空隙嵌入 k 个"+"号,就相当于把 n 个球分成了 $k+1$ 份,且每份球的个数都是自然数;相应地就把自然数 n 写成了 $k+1$ 个自然数之和,自然数 n 的这种表示法的种数就是 n 个球上述分法的种数,有 C_{n-1}^k 种 $(k=0, 1, 2, \cdots, n-1)$.

故所求的表示法共有 $C_{n-1}^0 + C_{n-1}^1 + C_{n-1}^2 + \cdots + C_{n-1}^{n-1} = 2^{n-1}$ 种.

5. 解:根据只需求非负整数解的特点,可构造这样一个实际模型:设想用四块木板把 25 个相同的小球分成五组,每个组至少 0 个球,(即可让某些组无小球)于是 25 个球和 4 块板共有 29 个位置,从这 29 个位置中任选 4 个位置放木板,则共有 C_{29}^4 种放法,即所求的方程的解的组数为 C_{29}^4 组.

6. 解:为了便于数学直观,用 a_{ij} 表示坐在第 i 排 j 列的学生,并同时表示该学生的高度,于是坐法可排成一个表(矩阵):

$$\begin{bmatrix} a_{11} & a_{12} & \cdots & a_{1q} \\ a_{21} & a_{22} & \cdots & a_{2q} \\ \cdots & \cdots & \cdots & \cdots \\ a_{p1} & a_{p2} & \cdots & a_{pq} \end{bmatrix}$$

如果高度 a 和 b 正好对应同一个学生,则此时 $a=b$,这种情况是可以发生的,例如安排座位时,使每一前排学生高于后排,然后在每一排从矮到高的顺序从左至右依次就座,则 a_{11} 是每排最矮中的最高者,同时又是每列最高者中的最矮者.

如果高度 a 和 b 对应的不是同一学生,设 $a = a_{ij}$,$b = a_{rs}$. 那么取标号为 a_{is} 的学生,应有 $a_{ij} \leq a_{is} \leq a_{rs}$,由于身高都不相同,故两边等号不能同时成立,于是 $a < b$,这种情形也是可能发生的,例如对第一种情况的例子,把 a_{11} 与 a_{21} 互换,其余位置不动(由于 $P > 1$,这种互换是可能的),得

$$\begin{bmatrix} a_{21} & a_{12} & \cdots \\ a_{11} & a_{22} & \cdots \\ \cdots & \cdots & \cdots \end{bmatrix}$$

这时,a_{22} 成为各排最矮中的最高者,而 a_{11} 仍是各列最高者中的最矮者,即 $a_{22} = a$,$a_{11} = b$,于是 $a < b$,这种变化可以使 $a = b$ 转变为 $a < b$.

综上可知,$a = b$,$a < b$ 可以表示 a 与 b 的关系,并且位置变化时,这两种关系可能发生改变.

参 考 文 献

[1] 唐秀颖，主编. 数学题解辞典（代数）. 上海：上海辞书出版社，1985.

[2] 唐秀颖，主编. 数学题解辞典（三角）. 上海：上海辞书出版社，1988.

[3] 唐秀颖，主编. 数学题解辞典（平面解析几何）. 上海：上海辞书出版社，1983.

[4] 王仲春，等，编著. 数学思维与数学方法论. 北京：高等教育出版社，1989.

[5] 王亚辉，编著. 数学方法论—问题解决的理论. 北京：北京大学出版社，2007.

[6] 沉呈民，主编. 中学数学思想方法词典. 沈阳：辽宁教育出版社，2000.

[7] 许莼舫. 初等几何四种. 北京：中国青年出版社，1978.

[8] 全国三十八所重点中学教师编. 数学基础知识手册（高中）. 大连：大连出版社，1999.